REVISTA TRIMESTRAL DE DIREITO PÚBLICO

47/2004

MALHEIROS EDITORES

Revista Trimestral de Direito Público

Órgão do

INSTITUTO GERALDO ATALIBA
IDEPE — INSTITUTO INTERNACIONAL
DE DIREITO PÚBLICO E EMPRESARIAL

INSTITUTO DE DIREITO ADMINISTRATIVO PAULISTA
IDAP

RTDP
Publicação trimestral de
MALHEIROS EDITORES LTDA.
Rua Paes de Araújo, 29, cj. 171
CEP 04531-940 - São Paulo, SP - Brasil
Tel.: (011) 3078-7205 - Fax.: (011) 3168-5495
Diretor responsável: Álvaro Malheiros
Diretora: Suzana Fleury Malheiros

Assinaturas e comercialização:
CATAVENTO DISTRIBUIDORA DE LIVROS S.A.
Rua Conselheiro Ramalho, 928
CEP 01325-000 - São Paulo, SP - Brasil
Tel.: (011) 3289-0811 - Fax.: (011) 3251-3756
Supervisão Gráfica: Vânia Lúcia Amato
Editoração Eletrônica: Letra por Letra Studio

SUMÁRIO

DOUTRINA

ESTADO SOCIAL DE DERECHO Y CONTROL JURÍDICO DE EFICACIA DE LA ADMINISTRACIÓN PÚBLICA 5
– JUAN ALFONSO SANTAMARÍA PASTOR

EJECUCIÓN DE LA SENTENCIA ANULATORIA EN EL CONTENCIOSO ADMINISTRATIVO URUGUAYO 15
– AUGUSTO DURÁN MARTÍNEZ

IMÓVEL RURAL E A CHAMADA "RESERVA LEGAL" 27
– CELSO ANTÔNIO BANDEIRA DE MELLO

O ESTADO DEMOCRÁTICO DE DIREITO E AS MINORIAS 36
– MARCO AURÉLIO MELLO

DEFESA LEGAL DAS AÇÕES AFIRMATIVAS 45
– MASSAMI UYEDA

AS FUNDAÇÕES ESTATAIS DE DIREITO PRIVADO E O DEBATE SOBRE A NOVA ESTRUTURA ORGÂNICA DA ADMINISTRAÇÃO PÚBLICA 51
– PAULO MODESTO

ILÍCITO ANTITRUSTE E ACORDOS ENTRE CONCORRENTES 61
– LUIS FERNANDO SCHUARTZ

MOTIVO DO ATO ADMINISTRATIVO 87
– VLADIMIR DA ROCHA FRANÇA

A AUTONOMIA DO DIREITO SANITÁRIO 95
– ALEXANDRE NEMER ELIAS

PARECER

LICITAÇÃO: INAPLICABILIDADE ÀS CONCESSÕES DO ART. 46 DA LEI 8.666/1993, QUE RESTRINGE A APLICAÇÃO DA TÉCNICA E PREÇO – NAS LICITAÇÕES PARA

CONCESSÃO OU PERMISSÃO NÃO É UTILIZÁVEL O CRITÉRIO DA MAIOR OFERTA DE PAGAMENTO PARA O PODER PÚBLICO 107
– Celso Antônio Bandeira de Mello

COBRANÇA PELO ACESSO A RODOVIAS PARA EXPLORAÇÃO DE ATIVIDADE ECONÔMICA 115
– Floriano de Azevedo Marques Neto

AÇÃO CIVIL PÚBLICA – SUSPENSÃO DE DIREITOS POLÍTICOS SEM PERDA DA FUNÇÃO PÚBLICA – IMPOSSIBILIDADE DE APLICAÇÃO DA PENA EM EXECUÇÃO 142
– Sérgio Sérvulo da Cunha

ESTUDOS E COMENTÁRIOS

A AUTO-EXECUTORIEDADE DO ATO ADMINISTRATIVO: CONDIÇÕES DE EXISTÊNCIA, REQUISITO DE VALIDADE E OUTROS ASPECTOS 147
– Luis Manuel Fonseca Pires

A SEPARAÇÃO DOS PODERES E O JUDICIÁRIO COMO LEGISLADOR POSITIVO E NEGATIVO 162
– Maurício Zockun

RACIONALIDADE E SISTEMA NORMATIVO: NA TEORIA PURA E NA TEORIA PRAGMÁTICA DO DIREITO 174
– Ricardo Marcondes Martins

PARTICIPAÇÃO ADMINISTRATIVA 209
– Gustavo Henrique Justino de Oliveira

A ONEROSIDADE LEGAL DO ART. 78, XV, DA LEI 8.666/1993 230
– Marcelo José Forin

DEMOCRACIA E REGIME DEMOCRÁTICO 235
– Reis Friede

DOUTRINA

ESTADO SOCIAL DE DERECHO Y CONTROL JURÍDICO DE EFICACIA DE LA ADMINISTRACIÓN PÚBLICA[1]

JUAN ALFONSO SANTAMARÍA PASTOR

Profesor Catedrático de Derecho Administrativo de la Universidad Complutense de Madrid/España

1. El punto de partida: los preceptos constitucionales y su significado. 2. Los intentos doctrinales de definición. 3. Los problemas fundamentales del principio de eficacia. 4. Algunas manifestaciones concretas del principio. 5. El control judicial de la eficacia.

Les ruego me permitan iniciar mi intervención con unas palabras de agradecimiento y de gratitud. Deseo, en primer lugar, cumplir con un deber de educación y cortesía agradeciendo a la organización de este Congreso, y a las entidades públicas que generosamente nos acogen, la invitación que se me ha cursado y la hospitalidad que nos brindan; y también, por supuesto, a todos ustedes aquí presentes, por el honor que nos hacen asistiendo a estas sesiones. Su confianza – seguramente excesiva – en el valor de nuestras aportaciones me abruma de responsabilidad: estoy convencido de no poder satisfacer sus legítimas expectativas; sólo confío en no haber regateado esfuerzos para conseguirlo.

Pero agradecimiento no es lo mismo que gratitud, un sentimiento mucho menos social y mucho más íntimo, por lo mismo que se refiere a las personas. Y ruego a todos que me disculpen si limito esa expresión de gratitud a dos colegas que son, con toda seguridad, los responsables de mi presencia aquí. De una parte, al profesor PAULO MODESTO, mi interlocutor directo en lo relativo a este Congreso y con quien he mantenido una muy grata correspondencia a través del *e-mail*. Y, de otra, a mi admirado amigo el profesor BANDEIRA DE MELLO, del que, sin entrar en afinidades personales, debo decir que considero como uno de los mejores juspublicistas del subcontinente americano; no es nada fácil leer, como yo he hecho, las 900 páginas de su *Curso de Direito Administrativo* sin poder discrepar de uno solo de sus planteamientos y soluciones. PAULO, CELSO, gracias de corazón.

1. Conferencia, *II Congresso Internacional de Direito Administrativo*, Rio de Janeiro, 30.10.2007.

Y también debo dar gracias a ambos por el tema que me propusieron para este Congreso y sobre el que va a versar mi intervención. Imagino que su sugerencia se debe a lo arduo del mismo, un tema como el de la eficacia, su aplicación y su control, que ha producido seria perplejidad (más aún, inquietud) en todas las comunidades jurídicas en las que ha hecho aparición a nivel constitucional: en la española y en la brasileña, entre otras. Sólo les advertiré, para terminar esta introducción, que mi pretensión es sensiblemente modesta: no intentaré ningún tipo de especulación abstracta (que se ha mostrado bastante estéril en un tema como el que nos ocupa); voy a limitarme a exponerles las dudas y las dificultades con que los juristas españoles de derecho público nos hemos tenido que enfrentar; las escasas experiencias y las vías que poco a poco van alumbrándose para la puesta en práctica de esta directriz constitucional.

1. El punto de partida: los preceptos constitucionales y su significado

El relato de esa experiencia puede ser útil para ustedes en la medida en que nuestros textos constitucionales ofrecen un acusado paralelismo: la Constitución brasileña, tras la Enmienda Constitucional de 1988, ordena en su art. 37 que las Administraciones deberán ajustarse a los principios de legalidad, impersonalidad (que la nuestra denomina "objetividad"), moralidad, publicidad y *eficiencia.* Un enunciado muy similar se contiene en el art. 103.1 de la CE de 1978, al imponer a la Administración que actúe con arreglo a los principios de objetividad, legalidad y *eficacia* (y también a otros, por cierto, bastante más discutibles, como los de jerarquía, descentralización, desconcentración y coordinación; una enumeración heteróclita y desconcertante, que ha sido objeto de críticas numerosas por su falta de rigor). Para mayor dificultad, nuestra Constitución, en su art. 31.2, tras señalar los principios básicos del sistema financiero en cuanto al régimen tributario (justicia, igualdad y progresividad), añadió el deber, en cuanto a la fijación de los gastos públicos, de que "su programación y ejecución responderán a los criterios de *eficiencia* y economía".

(o *eficiente*) no significa lo mismo si se aplica a un servicio policial, a una universidad o a una agencia para construcción de carreteras; y también lo es que, dentro de cada uno de éstos, la eficacia o eficiencia puede revestir modalidades diversas según el tipo de actividad que desarrollen o, más aún, según la perspectiva que se adopte (¿qué es más ineficaz: construir deprisa y barato una carretera malísima, o construir una carretera perfecta, pero en un plazo de decenios?).

Tercera crítica, su carácter *contradictorio o potencialmente conflictivo* con otros principios o valores constitucionales. Intuitivamente, los juristas adivinamos de inmediato las dificultades que ofrecía la compatibilización de estos valores con el principio de legalidad administrativa, que el texto constitucional (los dos) menciona al mismo nivel. Si uno y otro constituyen imperativos jurídicamente vinculantes, ¿puede considerarse válido, por eficaz, un acto que infringe manifiestamente la ley?; o, a la inversa, ¿debe aceptarse como válido un acto manifiesta y escandalosamente ineficaz, pero formalmente ajustado a derecho? La reacción natural del jurista lleva a una degradación inmediata del principio de eficacia: no se puede anteponer ésta a la legalidad, porque nadie sabe con seguridad lo que es eficaz o no; pero no debemos dejarnos llevar por esta inclinación, ya que (hemos de reconocerlo) la legalidad tampoco es un principio absolutamente preciso y capaz de medir con exactitud la validez de los actos y las normas.

Por fin, la cuarta crítica tenía unos rasgos bastante diversos. La alusión constitucional a los valores de eficacia y eficiencia fue tildada sencillamente de *impertinente*;

algo así como una ofensa implícita y gratuita a unas Administraciones que desde muchos años antes habían ya situado a la eficacia como uno de sus objetivos y preocupaciones primordiales (no hay que olvidar que el mandato de actuar con eficacia tuvo plasmación en el ordenamiento positivo español nada menos que en la hoy derogada Ley de Procedimiento Administrativo de 1958).

Huelga decir, tras lo que he señalado, que los principios de eficacia y eficiencia no tuvieron en la doctrina española una acogida especialmente favorable. Antes bien, fueron recibidos con escepticismo y un tanto de humor: otra ocurrencia del legislador, y también del poder constituyente, que es ciertamente omnipotente, pero no infalible. Pero el escepticismo y la ironía son actitudes que nos están vedadas a los juristas: acertado o desafortunado, incierto o no, el precepto constitucional está ahí, y es obligado conferirle alguna significación y algún contenido, por escasos que sean.

2. Los intentos doctrinales de definición

La búsqueda de un significado, en primer lugar, no ha ofrecido resultados estimables: de la docena escasa de estudios monográficos que la doctrina española ha dedicado en los últimos 30 años a estos principios, sólo uno de ellos, el del profesor Parejo Alfonso, ha intentado una aproximación a su significado; con frutos absolutamente decepcionantes, hay que decirlo.

La literatura económica ha prestado un mínimo interés a estos conceptos, despreciando prácticamente el de eficacia y reduciendo el de eficiencia a la idea de asignación óptima de los recursos y refiriéndola a la cualidad de un sujeto u organización para lograr el cumplimiento de un objetivo determinado minimizando el empleo de recursos. Y los estudios de *management* de las organizaciones, aunque aparentemente mucho más minuciosos en el manejo de los conceptos, tampoco van mucho más allá: valga el ejemplo del autorizado estudio de Metcalfe y Richards, que refiere la eficiencia a la relación entre el *input* y el *output* de las organizaciones o, lo que es lo mismo, a la mejora en el incremento del producto final que se alcanza sin aumento correlativo de los recursos (o, incluso, mediante su disminución); y la eficacia, a la *ratio* que mide la relación entre objetivos deseados y objetivos realmente conseguidos.

Nada más lejos de mi ánimo que despreciar estos esfuerzos conceptuales: pero me veo obligado a concluir que, en mi condición de jurista práctico, me son de bastante poca utilidad para concluir, en cada caso concreto, si una actuación administrativa determinada debe ser calificada (jurídicamente) como eficaz o ineficaz, eficiente o ineficiente. Y ello sucede, obviamente, por la absoluta indefinición de los objetivos o resultados, del *output* deseable de una Administración Pública. En contra de lo que sucede en el ámbito de una empresa privada, en el que dicho *output* está constituido por el beneficio o excedente, en el mundo de lo público los objetivos o resultados suelen adolecer de una seria indeterminación: en ocasiones, son puramente nominales e irrealizables, como los que se contienen en los programas electorales de los partidos políticos; en otros casos, son parciales y fragmentarios, como los que se establecen en algunos programas presupuestarios; y en otros, finalmente, son rigurosamente inmensurables, por referirse a estados sociales difusos siempre susceptibles de mejora o por depender de la actividad y estímulo de sus destinatarios (por ejemplo, el grado de satisfacción de las necesidades culturales, el índice de éxito escolar o la sensación de una adecuada seguridad ciudadana).

En tanto la ciencia de la organización no experimente progresos sustanciales, por tanto, la percepción de los conceptos de *eficacia* y *eficiencia* debe seguir siendo, como hasta ahora, puramente *intuitiva y aproximativa*; lo cual relativiza muy seriamente su utilidad como parámetros de valoración jurídica.

¿Podemos los juristas aportar un poco más de concreción? Quizá, aunque tampoco podemos ir mucho más allá. En este orden de cosas, me atrevería – no sin cierto sonrojo por las obviedades en que voy a incurrir – a recordar algunos criterios elementales que pueden servir para la medición de los grados de eficacia y eficiencia de una Administración.

El primero de ellos, frecuentemente olvidado, es el de *agilidad y expeditividad.* Si la Administración es, por esencia, un ente servicial, un proveedor de servicios a los ciudadanos, su primer criterio debe ser la adaptación de sus pautas de actuación temporal a las que rigen en el sector de intereses que tiene a su cuidado. En el mundo en que nos ha tocado vivir, el tiempo es un activo tan valioso o más que los recursos financieros (porque, en última instancia, el tiempo cuesta dinero). Y es un hecho universal el que la percepción del tiempo es totalmente distinta en los sectores público y privado: aunque sea una exageración, bien podría decirse que en el sector privado todas las cosas son, como decimos en España, para anteayer, mientras que el sector público, ajeno a estas urgencias, parece vivir *sub specie aeternitatis*, con un *tempo* vital ralentizado. Y no hay Administración que pueda llamarse eficaz que no aborde los problemas de los ciudadanos con la misma urgencia con que éstos la sienten.

El segundo, el criterio de *economicidad en el gasto público.* Aunque las políticas de austeridad de los últimos decenios han minorado en algún grado el problema, es insostenible que, aún hoy, un altísimo porcentaje de los recursos presupuestarios de muchos países se dedique al sostenimiento del aparato público, al pago de los salarios de los servidores públicos y de los gastos generales de la organización administrativa. No podrá hablarse de eficacia y eficiencia de la Administración en tanto ésta no proceda a la eliminación de múltiples actividades de control, tan ávidas consumidoras de recursos como escasamente útiles en la eficacia social de estos controles; y también en tanto no se opte por la externalización de múltiples servicios que entidades y corporaciones sociales pueden llevar a efecto con mucha mayor efectividad y menor coste para el ciudadano. Entiéndase bien: este criterio no expresa, solapadamente, ningún principio neoliberal de reducción de las actividades públicas, que no tienen por qué experimentar ninguna reducción sustancial. Lo único que pretende indicar es que las mismas cosas y más pueden hacerse desde las Administraciones con una ordenación más racional de los recursos humanos y financieros de que disponen.

Tercero, el criterio de *entrega de información a la sociedad civil.* Las Administraciones no son aún conscientes del papel que desempeñan hoy como grandes tenedores y potenciales distribuidores de información, uno de los productos de mayor valor en nuestras sociedades contemporáneas. Aun sin ser conscientes de ello, es evidente que las Administraciones se han convertido en gigantescos servidores de recepción y procesamiento de la información económica y social; relevante la mayor parte de la cual, sin embargo, yace estéril en los archivos administrativos, a pesar de la facilidad con la que dicha información podría ser puesta hoy a disposición general a través de la Red.

Y cuarto y último, el criterio de *flexibilidad y capacidad de gestión del cambio.* Si por algo se caracterizan los tiempos en que vivimos es por la emergencia de un cambio permanente y progresivamente acelerado en todas las necesidades sociales, que plantean necesidades absolutamente nuevas y nuevas técnicas de intervención. El diseño de cualquier Administración que pretenda ser eficaz y eficiente debe partir de la necesidad de dotarse de efectivos y medios que permitan seguir y administrar el cambio; y de adaptarse al mismo en tiempo real, estimulando la capacidad de aprendizaje y de innovación de sus servidores.

3. Los problemas fundamentales del principio de eficacia

Pero, por más sugerentes que puedan ser las ideas que acabo de proponerles (a mi se me antojan auténticas obviedades), podrían reprocharme el que se mueven en el mismo nivel de abstracción que las construcciones propias de la ciencia económica y de la teoría de la organización, a que antes aludí. Y como ese reproche sería certero, debemos ya descender a pie de tierra y referirnos a los problemas y perspectivas concretos (y un tanto vulgares, si se quiere) que plantean a los juristas los principios de eficacia y eficiencia.

En el orden de los problemas, y con objeto de no abusar del tiempo que se me ha confiado y de su paciencia, señalaría dos.

(a) El primero de ellos se refiere a la permanente discusión de *cómo puede compatibilizarse el principio de eficacia con el de legalidad*. Que la convivencia de ambos principios constitucionales ofrece riesgos es, desde luego, la evidencia misma. La eficacia y la eficiencia de la Administración se han convertido en valores prevalentes de una sociedad obsesionada – lógicamente, todo hay que decirlo – por las *performances*, por los resultados. Y ello ha llevado a una muy seria depreciación de los valores jurídicos, a un desprecio por los mismos y, en definitiva, a su postergación en la práctica; los juristas hemos llegado a ser considerados como formalistas entorpecedores, como generadores de problemas más que como proveedores de soluciones (algo a lo que, por cierto, no es ajena la incomprensible hostilidad que los profesionales de la economía sienten y ejercen hacia los juristas en el ámbito público).

Pero, cualquiera que sea la situación del Derecho en la actualidad, lo cierto es que el problema existe; y que la hipervaloración de la eficacia y de los resultados pone en grave riesgo uno de los pilares básicos de nuestras sociedades liberales y democráticas, el sometimiento a la ley y al Derecho y la idea misma de libertad y de respeto a los ciudadanos. Creo, por ello, que no incurro en ningún prejuicio corporativista si afirmo que bajo ningún concepto puede conferirse ni admitirse una prevalencia de la eficacia sobre la legalidad. Si las leyes conducen a resultados ineficaces, cámbiense; pero no se quebranten con la excusa de lograr objetivos. Hablo, por supuesto, en el plano de los planteamientos generales, no de las realidades concretas, en las que es inexcusable admitir un cierto nivel de prevalencia de la eficacia: un tanto humorísticamente, en España decimos que la Administración funciona a golpe de ilegalidades y de malversaciones de fondos (moderadas); no siempre es posible ni aconsejable cumplir estrictamente la ley, y esta es una circunstancia que debemos aceptar pacíficamente. Pero en el orden de los principios la jerarquización debe quedar clara.

No obstante, esta situación de riesgo no ha alcanzado todavía, en mi país al menos, niveles preocupantes. España ha luchado muy duramente, en los últimos tiempos de su historia, por implantar el principio de legalidad, y este sigue conservando una posición de primacía indiscutible. Dicho de otro modo, me sería difícil enumerar alguna posición teórica o alguna decisión judicial que haya legitimado actuaciones claramente ilegales por el solo hecho de ser eficaces.

Pero ello no significa que el principio de eficacia y el de eficiencia queden absolutamente minimizados, porque hay ámbitos de la actuación administrativa donde pueden operar naturalmente: me refiero a los intersticios del principio de legalidad, que son abundantes, y de los que mencionaré ahora sólo tres. Primero, el ámbito, más extenso de lo que se pretende, de las actividades administrativas no sujetas a la regla de vinculación positiva a la ley. Segundo, la determinación del contenido de las decisiones discrecionales (y, entre ellas, los preceptos reglamentarios). Y tercero, el mundo escasamente explorado de las tolerancias y de la selección de los sujetos pasivos de la actuación administrativa, que sólo puede explicarse en base a los principios sobre los que versa mi intervención. Es en estos ámbitos donde la exigencia de eficacia y de eficiencia puede operar con mayor naturalidad, y también donde pueden jugar un papel mayor en el control de las respectivas decisiones de la Administración.

(b) El segundo problema alude al dilema en torno a la *operatividad directa o indirecta de estos principios constitucionales*. En términos más simples: ¿pueden emplearse directamente estas nociones insertas en la Constitución como títulos habilitantes de actuaciones administrativas concretas, o más bien precisan de plasmación en técnicas específicas interpuestas?

La respuesta a este segundo problema se vio enturbiada, en España, por la discusión inicial en torno a la idea de la aplicabilidad inmediata, al carácter *self-executing* de determinadas normas constitucionales denominadas programáticas o simplemente amplias. La hipervaloración, de todo punto necesaria, que la doctrina y el Tribunal Constitucional hicieron de la fuerza de obligar de la Constitución de 1978 llevaron a una afirmación enfática y sin demasiados matices de su carácter inmediato y autoaplicativo. Felizmente, en mi opinión, esta idea maximalista tuvo una pronta corrección en la construcción jurisprudencial de los derechos, instituciones y principios "de configuración legal"; construcción que, en definitiva, suponía interponer necesariamente al legislador entre el texto constitucional y los aplicadores del Derecho, privando a estos últimos de la peligrosa libertad para conferir a los preceptos constitucionales abiertos el contenido que en cada caso les apeteciese o juzgasen oportuno.

Hoy por hoy, en consecuencia, y dejando a un lado la polémica de la aplicabilidad directa o no de todas las normas constitucionales, la tendencia dominante es la concepción de la eficacia como una directiva constitucional, no de aplicación inmediata, sino mediata; un valor que debe ser puesto en práctica a través de instrumentos jurídicos concretos, salvo en los casos específicos que mencioné al referirme al problema anterior. Hay excepciones, desde luego, porque el mismo Tribunal Constitucional ha hecho uso del principio de eficacia de modo directo en algunos casos, con objeto de afirmar la constitucionalidad de determinadas medidas legislativas: así ha sucedido, por ejemplo, con la regulación de las incompatibilidades de los funcionarios (STC 178/1989), con la defensa del principio de autotutela frente a las pretensiones del supuesto carácter suspensivo de todo tipo de recursos (STC 24/1984) y con el establecimiento de técnicas de coordinación y colaboración entre el Estado y las Comunidades Autónomas no previstas en la Constitución (STC 27/1987). En tanto no proliferen, estas excepciones no me parecen alarmantes, porque, en estas decisiones, el Tribunal Constitucional ha empleado el principio de eficacia de forma tópica, como un argumento dialéctico de mero acompañamiento o refuerzo que podría haberse ahorrado sin problema alguno apelando al puro sentido común.

4. Algunas manifestaciones concretas del principio

Con las salvedades antes indicadas, pues, lo más razonable y prudente es que el principio de eficacia como el de eficiencia se vayan haciendo realidad a través de las concretas técnicas que la legislación vaya estableciendo. Y como los ejemplos que pueden citarse son ya numerosos, me limitaré a apuntar unos cuantos al hilo de las diferentes manifestaciones de la actividad administrativa. No quiero aburrirles en exceso, y por ello tendré que omitir todo comentario detallado sobre cada uno de ellos.

(a) *En el plan organizativo*, el principio de eficacia viene jugando un importante papel legitimador, *de facto*, en todo el fenómeno de proliferación de entes administrativos instrumentales, sujetos total o parcialmente al derecho privado en su estructura y en su actividad. Son muy escasas (en número y en contenido) las regulaciones generales de estos nuevos tipos de entes, por lo común creación directa del legislador. Pero no cabe duda que su fundamento último se encuentra en los principios de que venimos hablando. La clásica organización pública y el derecho administrativo se han convertido, para múltiples tipos de actividad, en un insoportable corsé que impide a las Administraciones adaptarse al cambio y actuar con la celeridad que exigen los problemas económicos y sociales.

(b) En el orden de la *regulación de los servidores públicos*, la idea de eficacia ha inspirado cambios profundos en nuestra normativa clásica, entre los que cabe destacar la regla de la movilidad e intercambiabilidad de los funcionarios entre distintas Administraciones y distintos puestos de trabajo y la paulatina modificación de los procedimientos selectivos. No cabe olvidar que importantes tendencias de nuestro empleo público, como es la creciente laboralización, juegan en un sentido inverso (el régimen laboral se está mostrando bastante más rígido que el funcionarial); pero ello pertenece al ámbito de las disfunciones o retrocesos, que también se producen, naturalmente.

(c) Aunque hay aún un largo trecho por recorrer, la idea de eficacia ha hecho también entrada en el *campo de la producción normativa*: no me refiero, por supuesto, a su creciente abundancia, que no precisa de ningún estímulo constitucional (bien al contrario, la misma, y su carácter fuertemente caótico, es una fuente de ineficiencias constantes), sino a la penetración paulatina de la técnica normativa, referida no sólo a la claridad e inteligibilidad de las normas, sino a la medición y valoración de sus consecuencias y efectos sobre los sectores que tratan de regularse. No se trata sólo de asegurar que las normas sean aplicables, realmente aplicadas y, por tanto, eficaces en sentido kelseniano, sino de prever los efectos perversos que una regulación impulsiva puede generar.

(d) Son muy importantes las novedades que la directriz de eficacia ha permitido incorporar a la *regulación de los actos y del procedimiento administrativo*: quizá las más numerosas y relevantes de toda esta enumeración. Además de haber respetado técnicas tradicionales entre nosotros desde hace medio siglo, como la nulidad parcial, la conservación de trámites, la conversión de los actos anulados o la figura de las irregularidades no invalidantes, la legislación de los años 90 ha incorporado innovaciones capitales como son la figura de la terminación convencional de los procedimientos administrativos y, sobre todo, el establecimiento de plazos máximos para dictar resolución (en todo caso) y de las consecuencias del silencio positivo o negativo, o de la caducidad de procedimientos desfavorables, en caso de quebrantamiento de dichos plazos. Estas técnicas, fundamentales por lo mismo que operan sobre el factor tiempo, están pasando por serias dificultades de implantación, generadas por la resistencia de determinadas Administraciones a vivir al ritmo del siglo; pero quiero ser optimista en cuanto a su éxito futuro.

(e) Aunque las posibilidades que el legislador español dispone para innovar en *materia de contratación pública* son escasas (la normativa de la Unión Europea es cada día más invasiva), el principio de eficacia ha jugado un papel determinante para incorporar algunas novedades de interés, como el otorgamiento de carácter preferente a los procedimientos no automáticos de selección del contratista (el concurso es hoy día el procedimiento más común, frente al antiguo predominio de la subasta) o la creciente ampliación de los límites cuantitativos para el empleo de la contratación directa (esto es, sin licitación). Con todo, y por razones que no alcanzo a entender, los procedimientos contractuales públicos siguen siendo hoy, entre nosotros, de los más lentos y menos garantizadores de una correcta ejecución de las obras y servicios públicos.

(f) El incremento exponencial de las *reclamaciones por daños a la Administración* ha convertido lo que en España era un ámbito jurídico-administrativo escasamente problemático en una de las cuestiones más graves que hoy tiene planteado nuestro sector público. El régimen de la responsabilidad patrimonial de la Administración, inexplicablemente copiado por algunos países de este subcontinente, está llegando a ser uno de los agujeros negros de nuestro sistema administrativo y un grave riesgo para la estabilidad de la Hacienda Pública. Las razones de este fenómeno son muy complejas y requerirían de un tiempo del que no dispongo para exponerlas. Me limitaré a mencionar dos aspectos: para empezar por el menos importante, el de los costes de gestión, que está entrañando para las Administraciones la tramitación de los expedientes de responsabilidad patrimonial, con centenares de servidores públicos de alto nivel dedicados exclusivamente (o en una parte sensible de su tiempo de trabajo) a esta tarea absolutamente improductiva; en aplicación del principio de eficacia, este problema se ha paliado parcialmente con la admisión del aseguramiento privado de algunas Administraciones, pero el trecho por recorrer es aún muy largo. Y el segundo aspecto, mucho más preocupante, la absoluta imprevisibilidad de los costes de indemnización por daños generados por la actuación anormal de la Administración Pública; costes que pueden llegar a alcanzar cifras astronómicas, inasumibles para cualquier Hacienda Pública. A mi entender, dichos costes resultarían mucho más contenidos y previsibles en la medida en que la Administración se autoimpusiera parámetros de calidad y eficacia en sus servicios que permitieran medir objetivamente su actuación irregular.

(g) Los sectores propicios a una creciente incorporación de técnicas basadas en el principio de eficacia son muy numerosos. Para no hacer inacabable e insoportable esta exposición, aludiré sólo, para terminar con este punto, a la regulación de los bienes y de las sanciones administrativas. Aunque muy a contrapelo (el peso de los viejos principios es todavía muy fuerte), en el régimen de los bienes parece observarse una cierta tendencia a la ampliación de la categoría de los que nuestro Código Civil sigue llamando bienes patrimoniales, en perjuicio de los demaniales, por la sola razón de que su régimen parcialmente privado permite un mayor número de formas de utilización, mucho más ágiles y eficaces que las clásicas del derecho público, la autorización y la concesión. Y un fenómeno similar se observa en el derecho administrativo sancionador con la implantación de principios, como los de prescripción y de caducidad de los procedimientos, que no obedecen sólo a un ideario garantista de los imputados, sino a estrictas razones de eficacia: una y otra regla fuerzan a las Administraciones no sólo a una persecución y tramitación ágil de las infracciones administrativas, sino a centrarse en infracciones de comisión reciente, las únicas que pueden ser adecuadamente perseguidas, investigadas y sancionadas, y las únicas cuya represión surte algún efecto de prevención especial, en terminología clásica del derecho penal.

Quizá, para los entusiastas de la *performance*, todas estas innovaciones resultarán demasiado modestas y poco ambiciosas. A mi no me lo parecen, sin embargo.

5. El control judicial de la eficacia

Y termino con unas muy breves consideraciones acerca de los problemas que ofrece el control jurídico (y específicamente judicial) de las aplicaciones del principio de eficacia: la hago así no sólo porque soy consciente de que he excedido el tiempo que tengo asignado (yo también tengo el deber de ser eficaz en el sentido temporal), sino porque no cabe decir excesivas cosas interesantes sobre este punto final.

Cuando hablo del control judicial de la eficacia me estoy refiriendo, claro está, al empleo de este parámetro como medio exclusivo de anulación. ¿Cabe anular un acto o reglamento administrativo formalmente ajustados a la ley por ser ineficaces (debo puntualizar: presuntamente ineficaces), esto es, por su inidoneidad intrínseca para surtir los efectos que persiguen? Teóricamente, nada podría objetarse a esta posibilidad: la eficacia es un imperativo que forma parte de una norma jurídica igualmente obligatoria, la Constitución; y si un precepto constitucional cualquiera puede ser empleado como medio de contraste para anular una ley, no se advierte la razón por la que ello no pudiera anularse un acto administrativo ineficaz, y vulnerador por tanto del art. 103.1 de nuestro Texto Fundamental.

Alguien dijo hace años, no obstante, que el sueño de la razón produce monstruos. Y he de serles sincero y decirles que, pese a mi condición de abogado litigador, el razonamiento anterior me estremece: no en sí mismo, sino por sus consecuencias sociales y políticas; y no creo que sea el único a quien afectaría este temor: en la actualidad, la posibilidad de que un fallo judicial de este tenor se produzca en España es mínima. Y la razón de que, felizmente, las cosas sean así es fácilmente comprensible: una gestión directa, expeditiva y discrecional por parte de los jueces del principio de eficacia como técnica de anulación ordinaria de los actos administrativos haría entrar en crisis el sistema de control contencioso tan laboriosamente gestado y evolucionado.

No se trata de catastrofismo gratuito. Los juristas del derecho público jamás deberíamos olvidar aquella genial advertencia de Prosper Weil de que el derecho administrativo es un milagro; un milagro cotidiano, pero siempre una singularidad amenazada de desaparición, porque parece ir contra la naturaleza de las cosas. Es un fenómeno insólito de la hoy denostada cultura occidental el que el poder se someta al control de tribunales independientes; un poder, no lo olvidemos, que es hoy más intenso y robusto que en ningún otra etapa ni ocasión histórica, en todo el mundo; un poder con tendencias autoritarias grabadas genéticamente en su estructura; y un poder que, desgraciadamente, parece estar entrando en un nuevo ciclo secular de reforzamiento e impunidad crecientes. El giro de la política interior norteamericana no es explicable, a mi modesto entender, sólo como una reacción a la brutalidad del 11-9 ni a la incidencia del terrorismo internacional; y no es una mera casualidad que coincida con el resurgimiento de movimientos populistas y autoritarios en todo el mundo, incluso en países de larga tradición democrática (y, aunque decirlo sea absolutamente descortés, este resurgimiento es tan patente como preocupante en el subcontinente en que nos encontramos). En los albores de este nuevo milenio, el horizonte de la libertad empieza a teñirse de nubes negras (ojala sean pasajeras); y, en este contexto, las primeras víctimas de los procesos autoritarios son los sistemas de control de la Administración y del poder.

No son tiempos, me parece, de forzar la máquina en la evolución del sistema de justicia administrativa. Mucho es que el poder haya admitido someterse a un tipo de razonamiento tan poco exacto como es el jurídico. Pero me parece bastante improbable que el mismo poder tolere pacientemente que jueces independientes controlen sus actos utilizando los mismos criterios lábiles de oportunidad que él mismo emplea para adoptar sus decisiones; porque el control de eficacia supone el desplazamiento *de facto* de las potestades decisorias al estamento judicial; su paso, se diría, de un poder responsable ante los ciudadanos (al menos, teóricamente) a otro poder ajeno a todo tipo de responsabilidad. No invento nada. Estos mensajes de moderada protesta (por el momento) se escuchan en todos los países europeos en los que existe control de constitucionalidad de las leyes en los momentos en que los tribunales respectivos han de pronunciarse sobre cuestiones de alto contenido político; y de la protesta a la acción hay sólo un paso; un paso que no consistiría en la supresión pura y dura del sistema de justicia administrativa, pero sí, quizá, en la manipulación de los sistemas de selección de los jueces para convertirlos en apéndices dóciles del poder; ya que han de juzgarnos a nosotros, que sean de los nuestros.

Creo, en resumen, que la utilización de los principios de eficacia y eficiencia, sin más, como técnicas de control judicial constituye un exceso desaconsejable. No cabe, desde luego, excluirlos radicalmente: sería perfectamente posible emplearlos en casos extremos y excepcionales, como los de ineficacia debida a contradicciones lógicas intrínsecas del acto, o los de ineficacia potencial evidente y palmaria (por ejemplo, un contrato administrativo con un plazo de ejecución manifiestamente inviable); y también en los casos en que la eficacia se objetive y se autolimite a través de las técnicas que antes he expuesto a modo de ejemplo. Pero fuera de estos supuestos, pretender ir más allá sería una aventura arriesgada en la que los posibles frutos no compensarían, ni de lejos, sus riesgos.

EJECUCIÓN DE LA SENTENCIA ANULATORIA EN EL CONTENCIOSO ADMINISTRATIVO URUGUAYO*

AUGUSTO DURÁN MARTÍNEZ

Catedrático de Derecho Administrativo en la Facultad de Derecho de la Universidad de la República y en la Facultad de Derecho de la Universidad Católica del Uruguay – Decano Emérito de la Facultad de Derecho de la Universidad Católica del Uruguay

I

1. La lucha por el Estado de Derecho, para su instalación primero y su afianzamiento después, llevó en el mundo occidental a establecer un control jurisdiccional sobre toda la actividad del Estado.

En ese contexto es que debe verse la jurisdicción anulatoria de los actos administrativos.

2. Sin embargo, pese a esos esfuerzos, la ejecución de la sentencia anulatoria de un acto administrativo ha planteado problemas cuando la Administración no cumple espontáneamente. Y esos problemas se agravan cuando la Administración cumple mal la sentencia.

3. Esta situación, que fue una constante en el mundo durante el siglo XIX y casi todo el siglo XX, tiende a mejorar sobre fines del siglo pasado. La evolución al respecto de Francia y España, por ejemplo, es muy elocuente.[1]

Este cambio se produce como consecuencia de la toma de conciencia que existe en la actualidad acerca del valor superlativo de los derechos humanos.

Esa concepción de derechos humanos que comienza a gestarse en el ámbito interno de cada Estado pasa al Derecho Internacional, y de allí retorna y se proyecta con más fuerza sobre los respectivos Derechos internos.

Esa nueva visión provocará así en nuestro tema cambios de singular importancia en el derecho positivo, y cuando el derecho positivo no ha reaccionado lo ha hecho la jurisprudencia.

4. Es que el Estado de Derecho no es un fin en sí mismo, sino un instrumento al servicio de la persona humana.

Queda claro que no hay Estado de Derecho sin control jurisdiccional de las actividades estatales. Ese control jurisdiccional se torna ilusorio si las sentencias contra el Estado no se cumplen. Por tanto, el incumplimiento de las sentencias por parte del Estado configura un grave atentado contra la persona humana.

* Exposición formulada en Montevideo, el 5.9.2007, en el marco de las *Jornadas de Derecho Administrativo* organizadas por el Instituto de Derecho Administrativo de la Facultad de Derecho de la Universidad de la República.

1. A. Durán Martínez, *Ejecución de la Sentencia Anulatoria. Una Mirada al Derecho Comparado con la Preocupación por el Contencioso Administrativo Uruguayo* (en prensa).

La tutela judicial efectiva constituye así un derecho humano que ha provocado una verdadera revolución en nuestro tema.

Precisamente, el art. 24 de la Constitución española de 1978 recogió en forma expresa este derecho[2] y produjo una importantísima jurisprudencia del Tribunal Constitucional que extrajo de este derecho, entre otros, el derecho de ejecución de las sentencias.[3]

En efecto, este Tribunal ha entendido que el derecho a la ejecución de la sentencia "forma parte del derecho a la tutela efectiva, 'ya que, si no fuera así, las decisiones judiciales y los derechos que en ellas se reconocen no serían otra cosa que meras declaraciones de intenciones sin alcance práctico ni efectividad alguna' (SSTC 152/1990, de 4 de octubre [*RTC* 1990, 152] y 107/1992, de 1 de julio [*RTC* 1992, 107])".[4] Y con acierto advirtió además el Tribunal que ese derecho a la ejecución de la sentencia trasciende al interés del justiciable, puesto que hace a la esencia del Estado de Derecho. En tal sentido ha expresado: "'El derecho a la ejecución de sentencias no puede concebirse únicamente como un derecho del particular interesado en la ejecución, sino que también un esencial interés público el que está implicado en ello, como fundamento del Estado de Derecho' (A. 16.7.1991. Ar. 6335)".[5]

Con razón, así, señaló González Pérez: "Para el mantenimiento de la justa paz de la Comunidad, lo que se persigue a través de la función jurisdiccional, no basta que los tribunales dicten sentencia declarando si la pretensión está o no fundada; es necesario que lo mandado en la sentencia sea cumplido. (...). Por eso ha podido afirmarse que la ejecución procesal constituye en cierto sentido el punto culminante de la realización del Derecho".[6]

II

1. Nuestra Constitución nada dice acerca de la ejecución de la sentencia anulatoria de un acto administrativo.

2. Tradicionalmente, nuestro Tribunal de lo Contencioso Administrativo ha adoptado una actitud muy pasiva en materia de ejecución de sentencia, lo que ha despertado importantes cuestionamientos doctrinarios.[7]

Cajarville Peluffo, por ejemplo, ha indicado que, "invocando con inusitado alcance la disposición constitucional que dispone que 'se limitará a apreciar el acto en sí mismo, confirmándolo o anulándolo, sin reformarlo', el Tribunal se ha negado

2. El artículo 24.1 dice: "Todas las personas tienen derecho a obtener la tutela efectiva de los Jueces y Tribunales en el ejercicio de sus derechos e intereses legítimos, sin que, en ningún caso, pueda producirse indefensión."

3. L. Martín Rebollo, *Leyes Administrativas*, 12ª ed., p. 126; F. Cordón Moreno, "El sistema procesal en el marco de la Constitución de 1978", in VV.AA., *20 Años de Ordenamiento Constitucional. Homenaje a Estanislao Aranzadi*, pp. 707 y ss. y p. 213; J. González Pérez, *Ley de la Jurisdicción Contencioso-Administrativa (Jurisprudencia del Tribunal Supremo y del Tribunal Constitucional)*, p. 466.

4. F. Cordón Moreno, "El sistema procesal en el marco de la Constitución de 1978", in VV.AA., *20 Años de Ordenamiento Constitucional. Homenaje a Estanislao Aranzadi*, p. 213.

5. J. González Pérez, *Ley de la Jurisdicción Contencioso-Administrativa (Jurisprudencia del Tribunal Supremo y del Tribunal Constitucional)*, p. 467.

6. J. González Pérez, *Comentarios a la Ley de la Jurisdicción Contencioso-Administrativa*, p. 1.289.

7. C. Vázquez, "Ejecución de la sentencia anulatoria", in *Cuarto Coloquio. Contencioso de Derecho Público, Responsabilidad del Estado y Jurisdicción*, pp. 57 y ss.; J. P. Cajarville Peluffo, *Sobre Derecho Administrativo*, t. II, pp. 577 y ss.; A. Durán Martínez, *Contencioso Administrativo*, pp. 343 y ss., y *Ejecución de la Sentencia Anulatoria. Una Mirada al Derecho Comparado con la Preocupación por el Contencioso Administrativo Uruguayo* (en prensa).

siempre a aplicar los procedimientos de ejecución de sentencias previstos en las normas procesales generales. Sólo admite, a petición de parte, practicar intimación de cumplimiento sin ulteriores consecuencias, y a lo sumo dar cuenta a la Justicia Penal a los efectos pertinentes; ninguna de estas medidas, como es comprensible, suele producir efectos satisfactorios para el actor triunfante".[8]

Lamentablemente, la actitud del Tribunal no quedó en eso.

En efecto, cuando tuvo la oportunidad de elaborar un proyecto de ley, en lugar de aprovechar la vía legislativa para obtener una solución que permitiera tutelar adecuadamente los derechos humanos, como lo hicieron Francia y España, entre otros, optó por congelar su conservadora y poco garantista jurisprudencia.

Véase que el texto propuesto es el siguiente:

"Art. 46º **(Ejecución de sentencias)**. Todos los organismos estatales están obligados a cumplir las sentencias del Tribunal de lo Contencioso Administrativo, del Tribunal de Apelaciones de lo Contencioso Anulatorio y de los Juzgados Letrados de Primera Instancia de lo Contencioso Anulatorio.

"La Administración deberá ejecutar la sentencia anulatoria dentro del plazo de 30 días, desde que quedare firme el fallo respectivo.

"A ese efecto, la Administración deberá extraer todas las consecuencias de la anulación dispuesta, y practicar todos los actos jurídicos y todas las operaciones materiales necesarias para la restauración del orden jurídico violado, con la finalidad de reconstituir la situación que actualmente existiría si el acto anulado nunca hubiese tenido lugar.

"En defecto de lo anterior, el interesado podrá solicitar, y el Tribunal disponer, intimación expresa de ejecución.

"Si la Administración persistiere en no ejecutar lo juzgado, el Tribunal dará cuenta a la jurisdicción penal, a los efectos que pudieren corresponder."

Este texto no solo no agrega nada a lo que ya se puede hacer sin él, sino que puede dar pie a que se interprete que el Tribunal en esta materia solo pueda hacer lo allí previsto y que no se pueda aplicar al respecto las vías procesales comunes previstas en el Código General del Proceso para la ejecución de sentencias. Esto, pues, significa una importante involución. Para una solución legislativa como esta es preferible no hacer nada.

3. Es cierto que en nuestro sistema constitucional la función jurisdiccional corresponde de principio al Poder Judicial. Fuera del Poder Judicial solo puede ejercer legítimamente función jurisdiccional el órgano al cual expresamente la Constitución se la atribuye.[9]

También es cierto que esas disposiciones constitucionales que atribuyen función jurisdiccional a órganos no integrantes del Poder Judicial, por ser excepcionales, son de interpretación estricta.

El Tribunal de lo Contencioso Administrativo no integra el Poder Judicial y ejerce función jurisdiccional, por expresa disposición de la Constitución (arts. 307 y ss.), pero de ello no se sigue la extensión que el Tribunal le ha dado al primer inciso del art. 310 de la Constitución.

Cuando este artículo dice "el Tribunal se limitará a apreciar el acto en sí mismo, confirmándolo o anulándolo, sin reformarlo", impide, es cierto, introducir modificaciones al acto impugnado. Nuestro constituyente se inspiró en el *recurso por exceso de poder francés*, con lo qué con esta fórmula veda al juez administrativo los

8. J. P. Cajarville Peluffo, *Sobre Derecho Administrativo*, t. II, p. 577.

9. A. R. Real, "La función jurisdiccional es privativa del Poder Judicial, salvo excepciones constitucionales expresas", in A. R. Real, *Estudios sobre Derecho Administrativo*, t. II, pp. 267 y ss.

poderes que corresponden en el contencioso de plena jurisdicción. Pero nada impide que en la parte enunciativa de la sentencia se den pautas acerca de cómo se debe ejecutar, como por ejemplo ocurrió en el famoso *arrêt* Rodière francés (CE 26.12.1925).[10] La indicación en la sentencia de cuál es la única solución legítima así como de los contenidos posibles del acto de ejecución no invade la función administrativa.[11] Tampoco la fórmula del art. 310 impide al Tribunal adoptar las medidas de ejecución que correspondan que sean connaturales a la función jurisdiccional. En efecto, si la función jurisdiccional consiste en *juzgar y hacer ejecutar lo juzgado*, como surge claramente de los arts. 2 y 6 de la Ley 15.750, de 24.6.1985 (Ley Orgánica de la Judicatura y de Organización de los Tribunales), sin modificar el acto administrativo impugnado, el Tribunal puede adoptar las medidas conducentes a hacer ejecutar sus sentencias anulatorias si la Administración no lo hace espontáneamente. El art. 310 de la Constitución no impide la adopción de estas medidas.

4. Debe reconocerse que esta reticencia de nuestro Tribunal en lo que refiere a la ejecución de la sentencia no es una cuestión exclusivamente uruguaya. En Francia y España, por ejemplo, existieron dificultades parecidas.

En Francia la jurisprudencia entendía que si la Administración no cumplía espontáneamente el juez del exceso de poder no podía obligarla a ello. La resistencia jurisprudencial se venció con reformas legislativas que facultaron al juez administrativo a dirigir *injonctions* así como imponer *astreintes* (Ley 80-539, de 16.7.1980, y Ley 95-125, de 8.2.1995).

En España la Ley de 26.12.1956 cometía la potestad de ejecutar la sentencia anulatoria al órgano que hubiese dictado el acto anulado (art. 103).

Esta ley fue así un gran escollo para la ejecución de las sentencias contra el Estado.

Pero la Constitución de 1978 no solo recoge en su art. 24 el derecho a la tutela judicial efectiva que sino también, en su art. 117.3, establece: "El ejercicio de la potestad jurisdiccional en todo tipo de procesos, juzgando y haciendo ejecutar lo juzgado corresponde exclusivamente a los juzgados y tribunales determinados por las leyes, según las normas de competencia y procedimiento que las mismas establezcan".

Ante estos nuevos textos se ha entendido que la Constitución modificó profundamente la ley de 1956 en la materia. Claramente corresponde al juez hacer ejecutar lo juzgado como parte del ejercicio de la función jurisdiccional.[12]

Leyendo el art. 103 de la ley de 1956 luego de la Constitución de 1978, "el Tribunal Constitucional ha señalado que la Administración está obligada a ejecutar las sentencias pero que, al ejecutarlas, el órgano administrativo no está ejerciendo, en realidad, una potestad administrativa sino concretando el deber de cumplir los fallos judiciales y colaborando con los tribunales. Cuando se incumpla esa obligación pasado el plazo previsto, el Tribunal debe adoptar sin dilación las medidas que considere procedentes porque es a él a quien constitucionalmente le corresponde ejecutar lo juzgado, pudiendo requerir las colaboraciones que estime precisas de otros entes públicos o personas privadas, en especial del

10. M. Long, P. Weil, G. Brabant, P. Delvolvé y B. Genevois, *Les Grands Arrêts de la Jurisprudence Administrative*, pp. 262 y ss.

11. H. Cassinelli Muñoz, "La función administrativa y los fundamentos de la sentencia anulatoria", *La Revista de Derecho, Jurisprudencia y Administración* 65/226 y ss., 1967; A. Durán Martínez, *Contencioso Administrativo*, pp. 342 y ss.

12. J. González Pérez, *Ley de la Jurisdicción Contencioso-Administrativa (Jurisprudencia del Tribunal Supremo y del Tribunal Constitucional)*, pp. 469 y ss.; L. Martín Rebollo, *Leyes Administrativas*, 12ª ed., p. 167.

Estado, pues la sentencia emana de un poder del Estado. Como última posibilidad puede el Tribunal deducir el tanto de culpa que corresponda por el delito de desobediencia (STC 67/1984, de 7 de junio)".[13]

El Tribunal Constitucional incluso fue más lejos. Sostuvo que no solo compete a los tribunales de toda clase juzgar, sino hacer ejecutar lo juzgado. De tal modo que dichos órganos han de asumir las consecuencias por omisión en el ejercicio de esa asignada potestad cuando la materialización o efectividad de sus mandatos no se produzca, aunque ello obedezca exclusivamente a la pasividad administrativa, principalmente cuando se tenga ocasión de comprobar que la inejecución corresponde a un designio de desobediencia.[14] Claramente el Tribunal Constitucional responsabiliza a los órganos jurisdiccionales por su omisión de hacer ejecutar lo juzgado.

La Ley de la Jurisdicción Contencioso-Administrativa (LJCA) n. 29/1998, de 13 de julio, recoge esta postura. En efecto, el art. 103.1 expresa: "La potestad de hacer ejecutar las sentencias y demás resoluciones judiciales corresponde exclusivamente a los juzgados y tribunales de este orden jurisdiccional, y su ejercicio compete al que haya conocido del asunto en primera o única instancia".

5. Menciono estos ejemplos para mostrar que el mundo ha tropezado con la misma piedra que nuestro país. Y para mostrar que el mundo ha reaccionado, pero nuestro país no.

Se imponen al respecto cambios legislativos. Pero aun sin los cambios, la jurisprudencia mucho puede hacer. El ejemplo de España es elocuente.

III

1. Es cierto que no tenemos las leyes francesas mencionadas ni la Constitución española rige en nuestra *comarca*. Pero, como se ha dicho, el derecho a la tutela judicial efectiva es un derecho humano. Por tanto, se impone a todo nuestro ordenamiento jurídico. Si alguna duda existiere al respecto, el art. 72 de la Constitución sirve para despejar cualquier prejuicio.

Pero, además, no se puede desconocer el art. 25 del Pacto de San José de Costa Rica, que establece:

"**Protección judicial.** 1. Toda persona tiene derecho a un recurso sencillo y rápido o a cualquier otro recurso efectivo ante los jueces o tribunales competentes, que la ampare contra actos que violen sus derechos fundamentales reconocidos por la Constitución, la ley o la presente Convención, aún cuando tal violación sea cometida por personas que actúen en ejercicio de sus funciones oficiales.

"2. Los Estados-Partes se comprometen: a) a garantizar que la autoridad competente prevista por el sistema legal del Estado decidirá sobre los derechos de toda persona que interponga tal recurso; (b) a desarrollar las posibilidades de recurso judicial; y c) a garantizar el cumplimiento, por las autoridades competentes, de toda decisión en que se haya estimado procedente el recurso."

Este artículo de la Convención Interamericana de Derechos Humanos es derecho positivo vigente en nuestro país.

Cuando una convención internacional ratificada en nuestro país reconoce un derecho humano, Cajarville Peluffo ha sostenido que a ese derecho hay que asignarle el valor y fuerza del art. 72 de la Constitución.[15] Per-

13. L. Martín Rebollo, *Leyes Administrativas*, 12ª ed., p. 167.

14. J. González Pérez, *Ley de la Jurisdicción Contencioso-Administrativa (Jurisprudencia del Tribunal Supremo y del Tribunal Constitucional)*, p. 470.

15. J. P. Cajarville Peluffo, "Reflexiones sobre los principios generales de Derecho en la Constitución uruguaya", in H. Barbé Pérez, A. R. Real, J. P. Cajarville Peluffo y D. H. Martins, *Los Principios Generales de Derecho en el Derecho Uruguayo y Comparado*, p. 152.

sonalmente, he entendido que los derechos humanos, todos ellos, son supraconstitucionales;[16] pero por lo menos cabe admitir que tienen rango constitucional, como dice Cajarville Peluffo.

2. Este derecho humano a la tutela judicial efectiva y la naturaleza de la función jurisdiccional que consiste no solo en juzgar sino también en hacer ejecutar lo juzgado habilitan a nuestro Tribunal de lo Contencioso Administrativo a intimar el cumplimiento de las sentencias, a imponer *astreintes* y, en caso de incumplimiento, a disponer las medidas de apremio que correspondan. Y todo ello so riesgo de incurrir en responsabilidad, como lo advirtió lúcidamente el Tribunal Constitucional español. El Tribunal no solo puede sino que debe hacer ejecutar lo juzgado en caso de que sus sentencias no se cumplan espontáneamente.

3. Sin perjuicio de lo expuesto, veremos a continuación, y a la luz de estos principios, las soluciones legislativas existentes al respecto.

IV

1. Sin duda, la fijación de *astreintes* es una vía importante para la ejecución de las sentencias, entre ellas las anulatorias de actos administrativos, cuando sea preciso dictar actos administrativos para un correcto cumplimiento del fallo jurisdiccional.

2. El primer acto legislativo que previó los *astreintes* en nuestro país es el Decreto-ley 14.978, de 14.12.1979.[17]

Sin embargo, su art. 4 exceptuaba su aplicación respecto de las personas de derecho público. En efecto, este artículo decía: "Exceptúanse de la aplicación de esta ley los procesos en los que sean partes las personas jurídicas de derecho público".

Este art. 4 fue expresamente derogado por el Decreto-ley 15.733, de 12.2.1985, con lo qué no hubo obstáculo alguno para imponer *astreintes* para la ejecución de sentencias contra el Estado.

Posteriormente, el art. 374 de la Ley 16.170, de 28.12.1990, complicó las cosas cuando estableció: "Las disposiciones del Decreto-ley n. 14.978, de 14 de diciembre de 1979, no serán aplicables a aquellos procesos en los que sean partes las personas jurídicas de derecho público".

No obstante, adviértase que no es esta la única norma a tener en cuenta. No se pue-

16. A. Durán Martinez, *El Derecho Administrativo entre Legalidad y Derechos Fundamentales* (en prensa).

17. Los aspectos más importantes están en los primeros tres artículos, que dicen:

"Art. 1º. El juez, de oficio o a petición de parte, podrá imponer sanciones pecuniarias conminativas, tendientes a que las partes cumplan sus sentencias.

"La sanción se graduará teniendo en cuenta su finalidad esencial de estímulo para el cumplimiento, la demora de éste y el caudal económico de la parte que deba satisfacerla.

"El juez, de oficio o a petición de parte y según las circunstancias, podrá moderar o suprimir la sanción impuesta.

"Art. 2º. La sanción será independiente del derecho a obtener el resarcimiento del daño.

"Su producto beneficiará a la contraparte del conminado.

"Art. 3º. Cuando lo estime oportuno, de oficio o a petición de parte y comprobada sumariamente la persistencia del incumplimiento, el juez liquidará la sanción a la fecha y autorizará al Alguacil para que haga efectivo el cobro sin demora. Este embargará bienes del deudor en el orden previsto por el art. 881 del Código de Procedimiento Civil, los hará tasar acto continuo por perito y los asignará a un rematador público para que los venda sobre la base de las dos terceras partes del valor de tasación, dando cuenta.

"Si la parte beneficiaria lo solicitar, el importe se adjudicará de inmediato. En su defecto, se depositará en el Banco Hipotecario del Uruguay y en Obligaciones Reajustables, a la orden del juzgado y bajo el rubro de autos, cumpliéndose oportunamente con la adjudicación a que hubiere lugar.

"Los recursos interpuestos contra las decisiones referidas en este artículo no tendrán efecto suspensivo."

de ignorar al respecto el art. 374 del Código General del Proceso. Este art. 374 dice:

"**Conminaciones económicas y personales.** 374.1 En cualquier etapa del proceso y para el cumplimiento de sus providencias, el Tribunal, de oficio o a pedido de parte, podrá adoptar las medidas de conminación o astricción necesarias.

"374.2 Las conminaciones económicas se fijarán por el Tribunal en una cantidad en dinero a pagar por cada día que demore el cumplimiento.

"El Tribunal dispondrá la liquidación de las mismas una vez transcurrido un plazo prudencial. La cuenta pasará al Alguacil del Tribunal, el que embargará bienes del deudor suficientes, los hará tasar por perito que designará y los asignará a un rematador público para su remate por los dos tercios de su valor de tasación, de lo que dará cuenta.

"Las cantidades se fijarán teniendo en cuenta el monto o la naturaleza del asunto y las posibilidades económicas del obligado, de tal manera que signifiquen una efectiva constricción psicológica al cumplimiento dispuesto.

"El Tribunal podrá en cualquier momento, de oficio o a pedido de parte, aumentar, moderar o suprimir la conminación establecida.

"Las cantidades que se paguen pasarán a un Fondo Judicial que será administrado por la Suprema Corte de Justicia.

"374.3 Las conminaciones personales consistirán en el traslado ante el Tribunal por la fuerza pública de los encargados judiciales que no concurran espontáneamente una vez convocados, incluso testigos; así mismo, en el arresto, que no podrá exceder de cuarenta y ocho horas, en los casos que expresamente fije la ley y para la entrega de elementos necesarios para la ejecución dispuesta en la respectiva etapa del proceso.

"374.4 Además de lo anterior, el Tribunal podrá elevar los antecedentes al Tribunal competente, si estimar que la resistencia a la orden judicial puede encuadrar en alguna figura penal."

El Código General del Proceso resulta de aplicación en subsidio en el ámbito del Tribunal de lo Contencioso Administrativo en los aspectos no regulados por el Decreto-ley 15.524, de 9.1.1984, Ley 15.869, de 22.6.1987, y Código de Procedimiento Civil, en lo que no resulte incompatible con el sistema procesal impuesto por estas normas, como ha sostenido correctamente el Tribunal de lo Contencioso Administrativo (Sentencia 183, de 16.7.1991).[18]

Como no hay ningún impedimento en las leyes indicadas para aplicar el art. 374 del Código General del Proceso para ejecutar una sentencia anulatoria, el Tribunal de lo Contencioso Administrativo puede, y debe, proceder a su aplicación.

Véase que el art. 374 de la Ley 16.170 veda la aplicación del Decreto-ley 14.978 con relación al Estado, pero nada dice con relación al art. 374 del Código General del Proceso. Véase además que el régimen de *astreintes* del Decreto-ley 14.978 y el del art. 374 del Código General del Proceso son distintos. Por lo pronto, el destinatario de los *astreintes* en el Decreto-ley 14.978 es la contraparte del conminado; en cambio, en el Código General del Proceso, las cantidades que se paguen pasarán a un Fondo Judicial que será administrado por la Suprema Corte de Justicia. También el procedimiento es distinto.

No procede aplicar el régimen de *astreintes* del Decreto-ley 14.978 ni el procedimiento allí previsto, pues está expresamente vedado por la Ley 16.170, pero corresponde aplicar el del art. 374 del Código General del Proceso. Se aplicará así al respecto el procedimiento previsto en el Código General del Proceso. En cuanto al destino de los *astreintes*, es obvio que no beneficiarán a la contraparte del con-

18. A. Durán Martínez, *Contencioso Administrativo*, p. 308.

minado, puesto que, como se ha dicho, no corresponde a la aplicación del Decreto-ley 14.978. No parecería razonable destinar lo recaudado por concepto de *astreintes* al Fondo Judicial administrado por la Suprema Corte de Justicia ya que, en la especie, no estamos en el ámbito del Poder Judicial sino en el del Tribunal de lo Contencioso Administrativo. Lo razonable sería destinar el producido de los *astreintes* al propio Tribunal de lo Contencioso Administrativo. El fundamento de la solución prevista en el art. 374 del Código General del Proceso lleva a la ahora propuesta.

Una interpretación *desde* los derechos humanos impone esta solución. Ante dos soluciones posibles, una que lleva a tutelar los derechos humanos y otra que lleva a desconocerlos, corresponde la primera. La interpretación ahora preconizada es la única conforme al derecho a la tutela judicial efectiva.

3. El art. 112 de la ley española, en redacción dada por el art. 86.2 de la Ley 62/2003, de 30 de diciembre, faculta a los órganos jurisdiccionales de ejecución de sentencias contra el Estado previstos a imponer multa coercitiva a las autoridades, funcionarios o agentes que incumplan los requerimientos del juzgado, o de la sala actuante, así como a reiterar estas multas hasta la completa ejecución del fallo judicial, sin perjuicio de otras responsabilidades que se puedan comprometer.

La legislación española permite así la aplicación de *astreintes* no solo a la Administración sino también a los funcionarios responsables de la ejecución de las sentencias, sin perjuicio de las distintas responsabilidades que puedan verse comprometidas.

Tal solución parece buena. Sería deseable su instrumentación en nuestro derecho positivo. No obstante, estimo que sin ley no sería posible aplicar *astreintes* a los funcionarios. En el estado actual de nuestro derecho positivo, los *astreintes* en el marco de la ejecución de sentencias anulatorias solo se pueden fijar respecto del Estado, pero no respecto de los funcionarios.

V

1. Determinada así la procedencia de la fijación de *astreintes* por parte del Tribunal de lo Contencioso Administrativo a fin de hacer ejecutar la sentencia anulatoria, otro problema sale al paso. ¿Qué ocurre si la Administración no cumple la sentencia y tampoco paga *astreintes*? ¿Es posible proceder al embargo de bienes estatales y a su ejecución forzosa?

No es este un problema exclusivamente uruguayo; el mundo tropezó también con la misma piedra.

2. El art. 118 de la Constitución española vigente establece: " Es obligado cumplir las sentencias y demás resoluciones firmes de los jueces y tribunales, así como prestar la colaboración requerida por éstos en el curso del proceso y en la ejecución de lo resuelto".

De este artículo, del art. 117.3 ya aludido, que considera que la función jurisdiccional consiste en juzgar y hacer ejecutar lo juzgado y que corresponde a los órganos jurisdiccionales y, por sobre todo, del art. 24.1, que recoge el derecho a la tutela judicial efectiva, el Tribunal Constitucional extrajo la inconstitucionalidad de la tradicional inembargabilidad de los bienes del Estado (STC 166/1998, de 15 de julio).

El Tribunal Constitucional partió de la distinción entre bienes dominiales y patrimoniales. Entendió que la inembargabilidad de todos los bienes, incluidos los no afectados naturalmente a un uso o servicio público, no puede considerarse razonable desde la perspectiva del derecho a la ejecución de las resoluciones judiciales que el art. 24.1 de la Constitución reconoce y garantiza. Admitió así el embargo de bienes patrimoniales excluyendo los dominiales, los comunales y aquellos naturalmente afectados a un uso o servicio público.

Luego de esta sentencia, la nueva legislación acogió esta jurisprudencia constitucional, con lo qué se levantó un importantísimo obstáculo para la ejecución de las sentencias contra el Estado.[19]

3. Por su parte, la Corte Europea de los Derechos del Hombre, en el *arrêt* Hornsby contra Grecia, de 1997, consideró que la improcedencia de los embargos contra el Estado dispuesta por ciertas leyes era contraria al principio de igualdad recogido en el art. 6 de la Convención Europea de los Derechos del Hombre.[20]

Por cierto que resulta ocioso destacar la importancia de este pronunciamiento jurisdiccional.

4. En nuestro país, el Código General del Proceso, en su art. 381, al mencionar los bienes inembargables, en su numeral 8, incluye "las propiedades y rentas públicas y municipales".

Esta norma, que repugna a los espíritus más esclarecidos, alentó inteligentes intentos doctrinarios y jurisprudenciales para acotar sus alcances.[21]

Esta solución es un resabio de posturas legislativas provenientes del siglo XIX que no se adecuan al régimen imperante en el siglo XXI.

La inembargabilidad de los bienes estatales aparece por primera vez en nuestro país en plena época del Estado Liberal de Derecho. El Estado, al no intervenir en el mercado, no competía con los particulares, con lo qué no se planteaban problemas en este punto de cara al derecho de la competencia, que quedaba relegado al ámbito privado.

Con el advenimiento del Estado Benefactor, el Estado interviene en el mercado vendiendo bienes y prestando servicios; y, cuando lo hace, en general desplaza al particular. Por esta razón, tampoco se producen problemas con relación al derecho de la competencia.

Pero cuando desaparece el Estado de Bienestar, y la ley impone el derecho de la competencia para todas las personas, cualquiera sea su naturaleza, que actúen en el mercado, primero por los arts.13 y ss. de la Ley 17.243, de 29.6.2000, y luego, con más profundidad, por la Ley 18.159, de 20.7.2007, el desajuste es manifiesto. No es posible que una persona que actúe en régimen de competencia si no cumple con sus obligaciones pueda ser embargada y ejecutada y otra no. La violación al principio de igualdad que señalaba la Corte Europea de los Derechos del Hombre en el *arrêt* Hornsby contra Grecia (1997) se produce también en esta solución uruguaya.

Este artículo fue objeto de una interpretación legislativa que en un sentido mejora las cosas pero en otro las empeora. En efecto, el art.478 de la Ley 17.930, de 19.12.2005, en su segundo inciso, estableció: "Declárase (...) que la expresión 'propiedades y rentas públicas y municipales', utilizada en el (...) art. 381 numeral 8º del Código General del Proceso, comprende toda clase de bienes, cuentas o créditos del Estado o de los Municipios (art. 460 del Código Civil)".

Véase que la ley refiere al Estado y a los Municipios. Es obvio que el término "Municipio" no está tomado en su sentido técnico jurídico,[22] sino como sinónimo de

19. L. Martín Rebollo, "1978-1998: 20 años de derecho administrativo post constitucional", in VV.AA., *20 Años de Ordenamiento Constitucional. Homenaje a Estanislao Aranzadi*, pp. 258 y ss., y *Leyes Administrativas*, 12ª ed., p. 167.

20. J. P. Costa, "L'exécution des décisions juridictionnelles", *La Revue Administrative* 52ᵉ Année, n. spécial 1/1999, *Évolutions et Révolutions des Contentieux Administratifs*, pp. 69 y 75.

21. E. Ettlin e D. González Langone, "Embargo al Estado y a los gobiernos departamentales para el cumplimiento forzoso de las sentencias en condena a pagar sumas de dinero", *La Justicia Uruguaya* 129, Año 2004, D, pp. 15 y ss.

22. A. Durán Martínez, "Los gobiernos departamentales en la perspectiva de la reforma constitucional de 1997", in *Estudios de Derecho Público*, vol. I, pp. 295 y ss.

gobierno departamental, ya que son estos los que poseen personería jurídica, y no los Municipios. Pero cualquiera sea el significado que se le deba dar aquí al término "Municipio", queda claro que el término "Estado" debe tomarse en su sentido restringido, comprendiendo únicamente a la persona pública estatal mayor.

Si la palabra "Estado" se debe tomar en sentido restringido, no quedan comprendidos en esta norma los entes autónomos y servicios descentralizados. Por tanto, los bienes de estos no quedan alcanzados por la inembargabilidad. Como la inembargabilidad es una medida de excepción, es de interpretación estricta; por tanto, al no quedar comprendidos los bienes de los entes autónomos y de los servicios descentralizados entre aquellos que la ley considera inembargables, pueden ser embargados. En principio todo bien es embargable; para que no lo sea se requiere una disposición legal que expresamente así lo establezca. Con esta ley queda claro que los bienes de los entes autónomos y servicios descentralizados no figuran entre los inembargables.

El aspecto positivo de esta ley es que despeja toda duda respecto a la posibilidad de embargar y ejecutar bienes de entes autónomos y servicios descentralizados. El aspecto negativo es que con relación a los bienes del Estado y de los gobiernos departamentales se entorpecen los esfuerzos doctrinarios tendientes a encontrar una solución más acorde a los derechos humanos.

Precisamente desde esta perspectiva es que hay que abordar la cuestión. Desde el momento que el art. 25 del Pacto de San José de Costa Rica recoge el derecho a la tutela judicial efectiva; desde el momento que este derecho es considerado sin duda alguna un derecho humano; desde el momento que los derechos humanos están comprendidos en el art. 72 de la Constitución, por lo qué gozan del mismo sistema de protección que las normas constitucionales, la ley que dispone la indiscriminada inembargabilidad de los bienes del Estado y de los gobiernos departamentales sin distinguir, como se hace en España, entre bienes del dominio público y los de dominio privado del Estado adolece de una clara inconstitucionalidad y así debe ser declarada por la Suprema Corte de Justicia.

Esa inconstitucionalidad se produce por desconocimiento del derecho a la tutela judicial efectiva, y en las actividades regidas por el derecho de la competencia, además, por desconocimiento del principio de igualdad.

VI

1. En suma, conforme a lo expresado, el Tribunal de lo Contencioso Administrativo no solo puede, sino que debe, hacer ejecutar lo juzgado en ejercicio natural de la función jurisdiccional asignada por la Constitución de la República.

2. En tal caso, de no cumplir espontáneamente la Administración una sentencia anulatoria al omitir dictar los actos de ejecución necesarios, el Tribunal puede conminarla a ello e imponer, incluso, *astreintes*.

3. De persistir el incumplimiento, el Tribunal puede, para el cobro de los *astreintes*, si la entidad demandada es un ente autónomo o servicio descentralizado, embargar y ejecutar sus bienes. Si el demandado es el Estado o un gobierno departamental, este embargo y ejecución solo podrían efectuarse en caso de bienes del dominio privado, previa declaración de inconstitucionalidad del numeral 8º del art. 381 del Código General del Proceso y del segundo inciso del art. 478 de la Ley 17.930, ya citada, lo que podrá plantearse por cualquiera de las vías previstas en la Constitución, incluso en el mismo procedimiento de ejecución.

4. Estas potestades del Tribunal de lo Contencioso Administrativo se derivan, como se ha dicho, de la esencia misma de la función jurisdiccional que la Constitución le ha asignado y se fundamentan en el derecho humano a la tutela judicial efectiva.

El fundamento de derecho positivo del derecho a la tutela judicial efectiva radica en el art. 72 de la Constitución y art. 25 del Pacto de San José de Costa Rica. La potestad jurisdiccional del Tribunal de lo Contencioso Administrativo surge de los arts. 307 y ss. de la Constitución de la República. La potestad de hacer ejecutar lo juzgado, que posee el Tribunal de lo Contencioso Administrativo, como inherente a la función jurisdiccional, se desprende de la interpretación armónica de los arts. 1, 2 y 6 de la Ley 15.750, de 24.6.1986. La potestad de aplicar *astreintes* surge del art. 374 del Código General del Proceso. La posibilidad de embargar y ejecutar bienes de los entes autónomos y servicios descentralizados se desprende del art. 478 de la Ley 17.930, de 19.12.2005. La posibilidad de embargar bienes del Estado y de los gobiernos departamentales que no sean del dominio público deriva de la inconstitucionalidad del numeral 8º del art. 381 del Código General del Proceso y del art. 478 de la Ley 17.930, en cuanto descarta tales embargos, por clara violación al derecho a la tutela judicial efectiva y también, por lo menos en algunos casos, por violación al principio de igualdad.

5. La misión primordial del juez radica en resolver un conflicto concreto. Pero si lo hace bien cumple una importantísima función educativa.

El día en que el Tribunal de lo Contencioso Administrativo fije *astreintes* ante la omisión de la Administración de cumplir una de sus sentencias y, ante la persistencia de ese incumplimiento, embargue y ejecute para cobrar esas *astreintes*, habrá prestado al Estado de Derecho el servicio más grande de los brindados desde su creación en 1952.

Referencias bibliográficas

BARBÉ PÉREZ, H., *et alii. Los Principios Generales de Derecho en el Derecho Uruguayo y Comparado*. Montevideo, FCU, 2001.

BRABANT, G., *et alii. Les Grands Arrêts de la Jurisprudence Administrative*. París, Dalloz, 1999.

CAJARVILLE PELUFFO, J. P. "Reflexiones sobre los principios generales de Derecho en la Constitución uruguaya". In: BARBÉ PÉREZ, H., CAJARVILLE PELUFFO J. P., MARTINS, D. H., y REAL, A. R. *Los Principios Generales de Derecho en el Derecho Uruguayo y Comparado*, Montevideo, FCU, 2001.

———. *Sobre Derecho Administrativo*. t. II. Montevideo, FCU, 2007.

———, *et alii. Los Principios Generales de Derecho en el Derecho Uruguayo y Comparado*. Montevideo, FCU, 2001.

CASSINELLI MUÑOZ, H. "La función administrativa y los fundamentos de la sentencia anulatoria". *La Revista de Derecho, Jurisprudencia y Administración* 65/226 y ss. 1967.

CORDÓN MORENO, F. "El sistema procesal en el marco de la Constitución de 1978". In: VV.AA. *20 Años de Ordenamiento Constitucional. Homenaje a Estanislao Aranzadi*. Navarra, Aranzadi Editorial, 1999.

COSTA, J. P. "L'exécution des décisions juridictionnelles". *La Revue Administrative*. 52ᵉ Année. N. Spécial 1 (*Évolutions et Révolutions des Contentieux Administratifs*). Paris, Presses Universitaires de France, 1999.

DELVOLVÉ, P., *et alii. Les Grands Arrêts de la Jurisprudence Administrative*. París, Dalloz, 1999.

DURÁN MARTÍNEZ, A. *Contencioso Administrativo*. Montevideo, FCU, 2007.

———. *El Derecho Administrativo entre Legalidad y Derechos Fundamentales* (en prensa).

———. *Ejecución de la Sentencia Anulatoria. Una Mirada al Derecho Comparado con la Preocupación por el Contencioso Administrativo Uruguayo* (en prensa).

———. "Los gobiernos departamentales en la perspectiva de la reforma constitucional de 1997". In: *Estudios de Derecho Público*. vol. I. Montevideo, 2004.

ETTLIN E., e GONZÁLEZ LANGONE, D. "Embargo al Estado y a los gobiernos departamentales para el cumplimiento forzoso de las sentencias en condena a pagar sumas de dinero". *La Justicia Uruguaya* 129. Año 2004, D.

GENEVOIS, B., *et alii. Les Grands Arrêts de la Jurisprudence Administrative*. París, Dalloz, 1999.

GONZÁLEZ LANGONE, D., e ETTLIN, E. "Embargo al Estado y a los gobiernos departamentales para el cumplimiento forzoso de las sentencias en condena a pagar sumas de dinero". *La Justicia Uruguaya* 129. Año 2004, D.

GONZÁLEZ PÉREZ, J. *Comentarios a la Ley de la Jurisdicción Contencioso-Administrativa*. Madrid, Civitas, 1994.

————. *Ley de la Jurisdicción Contencioso-Administrativa (Jurisprudencia del Tribunal Supremo y del Tribunal Constitucional)*. Madrid, Civitas, 1992.

LONG, M., *et alii*. *Les Grands Arrêts de la Jurisprudence Administrative*. París, Dalloz, 1999.

MARTÍN REBOLLO, L. *Leyes Administrativas*, 12ª ed. Navarra, Thomson-Aranzadi, 2006.

————. "1978-1998: 20 años de derecho administrativo post constitucional". In: VV.AA. *20 Años de Ordenamiento Constitucional. Homenaje a Estanislao Aranzadi*. Navarra, Aranzadi Editorial, 1999.

MARTINS, D. H., *et alii*. *Los Principios Generales de Derecho en el Derecho Uruguayo y Comparado*. Montevideo, FCU, 2001.

REAL, A. R. "La función jurisdiccional es privativa del Poder Judicial, salvo excepciones constitucionales expresas". In: REAL, A. R. *Estudios sobre Derecho Administrativo*. t. II. Montevideo, Centro Estudiantes de Derecho, 1967.

————, *et alii*. *Los Principios Generales de Derecho en el Derecho Uruguayo y Comparado*. Montevideo, FCU, 2001.

VÁZQUEZ, C. "Ejecución de la sentencia anulatoria". *Cuarto Coloquio. Contencioso de Derecho Público, Responsabilidad del Estado y Jurisdicción*. Montevideo, Editorial Nueva Jurídica, 1998.

WEIL, P., *et alii*. *Les Grands Arrêts de la Jurisprudence Administrative*. París, Dalloz, 1999.

IMÓVEL RURAL E A CHAMADA "RESERVA LEGAL"

Celso Antônio Bandeira de Mello

Professor Titular de Direito Administrativoda Faculdade de Direito da PUC/SP

1. O tema da chamada "reserva legal", exigível em relação aos imóveis rurais, suscita várias questões cujas respostas ainda não estão plenamente pacificadas entre nós. Dentre elas, as principais, possivelmente, são as que concernem à determinação da área sobre que incide a chamada "reserva legal" de 20% e à determinação de quais os proprietários rurais alcançados pela imposição; a relativa à possibilidade de legislação superveniente desconsiderar o efetivo aproveitamento econômico do imóvel rural, efetuado na conformidade da lei do tempo, para fins de determinação de uma reserva de 20% inclusiva de área já utilizada com fins agrícolas ou pastoris e votada a tal destinação; e, finalmente, à questão de se saber se é constitucional a imposição de reflorestamento a quem não foi responsável pela supressão da vegetação que deveria ter sido preservada. São estes os tópicos que nos parece merecem maior atenção, e é deles que nos vamos ocupar em seguida.

2. Não é nova a preocupação legislativa em preservar uma certa cobertura vegetal nas áreas rurais. Assim, o Código Florestal de 1934, precedente ao que hoje vige, e que então era o Decreto 23.793, de 23 de janeiro, determinava, em seu art. 23, que se conservasse um quarto das matas encontráveis no imóvel rural. De fato, nele se permitia que fossem abatidas até três quartas partes da vegetação existente, mas por vegetação se queria dizer "matas". É o que resultava do *caput*, que falava em "terras cobertas de matas", e do § 2º do mesmo artigo, segundo o qual, antes de se iniciar a derrubada, o proprietário deveria dar ciência à autoridade competente para que esta determinasse "a parte das matas" que seria conservada.

Deveras, os preceptivos citados assim rezavam:

"Art. 23. Nenhum proprietário de terras cobertas de matas poderá abater mais de três quartas partes da vegetação existente, salvo o disposto nos arts. 24, 31 e 52.

"(...).

"§ 2º. Antes de iniciar a derrubada, com a antecedência mínima de 30 (trinta) dias, o proprietário dará ciência de sua intenção à autoridade competente, a fim de que esta determine a parte das matas que será conservada."

À época ainda não havia distinção entre a *área de preservação permanente* e a *área de reserva legal*. Nem haviam sido cunhados estes termos, de tal sorte que a proteção vegetal mencionada abrangia ambas as espécies, ulteriormente discriminadas pelas normas legais pertinentes.

3. Sem embargo, como logo se verá, em tema de *área de reserva legal* há um ponto em comum entre as disposições do sobredito Código e toda a legislação ulteriormente expedida. A saber: tanto ele como o Código Florestal de 1965 – isto é, a Lei 4.717, de 15 de setembro daquele ano, seja em sua redação original, seja com a que lhe foi dada por sucessivos diplomas normativos, o último dos quais foi a Medida Provisória 2.166, de 24.8.2001 – sempre e sempre estiveram reportados à conservação de um porcentual da ***área recoberta por certa vegetação preexistente*** *e não a um porcentual da área do imóvel.*

Basta um pouco de atenção na leitura dos vários diplomas sucessivos para se perceber ser esta, para além de qualquer dúvida ou entredúvida, a orientação normativa.

Como se viu, o art. 23 falava em proibição de abater três quartas partes "da vegetação". Ou seja, o referencial não era a área do imóvel, mas a *área coberta de vegetação.*

Quando sobrevém a Lei 4.717 – ou seja, o Código Florestal de 15.9.1965, ainda hoje em vigor, com as alterações sucessivas –, seu art. 16, que é o que cogita das áreas reservadas, adota o mesmo critério identificador dos espaços a serem protegidos. Deveras, o preceptivo em questão declara que as *derrubadas* de florestas nativas, primitivas ou regeneradas só serão permitidas uma vez respeitado o limite mínimo de 20% da área de cada propriedade "com cobertura arbórea". É dizer: o que entra em pauta são derrubadas de cobertura arbórea desde que sejam conservados 20% dela. Com efeito, o mencionado art. 16 reza: "Art. 16. As florestas de domínio privado, não sujeitas ao regime de utilização limitada e ressalvadas as de preservação permanente, previstas nos arts. 2º e 3º desta Lei, são suscetíveis de exploração, obedecidas as seguintes restrições: a) nas regiões Leste Meridional, Sul e Centro-Oeste, esta na parte sul, as derrubadas de florestas nativas, primitivas ou regeneradas *só serão permitidas desde que seja, em qualquer caso, respeitado o limite mínimo de 20% (vinte por cento) da área de cada propriedade com cobertura arbórea localizada*, a critério da autoridade competente; (...)" (grifamos).

Logo, os 20% referidos na lei estão reportados a 20% da área que tenha dita cobertura, e não 20% de toda a propriedade, pois do que se trata é de *permitir derrubadas de florestas até um certo limite da quantidade de florestas existentes*. Por isto, aliás, falou-se em 20% da área da propriedade *com cobertura arbórea* localizada. Não haveria necessidade de mencionar, ao final, cobertura "arbórea", a menos que fosse para especificar de que 20% se tratava, pois antes já se falara em derrubada de floresta. Ou seja, se fora para se referir a 20% da propriedade, seria o caso de dizer: "respeitado o limite mínimo de 20% da área de cada propriedade", e não o da área "com cobertura arbórea" localizada.

4. Estes mesmos 20%, que passaram a ser denominados "reserva legal" a partir da Lei 7.803, de 18.7.1989, *ex vi* do § 3º, acrescentado por ela ao art. 16 do Código, continuaram a ser computados sobre dada *cobertura vegetal*, porquanto a alínea "a" não foi bulida. Sem embargo, o que se alterou foi a incidência dos 20%. É que até esta lei se haveria de entender como "cobertura arbórea" a "área florestada", pois em linguagem corrente é o que dali resultaria. Sem embargo, a partir da lei as "áreas de cerrado" também foram abrangidas na noção de "cobertura arbórea", em decorrência do § 3º, também por ela acrescentado ao art. 16.

O aludido critério de calcular a reserva legal sobre a área dotada de uma certa cobertura vegetal, e não sobre toda a área da propriedade, *jamais* foi alterado, vindo a se tornar até mesmo mais claro e explícito quanto a isto; alterou-se – isto, sim –, ao longo do tempo, a índole da cobertura vegetal, conforme se assinalou.

5. Assim, em 26.5.2000, com a sobrevinda da Medida Provisória 1.956-50, foi modificada a redação do art. 16. Seus termos passaram a ser os seguintes: "Art. 16. As florestas e outras formas de vegetação nativa, ressalvadas as situadas em áreas de preservação permanente, assim como aquelas não sujeitas ao regime de utilização limitada ou objeto de legislação específica, *são suscetíveis de supressão*, desde que sejam *mantidos*, a título de reserva legal, no mínimo: I – 80% (oitenta por cento), na propriedade rural situada em área de floresta localizada na Amazônia Legal; II – 35% (trinta e cinco por cento), na propriedade rural situada em área de cerrado, localizada na Amazônia Legal, sendo no mínimo 20% (vinte por cento) na propriedade e 15% (quinze por cento) na forma de compensação em outra área , desde que esteja localizada na mesma microbacia, e seja averbada nos termos do § 7º deste artigo; III – 20% (vinte por cento), na propriedade rural situada em área de floresta ou outras formas de vegetação nativa localizada nas demais regiões do país; e IV – 20% (vinte por cento), na propriedade rural em área de campos gerais localizada em qualquer região do país" (grifamos).

De um lado, verifica-se que, ao tratar das propriedades rurais fora da Amazônia Legal, admitiu-se a supressão da cobertura vegetal desde que mantidos, como reserva legal, 20% de floresta *ou outras formas de vegetação nativa*, ou seja, não mais apenas florestas e cerrado.

Por outro lado, ficou ainda mais visível que o porcentual a ser conservado calculava-se sobre a área recoberta pela vegetação em apreço. É que a lei fala em permitir a supressão de florestas e outras formas de vegetação nativa, mantida uma reserva de 20%. Não disse 20% da propriedade. Vinte por cento de quê, então? Não tendo dito de quê, obviamente, é 20% *delas* (*florestas ou outras formas de vegetação nativa, pois é delas que a lei está falando para fins de autorizar supressão*). Por isto, em seguida, a lei não diz "*da* propriedade", pois não se tratava de 20% *da* propriedade, mas diz "*na* propriedade" (sita em área cuja cobertura seja de floresta ou de outra vegetação nativas ou em área de campos gerais).

Esta mesma redação foi conservada nas ulteriores medidas provisórias que alteraram dispositivos do Código, isto é, as Medidas Provisórias 2.080-58, de 27.12.2000, e 2.166-67, de 24.8.2001, que é a última delas – sendo, portanto, esta a vigente redação do Código Florestal.

6. Vê-se, pois, que no Direito Brasileiro a regra sempre foi a de permitir o corte de *vegetação nativa* sempre que preservado um certo percentual dela. Desde o Código Florestal de 1965 este percentual é de 20% nos imóveis rurais das regiões Leste Meridional, Sul e na parte sul da região Centro-Oeste do país.

7. Conforme se anotou, de início a vegetação preservável, sobre a qual se computava o porcentual que viria a ser chamado de *reserva legal* era a área recoberta de *florestas*. Assim foi ao tempo do Código de 1934 e na redação original do Código de 1965 (art. 16, "a") até a edição da Lei 7.803, de 18.7.1989. Até então, no imóvel rural onde não houvesse florestas nada havia a reservar. Com a sobrevinda da mencionada lei, no âmbito da cobertura reservada foi incluída a *área de cerrado* (§ 3º do art. 16, então acrescentado). Ou seja: também esta vegetação passou a ser reservável. Mais tarde, com o advento da Medida Provisória 1.956-50, de 26.5.2000, expandiu-se muito a área a ser conservada a título de reserva legal, pois o art. 16 passou a mencionar também "outras formas de vegetação nativa", e explicitamente os "campos gerais".

É claro, todavia, que, por muito que tivesse sido ampliada a área selecionada para embasar os 20% reserváveis, ela só tomava em conta a de "vegetação nativa", e não a de vegetação plantada; ou seja: *onde não houvesse vegetação nativa não haveria cogitar de reserva legal.*

Em suma: a área de reserva jamais disse respeito a qualquer cobertura vegetal, mas ao longo do tempo tomou em conta – aliás, expansivamente – diferentes espécies de vegetação, acabando por se fixar sobre qualquer forma de vegetação *nativa*. Em conseqüência, a obrigação de conservar dita reserva não era imponível a todo e qualquer proprietário de imóvel rural, mas só àqueles cujos imóveis tinham, na conformidade da legislação então vigente, uma certa cobertura vegetal. Esta somente a partir de 26.5.2000 passou a compreender qualquer espécie de vegetação, porém apenas se estivesse em causa *vegetação nativa*.

8. É bem de ver que se um proprietário se utilizou de seu imóvel rural na conformidade da lei do tempo, isto é, sem à época desrespeitar as normas vigentes concernentes à reserva legal, o uso feito, o aproveitamento econômico *efetivo efetuado*, evidentemente terá correspondido a uma atuação legítima. Dessarte, haverá atuado com a proteção do Direito, haurindo, de conseguinte, o asseguramento da correspondente extensão proveitosa, a qual exibia-se como mero correspectivo de seu direito de propriedade, cuja compostura, então, concretizou-se, a final, na extensão do uso efetivo que legitimamente lhe deu. Quer-se dizer: o comprometimento *efetivo* da área do imóvel rural, para fins de sacar dele o proveito econômico possível, toda vez que for feito sem violação de lei, define daí para o futuro a amplitude da expressão deste direito.

Uma comparação permitirá verificar que esta é a solução que o sistema jurídico adota em situações deste jaez.

Se alguém possui um imóvel em área urbana, sua utilização só pode ser feita na conformidade das leis urbanísticas e edilícias existentes. Se não efetuou qualquer construção no terreno e sobrevém legislação nova, a ela terá de se conformar, não lhe assistindo argüir que a legislação anterior, vigente quando o adquiriu, lhe ensejava utilização mais ampla. Assim também, se edificou na conformidade de coeficientes inferiores aos que então eram permitidos, não poderá depois, em face de leis mais restritivas, para delas se eximir, aduzir que poderia ter se servido com maior largueza das possibilidades construtivas dantes vigorantes.

Entretanto, se edificou valendo-se na íntegra das possibilidades construtivas vigentes, ou mesmo se iniciou a construção com base em planta aprovada que implicava uma dada utilização completa destas possibilidades, a legislação superveniente não poderá afetar o direito do proprietário, *pois já haverá se tornado um direito adquirido*. Isto é, nem lhe poderá ser exigida a alteração do que já fora construído, *sub color* de que deverá ajustar-se aos padrões da lei nova, e nem mesmo poderá ser impedida a edificação já iniciada na conformidade de licença de edificar expedida com base na legislação urbanística e/ou edilícia então vigente. Esta é noção corrente e moente entre os especialistas e sufragada unanimemente pelo Poder Judiciário.

9. Não se diga que no caso de edificação efetuada seria realmente chocante exigir que fosse destruída ou parcialmente destruída, conforme o caso, pois a edificação é algo definitivo, ao passo que o mesmo não se dá com o plantio de uma cultura agrícola, que poderia ser desativada após a safra ou com o aproveitamento pastoril a que se poderia conferir tratamento similar. Mesmo prescindindo-se do fato de que o argumento imaginado não daria conta do caso em que ainda não há edificação *e no qual já se reconhece existência de direito adquirido a partir do início da obra licenciada*, sua inconsistência advém de presumir temporariedade de destinação econômica a partir da temporariedade de safra. Tão definitiva quanto uma edificação é a destinação econômica que se dá a uma certa área de um imóvel rural.

O investimento que ali se faz em uma plantação qualquer ou na implantação e manutenção de um pasto não é para ser abandonado depois da colheita ou da venda de uma geração de animais ali criados, gerados ou engordados. De resto, muitas vezes são necessárias safras sucessivas ou utilizações pastoris sucessivas para produzir uma rentabilidade que justifique o porte do investimento.

De toda sorte, o fato é que o espaço físico trabalhado pelo engenho humano é votado desde então, dali para o futuro, à captação de um proveito econômico que é o correlato da fruição, seja pessoal, seja pela lucratividade, proporcionada pela edificação em imóvel urbano. Assim, em um e outro caso existe uma certa definitividade, que não é a de uma perenidade da matéria – inexistente em ambas as situações –, mas a da preposição do bem a uma função expressiva da dominialidade, a qual vem a assumir caráter de concreção no momento em que se promove seu *efetivo aproveitamento*.

Por força disto, lei ulterior que restrinja a liberdade da utilização de imóvel rural em função da chamada reserva legal não pode afetar a extensão da disponibilidade do proprietário sobre as áreas já dantes comprometidas com uma efetiva utilização econômica.

10. Todas estas considerações que ora foram feitas, em rigor, são despiciendas em face do anteriormente noticiado sobre a legislação concernente à "reserva legal". É que, conforme foi visto, esta só toma em consideração "cobertura vegetal nativa". Ou seja: não incide sobre área em que a vegetação é sucedâneo do trabalho humano, ao invés de simples obra da Natureza.

Por isto, a legislação falava, inicialmente, em *derrubada de matas*. Depois, na versão original do art. 16 do Código de 1965, veio a mencionar *derrubadas de florestas nativas, primitivas ou regeneradas*. E, finalmente, a partir da Medida Provisória 1.956-50, de 26.5.2000, até o presente, menciona que *florestas e outras formas de vegetação nativa* "*são suscetíveis de supressão* (...) desde que sejam *mantidos* (...)". Como fala em "supressão" e fala em "manter", é óbvio que áreas rurais inteiramente aproveitadas por plantações agrícolas ou plantação de pastagens não mais terão *nem florestas nem outras formas de vegetação nativa* para serem parcialmente suprimidas e parcialmente mantidas. Logo, não terão reserva alguma a fazer, e não terão aquilo que a lei considerou que pode ser "objeto de supressão".

11. A reserva legal é um caso típico de limitação administrativa da propriedade, isto é, do chamado *poder de polícia*, o qual, tecnicamente, se configura como o condicionamento legal da liberdade ou da propriedade pelo qual se impõe às pessoas um dever de abstenção para prevenir condutas socialmente nocivas. Esta, é quando menos, a fisionomia normal do *poder de polícia*. Este caráter de imposição de um *non facere* e não de um *dare*, de um *facere* ou de um *pati*, é o que o distingue de outras figuras, como a requisição de bens ou de serviços e a servidão. Nota-se que a utilidade pública é assegurada pela interdição de que os particulares incidam em comportamentos anti-sociais. O que através dele se pretende é *evitar um dano*, e por isto às vezes é apresentado pela doutrina internacional, um pouco simplistamente, como um "poder negativo", já que, por via dele, almeja-se obstar a um mal.

Já a obrigação de reflorestar *para criar ou recriar uma reserva legal* compõe figura jurídica totalmente diversa e deve ser considerada incompatível com a Constituição do país, como ao diante se dirá, ressalvada apenas a hipótese de ser imposta a quem ilegalmente a suprimiu.

Deveras, quando o que o Poder Público almeja não é evitar um prejuízo social que adviria da conduta de alguém, *mas é produzir uma utilidade social, é criar um benefício para a sociedade, a regra quase que invariável é a de que ele próprio atua, ele próprio promove o benefício que reputa deva ser assegurado*. Para isto dispõe dos recursos econômicos necessários, hauridos, de regra, pela via tributária, e dos meios instrumentais aptos à realização pretendida, seja, conforme o caso, valendo-se dos servidores públicos, seja contratando terceiros para o empreendimento reputado valioso.

Em suma: não há, como no passado histórico, a *corvéia*, ou seja, o dever do cidadão de efetuar prestações de serviço para atender à autoridade na realização de seus normais, rotineiros, cometimentos geradores de interesse públicos.

12. Com efeito, transformar os cidadãos em agentes do Estado, mobilizáveis para a concretização de projetos que este, com ou sem razão – não importa –, considere valiosos para o interesse público é incompatível com as noções de liberdade e propriedade estampadas no contemporâneo Estado Democrático de Direito. Em suma: em uma sociedade moderna, tal como politicamente modelada no mundo ocidental, foram incorporados valores aos quais se atribui grande relevo, como os do respeito à liberdade individual e do resguardo à propriedade, de sorte que não se admite possam seus integrantes ser manobrados como marionetes a serviço de determinados objetivos sociais, mesmo que valiosos. É o Estado, como representante da coletividade, que se encarrega de tais missões havidas como relevantes para o bem-estar de todos.

No que atina ao "meio ambiente", que é a rubrica do Capítulo VI do Título VIII, a CF, depois de qualificá-lo, no art. 225, como bem de uso comum, direito de todos a que seja ecologicamente equilibrado, e de apontar que incumbe ao Poder Público e à coletividade preservá-lo e defendê-lo, enumera com clareza, nos incisos I a VII do § 1º, *o que incumbe ao Poder Público fazer* para alcançar tal resultado.

Entre estes vários deveres que comete *ao Estado*, afora o de "proteger a fauna e a flora, vedadas na forma da lei as práticas que coloquem em risco sua função ecológica (...)", menciona o de "preservar e *restaurar* os processos ecológicos essenciais e prover o manejo ecológico das espécies e ecossistemas" (grifamos). Quanto aos particulares, a única obrigação de recompor meio ambiente está expressa, e é a que se prevê no § 2º, de acordo com o qual: "Aquele que explorar recursos minerais fica obrigado a recuperar o meio ambiente degradado, de acordo com solução técnica exigida pelo órgão público competente na forma da lei (...)".

Ou seja, enquanto atribui ao Estado, como é normal, o dever de recuperar áreas degradadas, somente impõe tal dever *ao próprio sujeito que degradou o meio ambiente*, e ainda assim em uma hipótese específica: *aquela em que o fez ao explorar não o próprio bem, mas um bem público, isto é recursos minerais*, os quais, como se sabe, pertencem à União (arts. 20, IX, e 176 e §§).

13. Além disto, quando a Constituição quis impor aos particulares o *dever de atuar positivamente* em sua propriedade para obter um resultado que fosse reputado socialmente útil – ou seja, para que cumprisse sua função social –, *ela expressamente o fez. E o fez tão-só no que concerne à propriedade urbana.* Vale dizer: atribuiu um tipo de tratamento para compelir a propriedade urbana ao cumprimento de sua função social e outro tipo de tratamento à propriedade rural para obtenção deste mesmo valor jurídico.

Veja-se: ao tratar da "Política Urbana", no art. 182, § 4º, habilitou o Poder Público Municipal, uma vez atendidos requisitos ali enunciados, a exigir "do proprietário do solo urbano não edificado, subutilizado ou não utilizado, que promova seu adequado aproveitamento", impondo, como primeira providência, conforme seu inciso I: "parcelamento ou edificação compulsórios". Ressalte-se que a imposição aos particulares do encargo de atuarem eles próprios como criadores da utilidade pública é algo absolutamente excepcional, como já se anotou.

Já no que concerne à propriedade rural – tratada logo a seguir, nos arts. 184 e ss. –, embora previsse no art. 186 "a utilização adequada dos recursos naturais disponíveis e a preservação do meio ambiente" (inciso II) como um dos requisitos para se considerar por ela cumprida sua função social, nem por isto previu a obrigação de reflorestar o imóvel que careça de cobertura vegetal nativa. Ou seja, em claríssimo contraste com o tratamento dado ao imóvel urbano, não previu a imposição de um correspondente "dever de fazer".

Assim, é visível que esta excepcionalíssima imposição de um comportamento positivo aos particulares para sujeitá-los ao encargo de atuarem como *criadores da utilidade pública* que ocorreu no caso de imóvel urbano não foi reproduzida no caso de imóveis rurais. Basta isto para se compreender que não se pode irrogar aos proprietários de imóveis rurais o encargo de reflorestá-los, seja porque, se a Constituição o desejasse, tê-lo-ia feito, em simetria ou paralelismo com o que fez no caso de imóveis urbanos, seja pela evidentíssima razão de que a expressa criação de uma única situação excepcionalíssima, como foi dito, jamais autorizaria presumir a possibilidade de outra situação excepcionalíssima, se esta outra não foi prevista.

Sabe-se que a previsão de um dever de reflorestar *em favor da reserva legal* imposto aos particulares surge com a Lei 8.171, de 17.1.1991, cujo art. 99 estatui que, a partir do ano seguinte ao da promulgação da lei, *quando for o caso*, o proprietário será obrigado a *recompor* dita reserva, nos termos ali estabelecidos e na conformidade de normas a serem aprovadas pelo órgão "gestor da matéria". Ao que consta, ditas normas não foram editadas, e a obrigação em apreço não foi implementada. Tal obrigação, como dito, só seria aceitável se imposta a proprietário que desrespeitara a legislação protetora. Atualmente a obrigação de reflorestar está prevista no art. 44, I, do Código com a redação constante da Medida Provisória 2.166-67, de 24.8.2001.

As considerações dantes feitas exibem que a obrigação em causa ofende à escala vista o texto constitucional, pois somente poderia ser imposta ao proprietário do imóvel rural como uma sanção para o caso de este haver violado as disposições legais relativas à "reserva legal", por suprimir cobertura vegetal em desacordo com as normas vigentes.

14. As considerações exaradas, em sua quase-totalidade, dispensaram enunciações teóricas para aclaramento dos pontos abordados, pois se constituíram em singelas aplicações quase-óbvias dos textos legais ou das medidas provisórias e de textos constitucionais regentes da matéria submetida a exame. Sem embargo, é claro e de meridiana clareza que as assertivas feitas em função das disposições normativas pertinentes apresentam-se, ademais, como conclusões inobjetáveis, uma vez considerado o conjunto da matéria ao lume de notórios princípios gerais de interpretação.

Comece-se por recordar com o eminentíssimo Carlos Maximiliano, príncipe de nossos Mestres de Hermenêutica, que: "Deve o Direito ser interpretado inteligentemente, não de modo a que a ordem legal envolva um absurdo, prescreva inconveniências, vá ter a conclusões inconsistentes ou impossíveis" (*Hermenêutica e Aplicação do Direito*, 15ª ed., Rio de Janeiro, Forense, 1995, p. 166).

De seu turno, Black, ex-*Chief Justice* da Suprema Corte norte-americana e que pode, sem favor algum, ser considerado o sumo Mestre da Exegese, averbou com letras de ouro: "It is presumed that legislature does not intend an absurdity, or that absurd consequences shall flow from its enactments. Such a result will therefore be avoided, if the terms of the act admit of it, by a reasonable construction of the statute" (*Handbook on the Construction and Interpretation of the Laws*, West Publishing, 1896, p. 104).

E logo além, à mesma página: "The presumption against absurd consequences of the legislation is therefore no more than the presumption that the legislators are gifted whit ordinary good sense".

Ora bem, pretender despojar um proprietário da disponibilidade de 20% de sua propriedade a título de reserva legal, ao invés de 20% de uma certa cobertura vegetal existente na propriedade, de fora parte a área de preservação permanente, que também deve permanecer intocada, significaria, como é claro a todas as luzes, provocar uma imediata elevação no preço da terra e um inevitável encarecimento da produção agrícola e pastoril. Ou seja: seria um evidente absurdo subtrair uma considerável área agricultável ou aproveitável para pasto em um país de população miserável onde a maior parte mal ganha para se alimentar.

Causar, neste quadro sócio-econômico, em nome do alargamento da proteção de coberturas vegetais nativas, uma alta no preço dos alimentos é providência em que a relação custo/benefício se revela, mesmo a um primeiro súbito de vista, desastrosa para interesses nacionais de satisfação premente, tanto mais ao se considerar que a CF, em seu art. 3º, III, aponta como um dos objetivos fundamentais da República Federativa do Brasil "erradicar a pobreza e a marginalização e reduzir as desigualdades sociais e regionais".

Em suma: se existe uma presunção contra conseqüências absurdas, dado o pressuposto de que o legislador é dotado de um bom senso ordinário, elementar, não se poderia mesmo, ademais forçando a mão, enveredar por uma interpretação que irrogaria ao produtor da norma incursão em parvoíce, ainda que se trate de "legislador" do Executivo, como ocorre no caso das medidas provisórias.

15. Ora bem: pior, muito pior que parvoíce, é a pretensão do legislador, ainda quando do Executivo, ao impor reflorestamento a proprietário que não contraveio a legislação sobre "reserva florestal", mas simplesmente adquiriu um imóvel rural que já não tinha cobertura vegetal preservável, isto é, vegetação nativa. *Sobre ser inconstitucional, como visto*, é medida que, *permissa maxima venia*, toca as raias da imbecilidade. É que somente quem ignora o custo envolvido em reflorestamento pode imaginar que um pequeno ou médio proprietário e muitas vezes até mesmo um proprietário de certo porte podem arrostar com encargos desta natureza sem ir à bancarrota.

Deveras, só conseguiriam suportar custos desta ordem o grande proprietário, as plantações extensivas de empreendedores altamente capitalizados ou os criadores, recriadores e invernistas titulares de avultados latifúndios, e ainda assim com dispêndios econômicos óbvios. Em suma: excetuados os grandes produtores agrícolas para exportação, os que plantam cana em larga escala e os frigoríficos – pois hoje se converteram também em grandes criadores de gado, como é notório –, ninguém mais agüentará as conseqüências devastadoras de uma exigência de tal ordem.

Ao invés de se facilitar a coexistência de proprietários pequenos, médios e grandes, se estaria concorrendo decisivamente para engendrar uma gigantesca concentração da propriedade rural no país, ao impossibilitar a sobrevivência econômica dos ruralistas que não se constituam em detentores de avultadíssimas somas de capital alocadas às sobreditas atividades, pois não lhes restaria alternativa salvo a de se desfazerem de seus imóveis. É bem de ver que medidas conducentes a estes resultados, claramente previsíveis por quem tenha um mínimo de noção sobre a situação econômica das atividades rurais, incompatibilizam-se à força aberta com os valores professados na Constituição, como os que residem nos arts. 170 e 193, afora a proteção à pequena e média propriedades, estampados no art. 185, I, ou às empresas de pequeno porte, no inciso IX do art. 170, para citar apenas alguns deles.

16. Assim, o desate das questões apresentadas inicialmente como pontos suscetíveis de controvérsia pode ser sumulado e decomposto nos seguintes termos.

A chamada "reserva legal" de 20% não se calcula sobre toda a propriedade, mas apenas sobre uma certa cobertura vegetal nela existente. A "reserva legal" não diz respeito a quaisquer vegetações, mas somente a uma determinada cobertura vegetal cuja especificação variou ao longo do tempo (inicialmente matas, depois florestas e cerrados, e ainda mais tarde qualquer forma de vegetação nativa), de sorte que a obrigação de manter dita reserva não é imponível a todo e qualquer proprietário de imóvel rural, mas unicamente àqueles cujos imóveis tenham uma certa cobertura vegetal *nativa*.

O efetivo aproveitamento econômico do imóvel rural, efetuado na conformidade da lei do tempo – isto é, que não tenha contravindo as normas sobre reserva legal então vigentes –, não pode, ao depois, por influência de legislação superveniente sobre tal assunto, ser reduzido em seu âmbito de efetiva utilização.

Em face da atual Constituição do país, a lei não pode – sob pena de óbvia inconstitucionalidade – impor obrigação de reflorestamento de área suposta como de "reserva legal" a quem não foi o responsável por sua supressão.

O ESTADO DEMOCRÁTICO DE DIREITO E AS MINORIAS

MARCO AURÉLIO MELLO

Ministro do Supremo Tribunal Federal
e Presidente do Tribunal Superior Eleitoral

Em sessão realizada em 7 de dezembro de 2006, às vésperas do início de mais uma legislatura, consideradas as eleições gerais ocorridas em outubro daquele ano, o Supremo teve a oportunidade de apreciar a Ação Direta de Inconstitucionalidade n. 1.351-3-DF, na qual figuravam como requerentes o Partido Comunista do Brasil – PC do B, o Partido Democrático Trabalhista – PDT, o Partido Socialista Brasileiro – PSB e o Partido Verde – PV, e a Ação Direta de Inconstitucionalidade n. 1.354-8-DF, ajuizada pelo Partido Social Cristão – PSC, nela havendo sido admitidos como terceiros o Partido Popular Socialista – PPS e o Partido Socialismo e Liberdade – PSOL.

A discussão básica estampada nos processos dizia respeito à harmonia ou não do art. 13 da Lei dos Partidos Políticos – Lei n. 9.096, de 19 de setembro de 1995 – com a Constituição Federal, versando o tema da popularmente denominada "cláusula de barreira".

Além do mencionado dispositivo, atacavam-se também, por arrastamento, em razão de expressões a remeterem ao citado artigo, os incisos II do art. 41 e II do art. 56, bem como a cabeça dos arts. 48 e 49 e a cabeça e incisos do art. 57.

O preceito possuía a seguinte redação:

> Art. 13. Tem direito a funcionamento parlamentar, em todas as Casas Legislativas para as quais tenha elegido representante, o partido que, em cada eleição para a Câmara dos Deputados, obtenha o apoio de, no mínimo, cinco por cento dos votos apurados, não computados os brancos e os nulos, distribuídos em, pelo menos, um terço dos Estados, com o mínimo de dois por cento do total de cada um deles.

Vê-se que o art. 13 em questão, relativamente ao funcionamento parlamentar nas Casas Legislativas, previa que o partido político deveria preencher dois requisitos. O primeiro deles referia-se à quantidade dos votos válidos atinentes às cadeiras da Câmara dos Deputados. Então, havia de se ter o mínimo de cinco por cento da totalidade dos votos apurados, não computados os brancos e os nulos. Atendida essa condição, surgia novo óbice a ser ultrapassado. Era preciso que os cinco por cento dos votos estivessem distribuídos em nove Unidades da Federação, mostrando-se necessária ainda a quantidade mínima de dois por cento em cada uma delas. Eis, então, os pressupostos para que o partido político, em verdadeira corrida de obstáculos, alcançasse o funcionamento parlamentar:

a) obtenção de cinco por cento dos votos válidos para a Câmara dos Deputados, considerada a votação em todo o território nacional, afastados os brancos e os nulos;

b) distribuição desse percentual mínimo em pelo menos um terço dos Estados brasileiros;

c) conquista, em cada um dos nove Estados, de, no mínimo, dois por cento.

A exigência, além de estar ligada ao funcionamento parlamentar, repercutia, também, no fundo partidário e no tempo disponível para a propaganda da agremiação política. Sob o ângulo econômico-financeiro, ante o disposto no art. 41 do diploma analisado, a divisão do fundo, no tocante aos partidos que lograram votação mínima e aos demais, havia de se fazer mediante equações extremadas:

a) noventa e nove por cento deveriam ser rateados entre os partidos que preenchessem os requisitos previstos no art. 13 em comento;

b) a percentagem ínfima de um por cento seria distribuída entre todos os partidos que tivessem estatutos registrados no Tribunal Superior Eleitoral.

Vale dizer: os partidos que atendessem ao disposto no citado art. 13 participariam do rateio de cem por cento do fundo partidário, enquanto os que não atingissem os patamares versados concorriam, em partes iguais e juntamente com os primeiros, à divisão do valor resultante do percentual de um por cento do fundo partidário.

A outra restrição corria à conta do denominado programa partidário. Conforme estabelecia o art. 48 da Lei n. 9.096/1995, aos partidos que não preenchessem os requisitos do art. 13 reservar-se-ia, em cada semestre, espaço de dois minutos para a propaganda eleitoral, limitado à cadeia nacional. Já os demais partidos, aqueles que conseguissem cumprir as exigências do art. 13, estavam autorizados a realizar um programa em rede nacional e outro em rede estadual, no semestre, com duração dez vezes maior, ou seja, de vinte minutos cada qual, gozando ainda do direito a inserções de trinta segundos ou um minuto, em âmbito nacional e estadual, perfazendo, por semestre, quarenta minutos – art. 49 da Lei n. 9.096/1995.

Na qualidade de relator de ambas as ações diretas, proferi voto conjunto, consignando a plena procedência do que apontado como extremos quer sob o ângulo do funcionamento parlamentar, excluído no que não alcançados os patamares do art. 13, quer quanto à participação no fundo partidário, praticamente neutralizada em face das percentagens de noventa e nove por cento e de um por cento para rateio geral, quer em relação à propaganda partidária, tendo certos partidos o direito de veiculá-la apenas em cadeia nacional e por dois minutos em cada semestre, dispondo outros, para tanto, em rede nacional e estadual, de tempo dez vezes maior, além de contarem com as inserções a totalizarem, por semestre, também nos dois âmbitos, quarenta minutos em cada qual.

As regras de repercussão tinham a eficácia projetada no tempo, presentes os arts. 56 e 57 das Disposições Finais e Transitórias da Lei n. 9.096/1995, e a plena eficácia dos artigos atacados seria alcançada a partir da legislatura que se iniciou em 2007.

Comecei a argumentação, asseverando que, dos vinte e nove partidos registrados no Tribunal Superior Eleitoral, apenas sete haviam alcançado e suplantado o patamar de cinco por cento dos votos para a Câmara dos Deputados em todo o território nacional, distribuídos de tal forma a perfazer pelo menos dois por cento em cada qual de nove Estados. Eis os partidos que lograram cumprir os ditames legais: a) Partido dos Trabalhadores – PT; b) Partido do Movimento Democrático Brasileiro – PMDB; c) Partido da Social Democracia Brasileira – PSDB; d) Partido da Frente Liberal – PFL (atual Democratas); e) Partido Progressista – PP; f) Partido Socialista

Brasileiro – PSB; g) Partido Democrático Trabalhista – PDT.

Em síntese, caso prevalecesse, sob o ângulo da constitucionalidade, o disposto no art. 13 da Lei n. 9.096/1995, somente essas agremiações políticas teriam funcionamento parlamentar, participariam do rateio de cem por cento do saldo do fundo partidário, gozariam, em cada semestre e em cadeias nacional e estadual, de espaço de vinte minutos para a propaganda eleitoral e desfrutariam de inserções, por semestre e também em redes nacional e estadual, de trinta segundos ou um minuto, totalizando oitenta minutos no ano. As demais ficariam à míngua, vale dizer, não contariam com o funcionamento parlamentar, dividiriam, com todos os outros partidos registrados no Tribunal Superior Eleitoral, a percentagem de um por cento do fundo partidário e, no tocante à propaganda partidária, teriam, por semestre, apenas dois minutos restritos à cadeia nacional.

Passei ao exame do tema, destacando que o art. 1º da Carta de 1988 revela como um dos fundamentos da própria República o pluralismo político. Já o parágrafo único do citado dispositivo estabelece que todo o poder emana do povo, que o exerce por meio de representantes eleitos ou diretamente, nos termos do Diploma Maior. Este, ao fixar as condições de elegibilidade, menciona a necessária filiação partidária, ou seja, não existe a possibilidade de o cidadão, sem respaldo de partido político, lograr mandato eletivo, presente o sufrágio universal, o voto direto e secreto.

Afirmei que o Capítulo V de Título compreendido em parte básica da Constituição Federal – o II, porque trata dos direitos e garantias fundamentais – encerra como medula a liberdade dos partidos políticos, predicado inafastável quanto a essas pessoas jurídicas de direito privado. Pedagogicamente consigna a liberdade na criação, fusão, incorporação e extinção de partidos políticos, revelando a necessidade de se resguardar a soberania nacional, o regime democrático, o pluripartidarismo e os direitos fundamentais da pessoa humana. Apontei o relevo maior atribuído à multiplicidade política. Tratou-se do caráter nacional das entidades para, a seguir, dispor-se que os partidos adquirem personalidade jurídica na forma da lei civil, devendo ter os estatutos registrados no Tribunal Superior Eleitoral. O que se contém no art. 17 da Carta Federal diz respeito a todo e qualquer partido político legitimamente constituído, não encerrando a Lei Fundamental a possibilidade de haver partidos de primeira e segunda classes, partidos de sonhos inimagináveis em termos de fortalecimento e partidos fadados a morrer de inanição, quer sob o ângulo da atividade concreta no Parlamento – sem a qual é injustificável a existência jurídica –, quer da necessária difusão do perfil perante o eleitorado em geral – dado indispensável ao desenvolvimento relativo à adesão quando do sufrágio –, quer de recurso, via fundo partidário, para fazer frente à impiedosa vida econômico-financeira.

Em síntese, consignei que tudo que venha à balha em conflito com os ditames constitucionais há de merecer a excomunhão maior, o rechaço por aqueles comprometidos com a ordem constitucional, com a busca do aprimoramento cultural.

Ainda quanto ao pluripartidarismo, à representatividade dos diversos segmentos nacionais, assinalei que se pode perceber a ênfase atribuída pela Carta Federal às minorias. No tocante às comissões permanentes e temporárias da Câmara dos Deputados e do Senado Federal, o § 1º do art. 58 do Diploma Maior assegura, sem distinguir, considerada a votação obtida, o número de eleitos, a representação proporcional dos partidos ou dos blocos parlamentares que participam da respectiva Casa. Aliás, na cabeça do artigo, há a remessa ao Regimento Interno do Congresso bem como aos das duas Casas, versando o preceito algo compreendido no gênero funcionamento parlamentar, disciplina em sintonia com a independência dos Poderes. No processo legislativo, no aperfeiçoamento da lei em sentido formal e material, nesse ato complexo, atua, ao término da linha, o Executivo, sancionando ou vetando o que aprovado pelas Casas Legislativas. Fica no ar: existentes partidos com deputados eleitos, é dado a Poder diverso – o Executivo – compor e balizar o funcionamento interno, embora de forma conjunta com Senado e Câmara? Di-lo que não o jurista e ex-Ministro do Supremo e do Executivo – da Justiça – Célio Borja. Endosso a óptica externada por Sua Excelência. Da mesma forma que ao Judiciário cumpre reger órgãos internos – art. 96, inciso I, alínea "a", da Constituição Federal – via regimento interno, tem-se, preservado o sistema como único, idêntico enfoque relativamente à vida interna de cada Casa Legislativa – arts. 51, incisos III e IV, 52, incisos XII e XIII, e 58 da Carta da República. Vale repetir o que consignado pelo parecerista em peça elaborada a pedido da Mesa da Câmara dos Deputados:

"Da independência do órgão colegiado do Poder Legislativo e da inviolabilidade dos seus membros, no exercício do mandato, resulta a impossibilidade de lhes regular a conduta parlamentar por lei formal, dado que assim facultar-se-ia a intromissão de outra Casa e do Presidente da República em assunto entregue à autonomia de cada uma das Câmaras.

"(...).

"As bancadas são instituições de direito parlamentar exclusivamente. Constituem-se, nos corpos legislativos, pela reunião dos representantes que se identificam pela unidade de propósito e pela uniformidade da atuação. Agrupam-se sob a liderança que designam."

Sim, presentes deputados necessariamente vinculados a certo partido, cuja existência civil e registro no Tribunal Superior Eleitoral sejam incontestáveis, aplicam-se a eles, em termos de atividade parlamentar, as normas constantes do Regimento Interno. Fora isso é menosprezar a independência funcional da Casa Legislativa.

Estabelece o § 3º do mesmo art. 58 do Diploma Maior que a criação de comissão parlamentar de inquérito se faz mediante requerimento de um terço dos membros da Câmara dos Deputados ou do Senado Federal ou, se comissão mista, de ambas as Casas. A Carta Federal atribui ainda legitimidade aos partidos políticos para provocarem a jurisdição constitucional concentrada, sendo suficiente contar, para tanto, com um único representante em qualquer das Casas do Congresso. Em última análise, as previsões constitucionais encerram a neutralização da ditadura da maioria, afastando do cenário nacional óptica hegemônica e, portanto, totalitária. Concretizam, em termos de garantias, o pluralismo político tão inerente ao sistema proporcional, sendo com elas incompatível regramento estritamente legal a resultar em condições de exercício e gozo a partir da gradação dos votos obtidos.

Prossegui demonstrando a incongruência em admitir que partido sem funcionamento parlamentar seja, a um só tempo, legitimado para a propositura das ações direta de inconstitucionalidade e declaratória de constitucionalidade, não tendo atuação na Casa Legislativa, mas agindo via credenciamento popular no âmbito do Judiciário, tudo acontecendo sem que existente a restrição constitucional.

Reiterei que a Lei Básica de 1988 não vincula o desenvolvimento da atividade política pelo partido aos votos obtidos em determinado certame. Consignei, mais, que não caberia dizer que o inciso IV do art. 17 remete o funcionamento parlamentar à disciplina mediante lei, podendo esta última dispor sobre algo de fundamental relevância a criação de partidos políticos de primeira e segunda categorias, considerado o desempenho nas urnas. A previsão quanto à competência do legislador ordinário para tratar do funcionamento parlamentar deve ser tomada sem esvaziarem-se os princípios constitucionais, destacando-se com real importância o revelador do pluripartidarismo. Vale dizer que se deixaram à disciplina legal os parâmetros do funcionamento parlamentar sem, no entanto, viabilizar que norma estritamente legal determinasse a vida soberba de alguns partidos políticos e a morte humilhante de outros. Verificada a existência jurídica do partido, a participação em certas eleições, o êxito quanto a mandatos políticos em disputa, não há como afastar do cenário a vontade dos cidadãos que elegeram candidatos, que vieram a preencher cadeiras em Casas Legislativas, desvinculando-os, em quase um passe de funesta mágica, do próprio partido que respaldou a candidatura. Surgiria incongruente assentar a necessidade de o candidato ter, em um primeiro passo, o aval de certo partido e, eleito a seguir, olvidar a agremiação na vida parlamentar. Afirmei que o casamento não seria passível desse divórcio.

Para aqueles preocupados com a proliferação dos partidos políticos, asseverei que o enxugamento do rol é automático, presente a vontade do povo, de quem emana o poder. Se o partido político não eleger representante, obviamente não se poderá cogitar de funcionamento parlamentar. Considerada a ordem natural das coisas, cuja força é insuplantável, a conveniente representatividade dos partidos políticos no parlamento fica jungida tão-somente ao êxito verificado nas urnas, entendendo como tanto haver sido atingido o quociente eleitoral, elegendo candidatos, pouco importando o número destes. Só assim ter-se-á como atendido o fundamento da República, ou seja, o pluralismo político, valendo notar que o verdadeiro equilíbrio decorre do somatório de forças que revelem a visão dos diversos segmentos que perfazem a sociedade. Em síntese, não elegendo candidato, o partido está automaticamente fora do contexto parlamentar.

Resumindo, destaquei surgir com extravagância maior interpretarem-se os preceitos constitucionais a ponto de esvaziar-se o pluripartidarismo, cerceando, por meio de atos que se mostram pobres em razoabilidade e exorbitantes em concepção de forças, a atuação deste ou daquele partido político.

Salientei, do mesmo modo, a necessidade do trato constitucional da matéria, conforme a tradição, conforme a assegurada liberdade de criação dos partidos, exigência percebida quando dos trabalhos de revisão da Carta de 1988. O então relator da revisão, Deputado Nelson Jobim, apresentou, em 1994, substitutivo ao Parecer n. 36. Neste ressaltou que a chamada "cláusula de barreira" não teria sido tratada na Constituição, aspecto que vinha dando margem a "perplexidades interpretativas por parte do legislador". O substitutivo acrescentava, ao § 2º do art. 17 da Carta Federal, relativizando-o, a necessidade de o partido político comprovar o apoiamento de eleitores exigido em lei. Acrescentava os §§ 5º e 6º ao citado artigo e revogava o inciso IV nele contido, a versar sobre a remessa, à lei, do funcionamento parlamentar. Eis o teor dos preceitos que, caso aprovada a emenda constitucional de revisão, estariam em vigor, afastando a celeuma que deu margem ao julgamento das mencionadas ações diretas pelo Supremo, guarda maior da Constituição:

> § 5º. Somente terá direito a representação na Câmara dos Deputados o partido que obtiver o apoio mínimo de cinco por cento dos votos válidos, excluídos os brancos e os nulos, apurados em eleição geral e distribuídos em pelo menos um terço dos Estados, atingindo dois por cento em cada um deles.
>
> § 6º. Somente o partido que cumprir o disposto no parágrafo anterior poderá registrar candidato a Presidente da República.

O substitutivo data de 1994. Não houve o consenso indispensável à aprovação da emenda em que pesem aos parâmetros flexibilizados, para alterar-se a Carta da República, previstos no art. 3º do Ato das

Disposições Constitucionais Transitórias – voto da maioria absoluta dos membros do Congresso Nacional em sessão unicameral.

Pois bem, após histórico e disciplina a revelarem a necessidade do trato da matéria com envergadura maior – constitucional –, registrei que o legislador comum veio a aprovar o texto do que seria o § 5º do art. 17 da Constituição Federal, olvidando a natureza rígida desse diploma. A Carta acabou alterada mediante lei ordinária! Transportaram-se – sem o advérbio "somente", é certo –, para o estatuto dos partidos políticos aprovado no ano seguinte, as regras submetidas ao Congresso Nacional e rejeitadas para inserção no Documento Maior da República. Não houve sequer modificação quanto às percentagens. Estava-se a ver que o disposto no art. 13 da Lei n. 9.096/1995 mitigara o que garantido aos partidos políticos pela Constituição Federal, asfixiando-os sobremaneira, a ponto de alijá-los do campo político, com isso ferindo de morte, sob o ângulo político-ideológico, certos segmentos, certa parcela de brasileiros. E tudo ocorreu a partir da óptica da sempre ilustrada maioria.

Prosseguindo, asseverei a inadequação do diploma legal quanto à razoabilidade. Salientei que, apesar de a liberdade de criação de partidos políticos estar prevista na Constituição Federal, a norma legal admitia a existência das agremiações e, em passo seguinte, inviabilizava o crescimento em termos de representação. A exigência de cinco por cento dos votos válidos para a Câmara dos Deputados implicaria, considerados os dados da última eleição, a necessidade de o partido haver alcançado quatro milhões, seiscentos e oitenta e um mil, duzentos e noventa e três votos em um universo de noventa e três milhões, seiscentos e vinte e cinco mil, oitocentos e cinqüenta e oito votos. Aliás, se tivesse sido assentada, em relação a todos os partidos registrados no Tribunal Superior Eleitoral, a necessidade de chegar a cinco por cento dos votos, ter-se-ia que contar não com cem por cento correspondentes à totalidade dos sufrágios mas com cento e quarenta e cinco por cento!

Ainda no tocante à razoabilidade, mostrava-se imprópria a existência de partidos políticos com deputados eleitos e sem o desempenho parlamentar cabível. Se persistissem partidos e parlamentares a eles integrados, haveria, em termos de funcionamento parlamentar, o esvaziamento da atuação das minorias.

Mais uma vez ressaltei que a Cláusula Constitucional a remeter o funcionamento parlamentar, as balizas deste, a preceito legal – o que, no entendimento do Ministro Célio Borja, constante de parecer, leva à disciplina mediante regimento interno – não poderia ser tomada a ponto de admitir-se que a lei inviabilizasse, por completo, o dito funcionamento, acabando com as bancadas dos partidos minoritários e impedindo os respectivos deputados de comporem a Mesa Diretiva e as comissões, em flagrante contrariedade à disposição do § 1º do art. 58 da Constituição Federal, no que sinaliza, em bom vernáculo, a necessidade de Mesa e comissões serem integradas, se houver possibilidade física, de forma proporcional, pelos partidos e blocos parlamentares existentes na Casa, vale dizer, que tenham deputados eleitos.

Com fundamento nos votos obtidos para a Câmara dos Deputados na eleição de 2006, demonstrei exemplo marcante da extravagância da disciplina legal. O histórico e fidedigno Partido Comunista do Brasil, que logrou obter 2,12% da totalidade dos votos para a Câmara dos Deputados, significando esta percentagem substancial votação – um milhão, novecentos e oitenta e dois mil, trezentos e vinte e três votos em noventa e três milhões, seiscentos e vinte e cinco mil, oitocentos e cinqüenta e oito votos –, perfazendo a percentagem de dois por cento dos votos em nove Estados – Acre, Amazonas, Piauí, Rio Grande do Sul, Ceará, Maranhão, Bahia, Pernambuco e Amapá – e elegendo 13 deputados, contava então com integrante a presidir a Câmara dos Deputados – o Deputado Aldo Rebelo. Pois bem, o quadro que se configurava à época era: ante a incidência do art. 13, na legislatura seguinte – a atual –, ou o Deputado Aldo Rebelo migrava para outro partido, em condenável polivalência político-ideológica, ou teria que desistir de concorrer à reeleição, esta última admitida pelo Supremo desde que se trate de nova legislatura – muito embora o § 4º do art. 57 da Carta contenha cláusula vedando "a recondução para o mesmo cargo na eleição imediatamente subseqüente". Mais ainda: o Partido Republicano Brasileiro – PRB, ao qual é afiliado o Vice-Presidente da República, José Alencar, não havia atendido às exigências legais nas últimas eleições, elegendo somente 1 deputado. Caso prevalecesse o entendimento da harmonia do preceito em questão com a Carta, contaria a agremiação com integrante Vice-Presidente da República, mas com deputado órfão, sem endosso partidário, na Câmara dos Deputados.

Quanto ao rateio do fundo partidário, a circunstância de ter-se a divisão inicial considerados os percentuais de noventa e nove por cento e de um por cento, concorrendo ao primeiro os partidos ditos, sob o ângulo da representação, majoritários – com aumento da fatia de cada qual – e, à percentagem ínfima de um por cento, todos os 29 partidos registrados no Tribunal Superior Eleitoral, haveria situações concretas em que a redução de valor a ser recebido alcançaria percentagem superior a noventa e nove por cento.

O mesmo enfoque era dado verificar em termos de horário reservado à propaganda partidária. Os sete partidos que conseguiram atender aos requisitos legais teriam, por semestre, cada qual, vinte minutos em rede nacional e vinte minutos em rede estadual bem como inserções nas duas cadeias, a totalizarem, em relação a cada uma, por semestre, quarenta minutos. Já os vinte e dois partidos de representação menor, aquém das rigorosas exigências legais, gozariam, cada qual, dois minutos por semestre e unicamente em rede nacional, não contando com o tempo para inserções.

O Supremo fora chamado a pronunciar-se sobre a matéria a partir da Constituição Federal. Descabia empunhar a bandeira leiga da condenação dos chamados partidos de aluguel, o preconceito, mesmo porque não se pode ter como a revelá-los partidos, para exemplificar, como o Partido Popular Socialista – PPS, o Partido Comunista do Brasil – PC do B, o Partido Verde – PV e o Partido Socialismo e Liberdade – PSOL, sendo que este último, aliás, estava condenado a não subsistir sem que tivesse experimentado espaço de tempo indispensável a lograr grau de acatamento maior frente ao eleitorado. Se, impossibilitado de figurar perante a Casa para a qual elegeu deputados, tendo substancialmente mitigada a participação no fundo partidário e no horário de propaganda eleitoral, não deixaria jamais a situação embrionária, própria ao surgimento de uma nova sigla. Permaneceria, se tanto, em plano secundário, inviabilizado o acesso eficaz a eleitores, o que somente ocorre em virtude da atuação parlamentar e da divulgação de metas partidárias. A dose era cavalar, implicando a potencialização do objeto visado em detrimento de princípios constitucionais. Assim afirmei à ocasião e continuo afirmando: possíveis circunstâncias reinantes, possíveis desvios de finalidade hão de ser combatidos de forma razoável, sem a colocação em segundo plano de valores inerentes à democracia, a um Estado Democrático de Direito. Disse ainda que se deveria ter presente que o funcionamento parlamentar não o é apenas nas Assembléias e Câmaras, alcançando o Senado da República e, nele, partidos da ala que apontei como excluída elegeram 7 senadores nas últimas eleições, sem contar aqueles cujos mandatos estavam – e estão – em curso.

Indaguei: haveria dois pesos e duas medidas com funcionamento parlamentar no Senado e ausência nas demais Casas

Legislativas? Se positiva a resposta, o sistema estaria capenga, distinguindo-se onde o legislador não distinguiu.

Ressaltei, em verdadeira profissão de fé, em verdadeiro alerta a desavisados, que se encontrava subjacente a toda esta discussão o ponto nevrálgico concernente à proteção dos direitos individuais e das minorias, que não se contrapõe aos princípios que regem o governo da maioria – cuja finalidade é o alcance do bem-estar público, a partir da vontade da maioria, desde que respeitados os direitos dos setores minoritários, não se constituindo, de forma alguma, em via de opressão destes últimos.

No Estado Democrático de Direito, a nenhuma maioria, organizada em torno de qualquer ideário ou finalidade – por mais louvável que se mostre –, é dado tirar ou restringir os direitos e liberdades fundamentais dos grupos minoritários dentre os quais estão a liberdade de se expressar, de se organizar, de denunciar, de discordar e de se fazer representar nas decisões que influem nos destinos da sociedade como um todo, enfim, de participar plenamente da vida pública, inclusive fiscalizando os atos determinados pela maioria. Ao reverso, dos governos democráticos espera-se que resguardem as prerrogativas e a identidade própria daqueles que, até numericamente em desvantagem, porventura requeiram mais da força do Estado como anteparo para que lhes esteja preservada a identidade cultural ou, no limite, para que continuem existindo.

Aliás, a diversidade deve ser entendida não como ameaça mas como fator de crescimento, como vantagem adicional para qualquer comunidade, que tende a enriquecer-se com essas diferenças. O desafio do Estado moderno, de organização das mais complexas, não é elidir as minorias, mas reconhecê-las e, assim o fazendo, viabilizar meios para assegurar-lhes os direitos constitucionais. Para tanto, entre outros procedimentos, há de fomentar diuturnamente o aprendizado da tolerância como valor maior, de modo a possibilitar a convivência harmônica entre desiguais. Nesse aspecto, é importante sublinhar, o Brasil se afigura como exemplo para o mundo.

Democracia que não legitima esse convívio não merece tal *status*, pois, na verdade, revela a face despótica da inflexibilidade, da intransigência, atributos que, normalmente afetos a regimes autoritários, acabam conduzindo à escravidão da minoria pela maioria.

Alfim, no Estado Democrático de Direito, paradoxal é não admitir e não acolher a desigualdade, o direito de ser diferente, de não formar com a maioria. Mais: o Estado Democrático de Direito constitui-se, em si mesmo – e, sob certo ponto de vista, principalmente –, instrumento de defesa das minorias. Esse foi o entendimento adotado, levando o Supremo a garantir a criação de Comissão Parlamentar de Inquérito pela vontade de um terço – e não da maioria – dos parlamentares, no julgamento do Mandado de Segurança n. 24.831-9-DF, relatado pelo Ministro Celso de Mello e cujo acórdão foi publicado no *Diário da Justiça* de 4 de agosto de 2006.

Deve-se repetir até a exaustão, se preciso for: Democracia não é a ditadura da maioria! De tão óbvio, pode haver o risco de passar despercebido o fato de não subsistir o regime democrático sem a manutenção das minorias, sem a garantia da existência destas, preservados os direitos fundamentais assegurados constitucionalmente.

Então, encerrei o voto, no julgamento conjunto das Ações Diretas ns. 1.351-3-DF e 1.354-8-DF, acolhendo os pedidos formulados – exceto quanto ao inciso II do art. 56 – e, com isso, declarando a inconstitucionalidade do art. 13; da expressão "obedecendo aos seguintes critérios", na cabeça do art. 41, e dos incisos I e II do mesmo preceito; do art. 48; da expressão "que atenda ao disposto no art. 13", contida na cabeça do art. 49, com redução de texto e da expressão "no art. 13" do inciso II do art. 57, todos da Lei n. 9.096/1995.

Após os debates, relativamente à cabeça dos arts. 56 e 57, acolhi a ponderação feita pelo Ministro Gilmar Mendes, julgando procedente a ação com interpretação que eliminou, de tais preceitos, as limitações temporais neles constantes, até que sobrevenha disposição legislativa a respeito.

Significativo o reconhecimento da desarmonia, com o texto constitucional, do art. 13, que previa a restrição ao direito a funcionamento parlamentar; do art. 48, que estabelecia que o partido registrado, no Tribunal Superior Eleitoral, que não atendesse ao disposto no art. 13 somente teria assegurada a realização de um programa em cadeia nacional, em cada semestre, com a duração de dois minutos, e do art. 41, que versava a divisão dos recursos do fundo partidário.

Fui acompanhado, à unanimidade, pelo Tribunal. Reputo esse julgamento histórico, tendo em conta o próprio Estado Democrático de Direito, a transferência de poder pelo povo a mandatários, a transferência de poder pelo povo a representantes.

DEFESA LEGAL DAS AÇÕES AFIRMATIVAS

Massami Uyeda

Ministro do STJ – Mestre e Doutor em Direito (USP)

1. Considerações gerais. 2. Igualdade como direito fundamental. 3. Mapa da legislação e projetos legislativos sobre ações afirmativas.

1. Considerações gerais

Intuitiva é a noção de que o ser humano não se basta por si próprio.

O fenômeno gregário é característico da espécie humana. E, sendo assim, a sociedade, como é do conhecimento das ciências jurídico-sociais, surge simultaneamente com a norma, com a regra de conduta, consubstanciada em norma de Direito, tanto que se afirma *ubi societas, ibi jus; ubi jus, ibi societas* ("onde há sociedade, há Direito; onde há Direito, há sociedade").

A regra de Direito, por sua vez, deriva de consenso de aceitação de valores admitidos como necessários para a existência social; valores, estes, que resultam da criação humana, ou seja, são valores culturais.

Como valores culturais, não são perenes e também não são universais. Valem para uma determinada sociedade, numa determinada época, podendo sofrer mutação e até mesmo ser revogados, seja pelo desuso, seja pela substituição por outros que se mostrem consentâneos com os anseios daquela sociedade.

O vocábulo "direito" comporta diversas acepções, todas elas, contudo, gravitando em torno de uma mesma idéia comum: a de retidão, de retitude, de ser reto, escorreito. Trata-se de vocábulo análogo, que tem diversos sentidos, todos eles relacionados à idéia central de correção, de retidão.

Assim, pode-se falar em Direito como conjunto de regras impostas ao corpo social para observância geral e compulsória, com o escopo de expressar e alcançar um ideal de justiça, como também se pode falar em direito como prerrogativa de alguém em face de outrem, sendo que seu reverso é a obrigação daquele que se põe em face de quem ostenta a prerrogativa. E por isso já se dizia *jus et obligatio sunt correlata* ("Direito e obrigação são correlatos"). Ou, para melhor compreensão: a todo direito corresponde uma obrigação.

Ainda se pode falar em Direito em suas especializações, como direito constitucional, direito civil, direito penal; bem como em especificações institucionais, como em direito a alimentos, direito de visitas, direito de propriedade, direito à honra, direito à educação.

A sabedoria popular, derivada de arguta observação, expressa o conceito do vocábulo "direito" no dizer simples e direto do comum das pessoas, como sendo: "Direito é aquilo que não é torto".

Para a Geometria, ciência exata, diz-se que reta é a menor distância entre dois pontos.

A Teoria da Relatividade de Einstein veio demonstrar que a linha reta, contudo, nos confins do Universo, torna-se uma elipse.

Dessa forma, uma reta não seria assim absolutamente retilínea, senão que, no plano maior do Universo, comporia parte de uma elipse.

Estas digressões são aqui feitas para realçar que, se mesmo na rigidez das ciências exatas há relativismo, o que dizer, então, em relação às normas de Direito? Pois na seara das ciências culturais – de que as ciências jurídicas e sociais são representativas – os conceitos que as norteiam são frutos da criação humana, suscetíveis a balizamentos de tempo e de espaço, tanto que uma regra jurídica vigente em determinada época, num mesmo país, pode tornar-se obsoleta e pode ser revogada; e, da mesma forma, conduta ou comportamento proscritos em determinada sociedade podem em sociedades vizinhas, numa mesma quadra temporal, ser perfeitamente admissíveis.

Com estas considerações, o que se pretende realçar é a relevância da interpretação da norma de Direito.

2. Igualdade como direito fundamental

A *igualdade como direito fundamental* é um dos pilares do Constitucionalismo moderno, estando intrinsecamente vinculada à idéia de liberdade.

No dizer de John Rawls: "Primeiro: cada pessoa deve ter um direito igual ao mais abrangente sistema de liberdades básicas iguais que seja compatível com o sistema semelhante de liberdades para as outras. Segundo: as desigualdades sociais e econômicas devem ser ordenadas de tal modo que sejam ao mesmo tempo (a) consideradas como vantajosas para todos dentro dos limites do razoável e (b) vinculadas a posições e cargos acessíveis a todos".[1]

No sentir de Norberto Bobbio, "os dois valores, liberdade e igualdade, se enraízam na consideração do homem como pessoa humana, como ser que se distingue ou pretende se distinguir de todos os outros seres vivos. Liberdade indica um estado; igualdade, uma relação. O homem como pessoa deve ser, enquanto indivíduo em sua singularidade, livre; enquanto ser social, deve estar com os demais indivíduos numa relação de igualdade".[2]

As acepções, em sentido comum, dos vocábulos "igualdade" e "liberdade", isoladamente considerados e relacionados à pessoa humana, enquanto indivíduo, não acarretam maior dificuldade, pois, numa consideração singela, diz-se *igualdade* quando não são constatadas diferenças, estando presente a noção de uniformidade; diz-se *liberdade* quando se relaciona a conduta ou comportamento isento de peias, restrições, amarras ou grilhões.

Este significado comum e singelo, decorrente de mera interpretação literal, não possibilita adequada compreensão do fenômeno sócio-jurídico da convivência social, na qual seres humanos são atores e coadjuvantes no palco da sociedade, atuando segundo as regras de conduta que, ao mesmo tempo em que lhes asseguram o uso e fruição dos direitos, também estabelecem limites para que o exercício regular não se converta em abuso ou mau uso.

A igualdade comporta três angulações, que devem ser consideradas para sua adequada interpretação, em visão tridimensio-

1. John Rawls, *Uma Teoria da Justiça*, p. 64.

2. Norberto Bobbio, *Igualdade e Liberdade*, 4ª ed., p. 7.

nal, todas centradas no eixo do respeito à dignidade humana. A *igualdade formal*, que pode ser resumida no enunciado "todos são iguais perante a lei" e que corresponde ao enfoque linear, abolindo-se privilégios e castas; a *igualdade material*, que corresponde ao ideal de justiça social e distributiva, fundamentando a igualdade pelo critério sócio-econômico; e a *igualdade substancial*, correspondendo ao ideal de justiça com o reconhecimento da diversidade de identificação individual relacionado a gênero, raça, etnia, orientação religiosa ou orientação sexual, entre outros critérios.

Sob estes enfoques, ao reverso do reconhecimento do direito à igualdade, há o correspondente reconhecimento do direito à diversidade, que, também como direito fundamental, integra o patrimônio de direitos individuais.

A Declaração Universal dos Direitos Humanos da ONU, de 1948, introduz a chamada *concepção contemporânea dos direitos humanos*, cujos marcos referenciais são a universalidade e a indivisibilidade desses direitos, de modo que eles tenham extensão abrangente e universal, bastando tão-só a condição de pessoa para que se preencha o requisito de obtenção de sua titularidade e, ademais, não se podendo dissociar dos direitos civis e políticos, a que faz jus a pessoa, os direitos econômicos, sociais e culturais.

Na evolução desta concepção contemporânea, assim inaugurada, lembramo-nos de Allan Rosas, para quem "o conceito de direitos humanos é sempre progressivo (...). O debate a respeito do que são os direitos humanos e como devem ser definidos é parte e parcela de nossa história, de nosso passado e de nosso presente".[3] E, nessa esteira, a Convenção sobre a Eliminação de Todas as Formas de Discriminação Racial, aprovada pela ONU em 1965, foi ratificada por 167 Estados, e dentre estes o Brasil, em 1968.

O art. 1º dessa Convenção define a *discriminação racial* como "qualquer distinção, exclusão, restrição ou preferência baseada em raça, cor, descendência ou origem nacional ou étnica, que tenha o propósito ou efeito de anular ou prejudicar o reconhecimento, gozo ou exercício em pé de igualdade dos direitos humanos e liberdades fundamentais".

A *discriminação* significa sempre desigualdade, ocorrendo quando se tratam como iguais os em situações diferentes, e como diferentes os em situações iguais.

Daí a adequada interpretação isonômica da igualdade: deve-se tratar igualmente os iguais e desigualmente os desiguais, na medida em que se desigualam.

Nas palavras de Rui Barbosa: "A regra da igualdade não consiste senão em quinhoar desigualmente os desiguais, na medida em que se desigualam. Nesta desigualdade social, proporcionada à desigualdade cultural, é que se acha a verdadeira lei da igualdade. Tratar desigualmente os iguais, ou a desiguais com igualdade, seria desigualdade aparente e não, igualdade real".[4]

Posto, assim, o binômio *igualdade/ diversidade* como inerente à condição dos participantes do pacto social, por meio do qual se edificou o universo social, não nos devemos olvidar de que o próprio vocábulo "universo", etimologicamente, é composto das idéias de *unidade* e *diversidade* (*uni* + *versum* = *universum*). E, sendo assim, no núcleo do conceito "*sociedade*" há de se considerar a figura do "eu" como um e do "outro" como o diverso; todos, contudo, integrantes da grei.

Assim, é de se indagar: de que modo pode a discriminação, tal como enunciada na Convenção sobre Eliminação de Todas as Formas de Discriminação Racial, ser enfrentada e combatida?

Flávia Piovesan bem focaliza a questão ao estatuir que no âmbito do direito

3. *Apud* Flávia Piovesan, "Ações afirmativas – Da perspectiva dos direitos humanos", *Cadernos de Pesquisa* 35-124, abril/2005.

4. Rui Barbosa, *Oração aos Moços*, 18ª ed., p. 55.

internacional dos direitos humanos destacam-se duas estratégias para enfrentar a problemática da discriminação: (a) pela via repressiva punitiva, cujo objetivo é coibir a discriminação pela imposição de pena; e (b) pela via promocional, por meio da qual se há de promover, fomentar e dar avanço à igualdade.[5]

Estas estratégias merecem simultânea oportunidade de aplicação, pois não basta apenas proibir ou reprimir a discriminação, pena de imposição de medida punitiva. Necessário se faz que, ao lado da repressão legal, políticas promocionais de inserção e inclusão de grupos discriminados sejam promovidas.

Estas estratégias promocionais hão de levar em consideração sua natureza compensatória, a fim que no espaço de tempo de algumas gerações se possa apurar a igualdade/desigualdade dos grupos até então não inseridos.

Ao mesmo tempo, as ações afirmativas preenchem os anseios democráticos da sociedade, porquanto aliada à participação política, sem dúvida essencial para a consolidação do projeto societário, na igualdade substancial repousa, em última análise, a finalidade do Estado, que deve velar pelo progresso e bem-estar da população.

As ações afirmativas constituem, assim, verdadeiros instrumentos de inclusão social, porque, sendo medidas concretas, viabilizam o direito à igualdade, caracterizada pelo respeito à diferença e à diversidade.

São medidas de conteúdo concreto, eficaz e imediato que viabilizam o direito de reconhecimento da diversidade, corolário que é da igualdade.

Na sugestiva dicção de Piovesan, por meio das ações afirmativas se transita da igualdade formal para a igualdade material e substancial.

5. Flávia Piovesan, "Ações afirmativas – Da perspectiva dos direitos humanos", *Cadernos de Pesquisa* 35-124.

A adoção das ações afirmativas como instrumentos para a obtenção do equilíbrio das diversidades permite a visão tridimensional do preceito do respeito à dignidade humana.

O fundamento para a adoção imediata das ações afirmativas reside na necessidade de se acelerar o processo de inclusão de grupos excluídos da igualdade material e substancial devido à força latente da herança cultural atávica, caracterizada por séculos de exacerbada opressão de grupos étnico-raciais, diferenciados principalmente pela cor da epiderme, de modo a excluí-los do acesso aos bens da vida bem como a qualquer meio de obtenção de escolaridade mínima, situação que se repetia por várias e sucessivas gerações, até mesmo após a abolição da escravatura.

A título de ilustração, para melhor compreensão do que representa a força da herança cultural, veja-se o instituto do *reconhecimento de firma*, tão próximo à realidade brasileira, como prática cartorial imprescindível para dar validade jurídica documental, que vem dos tempos coloniais. Justificava-se a necessidade do reconhecimento de firma para validar certidões de que a extração de ouro das bocas das minas correspondia à verdade e que seu atestador, por gozar de fé pública, assim legitimava a produção. Correspondendo às gradações hierárquicas dos agentes atestadores, necessários se faziam novos reconhecimentos das assinaturas sucessivamente lançadas para se chegar ao destino final, a Coroa Real. Esta prática secular vem persistindo, mesmo a despeito de, durante o Governo Militar, na década de 1970, se ter criado o Ministério da Desburocratização, com o objetivo de livrar a sociedade de entraves supérfluos que atravancavam o desenvolvimento nacional. E uma das bandeiras principais desse Ministério era a de acabar com o reconhecimento de firma. O desfecho da história todos sabemos: o Ministério foi extinto, e o instituto do reconhecimento de firma se acha ainda bem fortalecido, a ponto de em transação de automóveis, por exemplo, se exigir que o certificado de transferência seja assinado na presença do cartorário.

O tema das ações afirmativas, estando diretamente ligado a mudanças de comportamento cultural, há de provocar, como já está provocando, intenso debate, com a exposição de teses radicalmente opostas.

A Constituição Brasileira de 1988 consagra a igualdade formal no art. 5º, quando estatui que "todos são iguais perante a lei, sem distinção de qualquer natureza, garantindo-se aos brasileiros e aos estrangeiros residentes no país a inviolabilidade do direito à vida, à liberdade, à igualdade, à segurança e à propriedade. (...)".

A *igualdade material* é prestigiada, como se lê no art. 7º, XX, quando trata da proteção do mercado de trabalho da mulher mediante incentivos específicos; bem como no art. 37, VIII, quando determina que a lei reservará percentual de cargos e empregos públicos para pessoas portadoras de deficiência.

No tocante à *igualdade substancial*, a própria elevação da dignidade humana como um dos pilares constitucionais do Estado Democrático de Direito está a demonstrar sua plena aceitação.

Além do mais, tendo o Brasil ratificado em 1968 a Convenção sobre a Eliminação de Todas as Formas de Discriminação Racial, aprovada pela ONU em 1965, tem-se que suas disposições se acham internalizadas no Brasil.

Encontra-se em tramitação no Congresso Nacional o Projeto de Lei 73/1999, que dispõe sobre o ingresso nas universidades públicas federais e estaduais, reservando 22,5% de suas vagas para serem preenchidas mediante seleção de alunos nos cursos de ensino médio, a chamada "Lei de Cotas Raciais".

Também o Projeto de Lei 3.198/2000, que institui o Estatuto da Igualdade Racial, em defesa dos que sofrem preconceito em função de sua etnia, raça e/ou cor.

Por se tratar de questão relevante, que implica mudança cultural, os debates legislativos hão de abordar e enfocar múltiplos aspectos, sendo salutar à consolidação democrática que assim seja, com a participação de todos quantos se preocupam com temas concernentes à cidadania.

As universidades públicas brasileiras, por sua vez, já em antecipação à própria produção legislativa, estão adotando o sistema de "cotas raciais" para afro-descendentes, ressaltando-se que se trata de critério de admissão, e não de conclusão, como resultante da autonomia universitária.

Inconformada com a não-admissão, após ter sido aprovada em exame vestibular, com média final superior à fixada para os beneficiários de cota racial, determinada estudante impetrou mandado de segurança perante o TJRJ, pleiteando assegurar sua vaga. A segurança foi denegada, e ela, então, interpôs recurso extraordinário. Mas, por ter sido indeferida sua admissibilidade, deste indeferimento interpôs recurso de agravo de instrumento perante o STF, objetivando a admissão do recurso extraordinário.

O Min. Sepúlveda Pertence, contudo, negou provimento ao agravo, por não ter sido analisada no tribunal de origem a constitucionalidade da Lei fluminense 3.708/2001.[6]

A questão das ações afirmativas há de merecer detido exame, até que venha a ser pacificada, podendo-se dizer que está *in fieri*, ou seja, em plena construção, dela participando não só entidades representativas de grupos étnico-raciais, como também toda a sociedade em geral, por meio de diálogos, estudos e debates acadêmicos, de pesquisa de Direito Comparado e de discussões parlamentares que possam levar à formulação legislativa.

6. AI 547.555-RJ, j. 14.7.2005, *DJU* 22.6.2005, p. 103.

3. *Mapa da legislação e projetos legislativos sobre ações afirmativas*

– *Lei do Estado do Rio de Janeiro 4.151, de 4.9.2003*, que determina a reserva de vagas nas universidades públicas estaduais para estudantes carentes oriundos da rede pública de ensino público, *negros* e pessoas com deficiência, nos termos da legislação em vigor, e integrantes de minorias étnicas, revogando as disposições em contrário, especialmente as Leis 3.524, de 28.12.2000, 3.708, de 9.11.2001, e 4.061, de 2.1.2003.

– *Projeto Legislativo 3.627/2004*, reserva de vagas nas Instituições Federais de Ensino Superior/IFES.

– *Projeto Legislativo 73/1999* – Lei de Quotas, reserva 22,5% das vagas das universidades públicas.

– *Projeto Legislativo 6.912/2002* e *Projeto Legislativo 3.198/2000* – Estatuto da Igualdade Racial.

Referências bibliográficas

BARBOSA, Rui. *Oração aos Moços*. 18ª ed. Rio de Janeiro, Ediouro, 2001.

BOBBIO, Norberto. *Igualdade e Liberdade*. 4ª ed. Rio de Janeiro, Ediouro, 2000.

PIOVESAN, Flávia. "Ações afirmativas – Da perspectiva dos direitos humanos". *Cadernos de Pesquisa* 35-124. Abril/2005.

RAWLS, John. *Uma Teoria da Justiça*. São Paulo, Martins Fontes, 2002.

AS FUNDAÇÕES ESTATAIS DE DIREITO PRIVADO E O DEBATE SOBRE A NOVA ESTRUTURA ORGÂNICA DA ADMINISTRAÇÃO PÚBLICA*

PAULO MODESTO

Presidente do Instituto Brasileiro de Direito Público – Professor de Direito Administrativo da UFBA e do Centro de Cultura Jurídica da Bahia – Promotor de Justiça
– Diretor da *Revista Brasileira de Direito Público*
– Conselheiro Técnico da Sociedade Brasileira de Direito Público
e Membro do Conselho de Pesquisadoresdo Instituto Internacional de Estudos de Direito do Estado
– Editor do *site http://www.direitodoestado.com.br*

1. Introdução: 1.1 Inconsistência normativa – 1.2 Inconsistência da doutrina.
2. Projeto de Lei Complementar 92/2007.

1. Introdução

A organização administrativa do Estado constitui o *capítulo mais inconsistente do direito administrativo nacional.* Essa afirmação polêmica tanto vale para o *direito administrativo como conjunto de regras e princípios normativos* (microcosmo normativo, linguagem-objeto ou linguagem prescritiva do Direito) quanto para o *direito administrativo como disciplina prática ou hermenêutica* (metalinguagem da interpretação, linguagem descritiva ou, sob outro enfoque, linguagem criptonormativa da doutrina). É o que se tentará demonstrar a seguir, enfatizando a aplicação dessa premissa às fundações instituídas e mantidas pelo Poder Público.

1.1 Inconsistência normativa

As disposições jurídicas atinentes à organização administrativa do Estado Brasileiro, em particular sobre a organização das entidades da Administração indireta, caracterizam-se pelo *casuísmo* e pela *imprecisão conceitual.*

Há marcado *casuísmo*, no sentido técnico, a partir da própria normatividade constitucional. A Constituição brasileira, por um lado, estabeleceu que "somente por *lei específica* poderá ser *criada* autarquia e *autorizada* a instituição de empresa pública, sociedade de economia mista e de fundação

* Texto-base da conferência realizada pelo autor no *XXXIII Congresso Nacional de Procuradores de Estado*, 9.10.2007, em Arraial da Ajuda, Porto Seguro/BA. Parte da exposição foi também utilizada na conferência proferida pelo autor no *VI Fórum Brasileiro sobre a Reforma do Estado*, na cidade do Rio de Janeiro, em 1.10.2007.

(...)" (art. 37, XIX – grifamos), estabelecendo, ainda, que "depende de autorização legislativa, *em cada caso*, a criação de subsidiárias das entidades mencionadas" (...) ou a "participação de qualquer delas em empresa privada" (art. 37, XX – grifamos). Por outro lado, a Constituição *aparentemente* não reclamou a existência de uma *lei orgânica geral da Administração Pública*, destinada a conceder sistematicidade, previsibilidade e clareza conceitual às diferentes formas organizacionais de expressão do Poder Público.

A ausência de uma norma geral em matéria de organização administrativa permitiu e permite que em cada lei ordinária se *redefinam conceitualmente as entidades da Administração indireta do Estado*. A *lei específica* que cria ou autoriza a criação de entidade pública pode estabelecer disciplina que vale *casuisticamente* para *aquela* entidade criada ou autorizada, mas não para as demais, em aspectos sensíveis, como o âmbito de autonomia da entidade, a composição dos seus quadros dirigentes e o controle ou supervisão de sua atuação pela Administração direta. O risco constante de *fragmentação* e *fluidez dos arranjos organizacionais*, ao contrário de ser algo positivo, terminou por produzir *grave confusão* no próprio *legislador*, no *administrador*, na *jurisprudência* dos tribunais e entre *juristas*, gerando *incerteza e ineficiência* no que se refere ao *modus operandi* específico de cada tipo de entidade, seu regime jurídico predominante e sua forma de relacionamento com os órgãos de controle interno e externo. Falta um *quadro normativo nítido* do regime jurídico das entidades públicas e sobram soluções originais, *desencontros conceituais* e *mal-entendidos* em matéria essencial para o funcionamento regular e ágil da Administração Pública.

O *casuísmo* certamente gera imprecisão, mas também é *retroalimentado por vacilações conceituais e terminológicas da própria legislação*, lamentavelmente a partir da Lei Fundamental, mas com reforço especial na legislação ordinária, em particular no Decreto-lei 200, de 25.2.1967, expedido com fundamento no Ato Institucional 4/1966, em plena Ditadura, composto por nada menos de *215 artigos*. Não é preciso buscar muito: o inciso XX do art. 37 da CF, já referido, ainda em sua redação original, reclama autorização legislativa específica tanto para *criação de subsidiária* como para a *participação em empresa privada* de *qualquer* das entidades referidas no inciso IX da art. 37, o que é tecnicamente uma impropriedade evidente, *pois não parece concebível que autarquias e fundações constituam subsidiárias ou participem do capital de empresas privadas*! O Decreto-lei 200/1967, de sua parte, confunde com freqüência institutos díspares, como a descentralização e a desconcentração (*v.g.*, art. 10), além de adotar conotações problemáticas para definir *autarquia* e *fundação pública*, entre outras graves inconsistências, assinaladas reiteradamente pela doutrina.

Essa conclusão vale também para os âmbitos estadual e municipal, que, embora detentores de autonomia para disciplinar a própria organização administrativa, habitualmente têm adotado em grande medida o modelo da legislação federal.

No texto constitucional vigente, já com sucessivas emendas, no caso específico das fundações – que nos interessa, aqui, mais de perto – a *vacilação conceitual e terminológica pode ser qualificada como dramática*. São adotadas nada menos que *quatro formas de referência a fundações no texto constitucional*: (a) "fundação" (arts. 37, XVII e XIX, 39, § 7º, 40, *caput*, 163, II, 167, VIII, e 202, §§ 3º e 4º, da CF; e arts. 8º e 61 do ADCT); (b) "fundação pública" (art. 39, *caput*, original, da CF, repristinado por decisão do STF; art. 19 do ADCT); (c) "fundações instituídas e mantidas pelo Poder Público" (arts. 71, II e III, 150, § 2º, 157, I, 158, I, 165, § 5º, II e III, e 169, § 1º, da CF; e arts. 18, 35, § 1º, V, e 61 do ADCT); (d) "fundações sob controle estatal" (art. 163, II, da CF e art. 8º, § 5º, da ADCT).

Em algumas dessas disposições a "fundação" referida *emparelha perfeitamente com as autarquias e com a própria Administração direta, pessoas de direito público, a revelar semelhança de disciplina jurídica.* É o caso, por exemplo, do *art. 19 do ADCT*, pois o dispositivo garante aos "servidores públicos civis" dessas pessoas administrativas o direito a *estabilidade extraordinária* se em exercício continuado há pelo menos *cinco anos* na data da promulgação da Constituição e, mediante *concurso de efetivação*, a própria *integração em cargo público*. É a hipótese também do *art. 40,* ***caput****, da CF*, com a redação dada pela Emenda Constitucional 41/2003, que determina a aplicação do regime de *previdência específico dos titulares de cargos efetivos* para servidores da Administração direta, das autarquias e das fundações. Pode-se referir também o disposto no *art. 169, § 1º, da CF*, que *ressalva apenas as empresas estatais da exigência de autorização específica na lei de diretrizes orçamentárias* para a *concessão de vantagens ou aumentos de remuneração de pessoal*. É a hipótese, igualmente, do *art. 39,* ***caput****, da CF* na redação original, repristinada por decisão do STF que restabeleceu a obrigatoriedade do regime jurídico único para a Administração direta, das autarquias e das *fundações públicas*.

Em outros dispositivos *a "fundação" referida recebe tratamento equivalente ao concedido a empresas estatais, pessoas submetidas predominantemente a regime jurídico privado*, como nos *arts. 37, XIX, e 167, VIII, da CF*. Na primeira disposição, também já referida, na redação da Emenda Constitucional 19/1998 reclama-se lei específica para *criar* autarquia e, de modo claramente distinto, reclama-se lei específica para *autorizar a criação* de empresa pública, sociedade de economia mista e fundação. No art. 61 do ADCT, que cuida especialmente de dispor sobre o fomento de *entidades privadas de ensino*, inclui-se também referência à manutenção de recursos para fundações de ensino e pesquisa "cuja criação tenha sido autorizada por lei". No art. 167, VIII, proíbe-se a utilização, sem autorização legislativa específica, de *recursos dos orçamentos fiscal e da seguridade social* para suprir necessidade ou cobrir déficit de empresas, *fundações* e fundos.

Francisco Gaetani denomina essa fluidez e incerteza das *formas estruturais da organização administrativa* de "cacofonia organizacional". Nas suas palavras: "A administração Pública brasileira é correntemente caracterizada por uma *cacofonia organizacional devido à coexistência de múltiplas formas jurídicas referentes a como se estruturam os variados tipos de atividade governamental*". Essa cacofonia – que também reconhecemos – não traria problemas se o *quadro geral fosse nítido*, com cada forma estrutural bem definida, a ser utilizada e compreendida por todos, sem vacilações e mal-entendidos. Não é o que ocorre.

No *segmento das fundações* – saliente-se novamente – a Constituição refere ora a "administração fundacional" como *segmento à parte da Administração indireta* (arts. 38, *caput*, e 37, XI, da CF), ora encarta as *fundações no âmbito da Administração indireta* (art. 37, *caput*, e incisos XVII e XIX). Desse modo, reproduz no plano constitucional as vacilações do legislador ordinário.

Na Emenda Constitucional 19/1998, em norma específica, o legislador da Reforma deixou assinalado que esse estado de coisas *reclamava revisão global, sistemática, abrangente de todas as entidades da Administração indireta*. No art. 26 da EC 19 se prescreveu: "Art. 26. No prazo de 2 (dois) anos da promulgação desta Emenda, as entidades da Administração indireta terão seus estatutos revistos quanto à respectiva natureza jurídica, tendo em conta a finalidade e as competências efetivamente realizadas".

A disposição não foi regulamentada, nem foi efetivamente aplicada, não tendo ocorrido a revisão dos estatutos nem um programa para análise da transformação da natureza jurídica de entidades em dissonância organizacional com as suas finalidades ou competências efetivamente realizadas. Essa revisão, imposta em norma constitucional de cumprimento obrigatório, no entanto, somente parece viável se existente um *quadro coerente e global sobre a tipologia das formas estruturais da organização administrativa*, referencial para as revisões reclamadas. É dizer: o art. 26 da EC 19/1998 pode ser considerado base para a *exigência não apenas para a revisão da forma jurídica das entidades da Administração indireta*, mas *base de exigência para uma nova lei orgânica da Administração Pública*, apta a revogar o Decreto-lei 200/1967 e oferecer sistematicidade e alguma clareza conceitual à organização administrativa brasileira.

Essa inteligência encontra reforço também em outras alterações realizadas pela Emenda Constitucional 19/1998 em sede de organização administrativa. Com eficácia imediata, o legislador da Reforma de 1998 promoveu alteração no art. 37, XIX, da CF para diminuir em parte a imprecisão técnica do texto; mas foi além, revelando também sua preocupação com a sistematização dos entes da Administração indireta. Na versão original do art. 37, XIX, dizia-se: "XIX – somente por lei específica poderão ser criadas empresa pública, sociedade de economia mista, autarquia ou fundação pública". A imprecisão era patente: as autarquias eram e são criadas por lei, que as constitui, sem reclamarem qualquer outro ato adicional de instituição; as empresas públicas, sociedades de economia mista e as fundações de direito privado, reversamente, sempre reclamaram – ao menos em nosso Direito – atos constitutivos e registros adicionais para a efetiva instituição, consoante a legislação regente. Por outro lado, *as fundações de direito público, ou fundações públicas, na dicção constitucional, entendidas como simples autarquias ou fundações autárquicas, deveriam ser subsumidas no próprio conceito de "autarquia" e, portanto, não deveriam demandar uma dupla referência no interior de um mesmo dispositivo constitucional*. Com a Emenda 19/1998 o texto assumiu outra feição: "somente por lei específica poderá ser criada autarquia e autorizada a instituição de empresa pública, de sociedade de economia mista e de fundação, cabendo à lei complementar, neste último caso, definir as áreas de sua atuação".

A redação vigente ainda é imperfeita. Coerente com a idéia de uma melhor sistematização das entidades da Administração indireta, a exigência de lei complementar para definição das áreas de atuação de certas entidades é louvável, especialmente se a medida contribuir para ordenar as entidades conforme "a finalidade e as competências efetivamente realizadas", nos termos do art. 26 da EC 19/1998. Mas a forma como essa exigência foi posta no texto, lamentavelmente, permite a *ambigüidade sobre a abrangência da lei complementar*, isto é, deixou incerto se devem ser definidas as áreas de atuação das fundações apenas ou, por igual, também a área de atuação das empresas públicas e das sociedades de economia mista. Com efeito, o texto da norma divide em dois os modos de emprego da lei específica na criação de entidades da Administração indireta. Se com a expressão "neste último caso" está a referir o segundo modo de emprego da lei, a simples autorização para a instituição das entidades, então, a abrangência é ampla e alcança todas as formas de entidade referidas na segunda parte da norma. Se a expressão refere a última entidade mencionada na relação de entidades apresentada, circunscreve-se às fundações referidas na segunda parte do dispositivo. Considero esta última a melhor compreensão do texto, especialmente sob um *ângulo sistemático*, pois a própria Emenda Constitucional 19/1998 estabelece no art. 173 da CF, §§ 1º e ss., a exigência de *lei ordinária* para disciplinar o estatuto jurídico da empresa pública, da sociedade de economia mista e subsidiárias que explorem atividade econômica de produção ou comercialização de bens. Se esta última matéria é entregue à lei ordinária, reserva-se o objeto da lei complementar referida na parte final do art. 37, XIX, apenas a disciplinar o campo de atividades das fundações criadas por autorização legal, isto é, as fundações estatais de direito privado.

A Emenda Constitucional 19, além disso, suprimiu da cabeça do art. 37 a expressão "administração fundacional", mantendo apenas a referência à Administração direta e indireta, esta última suficiente para abranger todas as entidades personalizadas criadas pelo Estado. Mas, paradoxalmente, introduziu a expressão referida na cabeça do art. 38. Na Emenda Constitucional 41/2003 a mesma expressão ressurge no sempre instável inciso XI do art. 37.

1.2 Inconsistência da doutrina

A doutrina brasileira tradicionalmente dispensou atenção secundária ao tema da organização administrativa. Por razões pragmáticas, diante da vertente autoritária de nossa Administração Pública, dominante na história do país, a doutrina concentrou atenção no estudo das "formas de expressão" da função administrativa (por exemplo, no regime do ato administrativo, do contrato administrativo, do regulamento) e nas garantias dos administrados (princípios jurídicos condicionantes da Administração, processo administrativo e controle administrativo), com o objetivo de precisar os limites e condicionamentos do agir da Administração. A estruturação do aparato administrativo, a organização da Administração no seu sentido subjetivo ou orgânico, recebeu muito menor atenção. Contamos ainda assim com estudos valiosos na matéria, verdadeiramente magistrais, especialmente sobre o regime das autarquias (*v.g.*, a clássica tese de Celso Antônio Bandeira de Mello sobre a *Natureza e Regime Jurídico das Autarquias*, publicada em 1968). Mas são estudos em pequeno número – o que apenas confirma a tendência geral.

Esse fato explica em parte o grande desencontro de classificações e de conceitos entre os estudiosos da matéria.

Podemos exemplificar essa inconsistência da doutrina, por igual, com o conceito de *fundação*.

Todos concordam que *fundação* é categoria jurídica aplicada tanto no direito civil quanto no direito administrativo. Em qualquer dos ramos, fundação é *patrimônio (conjunto de bens) personalizado, afetado a uma finalidade específica e não-lucrativa definida pela vontade do instituidor, submetido a controle e fiscalização pelo Poder Público*.

No atual Código Civil, ao contrário do que ocorria na vigência do Código de 1916, essa finalidade do instituidor vem demarcada, pois somente se poderá constituir fundação para "fins religiosos, morais, culturais ou de assistência". Mas cessam neste ponto as concordâncias.

Podemos classificar as orientações doutrinárias em matéria de fundações em três:

(a) Para a primeira, *monista*, toda fundação instituída e mantida pelo Poder Público é fundação de direito público, é autarquia ou fundação autárquica, apenas com a peculiaridade de a criação ser realizada ou autorizada por lei e a área delimitada por lei complementar (Celso Antônio Bandeira de Mello após a Constituição Federal de 1988, Lucas Rocha Furtado, Lúcia Valle Figueiredo).

(b) Para a segunda, *monista também*, tradicional e quase desaparecida após 1984, com a decisão no STF no RE 101.126-RJ (rel. Min. Moreira Alves), é impróprio falar em *fundação de direito público*, pois toda fundação é forma civil, isto é, de direito privado (Manoel Franco Sobrino, Seabra Fagundes, Hely Lopes Meirelles antes da Constituição de 1988).

(c) Para a terceira, *dualista*, o texto constitucional vigente refere dois tipos de fundação, como explicitou a nova redação do art. 37, XIX, sendo possível falar tanto em *fundações de direito público*, autênticas autarquias, como em *fundações de direito privado*, desde que a denominação tenha coerência com a finalidade e as competências efetivamente realizadas (Maria Sylvia Zanella Di Pietro, Diógenes Gasparini, Alice Gonzalez Borges).

Adoto, desde há muito, a *concepção dualista*.

As fundações são de direito público se manejam prerrogativas de direito público, *se titularizam poderes de autoridade, independentemente da atividade que desempenham*, pois semelhante autorização legal é incompatível com a aplicação geral do regime das entidades de direito privado. Neste caso, devem receber tratamento equivalente ao das *autarquias*, em sintonia com diversas disposições constitucionais, antes referidas (arts. 39, *caput*, 40, *caput*, e 169, § 1º; art. 19 do ADCT). Se são *autarquias fundacionais, por oposição às autarquias corporativas*, são disciplinadas integralmente por normas de direito público, em especial: (a) seus bens são inalienáveis (art. 67 do CC), insuscetíveis de usucapião (art. 200 do Decreto-lei 9.700/1946), imprescritíveis e impenhoráveis; (b) o pagamento de dívidas decorrentes de condenações judiciais se faz mediante precatório (art. 100 da CF); (c) a cobrança de seus créditos se faz por executivos fiscais; (d) gozam do foro privilegiado do juízo federal (art. 109 da CF); (e) criação e extinção por lei (art. 37, XIX, da CF); (f) capacidade de auto-administração; especialização dos fins ou atividades; (g) sujeição a controle ou tutela pela Administração direta nos mesmos termos das demais autarquias, salvo regime especial (*v.g.*, autarquias executivas).

Se a *fundação estatal é de direito privado*, predominam no seu funcionamento normas de direito privado, em sintonia também com diversas normas constitucionais antes referidas (art. 37, XIX, e 167, VIII, da CF; art. 61 do ADCT), porém *com diversas derrogações de direito público*, especialmente: (a) não-aplicação das regras do direito civil sobre as áreas em que as fundações privadas podem atuar (CC, art. 62, parágrafo único), em face da existência de previsão constitucional específica (CF, art. 37, XIX); (b) extinção somente autorizada por lei, o que excepciona a regra do art. 69 do CC; (c) aplicação aos seus servidores de diversas regras gerais dos servidores públicos, inclusive efetivos, como o teto constitucional de remuneração, analogia também empregada para fins criminais (art. 327 do CP) e para fins de improbidade administrativa (Lei 8.429/1992); (d) sujeição dos seus dirigentes ao mandado de segurança quando exerçam funções delegadas, no que diz respeito a essas funções (art. 1º, § 1º, da Lei 4.717/1965); (e) cumprimento, em matéria de finanças públicas, das exigências dos art. 52, VII, 165, §§ 5º e 9º, e 169 da CF.

São, obviamente, comuns aos dois tipos de fundações: (a) imunidade tributária do art. 150, § 2º, da CF; (b) vedação de acumulação de cargos ou de empregos públicos (CF, art. 37, XVII); (c) obrigatoriedade de licitação (art. 22, XXVII) e de concurso público (art. 37, II); (d) controle pelo Tribunal de Contas (art. 71, II e IV); (e) controle do Ministério Público em termos gerais (ações civis públicas, ações de improbidade etc.) – entre outros aspectos, que não cabe, aqui, detalhar.

2. Projeto de Lei Complementar 92/2007

Na tentativa de dar cumprimento ao disposto no art. 37, XIX, da CF e com o objetivo de renovar a aplicação da forma “fundação” no âmbito da Administração Pública, o atual Governo apresentou no mês de junho/2007 o Projeto de Lei Complementar 92/2007, cuja transcrição integral se impõe:

PROJETO
DE LEI COMPLEMENTAR 92/2007

Regulamenta o inciso XIX do art. 37 da Constituição Federal, parte final, para definir as áreas de atuação de fundações instituídas pelo poder público.

O CONGRESSO NACIONAL decreta:

Art. 1º. Poderá, mediante lei específica, ser instituída ou autorizada a instituição de *fundação sem fins lucrativos*, integrante da Administração Pública indireta, *com personalidade jurídica de direito público ou privado*, nesse último caso para o desempenho de *atividade estatal que não seja exclusiva de Estado*, nas seguintes áreas:

I – saúde;

II – assistência social;

III – cultura;

IV – desporto;

V – ciência e tecnologia;

VI – meio ambiente;

VII – previdência complementar do servidor público, de que trata o art. 40, §§ 14 e 15, da Constituição;

VIII – comunicação social; e

IX – promoção do turismo nacional.

§ 1º. Para os efeitos desta Lei Complementar, compreendem-se na área da saúde também os hospitais universitários federais.

§ 2º. *O encaminhamento de projeto de lei para autorizar a instituição de hospital universitário federal sob a forma de fundação de direito privado será precedido de manifestação pelo respectivo conselho universitário.*

Art. 2º. Esta Lei Complementar entra em vigor na data da sua publicação.

Na Exposição de Motivos (EM 00111/2006/MP, datada de 4.6.2007), assinada pelo Min. Paulo Bernardo, Ministro de Estado do Planejamento, Orçamento e Gestão, é afirmado que "o Projeto prevê que somente poderá ser instituída para desempenho de atividades estatais que não sejam exclusivas de Estado, de forma a vedar a criação de entidade de direito privado para exercício de atividades em áreas em que seja necessário o uso do poder de polícia".

O texto do Projeto é contido, e merece elogios por isso. Além disso, é positivo o fato de explicitar em norma entendimento de que persistem no sistema jurídico nacional as duas alternativas de configuração das fundações no âmbito da Administração Pública: a *fundação estatal de direito público* e a *fundação estatal de direito privado*.

No entanto, no interior do Governo duas orientações se apresentam neste momento: alguns acreditam que Projeto deve ser ampliado, para detalhar melhor o modo de funcionamento e estruturação das fundações estatais de direito privado (sinal disso é a previsão, aparentemente fora dos esquadros constitucionais, de norma de natureza processual no art. 1º, § 2º, do Projeto de Lei Complementar); outros consideram que o Projeto deve permanecer geral, cuidar exclusivamente de definir áreas de atuação das fundações estatais de direito privado, ser aprovado, e nas leis especiais de autorização de criação ou transformação das autarquias existentes para fundações de direito privado devem ser especificadas a forma de funcionamento e a estruturação das fundações de direito privado criadas pelo Estado, inclusive mediante detalhamento de normas processuais. As duas orientações preocupam. A primeira, pois colocará o projeto em *situação de fragilidade jurídica, dado que a inclusão de temas organizatórios e processuais na lei complementar requerida pelo art. 37, XIX, parece exceder o âmbito previsto neste comando para a lei complementar, que unicamente está autorizada a definir as áreas de atuação das fundações estatais de direito privado*. A segunda orientação igualmente preocupa, pois pode ensejar uma grande variedade de soluções de organização e funcionamento das fundações a serem criadas ou transformadas, a tornar mais fragmentário e fluida ainda a *tipologia dos entes da Administração indireta, na ausência de uma norma geral de enquadramento das entidades públicas*.

A segunda preocupação não é excessiva. O STF, por exemplo, tem mantido uma jurisprudência *dúbia* em relação às entidades da Administração Pública indireta de direito privado.

Por um lado, podem ser referidos diversos pronunciamentos da Corte admitindo a *possibilidade de convivência no atual sistema constitucional de fundações estatais de direito privado e fundações estatais de direito público*.

Recolho, em particular, uma decisão em que o tema foi o centro do debate. Tratava-se do MS 24.427-5-DF, em que se debatia validade de ato emitido pelo TCU que determinara ao Banco do Brasil que providenciasse junto ao chefe do Poder Executivo o encaminhamento de projeto de lei ao Congresso Nacional para formalizar a criação da Fundação Banco do Brasil, dado que a instituição da entidade, ocorrida em 1986, não decorrera de lei autorizativa. O STF, por unanimidade de votos, considerou que a decisão do TCU era inexeqüível, pois determinava providência que somente poderia ser tomada pelo presidente da República; mas, além disso, afirmou claramente que se trata de entidade privada, que não exerce função peculiar e exclusiva da Administração Pública, chegando a afirmar – para nós, em evidente excesso – ser impossível qualificá-la como "entidade da Administração indireta". Leia-se com atenção a correspondente ementa: "*Ementa:* Constitucional – Administrativo – Mandado de segurança – Fundação Banco do Brasil – Instituição anterior à vigência do disposto nos incisos XIX e XX do art. 37 da Constituição do Brasil de 1988 – Sujeição ao Decreto-lei n. 900/1969 – Impossibilidade – Finalidades eminentemente privadas – Ausência de função peculiar e exclusiva da Administração ou de atribuição pública – Impossibilidade de qualificá-la como entidade da Administração indireta – Desnecessidade de criação por lei – Banco do Brasil – Entidade da Administração indireta dotada de personalidade jurídica de direito privado – Impossibilidade de concebê-lo como Poder Público – Impossibilidade de execução do acórdão do TCU quando a determinação depende da vontade de terceiro. 1. A Fundação Banco do Brasil/FBB foi instituída em 16.5.1986, anteriormente à vigência do disposto nos incisos XIX e XX do art. 37 da Constituição de 1988. Também não era vigente a Lei n. 7.596/1987. Não poderia, portanto, sujeitar-se a preceitos normativos inexistentes à época de sua criação. 2. O art. 2º do Decreto-lei n. 900/1969 estabelecia os requisitos e condições para a instituição de fundações pelo Poder Público. A inserção dessas fundações no quadro da Administração indireta operou-se mercê do disposto no art. 1º do Decreto-lei n. 2.229/1986 e no art. 1º da Lei n. 7.596/1987, nos termos dos quais a fundação pública será instituída para o desenvolvimento de atividades estatais que não exijam execução por órgãos ou entidades de direito público. 3. A Fundação Banco do Brasil persegue finalidades privadas. Não desempenha função que se possa ter como peculiar e exclusiva da Administração nem exerce atribuição pública. Não pode ser incluída entre aquelas às quais dizia respeito o art. 2º do Decreto-lei n. 900/1969. 4. O Banco do Brasil, entidade da Administração indireta dotada de personalidade jurídica de direito privado, voltada à exploração de atividade econômica em sentido estrito, não pode ser concebido como Poder Público. 5. A determinação do TCU, no sentido de que o impetrante providencie junto ao chefe do Poder Executivo o encaminhamento de projeto de lei ao Congresso Nacional, é inexeqüível. O impetrante não pode ser compelido a fazer o que depende da vontade de terceiro – Segurança concedida" (STF, MS 24.427, rel. Min. Eros Grau, j. 30.8.2006, *DJU* 24.11.2006, p. 64).

O tema voltou à baila na ADI 2.794-DF, julgada pelo STF em 14.12.2006, relatada pelo eminente Min. Sepúlveda Pertence, publicada no *DJU* de 30.3.2007. Vale dizer, a segunda decisão relevante foi proferida quase quatro meses após a decisão no MS 24.427-5-DF.

Tratava-se de um debate sobre a demarcação de atribuições de segmento do Ministério Público Federal e do Distrito Federal na tutela das fundações. Questionava-se o § 1º do art. 66 do CC na parte em que encarregava o *Ministério Público Federal* de velar pelas fundações, "se funcionarem no Distrito Federal".

O Tribunal considerou a disposição inconstitucional por haver adotado – no dizer da Corte – um critério que pecava, a um só tempo, "por escassez e por excesso". Transcrevo, nesta parte, a ementa:

"Por escassez, de um lado, na medida em que há fundações de direito público, instituídas pela União – e, portanto, integrantes da Administração Pública Federal e sujeitas, porque autarquias fundacionais, à jurisdição da Justiça Federal ordinária, mas que não têm sede no Distrito Federal.

"5. Por excesso, na medida em que, por outro lado, a circunstância de serem sediadas ou funcionarem no Distrito Federal evidentemente não é bastante nem para incorporá-las à Administração Pública da União – sejam elas fundações de direito privado ou fundações públicas, como as instituídas pelo Distrito Federal –, nem para submetê-las à Justiça Federal."

Por isso, concluía: "Declarada a inconstitucionalidade do § 1º do art. 66 do CC, sem prejuízo da atribuição ao Ministério Público Federal da veladura pelas fundações federais de direito público, funcionem, ou não, no Distrito Federal ou nos eventuais Territórios".

A decisão da Corte merece diversas ressalvas.

(a) É correto dizer que não cabe ao Ministério Público Federal velar por fundações privadas ou fundações privadas instituídas pelo Poder Público simplesmente por terem sede no Distrito Federal.

Porém, é preciso reparar que:

(b) As fundações estatais de direito privado também compõem a Administração Pública indireta. Por isso, a elas podem ser aplicadas disposições constitucionais diversas, tais como: (1) a exigência de concurso público para seus servidores; (b) a aplicação do teto de remuneração; (c) a exigência de licitação; (d) a proibição de acumulação de seus servidores; (e) o controle do Tribunal de Contas – entre outras disposições gerais, aplicáveis aos diversos organismos criados ou mantidos pelo Poder Público.

(c) As fundações estatais de direito público são autarquias, sujeitas a controle interno e externo, criadas diretamente por lei. Logo, dispensável, a "veladura"do Ministério Público, pensada desde sempre para as fundações de direito privado, criadas por particulares, com o objetivo de fiscalizar a fidelidade dessas entidades à vontade indisponível do instituidor.

A confusão na jurisprudência, já se vê, não é pequena em relação às fundações.

Por outro lado, o Supremo Tribunal Federal tem manifestado uma tendência à *aplicação integral do regime de direito público a entidades privadas que realizam serviço público, sem isolar a atividade de prestação de serviço público e outras atividades da entidade, inclusive o regime de seu funcionamento interno.*

Em caso famoso, o Supremo Tribunal Federal determinou a equiparação da Empresa Brasileira de Correios/ECT e Telégrafos à *Fazenda Pública*, inclusive para assegurar a observância do regime de precatório e o regime da impenhorabilidade e imprescritibilidade de bens. O argumento foi o exercício pela ECT de serviço público (STF, RE 229.696-DF).

Em que medida se pode aplicar o regime da Fazenda Pública a entidades instituídas sob regime de direito privado, por realizarem serviço público? As prerrogativas reconhecidas devem dizer respeito a todos os campos de atividade das entidades, a um segmento destes ou, além disso, a todo o funcionamento da entidade? Se as entidades realizam atividades mistas, complexas, em parte realização de serviço público, em parte atividade eminentemente privada, também devem ser enquadradas de modo simples no regime das autarquias?

São muitas perguntas, maiores perguntas, que espero sejam respondidas por uma nova Lei Orgânica da Administração Pública ou pelo trabalho e pesquisa dos Senhores, procuradores de todo o Brasil, presentes a este importante evento científico.

Afinal, como dizia Guimarães Rosa, em *Grande Sertão Veredas*: "Vivendo, se aprende; mas o que se aprende, mais, é só a fazer outras maiores perguntas".

DOUTRINA

ILÍCITO ANTITRUSTE E ACORDOS ENTRE CONCORRENTES

Luis Fernando Schuartz

Mestre e Doutor em Direito pela Johann Wolfgang Goethe-Universität, Frankfurt am Main. Advogado em São Paulo e no Rio de Janeiro

1. "Bem-estar social" e ilícito antitruste. 2. O real significado da distinção entre a regra "per se" e a "regra da razão". 3. Acordos horizontais: tipologia e análise: 3.1 Os cartéis "hard-core"; 3.2 Acordos de colaboração entre concorrentes.

O tema das conseqüências antitruste relacionadas aos acordos entre concorrentes é ao certo um dos mais ricos em contribuições academicamente credenciadas, tanto no campo da dogmática, como nos da microeconomia e da teoria de organização industrial. Em face da vastíssima literatura disponível e do indeterminismo que é característico das análises jurídico-econômicas nesse âmbito, é de fato extraordinário o atual grau de convergência das conclusões dos especialistas no que toca aos principais problemas, métodos e parâmetros analíticos aplicáveis.

Não nos parece que existam boas razões para suspeitar desse consenso, nem mesmo boas justificativas para atitudes de ceticismo em relação à solidez dos seus fundamentos. Tratando-se de argumentos instrumentais à aplicação de normas jurídicas, ao contrário, tudo indica que, neste âmbito pelo menos, as lacunas teóricas estejam não numa carência de novos conceitos e critérios de análise e julgamento, mas sim, nos esforços de reconstrução do material já existente em termos de diferenciações que sejam juridicamente operacionalizáveis e que possam servir como pontos fixos de referência para autoridades e agentes econômicos.

O presente artigo se apresenta como sugestão nesse sentido. Sua única preocupação é recolher, selecionar e sistematizar as contribuições mais significativas sobre o assunto, sem quaisquer pretensões de originalidade; e seu único objetivo é inspecionar argumentos teóricos em busca de diretrizes práticas para a racionalização dos procedimentos de aplicação do direito nos casos concretos.

1. "Bem-estar social" e ilícito antitruste

Um dos traços mais salientes da técnica de definição de ilícitos que se incorporou à Lei 8.884/1994 é o elevado grau de indeterminação no tocante à explicitação das condições necessárias e suficientes para a caracterização de uma determinada conduta como infração. O argumento sistemático que serve de fundamento *teórico* a essa técnica pode ser condensado na idéia de que o *ponto de vista geral* que confere *unidade* às referidas condições está no que se convencionou denominar – seguindo o jargão microeconômico – de "bem-estar social", e de que a maneira mais correta de se operacionalizar tecnicamente esse critério de unidade está na determinação, tanto qualitativa como quantitativa, dos *efeitos líquidos* produzidos pela conduta em questão sobre a referida "grandeza".

Com isso, a análise da natureza (se positivos, negativos ou neutros) e da magnitude dos mencionados efeitos pode aplicar-se virtualmente a *qualquer conduta*; e as conclusões da análise podem valer como razões determinantes das decisões das autoridades acerca da existência, nos casos concretos, de uma infração da ordem econômica de *qualquer espécie*, vale dizer, com base em *qualquer dos incisos* do art. 20 da Lei 8.884/1994. Em outras palavras, os diferentes efeitos econômicos previstos nesses incisos nada mais seriam que *instâncias* de um *tipo genérico* de infração, definível então como produção efetiva ou potencial de efeito líquido *negativo* sobre o bem-estar social.[1]

A expressão "efeito líquido sobre o bem-estar social", pelo menos como usualmente interpretada e aplicada, possui um sentido técnico que pode ser flexibilizado apenas dentro de limites semânticos bem estreitos. O quadro de referência conceitual dentro do qual esse sentido se localiza delineou-se a partir de hipóteses de teoria microeconômica (neoclássica) associadas aos conceitos de *eficiência (alocativa)*, *excedente do consumidor*, *excedente do produtor* e *poder de mercado*.

Nesse referencial teórico, uma determinada configuração econômica (ou mudança entre duas configurações) é "eficiente", se e somente se os ganhos dos agentes econômicos beneficiados por essa configuração (ou por essa mudança) são suficientes para compensar as perdas dos agentes econômicos prejudicados pela mesma, isto é, se e somente se o valor total desses ganhos é maior ou igual ao valor total dessas perdas.[2] Posto dessa maneira, o conceito de eficiência (aqui denominada de eficiência econômica, alocativa ou "potencial de Pareto") irá servir como instrumento de mediação entre a idéia normativa de bem-estar social – agora despida das habituais conotações ético-políticas – e sua operacionalização sob a forma de uma aplicação *tecnicamente controlável* da legislação antitruste.[3] De fato, a tradução do

1. Essa maneira de conceituar juridicamente as infrações da ordem econômica é interessante do ponto de vista doutrinário, vez que possibilita um enfoque teoricamente integrado das análises de condutas e estruturas (atos de concentração). O conjunto dos seus defensores mais radicais e fervorosos ficou estigmatizado no meio dos especialistas como "Escola de Chicago". Um representante característico é R. Bork (o autor do *The Antitrust Paradox*, 1978). Um outro é Richard Posner.

2. A definição contém uma ligeira modificação da versão "paretiana" clássica da noção de eficiência alocativa. Cf. a respeito Hovenkamp, *Federal Antitrust Policy. The Law of Competition and its Practice*, West Group, 1999, pp. 74-76. Cf. também Hal Varian, *Intermediate Microeconomics. A Modern Approach*, Norton, 1993, pp. 299-301 e, especialmente, o Cap. 30. Para indicações críticas relativamente a esse paradigma de teoria e análise antitruste, cf. o nosso artigo "Mercados de alta tecnologia. Crise anunciada do direito antitruste?", in M. A. Greco e Ives Gandra da Silva Martins (orgs.), *Direito e Internet*, Ed. RT, 2001, pp. 95-135. É importante registrar, ademais, que esse enfoque por assim dizer mais "economicista" de como se deve interpretar e aplicar o direito da concorrência jamais foi absorvido na sua forma "pura" pela práxis dos tribunais e das agências administrativas dos países mais desenvolvidos. Trata-se, na verdade, de um ideal aceito em maior ou menor grau pela doutrina mais autorizada e realizado em maior ou menor grau no plano institucional. Para uma discussão européia, cf. Schmidt, *Wettbewerbspolitik und Kartellrecht*, Fischer, 1993, em especial a Parte 1.

3. A desconsideração de uma dimensão distributiva nesse conceito de "bem-estar social" é um tema dos mais controvertidos na literatura es-

antitrust goal (identificado difusamente com o "bem-estar do consumidor") *em termos* do vocabulário microeconômico associado ao conceito de eficiência alocativa, lhe garantiria não apenas um significado jurídico com contornos aparentemente precisos, mas também e, sobretudo, a possibilidade – ao menos em princípio – de *mensuração quantitativa* e a daí resultante *univocidade*.

A maneira convencional de se implementar essa possibilidade remete aos conceitos anteriormente mencionados de "excedente" (do consumidor e do produtor) e de "exercício de poder de mercado". O conceito de *excedente do consumidor* refere-se ao valor, acima daquele efetivamente pago, que um consumidor estaria disposto a pagar por uma unidade de um determinado produto para viabilizar o seu consumo. O valor total desse excedente pode ser então definido como soma dessas diferenças relativamente a cada consumidor individual e – à parte certas sutilezas matemáticas ligadas ao tipo de função a ser representada – calculado a partir da curva de *demanda* (ver a Figura I abaixo) do produto em questão;[4] analogamente,

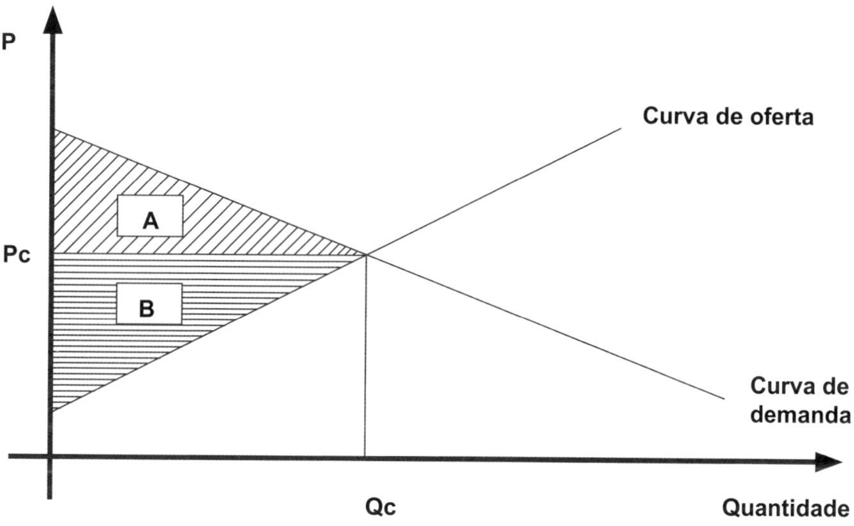

Figura I: Excedentes do Consumidor (A) e do Produtor (B) em Situação de Equilíbrio Competitivo

pecializada norte-americana. Cf., especificamente no que toca à análise de atos de concentração, Fisher, Johnson e Lande, "Price effects of horizontal mergers", in *California Law Review*, v. 77, n. 4, jul. 1989, pp. 777-826; cf. ainda R. H. Lande, "Ascensão e queda (próxima) da eficiência como reguladora do antitruste", in *Revista de Direito Econômico* 23/39-65, 1996. É importante registrar, de outra parte, que essas críticas se referem à escolha do "bem jurídico" que deve ser *primariamente* protegido no âmbito antitruste, e está fortemente pontuada pela necessidade, que é própria ao direito norte-americano, de legitimar interpretações dogmáticas numa suposta "intenção do legislador". A preocupação distributivista, nesse sentido, não ignora a dimensão alocativa como perspectiva de orientação normativa, nem muito menos a metodologia de análise, expressa geometricamente nas conhecidas construções de "retângulos e triângulos" dos diagramas de bem-estar, e baseada nos conceitos de poder de mercado e de excedente (do consumidor e do produtor).

4. Precisamente, como a medida da área da região situada abaixo dessa curva e acima daquela correspondente ao preço que está sendo efetivamente pago.

define-se o *excedente do produtor* como a diferença entre o valor recebido pela venda de uma unidade de certo produto e o valor associado ao custo de produzi-la. A soma das diferenças relativamente a cada produtor individual caracterizará o valor total desse tipo de excedente, cujo cálculo se processa agora como a mensuração de uma área definida a partir da curva de *oferta* de um dado produto (ver a Figura I, abaixo).[5]

Ante o exposto, será então a *soma* dos valores *totais* dos mencionados excedentes que irá *constituir os efeitos líquidos sobre o bem-estar social* associados à configuração econômica que se trata de analisar. De fato, *suposta* a equivalência semântica entre "bem-estar social" e "eficiência alocativa", os critérios de mensuração desta constituem-se, por definição, em critérios de mensuração daquela, e os resultados da mensuração podem valer diretamente como base para a decisão acerca da natureza *e* magnitude dos referidos efeitos líquidos. Já foi dito que o termo "eficiência alocativa" diz respeito a configurações econômicas nas quais, *grosso modo*, somente é possível melhorar a situação de um agente (ou grupo de agentes) piorando a de um outro agente. Rigorosamente falando, configurações com esse atributo representam arranjos econômicos de *máxima* eficiência – máxima no sentido do valor máximo de uma função, no caso, a função definida pela soma dos excedentes do produtor e do consumidor. Como essa soma, por outro lado, se expressa numericamente, é igualmente possível falar em *graus* variados de eficiência, bem como, *comparar* diferentes arranjos econômicos entre si do ponto de vista do maior ou menor grau de eficiência que os mesmos incorporam.

Ora, demonstra-se, a partir dos chamados "teoremas fundamentais do bem-estar", que há uma relação biunívoca entre máxima eficiência alocativa e *equilíbrio competitivo*.[6] Em termos de implicações *normativas* para a análise antitruste, já era então esperável que se atribuísse à *concorrência perfeita*[7] o papel de candidato natural para servir de *padrão normativo ideal* para fins de comparação e, sobretudo, de *avaliação* de situações *alternativas* de mercado. Não obstante o caráter excepcionalíssimo da situação de concorrência perfeita na realidade capitalista, o referido padrão normativo poderia funcionar como um ideal para fins *de aproximação*, no seguinte sentido: quanto maior (ou menor) o

5. Cf. Pepall, Richards e Norman, *Industrial Organization. Contemporary Theory and Practice*, South-Western College, 1999, pp. 32-33; também Carlton e Perloff, *Modern Industrial Organization*, Addison-Wesley, 1999, p. 71; e o antes citado manual de Varian, pp. 248-257. A utilização desses conceitos e da correspondente metodologia foram implicitamente incorporados pelo *Guia para Análise Econômica de Atos de Concentração Horizontal*, recentemente publicado sob forma de Portaria Conjunta da SEAE e da SDE (1.8.2001); para uma recepção institucional em um contexto diverso, cf. a Resolução 20, de 9.6.1999, do CADE.

6. Cf. Varian, ob. cit., pp. 496 e ss.; ainda, Carlton e Perloff, ob. cit., pp. 56 e ss., e 69-70: "The competitive equilibrium has desirable efficiency and welfare properties. lndeed, no one can be made better off without making someone else worse off in the competitive equilibrium (...). First, production is efficient in the sense that there is no possible rearrangement of resources (such as labor, machines, and raw materials) among firms that can increase the output of one product without reducing the output of at least one other product. Second, consumption is efficient. The value that a buyer places on consuming the good is exactly equal to the marginal cost of producing that good (...). Moreover, no rearrangement of goods among consumers can benefit a consumer without harming at least one other consumer".

7. As principais características dessa estrutura de mercado são, tipicamente, as seguintes: (*a*) os produtos são homogêneos; (*b*) todas as informações relevantes sobre preços e quantidades ofertadas estão disponíveis para demandantes e ofertantes; (*c*) demandantes e ofertantes são *price-takers*; (*d*) não há custos de transação; (*e*) não há externalidades positivas ou negativas; e (*f*) não há barreiras à entrada ou à saída do mercado. Em regra também se exige que o mercado seja "atomístico" (isto é, tenha vários ofertantes e vários demandantes) para ser perfeitamente competitivo.

grau de *afastamento* de uma dada situação de mercado da situação ideal de concorrência perfeita, menos (ou mais) eficiente a situação em questão e, em conseqüência, pior (ou melhor) tal situação da perspectiva da realização de bem-estar social.

No âmbito da dogmática do direito da concorrência, entretanto, foi se cristalizando um ideal normativo menos restritivo no que toca às condições necessárias de realização, ainda que sem deixar de prestar continência ao postulado da maximização do bem-estar social entendido, conforme exposto, como o valor máximo da soma dos excedentes do produtor e do consumidor (e sem que, ademais, a concorrência perfeita tenha desaparecido de todo do horizonte como estrutura ideal de mercado para fins de análise). Com efeito, passou-se a denominar simplesmente de "concorrência" a qualquer situação ou configuração de mercado em que a quantidade ofertada é maximizada, os preços são iguais aos custos marginais, e os demandantes têm liberdade para tomar suas decisões de consumo de acordo com as próprias preferências (e as próprias restrições orçamentárias).[8]

A função de limite ideal de aproximação e padrão comparativo para as análises normativas passou a ser então desempenhada por uma noção, menos rigorosa teoricamente, de "concorrência" (ou "mercado competitivo"), sem que, como antes observado, fosse completamente abandonada a concepção do bem-estar social em termos de eficiência alocativa e a metodologia da "soma dos excedentes" como técnica de determinação qualitativa e mensuração dos impactos sobre o bem-estar social associados a determinadas situações de mercado e às correspondentes (como fatores determinantes) estratégias, atos e condutas dos agentes econômicos.

Essa recepção – ainda que temperada por exigências operacionais do sistema jurídico – de conceitos e instrumentos analíticos da microeconomia neoclássica viabilizou ao direito antitruste não apenas legitimação ideológica para a descoberta de um "bem jurídico" que caberia proteger; mais importante que isso, ela permitiu simultaneamente a definição precisa e "cientificamente" credenciada do *anti-ideal*, ou seja, daquelas situações de mercado tipicamente caracterizadas como *ineficientes* do ponto de vista alocativo, e contra as quais o aparato repressivo e preventivo estatal tem que ser mobilizado, a saber: situações conducentes ao *exercício provável ou efetivo de poder de mercado* (e, no limite, de *poder de monopólio*).

Do ponto de vista técnico, *poder de mercado* quer dizer nada mais que a capacidade de impor, consistente e lucrativamente, preços acima dos custos marginais ("supra-competitivos"), com redução da quantidade ofertada a um nível inferior ao eficiente[9] (e produção do correspondente *deadweight loss* alocativo), ao passo que *exercício* de poder de

8. Novamente, há que se recordar que a identificação pura e simples do *antitrust goal* com a maximização da eficiência alocativa jamais foi pacificamente digerida por grande parte dos comentaristas mais autorizados e, especialmente, pelos tribunais. O tema da eficiência alocativa se apresenta relativizado em maior ou menor grau por preocupações com a transferência de renda do consumidor para o produtor em virtude do exercício, por este, de poder de mercado (cf. infra).

9. Uma definição mais geral deveria incluir também o poder do *demandante* que se manifesta na *redução* de preços a um nível *inferior ao competitivo*. Também nessa hipótese pode-se falar de uma perda de bem-estar social ou de ineficiência alocativa. Cf. Hovenkamp, ob. cit., pp. 13-16: "In any event, both price and output will fall below the competitive level when the buyer is a monopsonist. Some productive assets will be assigned to products that would have been the supplier's second choice in a competitive market. As a result, monopsony allocates resources inefficiently just as monopoly does" (p. 14). Também poderá haver uma perda de *eficiência dinâmica*, na medida em que os preços inferiores aos competitivos afetem negativamente as capacidades de investimento e de inovação do agente econômico prejudicado. Cf. os *Guidelines for Collaborations Among Competitors* (2000), emitidos pela FTC e pelo Departamento de Justiça norte-americano. Para simplificar a nossa exposi-

mercado significa o uso dessa capacidade no sentido de uma efetiva imposição de preços superiores aos competitivos. *Exercício de poder de mercado*, em outras palavras, é o termo que serve para *generalizar* e *traduzir*, teórica, analítica e operacionalmente, expressões que aparecem explicitamente nas legislações antitruste e que tem um significado ambíguo e difuso, tais como *abuso de poder econômico*, ou mesmo, *abuso de posição dominante*.[10]

Poder de mercado é, nessa descrição, o conceito mais geral a partir do qual os demais podem ser construídos como espécies, em função seja do *grau* de poder detido por um ou mais agentes econômicos num dado mercado, seja ainda da maior ou menor liberalidade no tocante à *dimensão* (ou dimensões) em que admite expressar-se o poder de mercado. Ambas variáveis podem ser importantes no que se refere à construção de hipóteses para fins de imputação de conseqüências jurídicas diferenciadas. De uma perspectiva teórica, é sem dúvida o *quantum* de poder de mercado detido por um agente econômico a variável fundamental. É essa quantificação, com efeito, que permite estimar variações nos excedentes do consumidor e do produtor, e mensurar a "perda de peso morto" (*deadweight loss*) associada ao exercício do correspondente poder bem como a magnitude da redução de custos eventualmente necessária para compensá-la.

O instrumento convencional para mensuração do poder de mercado de um determinado agente econômico é o chamado "índice de Lerner".[11] Sua expressão é dada pela fórmula (*P* - *Cm*)/*P*, onde *P* é o preço que corresponde ao nível de oferta que maximiza os lucros do agente em questão, e *Cm* é o respectivo custo marginal. Uma versão equivalente é dada pelo inverso da elasticidade-preço da demanda do produto, ou seja, (*P* – *Cm*)/*P* = 1*ç*, onde *ç* (elasticidade-preço da demanda para um intervalo fixado *ÄQ*) é um

ção, estaremos neste artigo nos referindo, salvo menção em contrário, exclusivamente ao poder de mercado do *ofertante*.

10. O termo *exercício de poder de monopólio*, por sua vez, é o que corresponde ao nosso *domínio de mercado*. Cf. a respeito o nosso artigo "*Monopolization, attempt to monopolize* e a interpretação do inciso II do art. 20 da Lei 8.884/1994", in *RDM* 119/128-136. Note-se que é falta de um sentido tecnicamente preciso atribuível às citadas expressões que contribui para as tentativas (felizmente cada vez mais raras entre nós) de interpretá-las segundo critérios mais ou menos extravagantes, p.ex., etimológicos, gramaticais, políticos, pseudo-sociológicos, etc. Para o significado da expressão *posição dominante* no direito da concorrência da UE, cf. Ritter, Braun e Rawlinson, *European Competition Law: a Practitioner's Guide*, Kluwer, 2000, pp. 330-350. No direito alemão, além da noção de *marktbeherrschende Stellung* (posição dominante), também se fala, excepcionalmente, em certas espécies de relações de dependência (*Abhängigkeit*) e, no mesmo contexto, em *marktstarkes Unternehmen* (cf. § 26, Abs. 2 da *Gesetz gegen Wettbewerbsbeschränkungen*). Vale dizer que a positivação desse conceito se deu de forma *ad hoc* e pouco sistemática. Trata-se, de qualquer maneira, de um conceito secundário e desprovido de força estruturante na legislação alemã. Algo semelhante verifica-se no direito francês. O *Code de Commerce* prevê, além do *abus de position dominante*, também o caso da *exploitation abusive d'un état de dépendance économique* (artigo L. 420-2). Aqui, aparentemente, a introdução do conceito parece ter ocorrido de forma mais consistente, na medida em que se exige expressamente, como uma condição de ilicitude, que a conduta do agente investigado possa afetar o "funcionamento ou a estrutura da concorrência" em um mercado relevante. Nesses termos, também a *dépendance économique* poderia ser pensada como instância do conceito mais geral de poder de mercado. No mesmo sentido, cf. Ritter, Braun e Rawlinson, ob. cit., pp. 340 e ss., sobre o conceito de *obligatory trading partner* do direito comunitário europeu, o qual é tratado como uma subespécie do conceito de posição dominante.

11. Cf. Hovenkamp, ob. cit., pp. 79 e ss. Hovenkamp define *market power* como "a firm's ability to deviate profitably from marginal cost pricing" (p. 79); cf. a respeito também Carlton e Perloff, ob. cit., pp. 269-272 e 610-611: "A firm (...) has market power if it is profitably able to charge a price above that which would prevail under competition, which is usually taken to be marginal cost" (p. 610).

número que representa a variação da quantidade demandada dividida pela variação do respectivo preço (ie. *ÄP/P/ÄQ/Q*).[12]

A extraordinária simplicidade do índice de Lerner contrasta, entretanto, com a quase impossibilidade prática relativa à determinação, nas situações concretas, seja do custo marginal *Cm*, seja da elasticidade da demanda *ç*.[13] *Daí* o recurso a critérios alternativos que *indiquem*, ao menos por presunção, se um agente detém ou não poder de mercado e, em caso afirmativo, qual o grau desse poder. O critério alternativo por excelência utilizado para esse fim é a *participação de mercado*. A função central, do ponto de vista analítico, conferida à delimitação de um *mercado relevante* e ao cálculo dos *market shares* dos agentes nele participantes[14] é, nesse exato sentido, *teoricamente* secundária, e se explica como uma espécie de "*second best* metodológico" à luz de lacunas insuperáveis de informação no contexto das análises dos casos concretos.

Com efeito, a determinação *imediata*, qualitativa e quantitativa, de poder de mercado a partir da aplicação do índice de Lerner, é substituída por um *indício* baseado na correlação positiva *presumida* entre participação de mercado e poder de mercado, presunção que, como se sabe, terá que ser ou confirmada ou desconfirmada no curso da investigação acerca de outros fatores e características, estruturais ou não, do mercado relevante, tais como, em especial, a natureza e o nível das barreiras à entrada,[15] a presença

12. Sobre o critério de definição do *quantum* do aumento de preço que deve ser adotado nas análises antitruste, cf. as observações de Hovenkamp, ob. cit., pp. 84-86.

13. Cf. Hovenkamp, ob. cit., pp. 80 e ss.; também, Calixto Salomão Filho, *Direito Concorrencial*, Malheiros Editores, 1998, pp. 82-83, o qual entretanto se equivoca, a nosso ver, na sua crítica à definição *standard* de poder de mercado (pp. 74-82). Conforme o exposto, não se trata, como afirma o ilustre autor, de mero "poder de aumentar preços", mas sim, de capacidade de impor, com lucro, preços *acima dos custos marginais* (i.e. preços *supracompetitivos*), com redução da quantidade ofertada abaixo do nível eficiente do ponto de vista alocativo. Um monopolista que não pode aumentar ainda mais os seus preços por razões referentes ao grau de substitutibilidade dos seus produtos aos preços correntes *já está exercendo poder de mercado*. Nesse caso, a direção da análise técnica seria a da verificação da existência de eventuais eficiências *produtivas* associadas à conduta investigada que pudessem compensar a ineficiência (*deadweight loss* alocativo) que – cabe ressaltar – não está no aumento do preço em si, mas sim, na quantidade de produto que deixou de ser ofertada. É por essa razão que, ao contrário do que argumenta o autor (pp. 75-76), é indiscutível a aplicabilidade do conceito de poder de mercado também nas hipóteses de poder do *comprador*. Cf., dentro da temática desse artigo, os *Guidelines for Collaborations Among Competitors*, da FTC e do Departamento de Justiça dos EUA (2000), p. 11, nota 30: "Market power to a buyer is the ability profitably to depress the price paid for a product below the competitive level for a significant period of time and thereby depress output".

14. Apesar da enorme popularidade, faz-se ainda muita confusão em torno do conceito de mercado relevante. A mais sutil delas está relacionada à utilização da noção de *elasticidade da oferta* no contexto da *definição do produto relevante*. Conceitualmente, o critério para tal definição está, *exclusivamente*, na substitutibilidade do ponto de vista da *demanda*. A análise da oferta entra em cena apenas num segundo momento, qual seja, o da *identificação das empresas participantes* no mercado relevante *além* daquelas que *ofertam correntemente* o produto relevante (o qual, portanto, deve ter sido já previamente definido).

15. Sobre o conceito de barreiras à entrada, cf. Carlton e Perloff, ob. cit., pp. 76-83; e Hovenkamp, ob. cit., pp. 523-536. No âmbito antitruste, é muito comum a distinção entre *committed* e *uncommitted entrants* (ou seja, entre "entrantes comprometidos" e "não comprometidos"), embora apenas os primeiros sejam entrantes num sentido rigoroso. Cf. os *Horizontal Merger Guidelines* (1992) da FTC e do Departamento de Justiça norte-americano, pp. 11-12 e 27-30. É importante sublinhar que os *Guidelines* refletem, metodologicamente, essa diferença conceitual em termos da distinção entre condições para identificação das *empresas participantes* no mercado relevante (que podem incluir as empresas que não ofertem correntemente o produto relevante, mas que possam vir a fazê-lo redirecionando ativos

eventual de demandantes e/ou fornecedores com elevado poder de barganha,[16] o grau de rivalidade entre concorrentes e de dinamismo tecnológico no mercado, entre outros.

Exercício de poder de mercado, em resumo, é um conceito capaz de *uniformizar* a categorização jurídica dos vários ilícitos antitruste, uma vez localizado o elemento principal constitutivo desse tipo de ilícito na produção – ou na aptidão para produzir – efeitos líquidos negativos sobre o bem-estar social. Ademais, tem-se aí a chave para o tratamento juridicamente unificado da *análise de atos de concentração econômica e condutas anticompetitivas*. É claro que há diferenças: se o objetivo da análise estrutural em razão de atos de concentração econômica é a *prevenção* de situações econômicas em que seja *provável* o exercício de poder de mercado e a perda de bem-estar social a ele associada, o objetivo do processo administrativo é tipicamente *repressivo*, na medida em que se trata de punir – ou de fazer cessar – *condutas* de agentes detentores de poder de mercado cujo efeito real ou potencial seja a *produção* de uma perda líquida de bem-estar social. Mas por detrás dessa diferença se escondem preocupações básicas, conceitos técnicos, instrumentos e métodos de análise basicamente idênticos.

Em ambas as hipóteses, de fato, é no *efeito líquido negativo sobre o bem-estar social associado ao exercício, seja efetivo ou provável, de poder de mercado*, que está a *incompatibilidade jurídica* com o disposto na legislação antitruste; nos dois casos, é um único conceito normativo de "concorrência" – entendida como situação de mercado caracterizada por maximização da oferta e pela igualdade entre preços e custos marginais – a servir como contraste positivo para fins comparativos e de avaliação das configurações de mercado alternativas; em ambos, é a soma dos excedentes do produtor e consumidor o método proposto para a qualificação e mensuração do efeito líquido sobre o bem-estar social causalmente imputado a uma determinada conduta ou a um determinado ato de concentração.[17]

Esse referencial básico de análise[18] pode ser agora ilustrado e resumido a partir do que

com custos irrecuperáveis baixos e em um período curto de tempo, isto é, os *uncommitted entrants*), de um lado, e condições de *entrada stricto sensu*, de outro lado, cuja análise somente se aplica face a eventuais entrantes *comprometidos*. Uma entrada comprometida é definida, nesse contexto, como "new competition that requires expenditure of significant sunk costs of entry and exit" (p. 26). Nesse mesmo sentido, cf. o *Guia para Análise Econômica de Atos de Concentração Horizontal*, da SEAE e SDE (itens 33 e 45 e ss.). Cf. ainda a nota 14 supra.

16. Quanto a esse ponto vale, contudo, generalizar a advertência de Hovenkamp, ob. cit., p. 537: "A merger is to be evaluated by its impact on all buyers (...), not just on the larger more sophisticated ones".

17. Desnecessário ressaltar que essa lista de características comuns poderia ser estendida a perder de vista. Um exemplo adicional particularmente ilustre está no aparato conceitual e na metodologia usados para delimitar mercados relevantes e analisar suas estruturas. Sobre o nexo interno existente entre os conceitos de mercado relevante e poder de mercado, cf. M. Possas, "Os conceitos de mercado relevante e de poder de mercado no âmbito da defesa da concorrência", in *Revista do IBRAC* 3/82-102, 1996.

18. Note-se que, como previamente advertido, o referido quadro conceitual não se realiza de maneira "pura" na práxis de aplicação do direito antitruste. Em regra, concebe-se o poder de mercado não apenas em termos de preços e quantidades, mas também, de variáveis como: qualidade dos produtos ofertados, ritmo e quantidade de inovações em novos produtos, novos processos de produção, novas formas de organização e coordenação, etc. Ademais, o predomínio e a relevância do referencial estático na análise de bem-estar são, com freqüência, questionados. Um excelente exemplo nesse sentido é a incorporação de um conceito *dinâmico* de bem-estar, caracterizado pela importância dos ganhos associados a processos de inovação no longo prazo e responsável por um certo relaxamento no tratamento de certos tipos de acordos de cooperação entre concorrentes e pela aceitação das chamadas *innovation efficiencies* como forma importante de relativizar eventuais perdas de eficiência alocativa causadas por

ficou conhecido como "gráfico de Williamson"[19] (verificar a Figura II, abaixo).

Vamos imaginar que o gráfico reflete uma situação na qual, em virtude de uma conduta anticompetitiva (ou um ato de concentração), haja incremento *simultâneo* de poder de mercado e eficiências (no caso, reduções de custos). O aumento de poder de mercado permite ao agente detentor desse poder uma elevação de preços de *P1* para *P2*, com redução correspondente da quantidade ofertada de *Q1* para *Q2*. O ponto (*P1*, *Q1*) representa o nível competitivo de preços e *output*, ou seja, aquele no qual o preço iguala o custo marginal do produtor e a soma dos excedentes do produtor e do consumidor é máxima. O novo preço *P2* e a nova quantidade ofertada *Q2* correspondem ao nível que agora maximiza o lucro do produtor, isto é, no qual a receita marginal *RMg* é igual ao novo custo marginal *c'*. A *redução de custos* de *c* para *c'*, decorrente da conduta e representada pela área do retângulo *C*, é um *ganho líquido de eficiência*, uma vez que mede a diminuição nos custos associada à produção da quantidade *Q2* (que antes custava *c* > *c'*). A área da região *A*, por sua vez, mede a *transferência de renda* dos consumidores para o produtor em razão do aumento no preço de *Pl* para *P2*. Para cada unidade consumida, de fato,

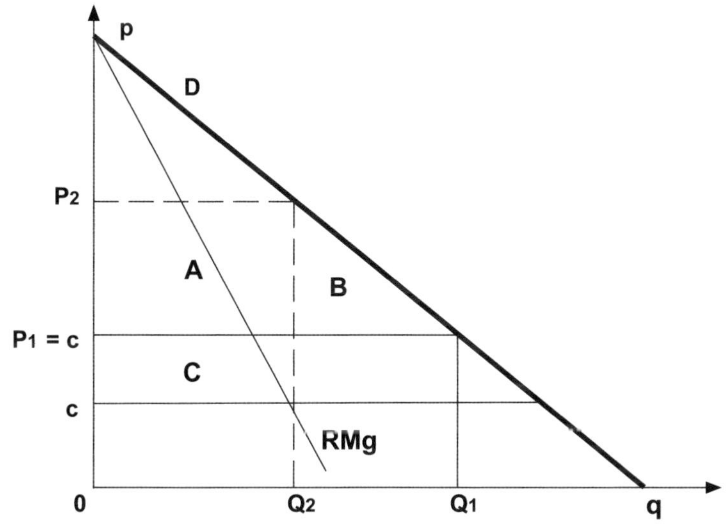

Figura II: *Tradeoff* de Eficiência Alocativa

condutas ou atos de concentração. Cf. a respeito o relatório da FTC com o título: *Anticipating the 21st Century: Competition Policy in the New High-Tech, Global Marketplace*, v. I, mai. 1996, Cap. 2, p. 32. Para uma discussão crítica acerca do predomínio do referencial estático na análise de bem-estar, cf. Jorde e Teece (orgs.), *Antitrust, Innovation and Competitiveness*, 1992. O reconhecimento institucional da importância dos ganhos de bem-estar associados a processos de inovação também manifesta-se no conceito de *innovation markets*, constante dos *Antitrust Guidelines for the Licensing of Intellectual Property* (1995), da FTC e do Departamento de Justiça norte-americano.

19. Cf. Oliver Williamson, "Economies as an antitrust defense: the Welfare Tradeoffs", in *American Economic Review* 58, 1968. Cf. as observações críticas de Fischer, Johnson e Lande, ob. cit., pp. 788 e ss. O gráfico é normalmente usado no contexto das análises de atos de concentração, mas o *tradeoff* que ele representa pode, como esquema abstrato, ser aplicado também nas hipóteses de condutas anticompetitivas, especialmente nas sujeitas à "regra da razão".

os consumidores são agora obrigados a pagar um preço superior ao que eles pagavam anteriormente. Ocorre que, *para fins* do cálculo do efeito *líquido* sobre a *eficiência alocativa* relacionado à conduta, essa área é simplesmente *irrelevante*: o que aqui é *perdido* pelo *consumidor* é *ganho* pelo *produtor*, de modo que a *variação líquida* dos excedentes é igual a zero. Algo distinto se passa em relação à área do triângulo *B*. Essa expressa genuína *perda líquida de eficiência*, na medida em que os consumidores estariam dispostos a pagar pelo produto (que deixou de ser ofertado) um valor superior ao que custaria para produzi-lo. Esse diferencial significa, logo, uma perda para o consumidor que não será apropriada por ninguém, ou seja, uma autêntica "perda de peso morto" (*deadweight loss*) em termos alocativos.

A mensagem por detrás desse esquema geral de análise está em que a determinação do *efeito líquido sobre o bem-estar social* depende *unicamente* do cômputo da diferença entre as áreas correspondentes às regiões *C* e *B* do gráfico, isto é: dos ganhos líquidos do produtor associados a reduções nos custos decorrentes do comportamento adotado, e da "perda de peso morto" – o valor da quantidade de produto que deixou de ser ofertada – em que se materializou o exercício de poder de mercado. Considerado como *critério de licitude* (ou aprovação de atos de concentração), esse *tradeoff* de eficiência alocativa reduz-se à condição: *C* - *B* e" 0.[20]

Conforme antecipado, a tradução pura e simples dessa metodologia em direito aplicado jamais foi aceita unanimemente na literatura especializada (e muito menos na práxis dos tribunais e agências administrativas). As razões são mais ideológicas que "científicas", uma vez que o alicerce teórico em que se baseiam ambas as partes nessa contenda é basicamente o mesmo. O ponto central da crítica ao *efficiency standard* está no absoluto descaso com a transferência de renda do consumidor para o produtor viabilizada pelo exercício de poder de mercado por parte do último. Note-se bem a gravidade do problema. Evitar a transferência de renda do consumidor para o produtor requer que se *impeça o aumento de preços* viabilizado pelo incremento de poder de mercado resultante de uma conduta ou um ato de concentração; ou o surgimento de situações econômicas em que esse aumento de preços seja provável.[21] Ora, *afirmar* a necessidade de se tratar a dimensão distributiva como fundamental na análise antitruste é uma coisa; *implementar* metodológica e juridicamente referida exigência é outra muitíssimo diversa.[22] Apesar

20. Aqui vale repetir a observação de que a mensuração desse *tradeoff requer* informações que raras vezes vão estar disponíveis para fins de aplicação do direito. Não obstante, há algumas sugestões no sentido de torná-lo operacional. Uma delas refere-se à utilização de projeções orientadas no chamado "método de Harberger", de acordo com o qual a inequação acima pode ser rescrita em termos da desigualdade: *Äc/c* e" ½(*Äp/p*)^{2}ç, onde *Äc/c* é a variação (redução) nos custos decorrente da conduta, *Äp/p* é a variação (aumento) no preço associada ao exercício de poder de mercado, e ç é a elasticidade-preço da demanda ao nível correspondente de *output*. Estimativas baseadas em valores típicos para ç permitem então identificar percentuais de redução nos custos que deveriam ser tratados pelas autoridades como suficientes para compensar a ineficiência alocativa ligada ao exercício de poder de mercado. Os percentuais exigidos para essas reduções costumam variar entre valores surpreendentemente baixos (entre 1% e 5%).

21. Cf. Fischer, Johnson e Lande, ob. cit., p. 781: "Congress wanted to block any merger significantly likely to generate higher consumer prices". É muito questionável até que ponto essa exigência não seria *obrigatória* no âmbito do controle de atos de concentração ante o exposto no inciso II, § 1º, do art. 54 da Lei 8.884/1994.

22. Esse problema pode ser percebido nas discussões sobre a questão da *workability* dos modelos, em especial na literatura norte-americana. Cf. Fischer, Johnson e Lande, ob. cit., pp. 809 e ss. Esses autores apresentam uma nova versão do *tradeoff* entre poder de mercado e eficiência (da perspectiva do que denominam *price standard*) em termos cuja operacionalização é não menos problemática que a do *efficiency standard* que eles criticam (p. 791): "How much must marginal cost decrease to offset

do forte apelo intuitivo, ainda não está claro como assegurar ao *price standard* plausibilidade suficiente para ameaçar o poder de sedução – pelo menos no plano da teoria – do enfoque alternativo, bem como operacionalizá-lo de modo a afastar a suspeita de que a sua aplicação jurídica implique algo próximo a um controle de preços.[23]

2. O real significado da distinção entre a regra "per se" e a "regra da razão"

A forte incorporação da microeconomia neoclássica como fundamento de legitimidade "científica" da aplicação da legislação antitruste sugere que essa aplicação contaria com cobertura teórica e metodológica suficiente para possibilitar, em cada caso, a determinação qualitativa, e a quantificação, de modificações no comportamento de variáveis microeconômicas selecionadas (tradicionalmente: preços e quantidades ofertadas) que estejam associadas a prováveis exercícios de poder de mercado por parte de um ou mais agentes econômicos.[24]

Na verdade, o poder de sedução antes referido que é próprio ao enfoque de eficiência alocativa se explica menos pela crença de que o procedimento de aplicação do direito antitruste pudesse ser modelado na práxis de acadêmicos cooperativamente interessados na busca da verdade, que pela expectativa de que a teoria e os métodos que o sustentam possam servir como um *esquema orientador* para a identificação de *relações típicas de causalidade* (ou melhor, de "associação") entre um certo conjunto de condutas de agentes econômicos, de um lado, e um certo conjunto de situações, por assim dizer "socialmente indesejáveis", de outro lado.

Entendido nesses termos, vale dizer, como uma espécie de *organizador e sistematizador do discurso dogmático*, e de *disciplinador racional da práxis de aplicação do direito*, é inquestionável a contribuição do referido enfoque. Se, com efeito, os graus de sistematicidade dessas idéias e de racionalização dessa práxis dependem, em larguíssima escala, da recepção de proposições e métodos de ciência econômica, e se a captura dessas proposições e métodos pelo sistema jurídico está orientada na solução do problema da classificação unívoca de condutas em lícitas ou ilícitas, permitidas ou proibidas, pode-se dizer que ainda não foi apresentada proposta teórica que possa competir, em termos de coerência e funcionalidade jurídica, com o instrumental conceitual e analítico disponibilizado pelo paradigma da eficiência (o que não quer dizer, evidentemente, que ele não possa e deva ser criticado, ou que os paradigmas alternativos até agora formulados apenas de maneira programática devam ser abandonados).

Visto de um ângulo eminentemente pragmático, em suma, o paradigma da busca do "máximo" bem-estar social (eficiência alocativa) é, até o presente momento, o único *sistema completo* e *internamente coerente* de instrumentos de análise de que dispomos para mapear a estrada de incertezas em que somos obrigados a nos mover ao aplicar o direito antitruste. Destituído da pretensão

a given increase in market power and ensure that price not increase?".

23. Observações interessantes no sentido das implicações para a análise das eficiências compensatórias podem ser encontradas em Fischer, Johnson e Lande, ob. cit., pp. 792 e ss.

24. Para uma crítica da mencionada suposição, cf. o nosso artigo "Fundamentos do direito da concorrência. Racionalidade e legitimidade na aplicação da Lei 8.884/1994", in *RDM* 117/57-86. Cf. também a observação de Hovenkamp, ob. cit., p. 255: "We sometimes hear the deceptively simple proposition that all the courts need to do is balance efficiency effects against anticompetitive effects and see which way the scale tips. But courts are not capable of measuring either efficiency or power over price with anything approaching scientific accuracy. Most such judicial measurements are simply hunches, based on several presumptions about the nature and effects of certain practices".

de ser "ciência aplicada", trata-se, como exposto, de um *road map* em que os sinais têm natureza de *presunções a respeito de relações associativas* (ou de causalidade em sentido fraco) entre comportamentos de agentes econômicos, de um lado, e "impactos competitivos" (ie. efeitos líquidos sobre o bem-estar social), de outro.

Mas não é só isso. Além do serviço de fundamentação doutrinária para o estabelecimento das referidas relações de associação, o mencionado sistema funciona como um repositório de argumentos face ao inestimável propósito de orientar o trabalho das autoridades no sentido (*i*) da *discriminação dos fatos* e *das alegações que são*, e *dos que não são*, *relevantes* para a investigação; (*ii*) da definição de um *método de análise*, ou seja, do modo *como conduzir essa investigação* para viabilizar a tomada de uma decisão numa ou outra direção; bem como, (*iii*) da fixação do *grau de extensão e profundidade* da análise que seria necessário para garantir a plausibilidade da decisão a se tomar (à vista do custo social associado à continuidade da investigação).

Qualquer investigação no contexto de um procedimento de aplicação do direito (em *qualquer* área do direito) requer a existência de certas regras por assim dizer "parajurídicas" ou de "economia processual", que nos digam que estamos autorizados a decidir pela licitude ou ilicitude de uma prática no instante em que tivermos uma *certa* quantidade de informações e evidências a seu respeito. Onde localizar, em cada caso concreto, essa "certa quantidade", é algo que, em geral, varia ao longo de um contínuo, e as regras destinadas a mapeá-lo estão normalmente implícitas na práxis de aplicação demandando, daquele que pretende conhecê-las bem, longa experiência prática. No direito antitruste, a jurisprudência norte-americana construiu, e a literatura nomeou explicitamente e sistematizou o uso de duas "super-regras" de mapeamento do extenso contínuo em que se move a análise dos casos concretos, a saber, a regra *per se* e a "regra da razão".[25]

"In fact, all legal analysis is 'per se' to one degree or another. The *per se* rule says that once we know a certain amount about a practice we can pass judgment on its legality without further inquiry. The difference between a 'per se' and a 'rule of reason' standard lies in how much we need to know before we can make that decision."[26] Hovenkamp utiliza essa afirmação bem no início da seção *5.6b* do seu extraordinário manual, por ele intitulada: *The Exaggerated Distinction Between Rule of Reason and Per se Treatment*. A argumentação aí desenvolvida extensamente tem como objetivo relativizar a referida separação, limitando-a exclusivamente aos casos típicos localizados nos pólos de um espectro de análise em que, via de regra, é difusa e ambígua a distribuição dos rótulos *per se* e *rule of reason*.[27] Jamais

25. Cf. a respeito *The Rule of Reason* (uma publicação da ABA, 1999), p. 9: "Antitrust scholars and the more recent Supreme Court decisions suggest that, rather than being a dichotomy, the traditional per se standard and comprehensive rule of reason analysis are more accurately viewed as representing opposite ends of a single continuum of antitrust analysis *measuring the reasonableness of the challenged conduct*" (destaques são nossos). A questão da *reasonableness*, portanto, refere-se a *ambos tipos* de regras de análise, não só à regra da razão, como falsamente se supõe.

26. Hovenkamp, ob. cit., p. 251.

27. Também no sentido de uma forte relativização dessa distinção, cf. *Antitrust Law Developments*, v. I (1997), publicado pela ABA, pp. 40 e ss., com extensa citação de casos nos quais a aplicação da regra *per se* é precedida de um exame cuidadoso das condições estruturais do mercado, e outros nos quais um *quick-look rule of reason test* é aplicado. Na verdade, pode-se afirmar que há *várias* formulações da *rule of reason* no direito norte-americano. Cf. a respeito Barry E. Hawk e Nathalie Denaeijer, *The Development of Articles 81 and 82: Legal Certainty* (texto para discussão): "Use of the singular 'rule of reason' grossly misrepresents the anarchic state of US law (...)" (p. 7); também (p. 8): "Over the years courts, authorities and commentators have formulated 'quick looks' and 'truncated', 'structu-

teria passado pela cabeça de Hovenkamp ou de qualquer comentarista autorizado, contudo, pensar que a caracterização de uma infração como *per se* significasse a sua ilicitude *independentemente* da natureza dos seus efeitos concorrenciais. Efetivamente: "Regardless of the standard used [*per se* ou *rule of reason*], the purpose of the analysis is *always* to assess the effect of the conduct on competition".[28]

Uma investigação antitruste, seja ela qual for, deve ser interrompida em algum ponto. A diferença entre uma análise *per se* e uma que leve o título de "regra da razão" consiste, típica e simplesmente, em que a análise do primeiro tipo pode ser interrompida *em um estágio anterior* que a do outro tipo.[29] Mas em relação a ambos tipos, repita-se, vale idêntico preceito quanto ao objetivo: "the purpose of the analysis is always to assess the effect of the conduct on competition". A identificação de uma conduta anticompetitiva pode requerer, em suma, uma quantidade maior ou menor de análise sobre as circunstâncias tratadas como relevantes. De acordo com o exposto, toca então a uma *teoria* antitruste a função de estabelecer as necessárias presunções de modo a prover aos trabalhos do analista e do julgador orientação metodológica bastante para permitir uma dosagem eficiente entre tempo e custo social da investigação, de um lado, e consistência técnica da conclusão, de outro. Excluída como está a possibilidade de certeza nesse âmbito, a questão que se coloca diz respeito ao *quantum* de informações acerca do comportamento investigado que se faz necessário coletar e analisar a fim de assegurar plausibilidade técnico-jurídica à decisão que deverá ser tomada.

Isto posto, é um equívoco supor, como fazem alguns, que a regra *per se* representaria uma espécie de estágio arcaico do direito antitruste, claramente inferior, numa escala ideal de racionalidade e sofisticação técnica, à regra da razão.[30] Do ponto de vista teórico, não há menos racionalidade e sofisticação no tratamento tipicamente *per se* das chamadas *naked price restraints*, que na *rule-of-reason analysis* que caracteriza o exame de acordos de cooperação tecnológica entre concorrentes. Na verdade, se quiséssemos levar a discussão ao limite, poderíamos mesmo dizer que o arrastamento da análise no caso de um cartel *hard-core* seria uma clara demonstração de irracionalidade e falta de eficiência administrativas.

Ocorre que os efeitos deletérios da mencionada suposição nada são se comparados aos produzidos pela lastimável *opinio*, que já se converteu em verdadeiro dogma, segundo a qual o direito brasileiro "não admite" regra *per se*.[31] Ao que tudo indica, a fonte do erro

red', 'flexible' and 'abbreviated' rules of reason (...) which are a sort of a middle ground between the *per se* rule and a full-blown rule of reason".

28. Cf. *Antitrust Law Developments*, 41 (destaque nosso).

29. Cf. Hovenkamp, ob. cit., p. 252.

30. Às vezes, busca-se legitimar essa suposição apelando ao direito comunitário europeu, no qual, segundo tal opinião, não haveria lugar para a "superada" figura da regra *per se*. Mas essa opinião é falsa. Ainda que não se faça menção expressa ao *termo* "regra *per se*" no direito antitruste europeu, o correspondente *conceito* está aí incorporado sob a denominação de *hard-core restrictions*. Cf. Barry E. Hawk e Nathalie Denaeijer, ob. cit., p. 5. Ver também, ainda que um pouco mais cautelosos, Ritter, Braun e Rawlinson, ob. cit., p. 141: "(...) past Commission decisions show that, while there are no so-called *per se* prohibitions as in the United States antitrust law, nearly all forms of price-fixing or market-sharing between competitors are virtually *per se* prohibited and ineligible for exemption".

31. Em face do novo projeto de alteração da Lei 8.884/1994 (divulgado em 24.11.2001), é possível que esse dogma desapareça, em razão da tentativa de expressa positivação da regra *per se* nos casos de acordos horizontais *hard-core*. O importante, contudo, é não perder de vista o verdadeiro significado jurídico dessa regra, a fim de evitar a consolidação de novos dogmas a respeito do assunto (ou mesmo do surgimento de "teses" sobre a "inconstitucionalidade" do dispositivo em questão).

está na concepção dos termos "*per se*" e "regra da razão" como aplicáveis diretamente sobre o *conceito* de *ilícito antitruste*, como se efetivamente se tratasse de duas *categorias diferentes* de *condutas anticompetitivas*, quais sejam: as tratadas como ilícitos antitruste *independentemente dos seus efeitos* "para a concorrência" em um mercado relevante; e as caracterizadas como tais apenas dada essa condição, quando, na realidade, os referidos padrões de análise nada mais são que regras de *economia processual*, i.e. *stop signs* de uma investigação *sempre* orientada na determinação do impacto competitivo líquido produzido pela conduta que está sendo analisada.

Com efeito, a distinção se refere a tipos diferentes – e, mesmo aqui, não radicalmente diferentes – de *regras de análise* de condutas para fins de determinação qualitativa da natureza de seus prováveis efeitos competitivos.[32] É o reconhecimento dessas regras (fundado em argumentos de procedência científico-econômica sancionados pela experiência acumulada no contencioso administrativo e judicial), e sua formulação explícita sob a forma de critérios de delimitação e distribuição de obrigações referentes à questão *probatória*, que torna um sistema de prevenção e repressão de condutas anticompetitivas suficientemente *previsível*, e isso tanto para as autoridades aplicadoras como para os agentes econômicos privados. Assim é que, bem ao contrário do que se alardeia, os ganhos para o setor privado vinculados à previsão expressa da regra *per se* mais que compensariam os eventuais custos, já que, ao pequeno número de condutas sancionáveis sob orientação dessa regra, corresponderia um enorme número de condutas cuja *licitude* estaria também assegurada *per se*. Como diz com a propriedade costumeira Hovenkamp, "the *per se* rule (...) is a two-edged sword".[33] Da perspectiva do interesse público, as vantagens são mais evidentes e os custos, virtualmente nulos. Com apenas um pouco de exagero, poder-se-ia mesmo dizer que a recepção parcial da regra *per se* como guia de análise antitruste seria um corolário do princípio constitucional da eficiência administrativa.

Daí também o equívoco da posição que pretende estabelecer um paralelismo entre regra *per se* e regra da razão, de um lado, ato administrativo vinculado e ato administrativo discricionário, de outro. De fato, em ambos os casos, a *estrutura* da norma jurídica que está sendo aplicada é exatamente a mesma, a saber: "dados certos efeitos, deve-ser a sanção". A diferença está em que, no caso da regra *per se*, é mais curto o *percurso analítico* para a constatação, pela autoridade, *que* esses efeitos estão "dados", ao passo que na aplicação da regra da razão, são necessários mais alguns passos. Em conclusão: a decisão é vinculada nos *dois casos*.

Sublinhemos bem o ponto central do argumento. O significado jurídico da regra

32. Ver novamente Herbert Hovenkamp, ob. cit., p. 257: "In order to determine the likely effects of a horizontal agreement or other restraints as efficiently as possible, courts go through a series of steps. Cases that require a small number of steps are the ones we generally call '*per se*'. Those that require more steps fall into the rule of reason category". Também os *Antitrust Guidelines for Collaborations Among Competitors*, cit., 2000, p. 3: "Two *types of analysis* are used by the Supreme Court to determine the lawfulness of an agreement among competitiors: per se and rule of reason. Certain types of agreements are so likely to harm competition and to have no significant procompetitive benefit that *they do not warrant the time and expense required for particularized inquiry into their effects*" (destaques são nossos).

33. Ob. cit., p. 252. Cf. também a monografia publicada pela ABA (1999) e já citada: *The Rule of Reason*, pp. 2 e ss., aqui (p. 3): "The benefits associated with the per se approach are, quite naturally, the converse of the costs associated with a rule of reason analysis: business certainty, litigation efficiency, and deterrent effect. These benefits provide real cost savings from the standpoint of litigation expense, the administration of justice, and judicial resources. The clear deterrent value helps constrain some activities, such as price fixing, which otherwise hold the promise of immediate gain and presumably would be far more common absent the per se rule".

per se pode ser esclarecido a partir de uma sutileza conceitual que está na base da distinção entre tal *standard* e o correspondente à regra da razão. *Per se* e *rule of reason* são, a rigor, padrões de *investigação* antitruste. Não se trata, em hipótese alguma, de rótulos aplicáveis a diferentes *categorias de condutas anticompetitivas*. De fato, uma determinada conduta tem natureza anticompetitiva *se e somente se* a ela se associa a produção de efeitos líquidos negativos sobre o bem-estar em termos do exercício de poder de mercado por parte de um ou mais agentes. A presença do "efeito anticompetitivo", nesse sentido, é, *sempre e necessariamente*, elemento *constitutivo* da definição jurídica de ilícito antitruste.

Em conseqüência, *toda análise* de condutas, como parte essencialmente integrante de um procedimento que conduz à decisão a respeito da existência de ilícito antitruste em um caso concreto, deve ter por conteúdo e objetivo a apresentação de argumentos tecnicamente consistentes que permitam ao final sustentar essa decisão, isto é, argumentos que nos digam qual é a natureza dos efeitos líquidos, "para a concorrência", resultantes da conduta investigada. Logo, a ilicitude *per se* de um determinado *tipo* de conduta (fixação de preços entre concorrentes, por exemplo) não consiste na suposta independência em relação ao *efeito anticompetitivo*, mas sim (o que é muitíssimo diferente), na autorização para *abreviar* o percurso analítico necessário para *provar* que o efeito – real ou provável – *é de fato* anticompetitivo. Mas é justamente esse, por outro lado, o erro conceitual subjacente à opinião dominante, ie.: tomar a *presunção bem fundada* (dados certo estágio de conhecimento e a experiência prática acumulada) do nexo de causalidade entre determinado tipo de conduta e efeito anticompetitivo, como *indiferença jurídica* no que se refere à *própria existência do referido nexo causal*. Feito esse esclarecimento, percebe-se que não faz nenhum sentido imaginar uma "proibição" ao nível do *direito positivo* em relação à aplicabilidade da regra *per se* nas investigações de condutas no âmbito antitruste. A decisão de usar ou não tal regra de economia processual faz-se, exclusivamente, no contexto da *análise e interpretação de indícios* de práticas anticompetitivas, e sua aplicação está condicionada apenas ao menor ou maior grau de *racionalidade* (ou de funcionalidade) atribuída, *pelo aplicador*, a essa regra *no referido contexto*.[34]

3. Acordos horizontais: tipologia e análise

Ante o exposto, uma forma de apresentação sistemática das diferentes implicações jurídicas referentes aos acordos entre concorrentes da perspectiva do direito antitruste consiste: (*i*) em percorrer as formas *típicas* nas quais esse gênero de conduta aparece na práxis; e (*ii*) em estudá-las conforme seja o grau de complexidade analítico (em termos do *tradeoff* entre poder de mercado e eficiência) requerido para a verificação, nos procedimentos de investigação, das condições necessárias e suficientes para a sua caracterização como ilícito antitruste. A vantagem dessa estratégia de apresentação do tema dos acordos entre concorrentes está em que ela revela, de modo particularmente ilustrativo e desmistificador, de que forma a tênue distinção entre regra *per se* e regra da razão está *implicada* na maneira corrente como *aplicamos* o direito antitruste na maioria dos casos concretos; bem assim, como tal distinção, "implícita na nossa práxis", está correlacionada com a nossa maneira habitual de avaliar a *gravidade* das condutas dos agentes econômicos do ponto de vista dos seus prováveis efeitos anticompetitivos. Nesse sentido, a exposição que segue está articulada em torno a dois grandes tipos de

34. Daí, também, a *inutilidade* da sua previsão explícita no *direito positivo* (como ocorre com o novo projeto de alteração da Lei 8.884), *salvo* o efeito pedagógico no sentido da destruição do dogma da inadmissibilidade da regra *per se* no direito brasileiro.

acordos horizontais, classificados *grosso modo* em função da correspondente regra de análise (*per se* ou "regra da razão") aplicável à caracterização do ilícito antitruste, quais sejam, (*3.1*) os cartéis *hard-core*; e (*3.2*) as demais espécies de acordos de colaboração entre concorrentes.

Antes de entrar diretamente no assunto, contudo, vale um último comentário geral. O tratamento *doutrinário* de uma conduta como sujeita à regra *per se* ou à regra da razão para fins da análise não é algo que cabe à livre escolha do doutrinador, ainda que acredite estar com os melhores argumentos econômicos do seu lado. Assim, quando falamos de uma "distinção implícita na nossa práxis" estamos nos referindo, *primariamente*, à práxis de *aplicação do direito pelas autoridades*. A ressalva é muito importante, na medida em que essa práxis é *juridicamente* vinculante para o aplicador, não podendo mudar de forma arbitrária de um instante para o outro.

3.1 Os cartéis "hard-core"

Em uma primeira aproximação, um cartel é uma associação de agentes econômicos que, expressa ou tacitamente, acordam em coordenar as decisões estratégicas no tocante a variáveis relevantes do ponto de vista concorrencial. Nesse sentido amplo, cartéis de preços (isto é, acordos entre concorrentes para a fixação dos preços de venda) aparecem somente como uma dentre várias espécies de cartel, por exemplo, ao lado de acordos cujo objeto é a restrição de quantidades produzidas ou ofertadas, a fixação de condições gerais de compra de insumos, a divisão do mercado em função de critérios geográficos ou tipo de consumidor, etc.[35] Mas não há dúvida que a espécie típica são os acordos entre concorrentes para a fixação de preços e/ou redução das quantidades ofertadas. Por razões de simplificação, as observações que seguem ao longo dessa seção terão – embora sem perda de generalidade quanto às conclusões – como ponto de referência somente esse caso particular de cartel.

Partindo daí, cartéis *hard-core* poderiam ser entendidos como práticas "concertadas" no sentido acima, mas com a qualificação de não poderem ser caracterizadas como *secundárias* (ainda que necessárias de um ponto de vista racional-estratégico) ou "*colaterais*" tendo em vista a viabilização de arranjos eventualmente neutros ou mesmo pró-competitivos que envolvam os agentes econômicos em questão (por exemplo, *joint ventures*, consórcios, acordos de organização da produção, distribuição, etc.). Cartéis *hard-core* são os vilões por excelência do direito da concorrência. Eles são considerados não apenas por toda parte como ilícitos antitruste, mas em vários ordenamentos, também como criminosos.[36]

35. Para uma definição geral, cf. Volker Emmerich, *Kartellrecht*, Beck, 1994, pp. 55: "(...) so stellt sich als 'Wesen' eines Kartells heraus, dass mehrere Unternehmen durch einen Vertrag ihr Verhalten auf dem Markt koordinieren, um dadurch den Wettbewerb untereinander auszuschliessen". Em tradução livre: "(...) desse modo se revela que a 'essência' de um cartel consiste em que empresas coordenem, por meio de contrato, o seu comportamento no mercado, de modo a excluir a concorrência entre as mesmas".

36. Por exemplo, nos Estados Unidos. Cf. Hovenkamp, ob. cit., pp. 585-586; bem como os *Antitrust Guidelines for Collaborations Among Competitors*, p. 3: "Agreements of a type that always or almost always tends to raise price or to reduce output are per se illegal (...). Types of agreements that have been held per se illegal include agreements among competitors to fix prices or output, rig bids, or share or divide markets by allocating customers, suppliers, territories, or lines of commerce. The courts conclusively presume such agreements, once identified, to be illegal, without inquiring into their claimed business purposes, anticompetitive harms, procompetitive benefits, or overall competitive effects. The Department of Justice prosecutes participants in hard-core cartel agreements criminally". Sobre o tratamento *per se* dos *hard-core cartels* na UE, cf. Barry E. Hawk e Nathalie Denaeijer, ob. cit., p. 5: "In horizontal cases, the *per se* rule in the United States is largely limited to basic hard-core cartel practices. This is similar to EC practice. Indeed,

Cartéis *hard-core* são normalmente tratados como ilícitos *per se*, isto é, a prova do fato do cartel é, em regra, suficiente para autorizar a conclusão de que se trata de conduta cujo efeito líquido sobre o bem-estar social é negativo. Mesmo o mais fanático defensor do dogma da inadmissibilidade da regra *per se* no direito antitruste brasileiro deveria, se minimamente informado, sentir um certo embaraço ao invocar supostos "ganhos de eficiência" na defesa de um acordo explícito de fixação de preços.[37]

Constrangimentos como o mencionado podem aparentemente explicar-se por circunstâncias históricas, mas há também razões de teoria antitruste a garantir-lhes a necessária fundamentação racional. Por um lado, não deixa de ser espantoso, em especial ante o tecnicismo do direito antitruste moderno, o elevado grau de generalização da *consciência de ilicitude* que acompanha as nossas representações normativas acerca dos cartéis *hard-core* – algo que está certamente condicionado por uma tradição que alguns acreditam poder traçar até a época da Roma antiga;[38] por outro lado, a *racionalidade* desse consenso depende da existência de argumentos microeconômicos que nos *autorizem a associar invariavelmente*, para fins de aplicação legal, os cartéis *hard-core* a perdas líquidas de bem-estar social: "Price fixing is said to be 'naked' when it involves no more than an agreement to restrict output or raise price, with no collateral agreements organizing production or distribution. *In that case, the agreement is profitable only if the firms jointly have the power to raise market prices by reducing output*".[39]

A estrutura desse argumento de Hovenkamp é interessante uma vez que explicita o fundamento que está por detrás da presunção de ilicitude aplicável aos cartéis *hard-core*. De fato, *postas*: a premissa *metodológica* de acordo com a qual os agentes econômicos são *racionais* (i.e. aproveitam oportunidades de maximização dos lucros);[40] e a premissa *teórico-econômica* de acordo com a qual a lucratividade do acordo de preços *está condicionada* à detenção conjunta, pelos partícipes, de poder de mercado para o aumento dos preços e a redução das quantidades ofertadas, *segue-se necessariamente* que a prova do *fato do acordo* é *suficiente* para a conclusão no sentido da produção da perda de bem-

the bifurcation of Article 81 and the (theoretical) possibility of an exemption obscure the fact that *per se* (-like) rules exist under EC law with respect to hard-core cartels (...)".

37. É importante ressaltar que não se está afirmando a *impossibilidade* que um ou outro acordo dessa natureza seja neutro do ponto de vista concorrencial ou, até mesmo, pró-competitivo. Não há argumento *teórico* capaz de excluir, *a priori*, eventuais contra-exemplos que possam valer em face da presunção geral, de acordo com a qual acordos horizontais *hard-core* geram efeitos líquidos negativos sobre o bem-estar. A justificativa para um tratamento *per se* em tais hipóteses, contudo, é teórico-econômica apenas *subsidiariamente*. O argumento principal, de fato, é de *política antitruste*. Dessa perspectiva fica mais fácil compreender algumas exceções à proibição de constituição de acordos horizontais *hard-core* praticadas, p.ex., na União Européia ou na Alemanha. A Comissão Européia admite como possível exceção os chamados *crisis cartels* em situações de reestruturação industrial (mas não em meras dificuldades econômicas conjunturais), sob a condição de que "the principal objective of the agreement is to provide a direct solution to the structural adjustment problem by means of orderly reductions of capacity (...)". Cf. Ritter, Braun e Rawlinson, ob. cit., pp. 172 e ss. (p. 172); na Alemanha, a *Gesetz gegen Wettbewerbsbeschränkungen* (GWB) prevê algumas exceções à proibição geral do § 1, I e do § 25, I, entre as quais cabe destacar o dispositivo também geral expresso no § 8, I, que confere ao Ministro da Economia o poder de autorizar a formação de cartéis quando necessário "aus überwiegenden Gründen der Gesamtwirtschaft und des Gemeinwohls (...)". Cf. a respeito as observações de Emmerich, ob. cit., pp. 81 e ss.

38. Cf. Emmerich, ob. cit., p. 53.

39. Hovenkamp, ob. cit., p. 144 (destaques nossos).

40. Sem a qual, diga-se de passagem, seria muito difícil senão impossível decidir positivamente qualquer coisa no âmbito da aplicação do direito antitruste.

estar. Em outras palavras, se os agentes são racionais e se os mesmos decidem participar de um acordo dessa natureza, pode-se afirmar que eles detêm – pelo menos em conjunto – o poder de mercado que está sendo de fato utilizado no sentido da produção da perda de bem-estar (um aumento de preços a um nível superior ao competitivo e uma redução da oferta a um nível inferior ao competitivo).

Nada há de incorreto, pelo menos em princípio, com esse argumento. A conhecida objeção invocada contra a aplicação da regra *per se*, a saber, que a generalização dessa aplicação levaria à punição de acordos entre "bares da esquina", poderia ser facilmente refutada com redefinições suficientemente restritivas da dimensão geográfica do mercado relevante (em outras hipóteses, o mesmo resultado de preservação da validade da presunção pode ser obtido com ajustes na definição do produto relevante).[41] O problema real, a bem da verdade, não está na aplicabilidade da referida presunção face a estruturas de mercado supostamente "atomísticas", mas antes e precisamente, na *prova do fato do acordo* nos casos – muito mais freqüentes, infelizmente – de condutas de agentes econômicos que atuam em mercados com estrutura de *oligopólio*. Como os incentivos para participação num esquema de cartel – e, portanto, também a probabilidade da sua ocorrência – são maiores quando há apenas um pequeno número de empresas no mercado, a questão crucial para a política de repressão não é saber se a regra *per se* deve ou não se aplicar (já que para isso há cobertura teórica bastante), mas sim, como determinar o *fato* que, na qualidade de condição necessária e suficiente, aciona a aplicação da mencionada regra.

Assim, não se dão por acaso as referências, na literatura especializada, a um complexo em que aparecem integrados o tratamento teórico dos cartéis e a análise do fenômeno da *cooperação oligopolística*.[42] A predominância do interesse, tanto teórico como prático, em situações nas quais a investigação de um cartel ocorre no contexto de um oligopólio deve-se, em *primeiro* lugar, ao fato de que os acordos explícitos de constituição de cartéis são extremamente raros; dado o já mencionado alto grau de difusão da consciência da ilicitude desse tipo de prática, acordos de formação de cartéis não se deixam explicitar, mas assumem um modo tácito de existência, isto é, a forma de *colusão*. Isto posto, é natural que as atenções (e os recursos públicos) se concentrem nos casos em que seja elevada a expectativa da ocorrência de comportamentos colusivos. Oligopólios, como já exposto, satisfazem essa condição melhor que quaisquer outras estruturas de mercado.

É preciso ter um pouco de cuidado, no entanto, com o uso desse fato. Mercados com estrutura de oligopólio propiciam aos agentes neles atuantes incentivos para a coordenação de suas decisões no sentido de um aumento de preços acima do nível competitivo e uma redução da oferta abaixo desse nível tendo em vista a maximização conjunta dos lucros. Isso, porém, está longe de ser uma condição

41. Vale notar, uma vez mais, que essas redefinições têm que estar baseadas em evidências empíricas. Não há, desse modo, qualquer razão *a priori* que nos obrigue a assumir, necessariamente, que as empresas detenham poder de mercado. A pergunta que se coloca em termos de *política antitruste* é saber se os possíveis contra-exemplos são – estatisticamente – representativos o bastante para justificar o tempo e as despesas associadas à correspondente investigação.

42. P. ex., em Carlton e Perloff, ob. cit., Cap. 5. É bem comum, nos manuais de organização industrial, a utilização de modelos mais ou menos sofisticados quanto às premissas, para a descrição de interações entre os agentes econômicos em um oligopólio, cooperativo *ou* não cooperativo. Os mais conhecidos modelos são os de Cournot, Nash, Stackelberg e Bertrand. Sobre o uso da teoria dos jogos para análise da questão da troca de informações entre competidores, ver: *Competition Policy Implications from Game Theory: an Evaluation of the Comission's Policy on Information Exchange*, texto acessível no *site europa.eu.int/comm/competition/speeches/text/sp1996_057b_em.pdf*.

suficiente para presumir a *existência* da coordenação. Com efeito, incentivos para coordenar decisões de preços ou quantidades a ofertar estão presentes em mercados com *qualquer* estrutura (com a trivial exceção do monopólio). Basta admitir, como é o caso no mundo real, que as curvas de demanda dos agentes no mercado sejam negativamente inclinadas (ainda que o coeficiente de inclinação seja muito pequeno), que o incentivo se verifica.[43] O caráter privilegiado do oligopólio não se explica, portanto, em virtude da presença pura e simples do incentivo para a coordenação estratégica, mas pela suposição de que, para cada oligopolista individual, *sob certas condições estruturais*, o referido incentivo em regra é superior ao *incentivo para burlar o esquema de coordenação*.[44]

À "universalidade" do incentivo econômico de tomar parte no esquema de formação do cartel se associa a "universalidade" do incentivo econômico de burlá-lo.[45] A partir daí, podemos identificar duas categorias de fatores que aumentam a probabilidade de *sucesso* de um cartel e asseguram aos agentes a necessária racionalidade estratégica para a tomada da decisão de participar, a saber, os fatores que facilitam a sua *constituição*, e os fatores que facilitam o seu *cumprimento* no sentido da *detecção de eventuais tentativas de burla* e da garantia da sua *estabilidade*.

Quanto aos primeiros, podemos destacar, com Carlton e Perloff, três principais condições necessárias para a constituição de um cartel, a saber: (*i*) o cartel deve ser capaz de aumentar os preços acima do nível competitivo sem induzir um aumento substancial no grau de competição da parte de empresas não participantes; (*ii*) a sanção jurídica esperada em virtude da formação do cartel deve ser pequena comparativamente aos ganhos econômicos esperados associados à sua efetivação; e (*iii*) os custos econômicos esperados referentes à implementação e ao monitoramento do acordo de cartel devem ser baixos quando comparados aos referidos ganhos.[46]

No que diz respeito aos fatores *facilitadores* da *estabilidade* do cartel, i.e. da detecção de tentativas de burlá-lo, os mencionados

43. Para uma exposição completa do argumento, cf. Carlton e Perloff, ob. cit., pp. 122-124. Reproduzimos no que segue apenas a sua conclusão: "A competitive firm ignores the good it does other firms by reducing its output and increasing the market price; it places no value on the gains of the other firms. This gain by others is an *externality*. Working cooperatively, the cartel members gain from the output reductions of each firm. When all firms belong to the cartel, all the gains from reducing output and raising price go to the cartel, which divides the gains among its members. Here, the externality created by each firm in reducing its output has been internalized by the cartel. As a result, it pays the cartel to reduce total output below the competitive level, even though it would not pay any competitive firm to reduce its output individually" (p. 124). Cf. ainda Pepall, Richards e Norman, ob. cit., Cap. 7.

44. Cf. a respeito Carlton e Perloff, ob. cit., em especial, p. 121: "Fortunately for consumer, although firms have an incentive to coordinate their activities to restrict market output and raise prices, each member of the cartel has an incentive to 'cheat' on the cartel agreement. Each cartel member wants to produce more output than is best for the cartel collectively. As a result, cartels tend to break apart even without government intervention". Ver também Hovenkamp, ob. cit., pp. 144 e ss.

45. Hovenkamp, ob. cit., p. 147: "Incentives to cheat are present even in the most homogeneous of cartels (...). If the cartel is successful each member will be selling its output at a price such that its own individual marginal revenues exceed its marginal costs. If a member can secretly makes sales at a lower price, it can enlarge its own profits, either by attracting buyers unwilling to pay the cartel but willing to pay the 'shaved' price, or else by stealing buyers from other cartel members".

46. Carlton e Perloff, ob. cit., pp. 126-137. As condições (*ii*) e (*iii*) são auto-explicativas. Em relação à condição (*i*), caberia dizer que a mencionada capacidade de aumentar preços depende, fundamentalmente, do grau de elasticidade-preço da demanda aos preços correntes (quanto mais inelástica a curva da demanda a esse nível de preços, maior o aumento de receita associado à elevação dos preços); da parcela de mercado detida pelas empresas cartelizadas (quanto maior essa parcela, menor o risco da perda

autores indicam os seguintes:[47] (*i*) há apenas um número pequeno de empresas no mercado; os preços (*ii*) não flutuam de maneira independente; e (*iii*) podem ser facilmente conhecidos; bem como (*iv*) os membros do cartel vendem idênticos produtos no mesmo nível da cadeia de distribuição. Os comentários em relação a cada ponto são, brevemente,[48] *ad* (*i*): com poucas empresas no mercado, torna-se mais fácil o monitoramento recíproco das condutas dos membros, inclusive no que se refere a incrementos de *market share* que indiquem *price-cuttings*; *ad* (*ii*): mercados caracterizados por mudanças freqüentes no comportamento da demanda, nos custos dos insumos e/ou de outros fatores, etc., podem ver seus preços flutuarem com mesmo ritmo e intensidade proporcional, de modo a dificultar, aos membros do cartel, a distinção entre atitudes isoladas de seus membros no sentido de burlar o esquema, de um lado, e flutuações causadas por fatores "de mercado", de outro lado; *ad* (*iii*): é óbvio que a facilidade em conhecer os preços dos concorrentes torna menos custoso e muito mais fácil o monitoramento interno do comportamento dos membros do cartel;[49] e *ad* (*iv*): se algumas firmas são verticalmente integradas, será mais difícil determinar o nível da cadeia de distribuição no qual ocorre o desvio em relação ao acordo de cartel (nos casos envolvendo redes de distribuidores independentes, isso pode ser contornado por meio de práticas de imposição ou então sugestão de preços de revenda).

O predomínio dos oligopólios na lista de prioridades de comentadores e autoridades interessadas na análise, prevenção e repressão de cartéis também é devido, em *segundo* lugar, ao fato de que tal estrutura pode em alguns casos, *por si mesma*, conduzir os agentes que atuam nos correspondentes mercados à adoção de comportamentos "*paralelos*" com *efeitos* econômicos *idênticos* aos que se verificariam na hipótese da existência de acordo explícito de preços. A literatura antitruste referente aos cartéis é plena de referências às dificuldades de separar analiticamente cartéis, de um lado, dos comportamentos coletivos paralelos ("*paralelismo consciente*"),[50] de outro, os quais

de vendas para os concorrentes não participantes do esquema); e do nível das barreiras à entrada (quanto mais elevadas essas barreiras, menor é a probabilidade de que empresas não integrantes no mercado relevante passem a nele atuar forçando o cartel a reduzir preços). Em resumo: do grau de poder de mercado conjunto detido pelas empresas participantes do esquema de cartel.

47. Para uma lista que agrega ambas as categorias de fatores sob forma de seis condições, cf. Hovenkamp, ob. cit., p. 145. O tratamento dado por Carlton e Perloff ao tema nos parece mais adequado, especialmente em face da possibilidade de diferenciar as referidas categorias em termos de condições necessárias, de um lado, e fatores de facilitação, de outro.

48. Os argumentos estão em Carlton e Perloff, ob. cit., pp. 136-138.

49. Essa condição é mais provável de ocorrer face a mecanismos que viabilizem a troca de informações entre concorrentes, p.ex., no contexto de associações comerciais (*trade associations*). Entretanto, "the mere fact that participants in a trade association discuss price or output does not mean that they are going to fix prices or reduce market wide output" (Hovenkamp, ob. cit., p. 173).

50. Para uma outra versão desse "problema do oligopólio", cf. Jonathan B. Baker, *Horizontal Price-Fixing in Cyberspace* (conferência pronunciada em 7.3.1996, por ocasião do evento *The 1996 Antitrust Conference: Antitrust Issues in Today's Economy*): "When one firm in an oligopoly raises its price, and each of the others follows that lead, it takes little effort to imagine the behavior as constituting an agreement. The first price increase is an offer; those that follow are acceptances; as each observes the other's actions, they reach a common understanding (...). Accepting this result by finding agreement whenever oligopolists price in parallel would lead the law into a hopeless swamp. The reason (...) is that it leaves the courts without a remedy. Supposing parallel behavior alone were considered illegal, there would be nothing practical that a court could order the parties to do to correct it. If agreement is evidenced by something beyond merely parallel price behavior, then a court can in principle enjoin that extra 'something'. But if that

se explicam como resultado das decisões individuais racionais dos agentes considerados, *dada a preexistência* de determinadas características estruturais do mercado relevante que são – do ponto de vista causal – inteiramente independentes desse padrão de comportamento.[51]

A importância desse esforço de separação é clara: se o paralelismo que se observa no plano do comportamento estratégico dos agentes é *determinado* por características *estruturais* do mercado relevante que, por assim dizer, se lhes são impostas como *parâmetros* nos processos decisórios individuais, a implicação é a *inexistência* de fundamento racional para a *punibilidade* desse padrão de conduta. Não é à toa, portanto, que o paralelismo consciente, *em si*, seja em vários ordenamentos jurídicos caracterizado como padrão de comportamento lícito, como, por exemplo, nos Estados Unidos, na União Européia, na Alemanha e também no Brasil.[52]

A resposta a tal desafio analítico nos planos jurisprudencial e da teoria antitruste ocorreu nos termos da doutrina dos *plus factors*.[53] A idéia central por detrás dessa doutrina consiste na apresentação de condições necessárias e suficientes para *inferir*, a partir do paralelismo entre as condutas dos agentes em mercados oligopolizados e *na ausência* de evidências explícitas de acordo, a existência do último. Em suma: trata-se de decidir, a partir de determinados fatores, se o paralelismo entre comportamentos desses agentes é ou não ilícito; e de fatores *adicionais* à mera observação do comportamento paralelo, face à insuficiência dessa observação *em si* para bancar uma inferência na direção do acordo de cooperação oligopolística.[54]

A orientação básica para a identificação dos referidos fatores adicionais nos casos concretos pode ser expressa na fórmula da "exclusão da explicação alternativa em termos não-cooperativos". Se, noutras palavras, a hipótese do comportamento colusivo for a *única* explicação plausível para o paralelismo observado, então está-se autorizado a inferir a existência de um acordo; caso contrário, ou seja, existindo uma hipótese alternativa (consistente do ponto de vista técnico) que possa dar conta dos fenômenos observados em termos que impliquem uma relação de concorrência entre os agentes investigados,

something is absent, the only remedy is judicial price regulation, a complete non-starter" (p. 4).

51. Cf. Hovenkamp, ob. cit., pp. 171 e ss.: "Most forms of parallel behavior, standing alone, establish an agreement only infrequently. Indeed, both competition and oligopoly price leadership induce firms to behave like one another. If all are setting their prices at cost and costs rise, prices will likely go up in tandem" (p. 173). Cf. ainda Paulo Correa, *The Use of Economic Evidence in Cartel Cases* (*paper* apresentado no *International Cartels Workshop*, organizado pelo Competition Bureau do Canadá, entre 25 e 27.11.2001, na cidade de Ottawa).

52. Nos Estados Unidos, ao menos desde a decisão da Suprema Corte no caso *Interstate Circuit, Inc. v. United States* (1939), ainda que nos julgados das cortes inferiores se encontre também posição oposta (p.ex., em *Petroleum Products*, 9th Circ., 1990). No direito comunitário europeu, cf. decisão da Corte de Justiça em *Wood Pulp* (1988), na qual se lê que "parallel conduct cannot be regarded as furnishing proof of concertation unless concertation constitutes the only plausible explanation for such conduct"; no que se refere ao direito alemão, cf. Emmerich, ob. cit., pp. 57 e ss.; no Brasil, cf. a decisão do CADE no PA n. 08000.020787/96-62, de 22.10.1997: "A mera existência de paralelismo de ações entre concorrentes não é suficiente à comprovação de prática concertada" (trecho extraído do voto da então Conselheira-Relatora, a Dra. Lúcia Helena Salgado e Silva).

53. "Courts often say that parallel behavior alone does not establish an agreement unless the plaintiff can also show the presence of certain 'plus factors' making the inference of agreement stronger" (Hovenkamp, ob. cit., p. 173).

54. Ver Jonathan B. Baker, ob. cit., p. 4: "What the courts actually do in parallel pricing cases tells us what an agreement is under antitrust law. Rather than deeming mere conscious parallelism an agreement, courts first look for certain additional features of firm behavior called 'plus factors'. Parallelism plus something might support an inference of agreement".

então tal autorização não apenas inexiste; bem mais que isso, a hipótese alternativa serve – guardadas as regras de distribuição do ônus da prova, obviamente – de *condição suficiente* para uma conclusão *pro reo*.

Ao nível das interações argumentativas entre acusação e defesa no âmbito do contencioso antitruste, isso implica a busca economicamente esclarecida de evidências factuais no sentido de sustentar (defesa), ou afastar (acusação), a consistência das hipóteses alternativas apresentadas.[55] Para ambos os lados, os limites do lícito localizam-se naquele ponto além do qual é válido inferir que as partes envolvidas estão fazendo algo mais que simplesmente observar os seus comportamentos recíprocos no mercado relevante e reagir, independentemente umas das outras, a essas observações; mais precisamente, naquele ponto que já é momento do processo que Jonathan Baker chamou "the forbidden process of negotiation and exchange of assurances".[56]

Logo, é a *eliminação da incerteza inerente aos processos competitivos*, resultante de ações e reações interpretáveis como "processo de negociação e troca de garantias", que faz supor "algo mais" que uma mera interdependência oligopolística, autorizando a inferência de que existe um acordo por detrás do paralelismo.[57] Ainda que não se possa dar uma lista exaustiva ou mesmo obrigatória desses *plus factors*, existem alguns pontos de referência gerais já devidamente cadastrados na literatura especializada,[58] e que caberia elencar a título de conclusão. No tocante (á) às características estruturais do mercado:[59] (*a*) elevado grau de concentração do lado da oferta; (*b*) relativa pulverização no lado da demanda; (*c*) homogeneidade dos produtos; (*d*) nível elevado de barreiras à entrada; (*e*) transparência das, e fácil acesso às informações sobre preços correntes e futuros; (â) ao padrão de comportamento dos agentes: (*f*) estabilidade dos *market shares*; (*g*) estrutura rígida de preços; (ã) à existência dos chamados "mecanismos facilitadores" (*facilitating devices*): (*h*) a difusão de informativos, análises de mercado, etc. que contenham dados sensíveis do ponto de vista concorrencial; (*i*) a viabilização – institucionalizada ou não – de encontros periódicos entre concorrentes nos quais exista a oportunidade de troca de informações; (*j*) a implementação de acordos verticais de imposição ou sugestão de preços de revenda.

3.2 Acordos de colaboração entre concorrentes

A primeira – e a principal – preocupação de quem vier a se defrontar com um acordo entre concorrentes deve ser a seguinte: trata-se ou não de um cartel *hard-core*? A questão é diferente da mencionada no final da seção anterior, e que diz respeito a como separar um acordo de cartel do mero paralelismo entre os comportamentos de empresas que atuam em um mesmo mercado relevante. A rigor, o interesse neste último caso não é *distinguir* uma coisa de outra, mas *inferir* uma coisa *a partir* de outra, a saber: um acordo *hard-core* de cartel *não observado* (e que, portanto, se existir, será implícito), a partir dos comportamentos paralelos *observados*. No primeiro caso, ao contrário, o que se pretende verificar é se um determinado acordo *explícito* celebra-

55. Cf. Paulo Correa, ob. cit., p. 4.

56. Ob. cit., p. 5.

57. Para uma ligação direta do problema dos cartéis com essa eliminação de incertezas, cf. Emmerich, ob. cit., pp. 59 e ss.

58. Cf. Hovenkamp, ob. cit., p. 177. Ver também supra as referências aos fatores que viabilizam a *constituição* e a *estabilização* de esquemas colusivos.

59. A rigor, características estruturais do mercado não deveriam ser qualificadas como *plus factors*, na medida em que funcionam como fatores que ajudam a explicar o *comportamento paralelo* dos agentes investigados, i.e. o fenômeno observado ao qual os referidos *plus factors* devem ser *adicionados* para justificar a inferência do acordo. Em outras palavras, a função dos *plus factors* é justamente a de legitimar tal inferência *em face* do paralelismo já previamente constatado.

do entre concorrentes constitui ou não um cartel *hard-core*. Conseqüentemente, o que se busca são critérios de diferenciação entre o *hard-core* e o não *hard-core*.

A literatura autorizada – em especial a norte-americana – costuma invocar, a essa altura, a distinção já mencionada entre *naked restraints* e *ancillary restraints*. Apesar de ela dar a entender que se trataria de uma distinção entre restrições horizontais "puras" e restrições horizontais *no contexto* de acordos mais amplos em que as primeiras aparecem como parte constitutiva, o seu sentido não é exatamente esse. Hovenkamp sugere um outro critério, talhado para o contencioso antitruste: "a restraint is 'naked' if it is formed with the objectively intended purpose or likely effect of increasing price or decreasing output in the short run, with output measured by quantity or quality. By contrast, a restraint is ancillary if its objectively intended purpose or likely effect is lower prices or increased output".[60] As principais vantagens deste critério se verificam, conforme antecipado, no âmbito dos procedimentos de investigação de condutas, particularmente no que se refere à questão probatória, na medida em que o caráter *naked* ou não de uma restrição horizontal pode ser inferido a partir de uma análise das suas *condições de racionalidade* (ou, o que dá no mesmo, de lucratividade): uma restrição é *pura* quando sua lucratividade é *condicionada* pela detenção *conjunta*, por parte dos envolvidos, de poder de mercado; e ela será *ancilar* quando for lucrativa *independentemente* de os agentes envolvidos, em conjunto, deterem *ou não* poder de mercado suficiente para aumentar seus preços e reduzir as quantidades ofertadas.[61]

Quando uma determinada prática horizontal não se deixa enquadrar na categoria *hard-core*, ela cairá na gigantesca vala das condutas investigadas de acordo com a "regra da razão". Em verdade, condutas *hard-core* são apenas a ponta do iceberg que representa o conjunto dos possíveis ilícitos antitruste, e sua relativa proeminência no imaginário de empresários e advogados, deve-se em grande parte a sua superior visibilidade. Abaixo da superfície, porém, se esconde uma miríade de comportamentos e estratégias possivelmente anticompetitivos cujo perigo é, justamente, o de não aparecerem enquanto tais para aqueles que os praticam "*in the ordinary course of business*".

Os acordos de colaboração entre concorrentes formam um subconjunto por assim dizer privilegiado desse universo. De um lado, eles desfrutam, *dado* seu parentesco com o tipo *hard-core*, de suficiente visibilidade para garantir a necessária prudência e a correspondente profilaxia jurídica; de outro, eles são, na sua maioria e *apesar* desse parentesco, legalmente permitidos. Mais do que isso: acordos de colaboração entre concorrentes são vistos hoje em dia não apenas como neutros ou então "benignos" de um ponto de vista concorrencial, mas também, como *pró-competitivos*. No plano da política antitruste, essa união entre insegurança jurídica e avaliação potencialmente favorável no que se refere à geração de eficiências e ganhos de bem-estar foi responsável pela iniciativa conjunta da FTC e do Departamento de Justiça norte-americano de fazer publicar os *Antitrust Guidelines for Collaborations Among Competitors* (2000), em que essa questão é colocada já no início do preâmbulo: "In order to compete in modern markets, competitors sometimes need to collaborate (...). Such collaborations often are not only benign but procompetitive. Indeed, in the last two decades, the federal antitrust agencies have brought relatively few civil cases against competitor collaborations. Nevertheless, a perception that antitrust laws are skeptical about agreements among actual or potential competitors may deter the development of procompetitive collaborations (...). The increasing variety and use of competitors collaborations have yelded requests for

60. Cf. Hovenkamp, ob. cit., pp. 193 e ss.
61. Ob. cit., p. 193.

improved clarity regarding their treatment under the antitrust laws".[62]

Não é nossa intenção fazer aqui análises jurídicas casuísticas de tipos variados de acordos dessa natureza.[63] O objetivo, ao contrário, é oferecer uma visão panorâmica de aspectos gerais da metodologia de análise dessa espécie de acordos horizontais.[64] Como já indicado, colaborações entre concorrentes, excluindo os acordos tipo *hard-core*, devem ser analisadas segundo a regra da razão.[65] A regra da razão pode ser vista como a prescrição de uma seqüência de passos de análise estruturada como um algoritmo composto de três etapas consecutivas, quais sejam: (*i*) identificação dos potenciais efeitos anticompetitivos associados à conduta investigada (perdas de bem-estar); (*ii*) identificação dos potenciais ganhos de eficiência ligados à mesma conduta (ganhos de bem-estar); e (*iii*) comparação entre efeitos anticompetitivos e ganhos de eficiência potenciais (o efeito líquido sobre o bem-estar social).[66]

No que diz respeito à identificação dos potenciais *efeitos anticompetitivos* ligados à colaboração, o que se pretende verificar é se o acordo investigado aumenta a probabilidade ou facilita o exercício de poder de mercado sob a forma de um aumento dos preços acima, ou então uma redução da quantidade ofertada, da qualidade de bens e/ou serviços, ou ainda da taxa ou do ritmo das inovações abaixo dos níveis que prevaleceriam na ausência do acordo.[67] Aqui há

62. Cf. *Antitrust Guidelines for Collaborations Among Competitors* (2000), p. 1. A definição do que seja uma "colaboração entre concorrentes" no contexto desses *Guidelines* vem expressa logo a seguir: "A 'competitor collaboration' comprises a set of one or more agreements, other than merger agreements, between or among competitors to engage in economic activity, and the economic activity resulting therefrom (...). Competitor collaborations involve one or more business activities, such as research and development (R&D), production, marketing, distribution, sales or purchasing. Information sharing and various trade associations also may take place through competitor collaborations" (pp. 2-3). No direito comunitário europeu, cf. "Notice on Cooperation Between Enterprises" e "Notice on the Assessment of Cooperative Joint Ventures under Article [81]", ambas emitidas pela Comissão Européia. Ver ainda Ritter, Braun e Rawlinson, ob. cit., Cap. III.

63. Cf. Hovenkamp, ob. cit., pp. 202 e ss.; e os *Guidelines for Collaborations...*, pp. 13-15. Um tipo interessante de acordos dessa natureza são as *buying collaborations*, isto é, os acordos entre concorrentes para a compra de insumos.

64. É comum pensarmos nessas várias espécies de acordos sob o rótulo geral de "*joint ventures* cooperativas" (para separá-los das chamadas "*joint ventures* concentrativas", que caracterizam genuínos atos de concentração econômica). Nesse sentido, classificar um determinado acordo como *joint venture* absolutamente nada diz sobre seus efeitos competitivos.

65. Essa aparente correlação entre tipos de conduta e tipos de regra de análise aplicável, no entanto, não traduz uma real dicotomia (exceto se equipararmos os acordos *hard-core* às *naked price restraints*). De fato, é possível que o tratamento *per se* de um acordo tipicamente *hard-core* seja "suspenso" quando este puder vir a ser, razoavelmente, considerado como parte constitutiva de um acordo de colaboração. Nesse caso, a regra da razão será aplicada na análise do *todo*. Cf. os *Guidelines for Collaborations...*, p. 8: "If (...) participants in an efficiency-enhancing integration of economic activity enter into an agreement that is reasonably related to the integration and reasonably necessary to achieve its procompetitive benefits, the Agencies analyse the agreement under the role of reason, *even if it is of a type that might otherwise be considered per se illegal*" (destaques nossos).

66. A menção aos efeitos "potenciais" não deve passar despercebida. A profundidade no uso da regra da razão depende justamente dessa circunstância. Cf. decisão da Suprema Corte em *Indiana Fed'n of Dentists* (1986): "Since the purpose of the inquiries into market definition and market power is to determine whether an arrangement has the *potential* for genuine adverse effects on competition, proof of *actual* detrimental effects, such as a reduction of output, can obviate the need for an inquiry into market power, which is but a surrogate for detrimental effects" (destaques nossos).

67. Cf. os *Guidelines for Collaborations...*, p. 10. Note-se que a análise desses efeitos não está limitada ao mercado no qual as partes do acordo concorrem entre si; também os mercados *upstream*

várias possibilidades. Por exemplo, pode ocorrer que a colaboração seja uma entidade econômica autônoma (sem personalidade jurídica), cujo poder de mercado torna provável o aparecimento de condutas anticompetitivas unilaterais (caracterizáveis como domínio de mercado ou tentativa de dominar mercado); também pode dar-se o caso em que o acordo de colaboração funciona como um mecanismo facilitador de condutas concertadas (via troca de informações sobre preços, quantidades produzidas ou ofertadas, ou outras variáveis sensíveis do ponto de vista das estratégias competitivas das empresas participantes), entre outras hipóteses.

Em tais situações – e supondo aqui não se tratar de mera fachada para uma *naked restraint* –, o uso da regra da razão nos obriga a indagar acerca das potenciais *eficiências* associadas à colaboração. Analisar os possíveis casos de eficiências geradas por acordos de colaboração entre concorrentes é algo além da pretensão do presente artigo. Os argumentos mais utilizados costumam invocar economias de escala, de custos de transação, economias de escopo, inovações em produtos e processos produtivos, aproveitamento de sinergias, etc.[68] De uma perspectiva geral (como a que orienta as nossas observações no presente contexto), é mais proveitoso fazer menção a uma questão relativa à *aceitabilidade* das alegações das partes interessadas no sentido da demonstração de que a conduta sob análise é fonte de ganhos de eficiência que sejam suficientes para compensar os potenciais danos aos consumidores resultantes de exercícios de poder de mercado detido por essas mesmas partes em virtude da conduta analisada.

A questão é a seguinte: deveriam as autoridades antitruste se satisfazer com a demonstração da geração de eficiências *internalizáveis*, ou também é necessário mostrar concretamente seu potencial de conversão em *benefícios aos consumidores*?[69] Essa é uma questão diante da qual os ânimos dos doutrinadores tendem a se aquecer. As considerações feitas acima sobre a disputa entre representantes do enfoque de eficiência alocativa pura, de um lado, e do enfoque distributivista, de outro, encontram justamente neste contexto aplicabilidade imediata.[70] Para aqueles que entendem que basta a demonstração de que a conduta investigada é fonte potencial de eficiências, o interesse se *esgota* nas prováveis reduções de *custos* e/ou incrementos da taxa ou ritmo das inovações; para os que insistem no caráter necessário *mas não suficiente* desse potencial, as principais variáveis observadas são preço, qualidade e/ou diversidade dos bens e serviços ofertados (efeitos sobre os custos têm, aqui uma função apenas instrumental), i.e. variáveis relacionadas a ganhos imediatos para o consumidor.

Não que os adeptos de um puro *efficiency standard* negligenciem o ponto de vista dos consumidores, muito pelo contrário. Pensar nessa disputa em termos de uma polarização em torno da questão acerca da *categoria de agentes* cujos interesses cabe à legislação antitruste proteger (como se uns estivessem ao lado dos produtores e os outros, ao lado dos consumidores), nos parece, logo, um grave equívoco. Abstração feita das discussões, tipicamente norte-americanas, relativas à identificação da suposta "vontade

e *downstream* poderão ser considerados como "mercados afetados".

68. Tais eficiências podem ocorrer relativamente a qualquer atividade da empresa (na produção, distribuição, *marketing*, publicidade, P&D, etc.).

69. Essa questão traduz um problema de política antitruste que é agravado pela aceitação, cada vez mais ampla na literatura e na práxis de aplicação do direito antitruste, de argumentos invocando os chamados ganhos de eficiência *dinâmica*. Cf. Jorde e Teece, *Rule of Reason Analysis of Horizontal Arrangements: Agreements Designed to Advance Innovation and Commercialize Technology*, texto acessível no *site* da FTC; cf. também Hovenkamp, ob. cit., pp. 197-198.

70. Cf. supra a parte final da seção 1.

do Congresso" (*the intent of Congress*), o que está definitivamente em jogo aqui é um problema de natureza *operacional*, situado no plano da aplicação do direito aos casos concretos. Com efeito, uma coisa é exigir que a parte interessada demonstre que a conduta em questão é "razoavelmente necessária"[71] para reduzir custos e promover inovações; outra diferente é requerer a *prova* que tais ganhos do produtor *serão transferidos* para os consumidores sob forma de "goods or services that are cheaper, more valuable to consumers, or brought to market faster than would otherwise be possible".[72]

A nosso ver, a solução do problema é um meio termo entre as duas posições. Não se pode negar, por um lado, que é embaraçoso tentar justificar uma indiferença jurídica em relação às transferência de renda dos consumidores aos produtos viabilizadas pela detenção de poder de mercado por parte dos últimos. A intuição nos diz que uma conduta de um certo produtor que possa implicar transferência de renda do consumidor em seu benefício não deveria ser permitida sob o fundamento (!) de que ela beneficia ainda mais o produtor com reduções de custos. Por mais correto que seja o raciocínio do ponto de vista da "soma dos excedentes", é difícil senão impossível render-se a essa conclusão no contexto de um conflito de interesses levado perante uma autoridade obrigada a solucioná-lo. Por outro lado, a operacionalização do enfoque distributivista acaba trazendo o aplicador do direito para muito próximo de uma interferência em decisões estratégicas que nós gostaríamos de deixar exclusivamente a cargo dos empresários (por exemplo, a decisão de não aumentar ou de reduzir os preços).

A incorporação sistemática de ambas as perspectivas pode dar-se se permitirmos, às partes que carregam o ônus da prova pela demonstração que as eficiências alegadas serão repartidas com os consumidores, que desse ônus se liberem via argumentos referentes a um momento *anterior* da análise, a saber, a fase em que se determinam o *grau de rivalidade* e o *nível das barreiras à entrada* no(s) mercado(s) afetado(s). Em outras palavras, se for alto "o suficiente" o grau de rivalidade entre as empresas participantes no mercado, e baixo "o suficiente" o nível das barreiras para os potenciais entrantes, valerá a *presunção* de que as eficiências geradas sob a forma de menores custos e de incrementos da taxa e do ritmo das inovações em produtos, processos, etc., *serão* repartidas, em um futuro "suficientemente" próximo,[73] com os consumidores.

71. Cf. os *Guidelines for Collaborations...*, pp. 24-25.

72. Ob. cit., p. 23. Os *Guidelines* (p. 25) também contam entre as eficiências compensatórias aquelas suficientes para *prevenir aumentos de preços*, de modo apenas a evitar o efeito transferência de renda dos consumidores para o produtor.

73. Cf. ob. cit., p. 25, nota 51: "In most cases, the Agencies' enforcement decisions depend on their analysis of the overall effect of the relevant agreement over the short term. The Agencies will also consider the effects of cognizable efficiencies with no short-term, direct effect on prices in the relevant market. Delayed benefits from the efficiencies (due to delay in the achievement of, or the realization of consumer benefits from, the efficiencies) will be given less weight because they are less proximate and more difficult to predict".

MOTIVO DO ATO ADMINISTRATIVO

Vladimir da Rocha França

Mestre em Direito Público pela UFPE – Doutor em Direito Administrativo pela PUC/SP – Professor Adjunto dos Cursos de Graduação e Pós-Graduação em Direito da UFRN – Professor do Curso de Direito da Universidade Potiguar – Advogado em Natal/RN

Os *atos administrativos* são atos jurídicos do Estado (ou de quem esteja no exercício de prerrogativas públicas), expedidos numa posição de supremacia, que inserem regras jurídicas complementares à lei no sistema do direito positivo, sujeitas ao controle de juridicidade do Poder Judiciário, destinadas à realização do interesse público no caso concreto.[1] São atos jurídicos que encontram seus fundamentos de juridicidade nas leis ou diretamente na Constituição. São igualmente sujeitos ao controle de juridicidade que compete ao Poder Judiciário.

Dentre os requisitos apontados pela doutrina para a aferição da validade dos atos administrativos encontra-se o *motivo*.

O *motivo* compreende os pressupostos de fato e de direito que servem de fundamento para a expedição do ato administrativo.[2] Existem, portanto, duas espécies de motivo do ato administrativo: o motivo material e o motivo legal.

O *motivo material* (ou *pressuposto de fato*) representa o evento demarcado – no fato jurídico administrativo – pela autoridade administrativa como relevante para o interesse público.[3] Nas palavras de Maria Sylvia Zanella Di Pietro: "Pressuposto de

1. Cumpre ressaltar que *ato jurídico* é aqui entendido como uma declaração prescritiva. A definição tem forte inspiração na doutrina de Celso Antônio Bandeira de Mello (*Curso de Direito Administrativo*, 13ª ed., pp. 343-345).

2. Cf. Maria Sylvia Zanella Di Pietro, *Direito Administrativo*, 15ª ed., p. 203; Antônio Carlos de Araújo Cintra, *Motivo e Motivação do Ato Administrativo*, pp. 96-97; e Vladimir da Rocha França, *Invalidação Judicial da Discricionariedade Administrativa no Regime Jurídico-Administrativo Brasileiro*, p. 94.

3. É necessário esclarecer que se adota, aqui, a distinção entre *fato* e *evento*, difundida na doutrina do direito público por Paulo de Barros Carvalho (*Direito Tributário – Fundamentos Jurídicos da Incidência*, 2ª ed.). Enquanto o *evento* compreende a realidade que o ser humano percebe com os seus sentidos, o *fato* consiste no relato que se emprega para comunicar o que se percebeu. Por esse prisma, o fato jurídico representa o enunciado, produzido pelo agente capaz e competente, que organiza o evento como uma realidade cognoscível para a sociedade, dentro do sistema do direito positivo. Se o condutor de um veículo cruza um sinal vermelho e tal infração de trânsito não é vertida em linguagem pela autoridade competente, dentro do jogo das provas, a Administração não tem legitimidade para lhe aplicar a multa cabível. Nesse exemplo, a desobediência ao semáforo constitui o exemplo, devendo ser enquadrado como fato o relato desta conduta pelo agente administrativo por estar no local ou em virtude do acesso a dados registrados em equipamentos de foto-sensor. O evento concreto

fato, como o próprio nome indica, corresponde ao conjunto de circunstâncias, de acontecimentos, de situações que levam a Administração a praticar o ato".[4]

Pressuposto de direito, por sua vez, abrange a norma jurídica que autorizou ou obrigou a expedição do ato administrativo.[5]

O motivo material pode ou não ter suas dimensões materiais, espaciais e temporais previamente demarcadas pela lei.[6] Caso a lei o preveja, cabe à autoridade administrativa, ao comprovar o evento, expedir o ato administrativo necessário para que haja a incidência da norma geral que tipificou tal situação. Em alguns momentos a lei confere ao sujeito a liberdade de escolha quanto ao motivo material, deixando de indicá-lo. Mas nesses casos, como bem leciona Celso Antônio Bandeira de Mello: "(...) mesmo se a lei não alude expressamente aos motivos propiciatórios ou exigentes de um ato, nem por isto haverá liberdade para expedi-lo sem motivo ou perante um motivo qualquer. Só serão de aceitar os que possam ser havidos como implicitamente admitidos pela lei à vista daquele caso concreto, por corresponderem a supostos fáticos idôneos para demandar ou comportar a prática daquele específico ato, espelhando, dessarte, sintonia com a finalidade legal. Vale dizer: *prestantes serão os motivos que revelem pertinência lógica, adequação racional ao conteúdo do ato, ao lume do interesse prestigiado na lei aplicanda*".[7]

O *motivo* não deve ser confundido com o *móvel*, já que este compreende a intenção do sujeito, pertinente às dimensões psicológicas do ato; e aquele é uma realidade objetiva e externa ao agente.[8]

Motivo e *motivação* também são diversos. A *motivação* abrange, entre outras coisas, a exteriorização em linguagem do motivo.[9]

A validade do ato administrativo está condicionada à enunciação do fato jurídico administrativo, bem como da norma jurídica na qual se baseou o sujeito para expedir o ato.[10] A Lei federal 4.717/1965 classifica a "inexistência de motivos" como uma invalidade do ato administrativo, definindo-a em seu art. 2º parágrafo único, "d", como: "d) a inexistência dos motivos se verifica quando a matéria de fato ou de direito, em que se fundamenta o ato, é materialmente inexistente ou juridicamente inadequada para o resultado obtido".

Trata-se de uma exigência – na visão de Diogo de Figueiredo Moreira Neto – do *princípio da realidade*:

"O entendimento do *princípio da realidade* parte de considerações bem simples: o Direito volta-se à disciplina da convivência real entre os homens e todos os seus atos partem do pressuposto de que os fatos que sustentam suas normas e demarcam seus objetivos são verdadeiros.

só sofre a influência direta do ordenamento jurídico quando descrito em fato.

4. Maria Sylvia Zanella Di Pietro, *Direito Administrativo*, 15ª ed., p. 203. Cf. Celso Antônio Bandeira de Mello, *Curso de Direito Administrativo*, 13ª ed., pp. 354-355.

5. Cf. Maria Sylvia Zanella Di Pietro, *Direito Administrativo*, 15ª ed., e Vladimir da Rocha França, *Invalidação Judicial da Discricionariedade Administrativa no Regime Jurídico-Administrativo Brasileiro*, p. 95.

6. Cf. Celso Antônio Bandeira de Mello, *Curso de Direito Administrativo*, 13ª ed., p. 354.

7. Idem, ibidem, p. 354 (grifos no original).

8. Cf. Celso Antônio Bandeira de Mello, *Curso de Direito Administrativo*, 13ª ed., p. 356, e Antônio Carlos de Araújo Cintra, *Motivo e Motivação do Ato Administrativo*, p. 94.

9. Sobre o assunto, consultar Vladimir da Rocha França, *Estrutura e Motivação do Ato Administrativo*.

10. Cf. Antônio Carlos de Araújo Cintra, *Motivo e Motivação do Ato Administrativo*, pp. 133-134, e Vladimir da Rocha França, *Invalidação Judicial da Discricionariedade Administrativa no Regime Jurídico-Administrativo Brasileiro*, pp. 146-150. Cf. STF, MS 20.274-DF, rel. Min. Rafael Mayer, Pleno, j. 18.12.1981, m.v. pelo provimento em parte, *DJU* 13.8.1982.

"São todos os fatos que regularmente *ocorrem* ou *podem ocorrer*, na natureza física ou convivencial, e só excepcionalmente, e por disposição expressa, a ordem jurídica colherá ficções ou presunções."[11]

Se for comprovado, de acordo com as regras que disciplinam as provas, que o pressuposto de fato materialmente não existiu, o ato fica passível de invalidação.[12] Configura-se aí o erro de fato, pois diz respeito ao emprego inadequado das técnicas exigidas pelo sistema do direito positivo para se relatar juridicamente os eventos.[13] Em outras palavras: *o sujeito se equivocou ao dizer o fato jurídico administrativo, ao se basear num evento que, de modo comprovado, não ocorreu.*

Recorde-se que os atos administrativos, uma vez pertinentes, gozam de presunção *juris tantum* de validade. O que abrange – haja vista a perspectiva normativista que orienta esse estudo – a *presunção de veracidade dos fatos jurídicos administrativos*. A verdade dos fatos descritos pela autoridade estatal é elemento indispensável para a validade do ato administrativo.

Entretanto, a veracidade do fato jurídico administrativo somente é desconstituída, em sede de invalidação judicial ou administrativa, quando se obtém sucesso na comprovação da inverdade por meio das provas admitidas e acolhidas pela autoridade competente. Caso contestada a correspondência do relato constante do ato com a realidade, há a inversão do ônus da prova em favor da Administração. Convém lembrar esse ensinamento de Maria Sylvia Zanella Di Pietro: "(...) inverte-se, sem dúvida alguma, o *ônus de agir*, já que a parte interessada é que deverá provar, perante o Poder Judiciário, a alegação de ilegalidade do ato; inverte-se, também, o ônus da prova, porém não de modo absoluto: a parte que propôs a ação deverá, em princípio, provar que os *fatos* em que se fundamenta a sua pretensão são verdadeiros; porém, isto não libera a Administração de provar a sua verdade, tanto assim que a própria lei prevê, em várias circunstâncias, a probabilidade de o juiz ou o promotor requisitar à Administração documentos que comprovem as alegações necessárias à instrução do processo e à formação da convicção do juiz".[14]

No caso do motivo legal, a inexistência material acontecerá quando a autoridade judicial ou administrativa competente para invalidar rejeitar as normas jurídicas construídas pelo sujeito na expedição do ato. É possível que o sujeito tenha posto como lastro uma norma desprovida de vigência para o caso concreto, ou mesmo uma norma declarada inconstitucional em sede de controle de constitucionalidade.[15]

Um tormento que pode surgir na apreciação do motivo legal do ato administrativo

11. Diogo de Figueiredo Moreira Neto, *Legitimidade e Discricionariedade: Novas Reflexões sobre os Limites e Controles da Discricionariedade*, 4ª ed., p. 53 (grifos no original).

12. Cf. STJ, 6ª Turma, ROMS 14.587-ES, rel. Min. Vicente Leal, j. 10.9.2002, v.u. pelo provimento, *DJU* 7.10.2002.

13. Cf. José Souto Maior Borges, *Lançamento Tributário*, 2ª ed., pp. 273-286, e Paulo de Barros Carvalho, *Direito Tributário – Fundamentos Jurídicos da Incidência*, 2ª ed., p. 98. Há uma precisa advertência de Diogo de Figueiredo Moreira Neto (*Legitimidade e Discricionariedade: Novas Reflexões sobre os Limites e Controles da Discricionariedade*, 4ª ed., p. 54) quanto ao rigor que deve haver na confecção do ato administrativo: "O perigo da violação do princípio da realidade é, ainda por cima, a desmoralização da ordem jurídica pela banalização da ineficiência e a vulgarização do descumprimento, além do pesado tributo ao ridículo". Mas é preciso a obediência ao dever de motivação para a aferição desse aspecto do ato administrativo (cf. STF, 1ª Turma, RE 80.255-SP, rel. Min. Aliomar Baleeiro, j. 18.3.1975, v.u. pelo provimento, *DJU* 18.4.1975).

14. Maria Sylvia Zanella Di Pietro, *Direito Administrativo*, 15ª ed., p. 192.

15. Cf. Antônio Carlos de Araújo Cintra, *Motivo e Motivação do Ato Administrativo*, pp. 150-151. Cf. STF, 1ª Turma, RE 94.372-SP, rel. Min. Soares Muñoz, j. 9.6.1981, v.u. pelo provimento, *DJU* 26.6.1981.

ocorre quando a norma que serve de base para a decisão tem constitucionalidade controvertida. Quanto à invalidação judicial não há maiores controvérsias, haja vista o sistema do direito positivo adotar a técnica do controle difuso.[16] A dúvida impera justamente na invalidação administrativa fundada nessa razão.

Em regra a Administração não tem legitimidade para recusar a aplicação de lei sob o argumento de sua inconstitucionalidade. Afinal, o chefe do Poder Executivo tem legitimidade para deflagrar o controle concentrado de constitucionalidade, seja mediante a ação direta de inconstitucionalidade, seja mediante a ação de argüição de descumprimento de preceito fundamental.[17] Note-se que o ordenamento jurídico admite a tutela de urgência nessa matéria.[18] E não se deve olvidar que o chefe do Poder Executivo participa do processo legislativo, podendo, inclusive, vetar a proposta que considerar inconstitucional.[19]

Todavia, se houver decisão judicial, em sede de controle concentrado de constitucionalidade, parece-nos imperiosa a invalidação administrativa com lastro na inconstitucionalidade do pressuposto de direito do ato impugnado.[20] Afinal, as decisões definitivas de mérito proferidas pelo STF nas ações diretas de inconstitucionalidade e nas ações declaratórias de constitucionalidade devem produzir efeitos relativamente à Administração Pública.[21] Conclusão similar é hialina quanto aos atos administrativos que contrariem preceito consolidado em súmula de efeito vinculante emitida por esse egrégio Colegiado para pacificar controvérsias entre órgãos do Poder Judiciário ou entre estes e a Administração em torno da validade, interpretação e eficácia de normas determinadas.[22]

Acreditamos também que somente o chefe do Poder Executivo, após a manifestação da Advocacia Pública, tem legitimidade para expedir uma medida de inequívoca gravidade. Evidentemente, tal provimento administrativo pode ser revisto pelo Poder Judiciário, se o prejudicado provocá-lo, na forma da lei.

Anote-se que nos aproveitamos do procedimento sugerido por parte da respeitada doutrina que reconhece a legitimidade do Poder Executivo de recusar a aplicação da lei que o mesmo julga inconstitucional.[23] É de bom alvitre alertar que o STF

16. Mas recorde-se que a invalidação judicial de ato administrativo fundado em motivo legal inconstitucional não deve ser objeto de controle concentrado (cf. STF, Pleno, AgRg na ADI 2.071-SP, rel. Min. Sydney Sanches, j.3.10.2001, v.u. pelo não provimento, *DJU* 9.11.2001).

17. V. CF, arts. 102, I, "a", e § 1º, 103 e 125, § 2º. V. Lei federal 9.868/1999, art. 2º, e Lei federal 9.882/1999, art. 2º.

18. V. Lei federal 9.868/1999, arts. 10 a 12, e Lei federal 9.882/1999, arts. 5º e 6º.

19. V. CF, arts. 18, 25, *caput*; 29, *caput*; e 66, § 1º.

20. Afinal, se o motivo legal do ato é julgado inconstitucional, o provimento administrativo não deve sobreviver (cf. STJ, 5ª Turma, ROMS 4.193-RJ, rel. Min. Félix Fischer, j. 16.5.1998, v.u. pelo provimento, *DJU* 3.8.1998). Quanto ao controle difuso, merece destaque o fato de que as declarações de inconstitucionalidade exaradas pelo Poder Judiciário restringem seus efeitos às partes dos processos que as ensejaram nessa modalidade de defesa da ordem constitucional. Como se sabe, por força do art. 52, X, da Lei Maior, compete ao Senado Federal suspender, no todo ou em parte, a lei declarada inconstitucional por decisão definitiva do STF. Mesmo assim, cabe a essa Casa do Congresso Nacional – e não ao Poder Executivo – ampliar o alcance dessa manifestação do Pretório Excelso.

21. V. CF, art. 102, § 2º, e Lei federal 9.868/1999, art. 28. Isso também é aplicável à argüição de descumprimento de preceito fundamental, nos termos do art. 10 da Lei federal 9.882/1999.

22. V. CF, art. 103-A. A Corte Constitucional tem competência, inclusive, para determinar a invalidação desse provimento administrativo, devendo a Administração emitir uma nova decisão, com ou sem a aplicação da súmula violada, nos termos determinados pelo Tribunal.

23. Cf. Fabiano André de Souza Mendonça, "Atos judiciais de administração pública: subsídios

admite, tão-somente, que o chefe do Poder Executivo *recomende aos órgãos que lhe são subordinados que deixem de aplicar a lei controversa, nada dispondo sobre a invalidação administrativa com lastro em inconstitucionalidade do motivo legal.*[24]

Com efeito, tal como acontece na presunção de validade dos atos administrativos, a segurança jurídica e a boa-fé impõem a presunção de constitucionalidade das leis. E não há obstáculo ao emprego do preceito da interpretação conforme a Constituição na atividade administrativa.[25] O que é, aliás, bastante recomendável. Isso é compatível com uma lição clássica de Carlos Maximiliano: "Quanto melhor souber a jurisprudência adaptar o Direito vigente às circunstâncias mutáveis da vida, tanto menos necessário se tornará pôr em movimento a máquina de legislar. *Até mesmo a norma defeituosa pode atingir os seus fins, desde que seja inteligentemente aplicada*".[26]

Por conseguinte, a inconstitucionalidade do motivo legal do ato administrativo – que não foi apreciada pelo Poder Judiciário – não deve servir de motivo para a invalidação administrativa. *O ato administrativo fundado em pressuposto de direito eivado de inconstitucionalidade ainda não reconhecida em sede de controle sofre apenas a invalidação por via judicial.*

No âmbito municipal poderiam restar dúvidas, já que os prefeitos carecem de legitimação processual para a interposição de ação direta de inconstitucionalidade e ação declaratória de constitucionalidade perante o STF. Mas, embora o ordenamento jurídico feche estas portas para o Município, reserva-lhe a possibilidade de pedir a invalidação judicial de seus atos administrativos em virtude de lei possivelmente inconstitucional perante a Constituição Federal. Nesse caso, a Administração Municipal deverá suscitar o controle difuso e, caso entenda imprescindível para o interesse público, solicitar a suspensão dos efeitos do provimento impugnado por meio de tutela de urgência.[27]

Tratando-se de inconstitucionalidade de lei estadual ou municipal perante a Constituição Estadual, o chefe do Poder Executivo do Município deve se sujeitar às restrições já apontadas para seus congêneres federal e estadual.[28]

Entendimento contrário, com a devida vênia, é admitir um excesso de poder por parte da Administração.

De qualquer modo, a inexistência do motivo legal – o que abrange naturalmente

acerca da extensão do controle judicial dos atos administrativos em caso de prestações sociais constitucionalmente originárias", *Estudos em Direito Público*, vol. 1, pp. 55-56; Alexandre de Moraes, *Direito Constitucional*, 11ª ed., pp. 580-1; e Gilmar Ferreira Mendes, *Direitos Fundamentais e Controle de Constitucionalidade*, pp. 310-313.

24. Posição emitida no julgamento de medida liminar pertinente à ADC 221-DF, *apud* Alexandre de Moraes, *Direito Constitucional*, 11ª ed., p. 581.

25. Ensina Alexandre de Moraes (*Direito Constitucional*, 11ª ed., p. 45): "A supremacia das normas constitucionais no ordenamento jurídico e a presunção de constitucionalidade das leis e atos normativos editados pelo Poder Público competente exigem que, na função hermenêutica de interpretação do ordenamento jurídico, seja sempre concedida preferência ao sentido da norma que seja adequado à Constituição Federal. Assim sendo, no caso de normas com várias significações possíveis, deverá ser encontrada a significação que apresente *conformidade com as normas constitucionais*, evitando a declaração de inconstitucionalidade e a conseqüente retirada do ordenamento jurídico" (grifos no original). Mas, com a devida vênia, não se tratará, aí, de uma convalidação – como sugere Fabiano André de Souza Mendonça ("Atos judiciais de administração pública: subsídios acerca da extensão do controle judicial dos atos administrativos em caso de prestações sociais constitucionalmente originárias", *Estudos em Direito Público*, vol. 1, p. 57) –, e sim de uma interpretação que demonstre a compatibilidade da ação administrativa com a Lei Maior.

26. Carlos Maximiliano, *Hermenêutica e Aplicação do Direito*, 14ª ed., pp. 60-61 (grifamos).

27. V. CF, art. 5º, XXXV, e CPC, arts. 273 e 796 e ss.

28. V. CF, art. 125, § 2º.

sua constitucionalidade – é sujeita ao amplo controle jurisdicional: "Em se tratando do motivo legal, há plena viabilidade do controle jurisdicional, *uma vez que a interpretação do regime jurídico-administrativo exige a aplicação do juízo de juridicidade do administrador*, cuja consolidação dependerá da atuação do Poder Judiciário, *se este tiver sido provocado em razão da suposta quebra da ordem jurídica*. Se a interpretação do administrador for declarada incompatível com o ordenamento jurídico, pelo Poder Judiciário, ela não deve subsistir, devendo a Administração refazer sua conduta, se for o caso. *O juízo de juridicidade do Poder Judiciário deve sempre prevalecer*".[29]

A inadequação jurídica do motivo ocorrerá quando o motivo material for incompatível com o motivo legal. Isso se dará mediante a confrontação do relato daquele – o fato jurídico administrativo – com a hipótese de incidência da norma jurídica.[30] Essas situações consistem em *erros de direito*.[31]

Enfim, ainda que a lei seja omissa na indicação do motivo material, é preciso que este exista material e juridicamente para que o ato administrativo nele fundado permaneça válido. Logo, a validade do ato administrativo está condicionada à realidade do pressuposto de fato que foi indicado como seu fundamento.[32] Trata-se de uma contribuição da *teoria dos motivos determinantes*, que foi devidamente incorporada pelo nosso ordenamento jurídico por força da Lei federal 4.717/1965.[33]

A complexidade aumenta quando a hipótese de incidência do motivo legal emprega termos jurídicos indeterminados para descrever o evento jurídico administrativo. Mas neste caso a análise isolada do motivo é falha para se identificar sua perfeição perante os preceitos do regime jurídico-administrativo. É preciso que o motivo seja conjugado com o conteúdo – comando veiculado no ato – e com a finalidade – interesse que se pretende tutelar – do provimento administrativo para que se possa aferir sua validade.[34] Em outras palavras, essa questão somente será resolvida na apreciação da causa do ato administrativo.[35]

O mesmo pode ser dito com relação à ponderação do pressuposto de fato. Caio Tácito assim se posiciona: "O acesso do juiz à intimidade do ato administrativo é, em suma, uma das ferramentas de seu mister jurídico. Os seus critérios e preferências pessoais sobre os rumos da Administração não podem contaminar a apreciação que lhe incumbe emitir sobre a legalidade dos atos administrativos. Com referência aos

29. Vladimir da Rocha França, *Invalidação Judicial da Discricionariedade Administrativa no Regime Jurídico-Administrativo Brasileiro*, p. 149 (grifo no original).

30. Cf. Antônio Carlos de Araújo *Motivo e Motivação do Ato Administrativo*, p. 151. Especialmente quando houver atentado à interpretação literal da lei (cf. TRF-5ª Região, 2ª Turma, Ag. 27.707-SE, rel. Des. federal Francisco Cavalcanti, j. 6.6.2000, v.u. pelo provimento, *DJU* 10.11.2000).

31. Cf. Paulo de Barros Carvalho, *Direito Tributário – Fundamentos Jurídicos da Incidência*, 2ª ed., p. 97.

32. Bem como à identidade do motivo de fato e de direito. Cf. STJ, 3ª Seção, Rcl. 1.038-SE, rel. Min. Hamilton Carvalhido, j. 9.10.2002, *DJU* 7.4.2003.

33. A jurisprudência já a reconhecia antes da edição desse diploma legal (cf. STF, Pleno, RE 40.034, rel. Min. Pedro Chaves, j. 29.3.1963, v.u. pelo provimento, *DJU* 6.5.1963), e continua lhe concedendo o prestígio devido (cf. STJ, 6ª Turma, ROMS 10.165-DF, rel. Min. Vicente Leal, j. 29.6.1999, v.u. pelo provimento, *DJU* 4.3.2002). Sobre a *teoria dos motivos determinantes*, v. Celso Antônio Bandeira de Mello, *Curso de Direito Administrativo*, 13ª ed., p. 360.

34. A *finalidade* não se confunde com o *motivo*, pois este é algo que precede o ato administrativo, compreendendo aquele a tutela de um bem reputado essencial para o ordenamento jurídico; enfim, um objetivo a ser atingido com a ação administrativa no caso concreto.

35. *Causa* é a relação entre o motivo e o conteúdo do ato administrativo, em vista da causa. Sobre a matéria, v. Celso Antônio Bandeira de Mello, *Curso de Direito Administrativo*, 13ª ed., pp. 365 e ss.

motivos, a sua investigação jamais excederá o tema da existência material ou jurídica deles. A valoração dos motivos é matéria afeta, privilegiadamente, à consideração do administrador no exercício do poder discricionário".[36]

A nosso ver, a lição transcrita apresenta correção quando se fala de um controle judicial que tenha por foco a valoração do pressuposto de fato, sem qualquer consideração quanto aos laços que este deve manter com o conteúdo e a finalidade do ato administrativo. Portanto, o controle judicial da razoabilidade do pressuposto de fato do ato administrativo somente é viável no exame da causa.[37]

Os vícios de motivo são insanáveis, uma vez que eles atingem diretamente o conteúdo do ato administrativo. Se o comando determinado pelo ato tiver lastro num evento cuja inexistência seja comprovada ou que não se enquadre na hipótese de incidência da norma geral aplicada pela Administração no caso concreto, ficam naturalmente prejudicadas as relações jurídicas constituídas pelo provimento administrativo assim viciado.[38]

Quanto ao alcance do controle jurisdicional dos motivos, cabe a advertência de Antônio Carlos de Araújo Cintra: "De qualquer forma, o que se verifica é que, reconhecido o vício do ato administrativo quanto aos motivos, incumbe ao Poder Judiciário apenas pronunciar a nulidade, não lhe sendo dado – agora, sim, a menos que invada a esfera própria do administrador – praticar ou determinar a prática de outro ato administrativo que possa conservar os efeitos do ato defeituoso".[39]

Por conseguinte, identificado o vício quanto ao motivo no ato administrativo, não resta outra opção ao órgão controlador que invalidá-lo por nulidade. Todavia, as características de nosso sistema podem impor restrições ao alcance do controle do motivo do ato administrativo, de acordo com a natureza da autoridade estatal que o exerce.

Referências bibliográficas

BANDEIRA DE MELLO, Celso Antônio. *Curso de Direito Administrativo*. 13ª ed. São Paulo, Malheiros Editores, 2001.

CARVALHO, Paulo de Barros. *Direito Tributário – Fundamentos Jurídicos da Incidência*. 2ª ed. São Paulo, Saraiva, 1999.

CINTRA, Antônio Carlos de Araújo. *Motivo e Motivação do Ato Administrativo*. São Paulo, Ed. RT, 1979.

DI PIETRO, Maria Sylvia Zanella. *Direito Administrativo*. 15ª ed. São Paulo, Jurídico Atlas, 2003.

FRANÇA, Vladimir da Rocha. *Estrutura e Motivação do Ato Administrativo*. São Paulo, Malheiros Editores, 2007.

————. *Invalidação Judicial da Discricionariedade Administrativa no Regime Jurídico-Administrativo Brasileiro*. Rio de Janeiro, Forense, 2000.

MAXIMILIANO, Carlos. *Hermenêutica e Aplicação do Direito*. 14ª ed. Rio de Janeiro, Forense, 1994.

MENDES, Gilmar Ferreira. *Direitos Fundamentais e Controle de Constitucionalidade*. São Paulo, Celso Bastos Editor, 1998.

36. Caio Tácito, "Controle dos motivos do ato administrativo", in *Temas de Direito Público*, p. 335.

37. Lembra Antônio Carlos de Araújo Cintra (*Motivo e Motivação do Ato Administrativo*, p. 180): "(...) todo esse problema dos limites ao controle jurisdicional dos fatos não passa, no fundo, do resultado da auto-restrição do Poder Judiciário, cujas fronteiras são um tanto fugidias e incertas, uma vez que são traçadas à vista de cada caso concreto e não formuladas de uma maneira sistemática e geral".

38. Cf. Antônio Carlos de Araújo Cintra, *Motivo e Motivação do Ato Administrativo*, p. 150. Dentro da perspectiva adotada no presente trabalho, e levando-se em consideração que as regras jurídicas têm uma estrutura hipotético-condicional, o fato jurídico administrativo constitui o antecedente da regra individual posta no sistema mediante o ato administrativo.

39. Antônio Carlos de Araújo Cintra, *Motivo e Motivação do Ato Administrativo*, p. 180.

MENDONÇA, Fabiano André de Souza. "Atos judiciais de administração pública: subsídios acerca da extensão do controle judicial dos atos administrativos em caso de prestações sociais constitucionalmente originárias". *Estudos em Direito Público*. vol. 1. Natal, ESMARN, novembro/2002 (pp. 49-57).

MORAES, Alexandre de. *Direito Constitucional*. 11ª ed. São Paulo, Jurídico Atlas, 2002.

MOREIRA NETO, Diogo de Figueiredo. *Legitimidade e Discricionariedade: Novas Reflexões sobre os Limites e Controle da Discricionariedade*. 4ª ed. Rio de Janeiro, Forense, 2002.

SOUTO MAIOR BORGES, José. *Lançamento Tributário*. 2ª ed. São Paulo, Malheiros Editores, 1999 e 2001.

TÁCITO, Caio. "Controle dos motivos do ato administrativo". In: *Temas de Direito Público*.

A AUTONOMIA DO DIREITO SANITÁRIO

Alexandre Nemer Elias

Advogado
– Mestrando em Direito Sanitário pela Faculdade de Saúde Pública da USP
– Especialista em Direito Processual Civil pela PUC/Campinas
– Membro da Comissão de Direito do Consumidor/Setor de Saúde da OAB de Campinas/SP

1. Introdução. 2. A importância científica da distinção das ciências autônomas e das não-autônomas. 3. Dos requisitos para o reconhecimento da autonomia: 3.1 O princípio da competência concorrente – 3.2 O princípio da unicidade – 3.3 O princípio da participação da sociedade – 3.4 O princípio da universalidade limitada – 3.5 O princípio da prevenção – 3.6 O princípio do risco e do benefício – 3.7 O princípio da subsidiariedade – 3.8 Demais princípios. 4. A autonomia do direito sanitário. 5. Autonomia e interdisciplinaridade. 6. Conclusão.

1. Introdução

Nestas últimas quatro décadas observamos a materialização de um direito reconhecido mundialmente há um pouco mais tempo, que implementou em nossa Constituição da República um então denominado *Sistema de Saúde*.

Apesar dos debates intensos, este Sistema foi muito pouco estudado enquanto ciência jurídica, ficando, nós cientistas, em débito com o reconhecimento desta ciência como ciência autônoma. Como afirma Ettore Jorio: "La frenetica evoluzione della legislazione della Salute, registrata nell'ultimo trentennio, sollecita la riproposizione del riconoscimento formale del diritto sanitario, quale materia autonoma, sottratta alla sua storica catalogazione di ramo particolare del diritto amministrativo".[1]

Reconhecemos que alguns juristas sanitaristas da atualidade afirmam que o direito sanitário é uma ciência jurídica autônoma. Porém, não houve um aprofundamento cientifico no assunto, pois não temos um estudo dos princípios constitucionais que norteiam o direito sanitário.

No entanto, apesar de haver poucas conseqüências práticas diretas na identificação da autonomia da ciência, achamos que é de extrema importância científica e didática o reconhecimento da autonomia desta ciência, tendo em vista que só assim teremos o estudo diferenciado dos institutos

1. Ettore Jorio, *Diritto Sanitario*, p. 1.

relacionados a esta matéria e o enquadramento desta na ciência jurídica.

Importantes juristas[2] discordavam da autonomia do direito sanitário, o que nos impõe uma análise profunda sobre se esta ciência realmente tem esta característica. A professora Sueli Gandolfi Dallari, após revisão sobre o assunto, ensina que "já se verificou, também, que, dada a complexidade do conceito de saúde, o estudo do direito sanitário envolve – necessariamente – seu exame sob várias óticas. É, então, a partir dessas exigências contemporâneas que se deve discutir a eventual autonomia do direito sanitário como ramo do conhecimento".[3]

Sendo o direito sanitário uma ciência autônoma, terá ele liberdade para a identificação de princípios específicos – o que na hipótese da não-autonomia não ocorreria.[4]

Essa dependência só é real quando os princípios são idênticos. Quando isto não ocorre a autonomia é inerente à ciência, fazendo com que o estudo da matéria autônoma caminhe no estudo das particularidades de seus institutos e princípios específicos. Assim leciona o professor Ruy Barbosa Nogueira: "Toda vez que uma parte do Direito passa a ser estudada autonomamente, por necessidade científica, por diferenciação de princípios, é que podemos realmente falar de um ramo novo, porque existe uma matéria a ser estudada por métodos próprios, constituindo então um sistema de normas jurídicas regidas por princípios diferentes dos princípios que regulam outros ramos jurídicos".[5]

Entretanto, muitos declinam a aceitação da autonomia, confundindo esta qualidade com o relacionamento científico entre os ramos, resultante da interdisciplinaridade.

Hoje não podemos aplicar institutos jurídicos de um ramo do Direito sem levar em consideração outros ramos, sejam eles jurídicos ou não. Talvez a forma de interpretação sistemática confunda um pouco a identificação da autonomia, porém, com o aprofundamento no estudo das particularidades da ciência, facilmente é identificada esta qualidade.

O mesmo ocorreu quando da identificação do direito tributário, do direito previdenciário, do direito processual e do direito do trabalho, que se desprenderam os dois primeiros do direito administrativo e os dois últimos do direito civil.

Como veremos a seguir, novamente o direito administrativo subdivide-se em mais um ramo autônomo: o direito sanitário.

2. A importância científica da distinção das ciências autônomas e das não-autônomas

A autonomia é uma luta da ciência para trilhar seu próprio caminho em busca de aperfeiçoar continuamente seus princípios sem qualquer dependência de alterações significativa de uma outra ciência.

Para melhor entender, necessário se faz estabelecer algumas comparações das

2. Dentre eles estava a jurista mais importante de todos dentro do direito sanitário, professora Sueli Gandolfi Dallari, que afirmou, em artigo publicado em 1988, que o direito da saúde pública assenta perfeitamente no rótulo de direito administrativo ("Uma nova disciplina: o direito sanitário", *Revista de Saúde Pública* 22-4/327-334). No entanto, em texto publicado na obra destinada à formação de membros do Ministério Público e da Magistratura Federal em direito sanitário reviu esta posição, afirmando ser o direito sanitário um ramo autônomo do Direito (in Márcio Iorio Aranha (org.), *Direito Sanitário e Saúde Pública*, vol. I, pp. 51-55).

3. In Márcio Iorio Aranha (org.), *Direito Sanitário e Saúde Pública*, vol. I, p. 54.

4. Como ensina Ruy Barbosa Nogueira (*Curso de Direito Tributário*, 14ª ed., p. 33), a separação por motivo puramente didático não pode ser considerada verdadeira autonomia, porque ela não é feita em razão de princípios específicos.

5. Ruy Barbosa Nogueira, *Curso de Direito Tributário*, 14ª ed., p. 34.

ciências jurídicas que recentemente tiveram a mesma mutação, desmembrando-se da ciência origem. Como o direito sanitário teve origem no direito administrativo, seguiremos com o estudo da autonomia dos direitos financeiro e tributário, ciências que tiveram a mesma origem.

Discorrendo sobre a autonomia do direito financeiro (e tributário), Aliomar de Andrade Baleeiro explica que "as relações jurídicas específicas que decorrem da tributação e da despesa, a índole específica do orçamento e até as peculiaridades dos contratos de empréstimos, quando o devedor é o Estado, definem claramente a autonomia do direito financeiro".[6] No entanto, nem sempre foi assim, pois, como explica o mesmo professor, alguns escritores, como Griziotti, reputam indesejável a separação dos aspectos jurídicos, políticos e econômicos dos fenômenos fiscais.[7]

Completando o pensamento sobre a defesa da autonomia frente às ciências jurídicas privadas, alerta Baleeiro que em relação à ciência jurídica pública, mais exatamente quanto à doutrina do direito administrativo, as obras científicas deste ramo "reservam reduzidíssimo espaço e quase-nenhuma preocupação àquela atividade financeira, deixando transparecer que a sentiam estranha à cogitações, a despeito da enorme importância de que se reveste".[8]

É assim também em relação ao direito sanitário. Não existe no direito administrativo, e muito menos no direito constitucional, estudo reservado que dê o real valor à ciência sanitarista.

Como afirmamos desde o início, até hoje não há profundos conhecimentos sobre os princípios que regem esta ciência, que se mostra, sem dúvida alguma, de grade valia para o desenvolvimento da sociedade. Há, ainda, falta de unidade doutrinária, tendo em vista que fragmentos da ciência jurídica sanitarista percorrem outras ciências, como, por exemplo, a saúde do trabalhador dentro do direito previdenciário e do direito trabalhista.

Isto porque o poder constitucional originário previu no capítulo dos direitos sociais trabalhistas a saúde do trabalhador. Porém, apesar de esta localização se encontrar adequadamente empregada, o conceito genérico da *saúde*, como um direito essencialmente sanitário, tem princípios específicos que norteiam sua aplicabilidade, não fazendo, estes, parte do direito trabalhista, e sim do sanitário.

Portanto, com o direito sanitário ocorre o mesmo que ocorreu com o direito tributário – ou seja, os defensores desta autonomia bem cedo perceberam que as dificuldades não se reduziam às tendências absorventes dos outros ramos da ciência jurídica,[9] sendo necessário o estudo apartado, com a formação de especialistas que elaborassem o sistema hoje conhecido como Sistema Nacional Tributário.

Por tudo isso, é de extrema importância o reconhecimento da autonomia da ciência do direito sanitário. Passamos, agora, à identificação dos requisitos que legitimam este direito a ganhar o *status* de autônomo dentre os outros ramos.

3. Dos requisitos para o reconhecimento da autonomia

Como vimos, o requisito para o reconhecimento de uma ciência verdadeiramente autônoma é ter diferença significativa quanto aos seus princípios, impossíveis de serem analisados sob o prisma de outro ramo da ciência jurídica.

No direito sanitário a análise de seus princípios específicos ainda não foi abor-

6. Aliomar Baleeiro, *Direito Tributário Brasileiro*, 9ª ed., p. 3.

7. Idem, p. 6.

8. Idem, p. 5.

9. Aliomar Baleeiro, *Direito Tributário Brasileiro*, 9ª ed., p. 8.

dada pelos cientistas jurídicos da área. Isto porque talvez a Constituição da República não tenha utilizado denominações claras ao observar o que seriam os princípios do direito sanitário, qualificando-os como diretrizes. Tomando por exemplo, quando a Constituição, diz em seu art. 198, que as ações e serviços públicos de saúde integram uma rede regionalizada e hierarquizada e constituem um sistema único, organizado de acordo com as *diretrizes* constantes nos incisos especificados, a denominação "diretrizes" não é a mais correta, pois entendemos que nos incisos encontramos verdadeiros princípios do direito sanitário.

Neste aspecto, o direito ambiental saiu na frente dentre os direitos sociais desta geração, e hoje temos, tanto na doutrina nacional quanto na doutrina internacional, um amplo estudo doutrinário que identificou e descreveu todos os seus princípios e seus institutos.

Além disso, há grande dificuldade no estudo do direito sanitário pelos equívocos gramaticais encontrados na Constituição da República e na legislação infraconstitucional. Vejamos o art. 7º da Lei 8.080/1990, onde não encontramos a ampliação dos princípios constitucionais estabelecidos em seu art. 198. Entendemos serem aqueles denominados "princípios" apenas diretrizes legais, o que demonstra o texto trocado entre a Constituição da República e a Lei Orgânica da Saúde.

Superadas estas dificuldades, e com o estudo de todo o ramo jurídico do direito sanitário, podemos identificar, em uma primeira análise, que esta ciência se submete aos seguintes princípios encontrados na ordem constitucional: *princípio da competência concorrente*; *princípio da unicidade*; *princípio da participação da sociedade*; *princípio da universalidade limitada*; *princípio da prevenção*; *princípio do risco e do benefício*; e *princípio da subsidiariedade*.

Neste singelo e despretensioso artigo não caberá a exaustão do estudo de cada princípio do direito sanitário, apontado aqui pela primeira vez. Optamos, assim, por uma concisa explanação do significado de cada um deles para caracterizar a especificar sua localização dentro deste ramo, com o propósito de identificação da autonomia científica, de importância transcendental para seu estudo.

3.1 O princípio da competência concorrente

O *princípio da competência concorrente* é encontrado nos arts. 23, II, 24, XII, 30, I, II e VII, e 198, I, da Constituição da República, sob o nome de *descentralização*.

Entendemos que a denominação "descentralização" não expõe bem a organização instituída pela legislação sanitária e pela Constituição para a implementação do Sistema Sanitário. Como leciona Maria Sylvia Zanela Di Pietro, "a descentralização administrativa ocorre quando as atribuições que os entes descentralizados exercem só têm o valor jurídico que lhes empresta o ente central; as suas atribuições não decorrem, com força própria, da Constituição, mas do poder central".[10] Já a descentralização política mencionada no inciso IX do art. 7º da Lei 8.080/1990 "ocorre quando o ente descentralizado exercer atribuições próprias que não decorrem do ente central; é a situação dos Estados-membros da Federação e, no Brasil, também dos Municípios".[11] Celso Antônio Bandeira de Mello acrescenta que "a atividade administrativa é descentralizada quando é exercida, em uma das formas mencionadas, por pessoa ou pessoas distintas do Estado".[12]

O que ocorre de fato é uma repartição de competência, ou, melhor dizendo, um compartilhamento organizado entre as competências administrativas e legislativas.

10. Maria Sylvia Zanella Di Pietro, *Direito Administrativo*, 10ª ed., p. 296.

11. Idem, ibidem.

12. Celso Antônio Bandeira de Mello, *Curso de Direito Administrativo*, 17ª ed., p. 139.

Não é propriamente uma descentralização entre os entes federativos, com a entrega de poderes administrativos e legislativos entre eles. Assim é a inteligência do art. 24 e seus §§.[13] O compartilhamento organizado confere aos entes federativos da União o dever de disciplinar sobre a matéria e atuar na aplicação dela, sendo indiferente se a lei é federal e o administrador é o Município, ou vice-versa.

Só através desta concorrência constitucional de competência é que justificaria a atual construção do Sistema Nacional de Saúde, nos moldes do art. 196 da CF. Para aclarar esta assertiva é necessária a transcrição literal da explicação feita pela professora Sueli Gandolfi Dallari, que pondera, com grande propriedade, que, "conforme o disposto na nova ordem constitucional instaurada no Brasil em 1988, a proteção, a defesa e o cuidado da saúde estão sob a responsabilidade das três esferas de governo, cujas ações e serviços devem constituir um sistema que apresente apenas uma direção em cada uma dessas esferas".[14]

Através deste princípio, a União, o Estado (e Distrito Federal) ou o Município, dependendo do grau de complexidade deste último,[15] podem executar serviços sanitários de controle ou de assistência, conjuntamente[16] e de forma organizada. Neste sentido é a redação dos arts. 1º, 4º e 7º, IX, XI, XII e XIII, da Lei 8.080/1990.

Os entes federativos têm também, consoante expõem os arts. 24, XII, e 30, I, ambos da Constituição da República, competência concorrente para legislar sobre o assunto, nos termos das regras constitucionais.

Inexiste, portanto, uma hierarquia real, e sim subsidiária, já que todos os entes públicos têm o dever da prestação dos serviços de saúde, conforme o art. 196 da Cf e também o art. 1º da Lei 8.080/1990, que determina: "Esta Lei regula, em todo o território nacional, as ações e serviços de saúde, executados isolada ou conjuntamente, em caráter permanente ou eventual, por pessoas naturais ou jurídicas de direito público ou privado". O que existe é uma organização que obedece à repartição legal e constitucional de competências; e, na falta de um, o que tiver maior competência técnica deverá supri-lo obrigatoriamente. É a chamada *competência concorrente não-cumulativa* ou *vertical*.[17] Não existe imposição entre os entes, e sim uma forma compartilhada e organizada para a busca de um só fim: a saúde pública.

Embora este Sistema se comporte como um planejador centralizado representado pela União, as interações do sistema federativo partilhado conduzem a um equilíbrio melhor, ainda que não, necessariamente, o ótimo projetado; e aí temos a idéia da eqüidade em saúde.

A forma de suprir estes serviços públicos pelo *princípio da competência concorrente* significa que todos os envolvidos no Sistema – sejam eles pessoas de direito público ou privado – têm o dever constitucional de executá-los na forma insti-

13. O STF pronunciou-se a respeito do tema, afirmando que: "A lei em comento foi editada no exercício da competência supletiva conferida no parágrafo único do art. 8º da CF/1969 para os Estados legislarem sobre a proteção à saúde. Atribuição que permanece dividida entre Estados, Distrito Federal e a União (art. 24, XII, da CF/1988). Os produtos em tela, além de potencialmente prejudiciais à saúde humana, podem causar lesão ao meio ambiente. O Estado do Rio Grande do Sul, portanto, ao fiscalizar a sua comercialização, também desempenha competência outorgada nos arts. 23, VI, e 24, VI, da Constituição atual" (RE 286.789, rela. Min. Ellen Gracie, *DJU* 8.4.2005).

14. Sueli Gandolfi Dallari, *Os Estados Brasileiros e o Direito à Saúde*, p. 79.

15. Art. 7º, IX, "a", da Lei 8.080/1990 e art. 30, VII, da CF.

16. É neste sentido a redação do art. 194 da CF, que conceitua a *seguridade social* como um conjunto integrado de ações de iniciativa dos Poderes Públicos e da sociedade destinadas a assegurar os direitos relativos à saúde.

17. Art. 24, § 2º, da CF.

tucionalizada e organizada prevista nas leis de organização do Sistema Único de Saúde e na legislação esparsa.

No Capítulo IV, Seção I, a Lei 8.080/1990 define que a União, os Estados, o Distrito Federal e os Municípios exercerão, em seu âmbito administrativo, competência comum para a execução das atividades relacionadas à saúde. Se formos analisar os arts. 16, 17 e 18 da Lei Orgânica da Saúde (Lei 8.080/1990), que trata das competências da União, Estados e Municípios, respectivamente, a essência dos serviços é repartida a todos os entes federativos.

Assim, a competência é repartida aos entes federativos e à iniciativa privada devidamente autorizada, dentro do Sistema, mas todos compartilham de forma subsidiária, do menor ente federativo para o maior, da obrigação imposta pelo art. 196 da Constituição da República, como bem ressaltado por Sueli Gandolfi Dallari.[18] Encontramos, assim, o *princípio da unicidade.*

3.2 O princípio da unicidade

Segundo o *princípio da unicidade*, o Serviço é único e deve ser executado por alguém, seja ele da iniciativa privada, através da autorização de serviços, quando cabível, ou seja ele qualquer dos entes federativos.

O não-cumprimento da prestação do serviço pode acarretar até mesmo a omissão de socorro para quem deixar de executar serviços de urgência.

O princípio da unicidade imprime ao Sistema Sanitário uma auto-organização necessária para a consecução de seu fim.

A unicidade também decorre de um conceito geral de que o Sistema de Saúde brasileiro tem a peculiaridade de ser auto-resolutível.[19] Hoje não existe outro modo de proteção à saúde sem que seja sob o manto do Sistema Único da Saúde.

3.3 O princípio da participação da sociedade

A Constituição da República prevê, juntamente com a Lei 8.080/1990, a participação da sociedade, por intermédio de conselhos, para a instituição de diretrizes na destinação de recursos no sentido de articular políticas e programas de interesse para a saúde nas áreas de alimentação e nutrição, saneamento e meio ambiente, vigilância sanitária e farmacoepidemiologia, recursos humanos, ciência e tecnologia e saúde do trabalhador,[20] ou por meio da participação da iniciativa privada na produção de bens de consumo e de serviços à saúde. Este é o *princípio da participação da sociedade.*

A participação da sociedade no Sistema Sanitário é prevista desde 1937.[21] Porém, somente após a promulgação da Constituição de 1988[22] e com as diretrizes da Lei 8.080/1990 tivemos efetivamente a participação destes conselhos na política de saúde do governo. Hoje, por esta razão, existem tanto o Conselho Nacional de Saúde quanto os Conselhos Estaduais e Municipais de Saúde.

Este direito de participação popular na construção da política da saúde foi o avanço com a conquista da sociedade participativa, como explica Adalgiza Balsemão: "No início dos anos 80, o Movimento Sanitário já contava com o apoio e o reconhecimento do movimento popular, sindical e de seto-

18. Sueli Gandolfi Dallari, *Os Estados Brasileiros e o Direito à Saúde*, p. 79.

19. Tal consideração levou Germano Schwartz (*O Tratamento Jurídico do Risco no Direito à Saúde*, p. 57) a afirmar que "pode-se dizer que o Sistema Sanitário atingiu um grau tal de funcionalidade que se tornou autônomo".

20. Cf. arts. 12 e 13 da Lei 8.080/1090.

21. Instituída pela Lei 378, de 13.1.1937, não considerava a necessidade de participação dos Municípios nem dos usuários e trabalhadores do setor.

22. A participação da sociedade está prevista no art. 198, III, da CF.

res da sociedade que buscavam os direitos sociais".[23]

A Constituição prevê também a participação da iniciativa privada, através do art. 199, que institui regras para a livre iniciativa privada na assistência à saúde para a produção de bens e serviços. No entanto, mais adiante, exatamente no art. 200, I, VI e VII, estão estabelecidas as condições para a execução de serviços e a produção de produtos destinados à saúde.

3.4 O princípio da universalidade limitada

De acordo com a Constituição da República, a saúde é um direito de acesso universal.[24] Deste direito constitucional extraímos o *princípio da universalidade limitada*, que corresponde à efetiva distribuição dos serviços e produtos para a garantia da saúde pública, com livre acesso a todos,[25] independentemente de qualquer tipo de condição,[26] exceto pela limitação financeira,[27] que o Estado tem definido por seu sistema de arrecadação, com fundamento no art. 198, §§ 1º e 2º, da CF.

Este Sistema tem uma rede de financiamento organizada por lei e com previsão orçamentária anual. Neste sentido é o texto do art. 31 da Lei Orgânica da Saúde, que prevê *receita estimada* para a consecução dos "recursos necessários à realização de suas finalidades, previstos em proposta elaborada pela sua direção nacional, com a participação dos órgãos da Previdência Social e da Assistência Social, tendo em vista as metas e prioridades estabelecidas na Lei de Diretrizes Orçamentárias".

Deve-se deixar bem claro que esta é a única condição existente para o fornecimento deste bem jurídico à sociedade. Qualquer outra limitação é inconstitucional e ilegal diante do sistema constitucional de proteção do direito à saúde.

3.5 O princípio da prevenção

Passamos, agora, para um dos principais princípios do direito sanitário, que é o *princípio da prevenção*. Segundo este princípio, o Estado deve antever as situações de fato, para que não haja a deterioração deste bem diante de seus tutelados.[28] Este princípio, base para os direitos sociais, está diretamente relacionado à impossibilidade de reconstituição do direito.[29] Isto significa que, enquanto no direito civil a

23. In Márcio Iorio Aranha (org.), *Direito Sanitário e Saúde Pública*, vol. I, p. 290.

24. Art. 198, I, primeira parte, da CF: "As ações e serviços públicos de saúde integram uma rede regionalizada e hierarquizada e constituem um sistema único, organizado de acordo com as seguintes diretrizes: (...) II – atendimento integral; (...)".

25. O art. 2º da Lei 8.080/1990 explica que "a saúde é um direito fundamental do ser humano, devendo o Estado prover as *condições indispensáveis ao seu pleno exercício*" (grifamos). O *pleno exercício* é a essência do princípio da universalidade limitada. *Limitada* porque os bens jurídicos são naturalmente limitados, contra os anseios humanos, que não têm limites.

26. Este entendimento deve respeitar o princípio constitucional da *justiça social* (José Afonso da Silva, *Curso de Direito Constitucional Positivo*, 29ª ed., p. 122), referido no art. 170, que apregoa a realização da democracia social e cultural.

27. Um aspecto muito importante é que a limitação financeira aqui presente não pode prejudicar a sociedade enquanto receptora dos serviços e dos produtos para a saúde, como imposição do *princípio da eficiência administrativa*, ou seja, a transferência financeira não pode ser limitada ao ponto que haja uma verdadeira falência do Sistema de Saúde Pública brasileira.

28. Este é o objetivo do Sistema Único da Saúde/SUS, através da assistência às pessoas por intermédio de ações de promoção, proteção e recuperação da saúde, com a realização integrada das ações assistenciais e das atividades preventivas (art. 5º, III, da Lei 8.080/1990).

29. Marcelo Abelha Rodrigues, *Instituições de Direito Ambiental*, vol. I, p. 148.

regra geral é descrever as circunstâncias e as conseqüências de direito delas advindas, como também no direito do trabalho, que estipula as situações entre empregados e empregadores, ou até mesmo no direito previdenciário, que estipula as condições para a formação de direitos futuros, o direito sanitário raramente descreve as conseqüências das circunstâncias as quais ele irá tutelar, importando-se, de regra, com a fixação de atos fiscalizatórios, repressivos e até mesmo com a atuação do poder de polícia do Estado para evitar a ocorrência do fato danoso à saúde.

Leciona José Afonso da Silva que "os *direitos sociais*, como dimensão dos direitos fundamentais do homem, são prestações positivas proporcionadas pelo Estado direta ou indiretamente, enunciadas em normas constitucionais, que possibilitam melhores condições de vida aos mais fracos, direitos que tendem a realizar a igualização de situações sociais desiguais".[30] Estas prestações positivas atendem ao que denominamos *princípio da prevenção*.

Exemplificando: se o Estado não proporcionar a prevenção à saúde através das políticas de segurança do trabalho,[31] as conseqüências dessa falta de atuação, que implica diretamente o *princípio da prevenção*, acarretarão a percepção do direito ao auxílio-doença acidentário, instituto do direito previdenciário.

A falta de prevenção à saúde pode gerar, ainda, direitos civis, trabalhistas, penais etc.

O *princípio da prevenção* é, assim, o mais importante instrumento do Estado para concessão do direito à saúde, nos moldes do art. 196 da CF, para seus súditos, e com previsão textual no art. 198, II, que dá "prioridade para as atividades preventivas".

3.6 O princípio do risco e do benefício

Para coadjuvar com o anterior, extraímos da Constituição o *princípio do risco e do benefício*, segundo o qual se exige uma dosagem certa dos riscos ao Estado sem que haja a redução de benefícios à sociedade. Assim, se um medicamento faz muito mal à saúde mas é necessário para manter a vida de um paciente, mesmo que este medicamento venha a causar malefícios ao mesmo, porém com mais chances de sobrevida, o Estado deve optar pelo registro do produto. Sem este princípio, verificando que o produto é simplesmente maléfico à saúde, o Estado não poderia registrá-lo.

Portanto, através do *princípio do risco e do benefício*, verificando os produtos e os serviços que apresentam risco à saúde humana, sejam estes riscos biológicos ou quaisquer outros de relevância sanitária,[32] devem ser eles controlados pelo Estado regulador e fiscalizador.

O mesmo ocorre quando o Estado, através do Poder Judiciário, recebe um pedido de fornecimento de medicamento excepcional que não é comportado pelo Sistema Único de Saúde. O Estado, através do juiz, deverá negar o direito ao acesso a este medicamento, pois o risco de muitos de não receber o medicamento regular pela falta de condições de financiamento, que será destinado para a aquisição daquele medicamento excepcional, sempre de maior valor, tendo em vista sua excepcionalidade, sobrepõe-se ao direito de uma só pessoa. Parece cruel, mas se deve lembrar que a distribuição deve respeitar os limites e a regra do *risco/benefício* presente no direito sanitário.[33]

30. José Afonso da Silva, *Curso de Direito Constitucional Positivo*, 29ª ed., p. 286.

31. Artigo 200, incisos II e VIII, última parte, da Constituição.

32. São várias as hipóteses que ensejam a identificação do risco sanitário. Dentre elas os riscos biológico, do trabalho, ambiental etc.

33. Assim, já se decidiu nos tribunais que: "Definidas pela Administração as metas prioritárias na área de saúde pública, dentro do âmbito da discricionariedade de que dispõe e sem ofensa aos limites

Assim, explica Celso Ribeiro Bastos que "a atividade pública não consegue satisfazer a todas as necessidades coletivas. Essa a razão da inevitabilidade da intermediação de uma escolha feita pelos governantes, que optam dentre as necessidades coletivas por aquelas que merecem satisfação por meio de uma atividade pública. As necessidades assim satisfeitas recebem a qualificação de necessidades públicas".[34]

Impõe este princípio a aplicação incondicional de um outro princípio administrativo: o da *supremacia do interesse público*. Como explica Maria Sylvia Zanella Di Pietro, "o Direito deixou de ser apenas instrumento de garantia dos direitos do indivíduo e passou a ser visto como meio para consecução da justiça social, do bem comum, do bem-estar coletivo".[35]

Quanto a este princípio existem subprincípios, como o princípio da precaução, o princípio da equivalência e o princípio da acreditação, que se unem para instrumentalizar a redução dos riscos com a supremacia dos benefícios.

3.7 O princípio da subsidiariedade

Já o *princípio da subsidiariedade* surgiu quando o Estado percebeu que não conseguiria prestar os serviços de saúde e produzir produtos sem a participação ativa da iniciativa privada, ficando ele, ainda assim, responsável pela saúde daqueles que optem pela assistência privada à saúde. Ainda hoje o Sistema necessita deste coadjuvante, que atualmente é o ator principal num sistema criado para o atendimento a todos, conforme já enunciado no *princípio universalidade limitada*. Os arts. 199, § 1º, e 200 da Constituição da República são bem claros em observar a necessidade desta complementação, sendo que condicionam estas atividades a regulação por órgãos específicos, o que há muito tempo ensejou a criação dos órgãos de fiscalização sanitária e atualmente deu início às Agências Reguladoras.

Entendendo o Sistema Sanitário como sendo predominantemente uma atividade do Estado de implementação de políticas públicas, financiamento público da saúde e execução das atividades preventivas, a subsidiariedade, aqui entendida dentro da atividade privada, ganha relevo para reduzir o comprometimento da Administração nesta atividade direta, abrindo a possibilidade também para novas figuras de organizações sociais prestarem estes serviços dentro dos novos modelos de parcerias público-privadas, ficando o Estado, privativamente, com o controle e a organização das atividades de saúde.

Como define José Alfredo de Oliveira Baracho, a subsidiariedade, aqui, deve ser entendida como sendo uma forma de desempatar concorrentes, ou seja: se, de um lado, há a operadora, que deve estruturar uma forma de atender à assistência à saúde de seus usuários, ela terá a preferência, e só na falência de sua atividade o Estado irá subsidiar seu dever.[36]

3.8 Demais princípios

Afora estes princípios específicos, não podemos esquecer que, como o direito sanitário é um direito público, deve ele obedecer aos princípios constitucionais de atuação estatal previstos nos arts. 5º e 37,

legais e constitucionais, não cabe ao Judiciário perquirir os critérios adotados, tampouco substituí-los. Daí por que, na espécie, não padece de ilegalidade a Portaria n. 763, de 7.4.1994, editada pelo Ministério da Saúde, que proibiu o custeio de tratamento médico no Exterior por conta do Estado" (TRF-1ª Região, 1ª Turma, AMS 200034000427601-DF, rel. Des. José Amílcar Machado, *DJ* 7.7.2003).

34. Celso Bastos, *Curso de Direito Financeiro e de Direito Tributário*, 3ª ed., p. 4.

35. Maria Sylvia Zanella Di Pietro, *Direito Administrativo*, 10ª ed., p. 62.

36. José Alfredo de Oliveira Baracho, *O Princípio de Subsidiariedade*, p. 24.

caput, da CF – quais sejam: *princípio da legalidade*; *princípio da supremacia do interesse público*; *princípio da impessoalidade*; *princípio da publicidade*; *princípio da eficiência*; e *princípio da moralidade* –, além dos princípios administrativos verificados pela doutrina através da interpretação da legislação, como o *princípio da razoabilidade*; o *princípio da autotutela*;[37] o *princípio da finalidade*; e o *princípio da segurança jurídica*.[38]

4. A autonomia do direito sanitário

Os princípios ora comentados fundamentam a assertiva que o direito sanitário é uma ciência jurídica autônoma e interdisciplinar. *Autônoma* porque tem princípios e institutos próprios; e *interdisciplinar* porque se completa com os princípios gerais de outras ciências jurídicas.

A geração de novos direitos acentuada durante os séculos XIX e XX deu impulso à formação de ciências jurídicas verdadeiramente autônomas que se desenvolveram para acompanhar a evolução cientifica da Revolução Industrial, primeiramente, e após com a Revolução Social, surgida na última metade do século XX, instituindo ciências jurídicas com a finalidade da proteção de direitos coletivos e sociais até então não concebidos pelo Direito.

O direito à saúde foi consolidado através da nossa Constituição de 1988. Ele está localizado na nossa Constituição entre os direitos sociais. Previsto desde o Preâmbulo de nossa Constituição da República sob nome de "bem-estar".

A saúde tornou-se um dos mais importantes direitos do homem, concebido através de lutas contra um sistema que não provia o bem-estar da sociedade, estando ao lado dos então novos direitos, como o direito à proteção do meio ambiente, os direitos dos consumidores, o direito das relações de trabalho etc.

Concebendo a importância deste direito social, o constituinte proporcionou uma seção inteira na Constituição para tratar do assunto. Especificou, ainda, princípios sob o nome de "diretrizes" e repetiu, nada menos que oito vezes,[39] a importância da garantia deste dever para o Estado e deste direito para seus tutelados.

As circunstancias aqui levantadas preenchem os requisitos expostos por Alfredo Rocco para caracterizar a autonomia de uma ciência. Segundo ele, uma ciência é autônoma quando "seja ela vasta a ponto de merecer um estudo de conjunto, adequado e particular; ela contenha doutrinas homogêneas dominadas por conceitos gerais comuns e distintos dos conceitos gerais que informam outras disciplinas e possua método próprio, empregando processos especiais para o conhecimento das verdades que constituem objeto de suas investigações".[40]

É, assim, o direito sanitário uma ciência autônoma em toda a sua concepção.

5. Autonomia e interdisciplinaridade

A autonomia do direito sanitário não significa que esta ciência não seja inter-

37. Estes dois princípios – o da *razoabilidade* e o da *autotutela* – são abordados por Maria Sylvia Zanella Di Pietro (*Direito Administrativo*, 10ª ed., pp. 72 e 65-66, respectivamente), sendo o primeiro decorrente do princípio da legalidade investida de seus atos, e o segundo previsão constitucional paulista com o intuito de limitar a atuação da imposição de atos discricionários aos seus tutelados.

38. Quanto aos últimos princípios, previstos no *Curso de Direito Administrativo* de autoria do professor Celso Antônio Bandeira de Mello (17ª ed., pp. 97-99 e 112-115, respectivamente), a *razoabilidade* influi nos fundamentos dos atos discricionários; e, quanto ao segundo, impõe a estabilidade das relações e da intenção administrativa, sem que haja mutações significativas que alterem uma segurança inerente às atividades humanas.

39. No Preâmbulo e nos arts. 6º, 3º, IV, 7º, IV e XXII, 40, § 4º, 194 e 196 da CF.

40. *Apud* Sérgio Pinto Martins, *Direito do Trabalho*, 15ª ed., p. 49.

disciplinar. A interdisciplinaridade é uma condição inerente das ciências jurídicas na atualidade.

Assim, por exemplo, o direito administrativo depende do direito civil e do direito comercial para a aplicação das regras para suas empresas públicas e para a regulação da responsabilidade do Estado perante o particular. Não podemos esquecer do direito constitucional, base principal de todas as ciências jurídicas, que influencia na aplicação de todos os demais ramos do Direito.

A *autonomia* compreende a independência da ciência que tem seus princípios específicos.

Já a *interdisciplinaridade* consiste em várias conexões existentes entre as ciências jurídicas para a consecução das regras complexas de Direito.

Assim, o direito sanitário tem relação mais próxima com o direito administrativo e o direito constitucional. Em relação ao direito administrativo, tendo em vista que é dever do Estado manter o direito à saúde, que tem sua atuação através da função administrativa exaurida pelos diversos órgãos do Sistema,[41] a Administração Pública instituiu órgãos, pessoas jurídicas de direito público e pessoas jurídicas e físicas de direito privado autorizados à execução do serviço.

Já o direito constitucional concentra os princípios e as diretrizes gerais de efetivação do direito à saúde.

Tais princípios e institutos administrativos e constitucionais são *in genere*, como bem lembra José Cretella Jr., e "não cabe a nenhum dos ramos da ciência do Direito reivindicar, para seu campo, a prioridade de um dado instituto quando esse instituto é comum a vários setores do Direito".[42]

Do mesmo modo que o direito civil não pode determinar que é exclusividade sua a utilização de certos princípios e institutos, nem o direito administrativo nem, muito menos, o direito constitucional poderão avocar tal desejo.

6. Conclusão

Diante de tudo isso, percebemos a importância de constituir o direito sanitário uma ciência jurídica autônoma, sendo pré-requisito para a evolução da equilibrada garantia do direito à saúde e relacionada com as demais ciências jurídicas que extraem sistemas jurídicos específicos para a tutela dos diversos direitos à saúde.

Apesar de autônomo, o direito sanitário é sujeito aos princípios e regras do direito administrativo, como bem esclarece Celso Antônio Bandeira de Mello, sendo, assim, um campo recoberto pela função administrativa, constituindo-se em um ramo temático tão sujeito ao regime jurídico administrativo como qualquer outra ciência.[43]

Concluímos, portanto que o direito sanitário é, assim, um ramo autônomo e interdisciplinar do direito público, por excelência, destinado a disciplinar os interesses sociais e gerais da coletividade,[44] voltado a garantir a distribuição do bem jurídico *saúde* aos cidadãos, tendo regras e princípios constitucionais e legais a serem observados nesta função estatal imprescindível à manutenção do Estado Democrático de Direito.[45]

41. Celso Antônio Bandeira de Mello, *Curso de Direito Administrativo*, 17ª ed., p. 35.

42. José Cretella Jr., *Tratado de Direito Administrativo*, 2ª ed., vol. II, p. 20.

43. Celso Antônio Bandeira de Mello, *Curso de Direito Administrativo*, 17ª ed., p. 36.

44. Washington de Barros Monteiro, *Curso de Direito Civil*, 11ª ed., p. 9.

45. Como afirma José Afonso da Silva (*Curso de Direito Constitucional Positivo*, 29ª ed., p. 120), a Constituição de 1988 "abre as perspectivas de realização social profunda pela prática dos direitos sociais, que ela inscreve, e pelo exercício dos instrumentos que oferece à cidadania e que possibilita concretizar as exigências de um Estado de Justiça Social, fundado na dignidade da pessoa humana".

Referências bibliográficas

ARANHA. Márcio Iorio (org.) *Direito Sanitário e Saúde Pública*. vol. I. Brasília, Ministério da Saúde/Secretaria de Gestão do Trabalho e da Educação na Saúde/Departamento de Gestão da Educação na Saúde, 2003.

BALEEIRO, Aliomar de Andrade. *Direito Tributário Brasileiro*. 9ª ed. Rio de Janeiro, Forense, 1977.

BANDEIRA DE MELLO, Celso Antônio. *Curso de Direito Administrativo*. 17ª ed. São Paulo, Malheiros Editores, 2004.

BARACHO, José Alfredo de Oliveira. *O Princípio de Subsidiariedade*. Rio de Janeiro, Forense, 2000.

BARROS MONTEIRO, Washington de. *Curso de Direito Civil*. 11ª ed. São Paulo, Saraiva, 1972.

BASTOS, Celso Ribeiro. *Curso de Direito Financeiro e de Direito Tributário*. 3ª ed. São Paulo, Saraiva, 1995.

BELVÈZE, Henri. "Le principe de précaution et ses implications juridiques dans le domaine de la sécurité sanitaire des aliments". *Revue Scientifique et Téchnique* 22(2)/387-396. Paris, OIE. 2003.

CRETELLA JR., José. *Tratado de Direito Administrativo*. 2ª ed., vol. II. Rio de Janeiro, Forense, 2002.

DALLARI, Sueli Gandolfi. *Os Estados Brasileiros e o Direito à Saúde*. São Paulo. Hucitec, 1995.

__________. "Uma nova disciplina: o direito sanitário". *Revista de Saúde Pública* 22-4/327-334. Agosto/1988.

DI PIETRO, Maria Sylvia Zanella. *Direito Administrativo*. 10ª ed. São Paulo, Atlas, 1999.

JORIO, Ettore. *Diritto Sanitario*. Milão, Giuffrè Editore, 2005.

LACAZ, Francisco Antônio de Castro. "Processos produtivos e riscos para a saúde". *Revista de Vigilância Sanitária* 1-1. São Paulo, 2005.

MARTINS, Sérgio Pinto. *Direito do Trabalho*. 15ª ed. São Paulo, Atlas, 2002.

NOGUEIRA. Ruy Barbosa. *Curso de Direito Tributário*. 14ª ed. São Paulo, Saraiva, 1995.

RODRIGUES, Marcelo Abelha. *Instituições de Direito Ambiental*. vol. I. São Paulo, Max Limonad, 2002.

SCHWARTZ, Germano. *O Tratamento Jurídico do Risco no Direito à Saúde*. Porto Alegre, Livraria do Advogado, 2004.

SILVA, José Afonso da. *Curso de Direito Constitucional Positivo*. 29ª ed. São Paulo, Malheiros Editores, 2007.

ZAPLANA, José Guerrero. "Salud pública y derecho administrativo". *Cuadernos de Derecho Judicial*. vol. V. Madri, Consejo General del Poder Judicial, 2004.

PARECERES

LICITAÇÃO – INAPLICABILIDADE ÀS CONCESSÕES DO ART. 46 DA LEI 8.666/1993, QUE RESTRINGE A APLICAÇÃO DA TÉCNICA E PREÇO – NAS LICITAÇÕES PARA CONCESSÃO OU PERMISSÃO NÃO É UTILIZÁVEL O CRITÉRIO DA MAIOR OFERTA DE PAGAMENTO PARA O PODER PÚBLICO

Celso Antônio Bandeira de Mello

Professor Titular de Direito Administrativo da Faculdade de Direito da PUC/SP

CONSULTA

I – O art. 15 da Lei 8.987, de 13.2.1995, constitui-se em regra especial no que concerne aos critérios de julgamento das licitações de concessão de serviço público no âmbito federal, estadual, distrital e municipal?

II – O art. 46 da Lei 8.666, de 21.6.1993, aplica-se às licitações para concessão ou permissão de serviço público, notadamente às promovidas em vista do transporte coletivo de passageiros?

III – O critério de julgamento maior oferta de pagamento para obtenção da outorga do serviço, isoladamente ou em conjugação com outros critérios, pode ser utilizado pela Administração nas licitações promovidas em vista de concessões e permissões a serem exploradas pelo concessionário ou permissionário mediante cobrança de tarifas dos usuários, como ocorre nas concessões ou permissões de transporte coletivo de passageiros?

Às indagações respondo nos termos que seguem.

PARECER

1. A Lei 8.666, de 21.6.1993, que expediu normas gerais de licitação e contrato, em seu art. 45 estatuiu:

"Art. 45. O julgamento das propostas será objetivo, devendo a Comissão de Licitação ou o responsável pelo convite realizá-lo em conformidade com os tipos de licitação, os critérios previamente estabelecidos no ato convocatório e de acordo com os fatores exclusivamente nele referidos, de maneira a possibilitar sua aferição pelos licitantes e pelos órgãos de controle.

"§ 1º. Para os efeitos deste artigo, constituem tipos de licitação, exceto na modalidade concurso: I – a de menor preço – quando o critério de seleção da proposta mais vantajosa para a Administração determinar que será vencedor o licitante que apresentar a proposta de acordo com as especificações do edital ou convite e ofertar o menor preço; II – a de melhor técnica; III – a de técnica e preço; IV – a de maior lance ou oferta – nos casos de alienação de bens ou concessão de direito real de uso."

O § 5º desse mesmo artigo dispôs: "É vedada a utilização de outros tipos de licitação não previstos neste artigo".

O art. 46 estabelece que: "Os tipos de licitação 'melhor técnica' ou 'técnica e preço' serão utilizados exclusivamente para serviços de natureza predominantemente intelectual, em especial na elaboração de projetos, cálculos, fiscalização, supervisão e gerenciamento e de engenharia consultiva em geral e, em particular, para a elaboração de estudos técnicos preliminares e projetos básicos e executivos, ressalvado o disposto no § 4º do artigo anterior".

Como se pode ver, a lei, ao indicar os *critérios* adotáveis para a escolha do melhor proponente, denominou-os de "tipos de licitação".

Foi isto mesmo que anotamos em obra teórica, ao mencioná-los, dizendo: "Esclareça-se que a lei denomina 'tipos de licitação' ao que, na verdade, são os distintos critérios fundamentais de julgamento por ela estabelecidos para obras, serviços e compras (não para concurso e leilão), vedada a criação de outros (art. 45, § 5º). São eles os seguintes: (I) de menor preço; (II) de melhor técnica; (III) de técnica e preço; e (IV) o de maior lance ou oferta, nos casos de alienação de bens ou concessão de direito real de uso".[1]

1. Celso Antônio Bandeira de Mello, *Curso de Direito Administrativo*, 20ª ed., p. 564.

2. A Lei 8.987, de 13.2.1995, que é a norma geral prevista no art. 175 da CF para disciplinar as concessões e permissões de serviço público – portanto, obrigatória para as esferas federal, estadual, distrital e municipal –, em seu art. 15 regulou o regime de escolha das ofertas nos seguintes termos:

"Art. 15. No julgamento da licitação será considerado um dos seguintes critérios: I – o menor valor da tarifa do serviço público a ser prestado; II – a maior oferta, nos casos de pagamento ao poder concedente pela outorga da concessão; III – a combinação, dois a dois, dos critérios referidos nos incisos I, II e VII; IV – melhor proposta técnica, com preço fixado no edital; V – melhor proposta em razão da combinação dos critérios de menor valor da tarifa do serviço público a ser prestado com o de melhor técnica; VI – melhor proposta em razão da combinação dos critérios de maior oferta pela outorga da concessão com o de melhor técnica; ou VII – melhor oferta dc pagamento pela outorga após qualificação de propostas técnicas.

"§ 1º. A aplicação do critério previsto no inciso III só será admitida quando previamente estabelecida no edital de licitação, inclusive com regras e fórmulas precisas para avaliação econômico-financeira.

"§ 2º. Para fins de aplicação do disposto nos incisos IV, V, VI e VII, o edital de licitação conterá parâmetros e exigências para formulação de propostas técnicas."

De seu turno, o art. 18 dispôs: "O edital de licitação será elaborado pelo poder concedente, observados, *no que couber*, os critérios e as normas gerais da legislação própria sobre licitações e contratos e conterá, especialmente: (...)" (grifamos).

Do disposto nestes preceptivos já se extraem duas conclusões que se encontram explicitadas com a mais absoluta clareza, a saber: (a) uma, a de que a lei concernente a concessões e permissões de serviço público não desejou adotar *in totum* o disposto na legislação regedora de licitações e contratos (Lei 8.666, de 21.6.1993), pois, de modo expresso e inequívoco, estabeleceu *critérios de julgamento* distintos dos que nesta última foram previstos como meios de eleição da melhor proposta, isto é, dos que nela receberam o nome de "tipos de licitação", como acima foi anotado; (b) outra, a de que a observância da legislação geral sobre licitação e contratos nos editais concernentes a outorgas de concessão e permissão efetuar-se-á "no que couber"; assim, reafirma-se nisto que não há obrigatoriedade de obedecer à totalidade das regras estabelecidas na Lei 8.666 – o que, de resto, é particularmente claro no que atina ao tema "critérios de julgamento" (ou tipos de licitação), já que em relação a eles existe previsão específica na Lei 8.987.

3. Acresce que é princípio interpretativo universalmente conhecido o de que *specialia derogant generali* – isto é, as (disposições) especiais derrogam as gerais. Carlos Maximiliano, o príncipe dos Mestres de exegese, nesta conformidade, ensina que: "Se existe antinomia entre a regra geral e a peculiar, específica, esta, no caso particular, tem a supremacia. Preferem-se as disposições que se relacionam mais direta e especialmente com o assunto de que se trata: *In toto jure generi per speciem derogatur, et illud potissimum habetur quod ad especiem directum est* – "Em toda disposição de Direito, o gênero é derrogado pela espécie, e considera-se de importância preponderante o que respeita diretamente à espécie"".[2]

O autor esclarece que se trata de uma citação de Papiniano, no *Digesto*, Liv. 50, Tit. 17, Frag. 80 – no que se evidencia a vetustez do preceito interpretativo em questão.

Eis, pois, que as normas presidentes da licitação de concessões e permissões de serviço público que hajam sido estabelecidas pela Lei 8.987, por serem regras específicas, para elas concebidas, são as que nesta matéria vigoram, não havendo como ou por que invocar, quanto a este tópico, disposições residentes na Lei Geral de Licitações. Tal entendimento, pois, é manifestamente impositivo em tema de critérios de julgamento, visto que foram especificamente previstos para as hipóteses em que o bem licitado deve ser explorado pelo vencedor do certame. Dessarte, seria descabido, inteiramente impróprio, pretender aduzir regras que foram pressupostas para o atendimento da generalidade das situações – as quais, diga-se de passagem, têm compostura inteiramente distinta da que respeita a concessões e permissões – a fim de reputá-las aplicáveis também nos casos em que estão em pauta ditas figuras peculiares.

4. Ao contrário da Lei Geral de Licitações, a Lei 8.987, após indicar os critérios adotáveis para julgamento dos certames cujo objeto seja a exploração do serviço ou da obra, não estabeleceu reserva alguma dos critérios de técnica ou de técnica e preço para as hipóteses em que estavam confinados na Lei Geral de Licitações. Isto é, não reproduziu a limitação de seu uso às hipóteses nela mencionadas. De resto, *nem caberia fazê-lo por tal modo*, visto que há uma profunda diferença entre os "tipos de licitação" da Lei 8.666 e os critérios de julgamento professados na Lei 8.987. Assim, não seriam extrapoláveis as restrições estabelecidas na primeira, desde logo porque não encontrariam objeto similar para sobre eles equivalentemente incidir.

Com efeito, na Lei 8.666 o chamado tipo de licitação de "melhor técnica", em rigor, como também observamos na obra teórica precitada, não é fórmula de decisão do certame com base na técnica. Deveras, consoante havíamos dito:

"No julgamento pela melhor técnica, diversamente do que o nome sugere, a seleção da proposta mais vantajosa é a que resulta de uma negociação que culmina pela escolha daquela que, tendo alcançado índice técnico comparativamente mais elevado que o de outras, seu proponente concorde

2. Carlos Maximiliano, *Hermenêutica e Aplicação do Direito*, 15ª ed., p. 135.

em rebaixar a cotação que havia feito até o montante da proposta de menor preço dentre as ofertadas. Como nem sempre o autor da proposta de melhor nota técnica concordará com dito rebaixamento, só o fazendo quem lhe esteja imediatamente abaixo, ou o subseqüente, e assim sucessivamente, claro está que nem sempre será escolhida a proposta de melhor técnica, ao contrário do que sugere a denominação dada pela lei a este 'critério' de julgamento (ou 'tipo' de licitação, para usar da terminologia normativa). Veja-se que, se nenhum dos autores das propostas tecnicamente melhor alocadas aquiescer em reduzir o preço, terminará por ser escolhida a de menor preço, conquanto tecnicamente inferior a todas as demais.

"Neste tipo de licitação, que está inteiramente regulada no art. 46, § 1º, e seus quatro incisos, o ato convocatório indicará o preço máximo admissível, o índice de valorização técnica mínima para aceitabilidade das propostas e os critérios de avaliação técnica delas, os quais hão de ser pertinentes ao objeto, enunciados com clareza e objetividade, e levarão em conta a capacitação e experiência do proponente, a qualidade técnica da proposta, compreendendo metodologia, organização, tecnologias e recursos materiais a serem utilizados, bem como qualificação das equipes técnicas a serem mobilizadas para os trabalhos.

"As propostas serão apresentadas cada qual em envelopes distintos, correspondentes um à proposta técnica e outro à proposta de preços. Inicialmente abrir-se-ão os envelopes contendo as propostas técnicas, as quais serão avaliadas. As que não alcançarem o índice técnico mínimo preestabelecido, constante do ato convocatório, serão eliminadas e devolvidos fechados aos seus proponentes os envelopes das respectivas propostas de preços (também chamadas propostas comerciais), pois não poderão ser consideradas. As que obtiveram o aludido índice serão classificadas pela ordem de notas que obtiveram.

"Resolvidos estes tópicos, que supõem (embora a lei neste passo não o diga) a abertura de prazos para interposição de recursos e apreciação deles, serão abertos os envelopes contendo as propostas de preço. A partir daí a Administração iniciará negociação com o autor da proposta técnica classificada em primeiro lugar para que este a rebaixe, tendo como referencial a menor proposta de preço ofertado. Se houver impasse na negociação, procederá da mesma forma, sucessivamente, com os demais proponentes, pela ordem de classificação."[3]

Muito diferentemente, na Lei 8.987 o fator técnica no julgamento é *técnica mesmo*, e não o preço mais baixo que se possa conseguir a partir dos que hajam ofertado a melhor técnica. E ora comparece como (a) *índice de suficiência* em uma hipótese na qual o decisivo é a oferta de pagamento pela outorga (inciso VI), ora (b) a técnica propriamente dita comparece como fator decisório, já que o preço está prefixado (inciso IV), ou, ainda, (c) a técnica em si mesma é ponderada juntamente com outro fator, os quais, conjugados como resultado do somatório de um e outro, determinarão a classificação da proposta (incisos V e VI). Já se vê que o uso da técnica nestas várias alternativas não é a mesma coisa que o critério de melhor técnica da Lei 8.666. Logo, não haveria como pretender que uma restrição de dada ordem – a que existe em relação ao tipo "técnica" na Lei Geral de Licitações – pudesse se estender a algo que, tendo embora o mesmo nome ("técnica"), está a significar coisa distinta.

5. Já o critério de técnica e preço, este, sim, apresenta certa similitude em ambas as leis. Dissemos "certa", e não total similitude, porque na Lei 8.666 o que se busca em tema de preço é o "menor" preço, ao passo que na Lei 8.987 ora se busca o "maior" preço (a oferta mais alta para obter a concessão ou permissão – logo, o inverso em

3. Celso Antônio Bandeira de Mello, *Curso de Direito Administrativo*, 20ª ed., pp. 566-567.

um e outro caso) e ora se busca realmente algo menor: embora não tecnicamente o menor preço, mas a "menor tarifa". Seja como for, é visível que não são cotejáveis as situações que entram em pauta nos tipos de licitação e nos critérios de julgamento de uma e outra das leis.

Donde, também por estes motivos ora aduzidos pode-se concluir sem hesitação alguma pela inaplicabilidade às concessões e permissões do art. 46 da Lei 8.666, o qual reservou os julgamentos por técnica ou por técnica e preço "exclusivamente para serviços de natureza predominantemente intelectual, em especial na elaboração de projetos, cálculos, fiscalização, supervisão e gerenciamento e de engenharia consultiva em geral e, em particular, para a elaboração de estudos técnicos preliminares e projetos básicos e executivos" (art. 46 da Lei 8.666), ou para "contratação de bens e serviços de Informática" (art. 45, § 4º) ou, ainda, excepcionalmente, "por autorização expressa e mediante justificativa circunstanciada da maior autoridade da Administração promotora constante do ato convocatório, para fornecimento de bens e execução de obras ou prestação de serviços de grande vulto majoritariamente dependentes de tecnologia nitidamente sofisticada e de domínio restrito, atestado por autoridades técnicas de reconhecida qualificação, nos casos em que o objeto pretendido admitir soluções alternativas e variações de execução, com repercussões significativas sobre sua qualidade, produtividade, rendimento e durabilidade concretamente mensuráveis, e estas puderem ser adotadas à livre escolha dos licitantes" (art. 46, § 3º).

De toda sorte, nem mesmo seriam necessárias considerações desta ordem, pois se a lei pertinente, a que disciplinou o regime jurídico norteador de concessões e permissões, expôs seus próprios critérios de julgamento das licitações e não estabeleceu qualquer restrição no que tange à utilização de quaisquer deles, seria simplesmente abusivo buscar em outra lei interdições que nela não se encontram.

6. Por fim, cumpre anotar que extrapolações do gênero não seriam cabíveis na espécie ante a diversidade de situações no que respeita aos objetos a serem postos sob julgamento em uma e outra das leis em causa.

Deveras, na Lei 8.666 estão em causa *despesas* que entidades governamentais deverão fazer na *aquisição*, *para si*, de bens, obras ou serviços. Na Lei 8.987, muito distintamente, *não estão em causa despesas de entidades governamentais, porque estas nada pretendem adquirir para si próprias*. O bem posto em certame é o desempenho de algo a ser efetuado em prol da coletividade, e não das entidades governamentais. Estas nada terão a pagar; quem custeará o serviço e a remuneração dele são os usuários, posto que concessionários ou permissionários é que "explorarão" a atividade, dela sacando seu suporte e proveito econômico.

Assim, é evidente que, estando em causa situações tão profundamente distintas, não haveria motivo algum prestante para justificar a extração de normas limitadoras de critérios de julgamento concebidos para um dado objeto e vigentes em uma dada lei, em vista de transplantá-la para situações profundamente diversas e tratadas em outra lei.

7. Cumpre anotar, entretanto, que também alguns dos critérios estabelecidos na Lei 8.987 para o julgamento de licitações relativas às concessões e permissões de serviço público padecem de vícios jurídicos facilmente perceptíveis, porque contrariam a índole constitucional destes institutos.

Com efeito, no art. 15, o inciso II refere o *maior pagamento ao concedente pela outorga da concessão* e nos incisos III, VI e VII, dentre as hipóteses neles cogitadas, está a conjugação deste mesmo fator com algum outro. Ora, *serviço público não é exploração estatal de atividade econômica*, campo de empreendimentos propiciatórios de lucro, próprio, em princípio, da iniciativa privada e no qual o Estado só operará excepcionalmente, como decorre do art. 173

e §§ da CF. Entre ambos existe um fosso intransponível, que impede a Administração de fazer do serviço público um *instrumento lucrativo*, como se estivera perante um negócio qualquer.

Deveras, o serviço público é atividade considerada pelo Estado como indispensável à coletividade, ou seja, indispensável aos cidadãos em geral. Justamente por lhe atribuir importância transcendente, o Estado assume dita atividade como própria, entendendo que os cidadãos não devem ficar dela privados, pelo quê também não podem ser relegados meramente a eventuais iniciativas dos particulares neste campo. Conseqüência óbvia desta valoração é a *modicidade* das tarifas, a que a nossa legislação expressamente se reporta, impondo-a de modo taxativo no art. 6º, § 1º, da Lei 8.987, de 13.2.1995, regente de concessões e permissões de serviço público.

Ao apresentar uma relação de serviços como públicos, a Constituição do país irroga ao Poder Público o dever inelutável de prestá-los, diretamente ou por meio dos que credencie para isto, e investe os cidadãos no direito de que lhes sejam propiciados. Nisto, evidentemente, está compreendida a facilitação máxima de seu desfrute, circunstância que se contrapõe a qualquer pretensão estatal de tentar convertê-los em instrumento de captação de lucro. Não é para isto que existe o serviço público, e não foi para isto que o texto constitucional o concebeu como um verdadeiro dever do Estado para com o cidadão.

Ora, adotar, isoladamente ou em conjunto com outro fator, o maior pagamento ao Poder Público como critério de julgamento de licitação para a outorga de concessão ou permissão é, a toda evidência, *conspirar contra a modicidade das tarifas*, promover-lhes a elevação, incentivar ofertas em que o valor tarifário inexoravelmente se incrementará para acobertar uma oferta de valor mais alto a fim de irrigar os cofres públicos, e não a fim de oferecer o serviço nas condições mais adequadas aos usuários.

Quando o Poder Público necessita de recursos deve valer-se das vias adequadas, pertinentes, concebidas para tal fim. Os instrumentos tributários, a emissão de títulos da dívida pública e, como contingência inerente à índole da atividade, a exploração de atividade econômica poderá vir a proporcioná-los como "receita industrial".

Utilizar o serviço público como meio de captação de proveitos econômicos é pura e simplesmente um *desvio de poder*, ou seja, é "a utilização de uma competência para alcançar resultado diverso daquele em vista do qual foi instituída tal competência" – expressões, estas, que correspondem à definição do gravíssimo vício jurídico conhecido pelo nome de *desvio de poder*.

8. Também pode existir tal vício na atividade legislativa. O desvio de poder não é mácula jurídica privativa dos atos administrativos. Pode se apresentar, igualmente, por ocasião do exercício de atividade legislativa ou jurisdicional. Ou seja: *leis* e *decisões judiciais* são igualmente suscetíveis de incorrer no aludido vício, porquanto umas e outras são também emanações das competências públicas, as quais impõem fidelidade às finalidades que as presidem. Assim, se o legislador ou o juiz delas fizerem uso impróprio – a dizer, divorciado do sentido e direcionamento que lhes concernem –, haverão traído as competências que os habilitavam, e os atos que produzirem resultarão enodoados pela indelével jaça do desvio de poder.

Assim como o ato administrativo está assujeitado à lei, às finalidades nela prestigiadas, a lei está assujeitada à Constituição, aos desideratos ali consagrados, aos valores e princípios encarecidos neste plano superior. Demais disto, assim como um ato administrativo não pode buscar escopo distinto do que seja *específico* à *específica* norma legal que lhe sirva de arrimo, também não pode a lei buscar objetivo diverso do que seja inerente ao específico dispositivo constitucional a que esteja atrelada a disposição legiferante expedida. Ou seja, se a Constituição habilita legislar em vista de dado escopo, a lei não pode ser produzida com traição a ele.

Ora, o serviço público articula-se sobre certos princípios que lhe são inerentes. Entre eles, como se sabe, está o *princípio da modicidade*, até porque, se não estivesse, o serviço público não cumpriria a finalidade em vista da qual existe: atender a necessidades ou comodidades importantes para a generalidade dos cidadãos. Assim, ao prever tais serviços, a Constituição implicitamente está a impor a modicidade das tarifas. Como se sabe, "tanto faz parte da lei o que nela se encontra explícito quanto o que nela implicitamente se contém", conforme disse Black, monumental tratadista sobre exegese, que foi juiz e *chief justice* da Suprema Corte norte-americana.[4]

9. Caio Tácito, em precioso artigo,[5] enumera decisões do STF, algumas até mesmo antigas, nas quais o desvio de poder é explicitamente reconhecido como vício suscetível de macular a produção legislativa; e dentre os julgados colacionados pode-se verificar que ora existe alojamento na primeira, ora na segunda hipótese mencionadas.

Ou seja: casos há em que o legislador simplesmente fez uso desatado de sua competência legislativa, de maneira a ultrapassar o sentido da norma constitucional habilitante, como ocorreu em lei na qual o poder de tributar foi normativamente disciplinado de maneira a produzir tratamento escorchante sobre o contribuinte. A respeito, no RE 18.331, conforme referido no mencionado artigo do eminente jurista citado, o relator, Min. Orozimbo Nonato, salientou: "É um poder cujo exercício não deve ir até o abuso, o excesso, o desvio, sendo aplicável, ainda aqui, a doutrina fecunda do *détournement de pouvoir*".

Outras decisões, recolhidas na mesma fonte, exemplificam hipóteses em que o desvio de poder é surpreendido no fato de a lei buscar finalidade distinta daquela inerente ao objetivo próprio da competência legislativa exercitada; ou seja: haver autorizado providência administrativa restritiva de direitos com o fito de forçar o contribuinte a satisfazer pretensões tributárias: "É inadmissível a interdição de estabelecimento ou a apreensão de mercadorias como meio coercitivo para cobrança de tributo (Súmulas 70 e 323)". Idem quanto à fulminação dos Decretos-leis 5 e 42, de 1937. Como explica o mestre Caio Tácito, a Suprema Corte, "dilatando o princípio à inconstitucionalidade dos Decretos-leis 5 e 42, de 1937 – que restringiam indiretamente a atividade comercial de empresas em débito, impedindo-as de comprar selos ou despachar mercadoria –, implicitamente configurou o abuso de poder legislativo (Súmula 547 e acórdão no RE 63.026, *RDA* 10/209)".[6]

O mesmo autor, colacionando referências doutrinárias, menciona que o publicista luso J. J. Canotilho, em seu *Direito Constitucional*, "adverte que a lei é vinculada ao fim constitucionalmente fixado e ao princípio da razoabilidade", de sorte a fundamentar, nas expressões do renomado jurista português, "a transferência para os domínios da atividade legislativa da figura do desvio de poder dos atos administrativos".[7]

10. Isto tudo posto e considerado, às indagações da Consulta respondo:

I – O art. 15 da Lei 8.987, de 13.2.1995, constitui-se em regra especial no que concerne aos critérios de julgamento das licitações de concessão de serviço público no âmbito federal, estadual, distrital e municipal.

II – O art. 46 da Lei 8.666, de 21.6.1993, não se aplica às licitações para concessão ou permissão de serviço público, no que estão inclusas, obviamente, as promovidas em vista do transporte coletivo de passageiros.

4. Henry Campbell Black, *Handbook on Construction and Interpretation of Law*, p. 62.

5. Caio Tácito, "O desvio de poder no controle dos atos administrativos, legislativos e jurisdicionais", *RDA* 188/1 e ss.

6. Idem, p. 7.

7. Idem, p. 9.

III – O critério de julgamento maior oferta de pagamento para obtenção da outorga do serviço, isoladamente ou em conjugação com outros critérios, não pode ser utilizado pela Administração nas licitações promovidas em vista de concessões e permissões a serem exploradas pelo concessionário ou permissionário mediante cobrança de tarifas dos usuários, como ocorre nas concessões ou permissões de transporte coletivo de passageiros.

É o meu parecer.

São Paulo, 22 de maio de 2006

Referências bibliográficas

BANDEIRA DE MELLO, Celso Antônio. *Curso de Direito Administrativo*. 20ª ed. São Paulo, Malheiros Editores, 2006.

BLACK, Henry Campbell. *Handbook on Construction and Interpretation of Law*. St. Paul, Minn., West Publishing Co., 1896.

MAXIMILIANO, Carlos. *Hermenêutica e Aplicação do Direito*. 15ª ed. Rio de Janeiro, Forense, 1995.

TÁCITO, Caio. "O desvio de poder no controle dos atos administrativos, legislativos e jurisdicionais". *RDA* 188/1 e ss.

COBRANÇA PELO ACESSO A RODOVIAS PARA EXPLORAÇÃO DE ATIVIDADE ECONÔMICA

Floriano de Azevedo Marques Neto

Doutor em Direito Público pela USP
– Professor da Pontifícia Universidade Católica de São Paulo – Advogado

I – Algumas notas sobre regime de concessão de rodovias. II – A exploração do potencial econômico agregado a bem público. III – O regime jurídico de concessão de rodovias no Estado. IV – O acesso de particulares às rodovias. V – Direitos das concessionárias em face da exploração de acessos. VI – Natureza jurídica da cobrança pelos acessos às rodovias concedidas. VII – Situação jurídica dos acessos autorizados anteriormente à transferência dos sistemas rodoviários concedidos. VIII – Resposta objetiva aos questionamentos.

As empresas concessionárias de sistema de transporte rodoviário estão interessadas na busca de solução de dúvidas jurídicas relacionadas com a exploração de acessos existentes e a serem implantados nas rodovias por elas exploradas, com vistas a interligar o fluxo de veículos nelas trafegante a postos de combustível, restaurantes, áreas de repouso e de serviços em geral.

Segundo as empresas o tema tem se apresentado bastante controvertido, quer por força da resistência de alguns proprietários de postos ao enquadramento no novo regime de exploração das rodovias paulistas, quer por não ter sido, ao menos até o presente momento, estabelecido um entendimento firme de parte do poder concedente ou do órgão regulador acerca da matéria.

Relatam que os editais de licitação mencionavam o direito das Concessionárias à remuneração relativa a fontes acessórias, dentre as quais aludia àquelas advindas da prestação de *serviços complementares*. Nos Regulamentos das concessões, editados cada qual para um Sistema, mas no geral contendo disposições idênticas, encontrar-se-ia definição dos tais "*serviços complementares*" como sendo aqueles considerados convenientes, mas não essenciais, para a manutenção do serviço adequado, serviços estes que deveriam ser prestados por terceiros, que não as Concessionárias, sempre mediante aprovação pelo Poder Concedente. Os Regulamentos listam alguns destes serviços. Neste rol viriam enunciados os postos de abastecimento e reparos veiculares, os locais de alimentação ou para repouso e hospedagem aos usuários. Todas estas atividades – quer realizadas na faixa de domínio, quer situadas na zona lindeira a ela – demandam, por óbvio, a existência de acesso viário às rodovias.

Informam as empresas que, na grande maioria das rodovias cuja exploração lhes foi concedida, já existiam instalados acessos a propriedades privadas que exploram, à margem destes eixos rodoviários, atividades econômicas ligadas ou não diretamente ao tráfego rodoviário. Existem, ademais, vários novos acessos em fase de negociação, sendo certo existir grande interesse em explorar o potencial econômico destas rodovias por empresas do setor de abastecimento de combustíveis, alimentação ou hotelaria. De resto, noticiam serem freqüentes as solicitações para abertura de acessos às rodovias advindas da mais diversa gama de interessados.

Neste quadrante, emergem vários problemas jurídicos que estão a demandar adequada abordagem doutrinária e conceitual. O principal deles se refere à cobrança pelos acessos às rodovias e pela exploração das atividades econômicas adjetas ao Sistema objeto da concessão. Tal discussão desdobra-se: de um lado, impenderia saber se é juridicamente exigível pelas concessionárias tal cobrança e, de outro, discute-se como calculá-la e a que título exigi-la.

As dúvidas a serem espancadas são:

1. É juridicamente possível a cobrança pelas Concessionárias de valores dos agentes privados que explorem ou queiram explorar atividade econômica mediante acesso às rodovias por elas exploradas? A que título?

2. Se positiva a resposta ao quesito anterior, qual a natureza e o fundamento jurídicos desta cobrança?

3. É necessária a existência de lei para que seja admitida tal cobrança?

4. Quais critérios podem ser adotados para estabelecer os valores a serem cobrados destes particulares?

5. Os critérios e os valores a serem praticados devem ser previamente submetidos ao poder concedente?

6. Pode a cobrança ser baseada em instrumento particular pactuado entre a Concessionária e o interessado? É o poder concedente parte nesta contratação?

Passamos a enfrentá-las:

As questões envolvem aspectos jurídicos bastante desafiadores. A nova fase inaugurada no regime de concessões desde a segunda metade da década passada, aliada às novas perspectivas de exploração estatal das utilidades públicas impõem novas e mais descortinadas abordagens sobre temas como a concessão de serviços e bens públicos, as diferentes relações jurídicas travadas pelo Estado com particulares tendo por objeto estes bens, a cobrança de preços públicos, entre outros.

Certo está que não se pretende aqui erguer um tratado sobre o tema. Impossível, porém, enfrentar as demandas trazidas sem rever algumas posições cristalizadas na doutrina e mesmo na jurisprudência. Por isso, correndo até o risco de tornar enfadonho este escrito, impõe-se tecer considerações doutrinárias antes de buscar respostas objetivas às dúvidas suscitadas.

I – Algumas notas sobre regime de concessão de rodovias

Muita confusão se tem feito entre concessão de serviço público e concessão de bem público. Existe, em Direito, um regime especial de exploração de utilidades públicas[1] pelo Estado, que é o regime de concessão.[2] Ele se caracteriza, enquanto gênero, pelo trespasse a um particular do direito de explorar, em regime de direito

1. Tomamos de empréstimo o conceito de *public utilities* do direito americano para poder designar, a um só tempo, bens, serviços e direitos públicos exploráveis pelos particulares sob o regime de concessão.

2. Nas palavras nunca assaz lembradas de Oswaldo Aranha Bandeira de Mello, reportando-se à lição de alemães e franceses, em gênero a concessão "conota somente os atos administrativos de delegação a terceiro, por parte da Administração Pública, de poderes e deveres que lhe competem, para, em seu lugar, e sob sua fiscalização, desempenhar certos cometimentos, em nome e conta própria" (in *Princípios Gerais de Direito Administrativo*, 2ª ed., Forense, 1979, pp. 547 e 548). Embora preciosa a lição do mestre, não vemos mais como

público, uma atividade ou um ativo de titularidade do poder público, por sua conta e risco, por prazo certo e determinado. Embora inúmeras discussões doutrinárias caibam sobre o tema, é esse o núcleo essencial caracterizador da concessão.[3]

Trata-se, por óbvio, de um negócio jurídico, bilateral e convencional,[4] pelo qual o poder público outorga a um particular o direito de explorar, economicamente e em regime público, algo de que a pessoa jurídica de direito público é titular, assumindo o ente privado, em contrapartida, uma obrigação de fazer ou pagar.

A confusão entre o gênero concessão e a espécie concessão de serviço público se deve, na origem, à grande influência da doutrina francesa, mormente da assim chamada "*escola de serviço público*", Duguit e Jèze à frente. Como é sabido, esta escola doutrinária sustentava, não sem um forte ranço jusnaturalista, que a gestão pública (é dizer, tanto a função como os meios detidos pelo poder público) teria sua razão de ser no provimento das necessidades da vida coletiva, vale dizer, das atividades imprescindíveis à coesão social. E, como todas estas prestações de fruição coletiva corresponderiam a serviços públicos, erigia-se tal noção como critério central de delimitação do direito administrativo.[5]

Segue daí que, se a administração pública tinha sua existência vinculada à prestação de serviço público, não haveria porque existirem bens de titularidade do poder público não afetos à prestação de serviço público. Ainda na esteira deste raciocínio, que marcou o juspublicismo francês no qual nossa doutrina se abeberou, não haveria sentido em outra concessão de utilidade pública que não fosse concessão de serviço público, razão de ser do Estado.

Outras tradições jurídicas rumaram por veredas diversas. Cite-se nesta toada toda a tradição do direito público anglo-saxão.[6] O fato é que não necessariamente todos os bens e direitos titularizados pelo poder público estão vinculados à prestação de um serviço público, entendida como uma atividade cuja fruição contínua e permanente o Estado se compromete (por força constitucional ou legal) a assegurar a toda a gente. É o Estado titular de um enorme plexo patrimonial que nem sempre está afetado ao uso de qualquer um do povo, ou a uma utilização específica. Ensina-nos a lei civil[7] que existem outros bens (dominicais) que, embora públicos, não são utilizados nem no exercício de uma função pública, nem muito menos na prestação de um serviço público.

Para não divagarmos muito, podemos nos ater à doutrina clássica. Tradicionalmente, dentro do instituto jurídico da concessão, residem dois tipos distintos de outorga. Temos, de um lado, a concessão de um serviço público,[8] que pressupõe a outorga a um particular da exploração de uma dada atividade de relevância coletiva, definida como tal no ordenamento jurídico.

se aplicar, nos dias de hoje, a dicotomia entre ato administrativo constitutivo e ato administrativo translativo que desenvolvera ele para apartar as duas espécies de concessão. No meu entender, é hoje cabível e pertinente a concessão de uso como um ato administrativo translativo, para me utilizar da terminologia de Oswaldo Aranha.

3. V. Arnoldo Wald e outros, *O Direito de Parceria e a Nova Lei de Concessões*, Ed. RT, 1996.

4. Laubadère nos diz, em lição talhada para a concessão de serviço público, mas aplicável tranqüilamente ao regime geral: "É bom destacar a necessidade de que uma convenção seja concluída para que se possa falar em concessão: um acordo marca o ponto de partida entre as partes" (cf. *Traité des Contrats Administratifs*, 2ª ed., t. I, LGDJ, 1993, p. 291).

5. V., neste sentido, Odete Medauar, *O Direito Administrativo em Evolução*, Ed. RT, 1992, p. 36.

6. Ver como interessante referência ilustrativa sobre o assunto o artigo de Soto Kloss, "Existe un derecho administrativo inglés?", in *Revista de Administración Pública* 70/113-182, Madri, 1973, cujo conhecimento devemos a Odete Medauar.

7. V., neste sentido, o art. 65 do Código Civil Brasileiro.

8. Esta com previsão expressa e direta no art. 175 da CF.

De outro, há a concessão de bem público, envolvendo a outorga do uso privativo de um bem de titularidade pública (de uso comum, especial ou bem dominical). Ambas as concessões se colocam dentro de uma mesma modalidade de relacionamento entre o Estado e os particulares, a relação de parceria, de que a concessão é forte instrumento.[9]

Embora o constituinte só tenha feito referência expressa à concessão de serviço público (art. 175), não lhe passou despercebida a concessão de bem público. Tanto é assim que no art. 21, XII, temos referida apenas a exploração no regime de concessão (regime geral, gênero) de utilidades públicas que envolvem desde serviços públicos (radiodifusão, navegação aérea, transporte ferroviário, etc.) até bens públicos (como instalações de energia elétrica – alínea *b* – e portos – alínea *f*). Existisse apenas a concessão de serviços públicos, e esta locução já constaria do *caput* do inciso XII. Ausente ela restou porque o regime de exploração por concessão envolve uma plêiade de utilidades públicas, não serviços. Aliás, a razão de prescrição expressa no art. 175 para os serviços públicos se deve ao fato de que tais serviços são atividades econômicas em sentido amplo.[10] Como o constituinte fez uma opção pela livre iniciativa, cabia-lhe apartar as atividades econômicas que seriam titularizadas pelo Estado. Já quanto aos bens públicos, isso não se faz necessário, pois a titularidade estatal já torna estes ativos *res extra comercio*.

É verdade que a concessão de serviço público enseja, subjacentemente, a transferência da posse de bens públicos inerentes à prestação do cometimento (*v.g.*, bens reversíveis) ou mesmo a utilização de bens públicos outros, que não do domínio do poder concedente.[11] De igual modo, ao conceder o direito de uso de bem público, normalmente estará o poder concedente impondo ao particular a obrigação de realizar algumas atividades (ou seja, executar serviços) imprescindíveis à conservação do bem ou necessárias à sua adequada utilização (uso conforme às condições e finalidades pelas quais foi outorgada a concessão).[12]

O que faz diferir uma da outra concessão é a natureza da utilidade pública cuja exploração é deferida ao particular. Numa, o uso do bem é acessório. Noutra, a realização de serviços é ancilar. Sendo traço essencial (eu diria, até, o principal marco definidor) do regime de concessão a exploração de uma dada utilidade pública por conta e risco

9. Escrevi: "4. Tal caráter de parceria se revela, antes de mais nada, pelo fato de que o contrato em tela permite que a coletividade desfrute de uma comodidade – disponha de albergue contra as intempéries enquanto aguarda o meio de transporte coletivo – sem que o Poder Público desembolse recursos com isto. A viabilização econômica da empreitada fica a cargo do particular, que vai buscar seu ressarcimento junto a outros entes da iniciativa privada, *v.g.*, aqueles que querem fazer publicidade" (v. meu "Concessão de serviço público: dever de prestar serviço adequado e alteração das condições econômicas – Princípio de atualidade – Reequilíbrio através da prorrogação do prazo de exploração", in *RTDP* 22/107, 1998).

10. V., neste sentido, Eros Roberto Grau, *Interpretação da Ordem Econômica na Constituição*, Ed. RT, 1989.

11. Como ocorre, p. ex., com o uso de bem público municipal pelas concessionárias de serviços públicos de distribuição de energia elétrica. Neste sentido v. Zelmo Denari, "A utilização privativa dos bens públicos", in *Cadernos de Direito Tributário e Finanças Públicas* 8/230, Ed. RT, jul.-set./1994.

12. Tomemos um exemplo do direito civil. Ninguém discute que o comodato é o negócio jurídico que envolve a tradição de uma coisa infungível, a título gratuito (cf. art. 1.248 do CCB). Muito bem, a própria lei civil prescreve que o comodatário possui, adjacentemente à obrigação de devolver a coisa quando solicitado pelo comodante, o dever de "conservar, como se sua própria fora, a coisa emprestada" (art. 1.251). Há, portanto, subjacente ao uso da coisa dada em comodato, uma obrigação adjeta de realizar os serviços inerentes à conservação e utilização do bem, interditada inclusive a pretensão de ressarcimento pelos dispêndios havidos neste mister (art. 1.254). Dito de outro modo, a cessão do uso de um bem envolve a realização de atividades, sem por isso transformar um comodato em prestação de serviços.

do particular (concessionário), tenho para mim que a chave para se distinguir a concessão de bem da concessão de serviço será a detecção de qual seja a utilidade pública específica e predominantemente explorada no âmbito da concessão.

Se a comodidade fruível pela coletividade (o objeto da concessão) é uma atividade humana, definida em lei como de relevância tal que o poder público assume o ônus de garantir sua disponibilidade contínua e universal à coletividade, temos a concessão de um serviço público.

Se, doutro modo, cuida-se a comodidade de um bem público (ou seja, se é o bem de domínio do poder público disponibilizado que dá margem econômica à exploração concedida), é de concessão de bem público que se trata.

Não olvidamos da relação que a prestação de um serviço público guarda com a detenção de uma dada infra-estrutura (a noção de rede) e, portanto, do atrelamento entre detenção do bem afeto com a possibilidade de prestação de serviço. Porém, a moderna concepção de serviço público caminha na firme trilha de apartar a titularidade dos bens necessários à atividade (propriedade de rede, da infra-estrutura empregada) do direito de prestar o serviço.[13]

A apartação se tem feito assegurando a exploração industrial dos excedentes de redes, obrigando a interconexão entre redes de prestadores distintos ou ainda incentivando a implantação de redes por particulares não licenciados para prestar serviços.

Tal tendência, forte em setores que têm passado por reformulações profundas (especialmente energia e telecomunicações), me faz cada vez mais acreditar que a doutrina e o direito positivo laboram em equívoco ao tratar, de forma indistinta, as duas espécies de concessão, sem levar em conta a peculiaridade da utilidade pública objeto principal da outorga concedida.

Dito isso, creio poder adentrar um pouco no regime de concessão de rodovias. Registro, desde logo, meu entendimento no sentido de que, quando tratamos de rodovias, estamos cuidando primacialmente de concessão de bem público que envolve, como toda cessão do direito de uso de um bem, a realização de atividades ancilares (conservação, aperfeiçoamento, organização do uso, ampliação do bem). Ao usuário importam as características e as condições do bem – *v.g.*, estrada. A operação, conservação, os serviços de apoio, servem de incremento, de adjunção, ao objeto principal: o leito trafegável, o bem público rodovia.

Digo sempre que, se tivermos duas estradas paralelas, uma de pista simples muito bem operada, com sofisticado serviço de apoio ao usuário e socorros a cada quilômetro e outra, de quatro pistas e moderno traçado, sem qualquer serviço de suporte, será bastante provável que o usuário opte pela segunda em detrimento da primeira. Isso porque, na concessão rodoviária, relevante é a qualidade do bem fruível. Secundário (ainda que não irrelevante) é o serviço que a ele se acopla.

Tanto assim é que, ao menos no Estado de São Paulo, a política tarifária, utilizada desde os editais, toma por base não a qualidade dos "*serviços prestados*" e sim as características do bem concedido. De certo, pois as tarifas utilizadas são quilométricas e tomam por base um fator de multiplicação que varia consoante o número de pistas de cada rodovia. Ora, prova melhor da predominância do bem sobre o serviço não poderia haver, pois a remuneração tarifária variará em face da qualidade do bem subjacente à concessão e não da qualidade do serviço nela oferecido.

Inobstante isso, vários marcos regulatórios das concessões rodoviárias referem-se a "*concessão dos serviços públicos*" quando cuidam das concessões rodoviárias. Detecto

13. Sobre o tema, v. meu "Utilização de bem público para instalação de redes aplicadas à prestação de serviços de telecomunicações", in *RT* 764, especialmente pp. 105 e ss., Ano 88, jun./1999.

três causas para isso. A primeira, legado histórico ancestral de uma certa concepção de direito administrativo, conforme acima divisamos.

A segunda, também fruto de legado histórico, se prende à discussão doutrinária que se fez quando, na década de setenta, surgiram as primeiras experiências de cobrança de pedágio. Naquela época existia a Taxa Rodoviária Única, que tinha por fato gerador "*a legalização da propriedade do veículo, em condições de circular no território nacional*",[14] taxa esta que não foi recepcionada pela Constituição de 1988. Como vigia aquela taxa, discutia-se uma suposta bitributação pela cobrança de outra quantia de quem circulasse pelas estradas pedagiadas. Debatia-se, pois, a natureza da cobrança de pedágio o qual, para alguns, tinha também natureza jurídica de taxa.[15] A polêmica foi superada com a afirmação do entendimento, sustentado a partir de parecer histórico de Hely Lopes Meirelles,[16] de que improcedia a alegação de bitributação pois a cobrança de pedágio decorria da prestação de um serviço público específico, divisível, de fruição não compulsória. Ficou, porém, a herança doutrinária (que, se bem lida a sua lição, nem mesmo Hely pretendia sustentar) de que a cobrança de pedágio se prendia à prestação (conservação, manutenção do leito rodoviário) e não ao uso em si de um bem público especial.

A terceira razão é de ordem legislativa. Ao regulamentar o art. 175 da Constituição (que trata da concessão de serviço público) o legislador normatizou o regime de concessão como se ele se referisse apenas a serviço público. Tanto é assim que amesquinhou o poderoso instituto da concessão de obra pública, atrelando-o necessariamente à prestação subseqüente de um serviço público (cf. art. 2º, III, da Lei n. 8.987/1995).[17] O fato é que a Lei federal levou grande parte da doutrina a tratar, como coisa única e indivisa, a concessão de serviço público e a concessão de obra pública.[18]

Apesar disso (e dos editais e contratos de concessão rodoviária insistirem em referir à inusitada "*concessão de serviços públicos de exploração de rodovias*"), o

14. V., neste sentido, Decreto-lei federal n. 999 de 12.9.1969.

15. Há quem ainda siga sustentando este ponto de vista, como adiante aludiremos. Sobre esta posição, ao nosso ver equivocada, minoritária na doutrina, v. Roque Antonio Carrazza, *Curso de Direito Constitucional Tributário* (11ª ed., Malheiros Editores, p. 340).

16. V. "Pedágio – Condições para sua cobrança", in *Estudos e Pareceres de Direito Público*, v. 1, Ed. RT, pp. 323 e ss. Neste estudo precursor, Hely defendia também a necessidade de vias alternativas para possibilitar a cobrança de pedágio. Tentava assim contornar a alegação de que, com a exigência de tal paga, cerceava-se o direito de ir e vir do cidadão. Tal preocupação, ao meu ver, restou superada à luz do expresso permissivo constitucional constante do art. 150, V, da Carta Maior.

17. Perdeu-se aqui uma preciosa oportunidade. O fato é que o poder público pode lançar mão da concessão de obra pública sem necessariamente cometer ao particular a prestação de um serviço público. Exemplifico. Imagine que o poder público eleja como prioridade que o Brasil seja sede de uma competição esportiva internacional e que, para tanto, se tenha de construir estádios e ginásios. O Estado não dispõe de recursos, mas há interesse na iniciativa privada em financiar estas obras. Não seria necessário transformar a prática desportiva em serviço público. Bastaria que o Estado licitasse junto à iniciativa privada a implantação destas praças esportivas, outorgando-lhe o direito de explorar tal bem (alugando-o, vendendo publicidade estática, etc.), sem prejuízo da sua utilização, em alguns períodos do dia, com atividades oficiais de treinamento, promoção esportiva, assistência ao menor, etc.

18. Neste sentido, tecnicamente melhor é a Lei estadual paulista n. 7.835/1992, que definiu corretamente a concessão de obra pública como algo distinto e independente da concessão de serviço público. Fê-lo assim no seu art. 2º, II: "concessão de obra pública: a delegação contratual, a empresa individual ou coletiva ou a consórcio de empresas, da construção, reforma, ampliação ou conservação e da exploração pelo concessionário, por sua conta e risco e por prazo-certo, de obra pública destinada ao uso do povo, remunerada basicamente pela cobrança de tarifas dos usuários".

que colhemos do direito positivo vai em sentido contrário. Em nenhum texto legal vemos prevista a existência de tal serviço público, bem entendido aqui como "*atividade material fruível diretamente pelos particulares*".[19]

Na Constituição Federal não colhemos previsão da existência de um serviço público de exploração rodoviária. No art. 21, XII, *e*, encontramos alusão aos "*serviços de transporte rodoviário interestadual e internacional*", porém aqui estamos diante de típica prestação de atividade fruível: o serviço de transporte de indivíduos de uma para outra localidade situada em estados ou países diferentes. Trata-se da concessão de linhas de ônibus (empresas prestadoras dos serviços de transporte de passageiros). Na Constituição do Estado, encontramos disposição similar (art. 158, parágrafo único) agora tratando do transporte coletivo metropolitano.

Não só inexiste prescrição constitucional prevendo o tal "serviço público de exploração de rodovias" como a única referência na Constituição Federal que encontramos ao tema reporta à concessão de bem e não de serviço. Deveras, no art. 150, V, vemos previsto, ainda que em local inadequado,[20] que se pode cobrar tarifas (espécie de preço público[21]) "*pela utilização de vias conservadas pelo Poder Público*". Note-se que a cobrança está adstrita ao uso e não à prestação da atividade (serviço).

No prisma infraconstitucional também colhemos disposições a reforçar nosso entendimento. A Lei federal n. 9.472/1995 prevê a possibilidade de exploração no regime de concessão "*de vias federais*" e não de "*serviços públicos*" afetos a rodovias federais. Ou seja, a exploração autorizada pela lei é do bem ("*vias federais*") e não de qualquer atividade ("*serviço*") afeta a elas.

Nem se diga que a concessão de rodovias caracterizaria serviço público em função da Lei Complementar n. 100/1999 (de 23.12.1999) ter incluído no rol de serviços passíveis de tributação de ISS a exploração de rodovia mediante cobrança de preço dos usuários. Ora, em que pese a discutível constitucionalidade da prescrição, não me parece que ela tenha o condão de transformar concessão de bem em conces-

19. V. Benedicto Porto Neto, *Concessão de Serviço Público no Regime da Lei n. 8.987/1995*, Malheiros Editores, 1998, pp. 18 e ss.

20. Com efeito. Não sendo tarifa espécie do gênero tributo, nada tinha o constituinte que tratar do tema dentro do Capítulo da Ordem Tributária. Tal pecadilho, erro técnico que tem se repetido em nossas últimas constituições, dá fôlego aos que sustentam, equivocadamente, ser a tarifa espécie de taxa, tendo, pois, natureza tributária.

21. Sobre o tema, v. Rosa Maria Galán Sánchez, "El concepto de *prestación patrimonial de carácter público* y los precios públicos", in "Cadernos de Direito Tributário", *Revista de Direito Tributário* 58/68-79, Ano 15, out.-dez./1991; Javier Martín Fernández, "Los precios públicos y el principio de reserva de ley desde una perspectiva constitucional", in *Revista de Derecho Financiero y de Hacienda Pública*, Madri, Editorial de Derecho Financiero, Editoriales de Derecho Reunidas, pp. 365-398; Fernando Casana Merino, "Los sujetos obligados al pago en las tasas y en los precios públicos", in "Cadernos de Direito Tributário", *Revista de Direito Tributário* 57/7-12, Ano 15, jul.-set./1991; Luiz Francisco Del Giudice, "Taxa e tarifa", in *LEX – Jurisprudência dos Tribunais de Alçada Civil de São Paulo*, v. 109, Ano 22, 3º bimestre, mai.-jun./1988, pp. 6-8; Antonio Cayón Galiardo, "La recaudación en vía de apremio de los precios públicos", in "Cadernos de Direito Tributário", *Revista de Direito Tributário* 56/50-56, Ano 15, abr.-jun./1991; J. J. Ferreiro Lapatza, "Preços públicos – A nova fiscalização, um modo de ilidir a Constituição?", in "Cadernos de Direito Tributário", *Revista de Direito Tributário* 44/7-10, Ano 12, abr.-jun./1988; Cícero Caldas Neto, "*Preço público* e *taxa*. Algumas considerações", in *Revista de Informação Legislativa* 135/267-270, Ano 34, jul.-set./1997, Brasília, Sub-Secretaria de Edições Técnicas do Senado Federal; Aurélio Pitanga Seixas Filho, "Caracteres distintivos da taxa e do preço público", in *Revista Forense* 323/49-54, Ano 89, jul.-set.; Ana María Pita Grandal, "El concepto legal de precio público", in "Cadernos de Direito Tributário", *Revista de Direito Tributário* 58/80-89, Ano 15, out.-dez./1991.

são de serviço público. Tanto é assim que permaneceu vigente no Decreto-lei n. 406, de 31.12.1968, a prescrição do art. 11 que torna isentos de ISS os serviços de engenharia contratados por concessionárias de serviços públicos. Na verdade, se se admitir a cobrança de ISS prevista na Lei Complementar n. 100, há que se reconhecer que fato gerador da cobrança são os serviços adjetos à exploração do bem, atividades estas relacionadas no item 101 da lista de "*serviços tributáveis*".

Em suma, exploração de rodovia não é serviço público coisíssima nenhuma. A atividade de exploração nenhuma relevância coletiva tem. A exploração da rodovia, enquanto tal, interessa apenas ao particular e é a contrapartida que o concessionário tem por conservar, ampliar, manter e gerir a coisa pública rodovia. Se entendermos, como de fato entendo, que o substrato material[22] necessário à caracterização do serviço público deve ser uma necessidade pública a ser atendida pela produção de uma dada comodidade ou utilidade de fruição coletiva, tem-se que a exploração (enquanto atividade) em si não possui relevância coletiva, interessando primordialmente ao particular. Não pode caracterizar, assim, serviço público.[23]

Tenho claro, portanto, que o negócio jurídico concessão de rodovia é distinto da concessão de um serviço público. A concessão de rodovia envolve a concessão de um bem público segundo a qual o Estado delega ao particular o direito de explorar todas as potencialidades[24] deste bem, devendo, em contrapartida, assumir obrigações de interesse da coletividade, tais como: construir, conservar ou ampliar o bem; dotá-lo de melhores condições operacionais; prover os meios para que os demais administrados dele se utilizem de forma organizada e adequada; responsabilizar-se pela observância das regras de utilização impostas pelo poder concedente, entre outras.

As concessionárias de rodovias não prestam serviço público propriamente. Incumbem-se, isto sim, de realizar uma série de serviços necessários à plena utilização do bem pelos demais administrados, que inclusive remuneram o particular (concessionário) a quem foi outorgado o direito de exploração do uso do bem.[25]

22. V., neste sentido, Maria Sylvia Zanella Di Pietro, *Direito Administrativo*, 4ª ed., Atlas, p. 85.

23. Ilustrativa é a lição de Alice Gonzalez Borges: "Não se trata bem disso. Tais espécies contratuais não estarão gerindo serviço público, na medida em que não estarão propiciando diretamente o oferecimento de utilidade ou comodidade material fruível pelos administrados. Faltam-lhes, demais disso, alguns dos requisitos essenciais que configuram a delegação de certa parcela de poderes públicos, com sua coorte de prerrogativas e sujeições especiais, indispensável à gestão do serviço público e própria das concessões: delegação, essa, que coloca os concessionários de serviços públicos em uma posição especial em nosso direito, relativamente à responsabilidade civil por danos causados a terceiros, ao poder de promoção de desapropriações e de instituição de servidões administrativas, bem como ao exercício de certos poderes de polícia necessários para a gestão dos serviços. Ora, nada disso aparece em tais contratos. Ousaríamos dizer que, no máximo, as atividades que constituem o objeto desses contratos são as de *meros auxiliares da gestão de serviços públicos*" (cf. "Eclosão de novas formas híbridas de contratos administrativos, com base na legislação de concessões de serviços públicos", in *Nova Dimensão Direito Administrativo: Repertório de Estudos Doutrinários e Jurisprudências*, v. 1, São Paulo, NDJ, 1997, p. 19).

24. Vale dizer, todas aquelas que estiverem previstas nos instrumentos regulatórios, especialmente o contrato. Pode-se conceder o uso de um bem público de forma parcial, reservando a possibilidade de algumas explorações comerciais remanescerem com o poder público.

25. Note-se aqui que a concessão de uso de bem público implica, sempre, em um privilégio a um particular, mas nem sempre a exclusividade na utilização do bem. O caráter privativo do uso, elemento caracterizador da concessão de bem, não deve ser entendido, portanto, como sinônimo de exclusividade. Se o poder público concede o uso de um bem dominical (um terreno, p. ex.) para uma empresa nele instalar uma indústria apta a gerar empregos, o privilégio se traduz em exclusividade (não poderei adentrar aquele imóvel sem autorização da concessionária – *v.g.*, a indústria). Porém,

Têm as concessionárias, por prazo certo e determinado, o direito de explorar comercialmente o potencial econômico do bem que lhe foi transferido (não alienado, pois o domínio do bem permanece com o poder público) podendo extrair receitas da cobrança pela sua utilização principal (tarifa de pedágio dos veículos que por ela trafegam) e também por outros usos ancilares (exploração de publicidade, uso de parcela do bem para exploração de atividades de suporte, implantação de redes de suporte a serviços públicos, servidões de passagem, e outras tantas utilizações agregadas).

Todas estas notas não são perfunctórias para a questão central aqui debatida. Tratando-se a concessão de rodovias de concessão de uso de bem público, temos que foi trespassado ao particular (concessionárias) o direito de explorar todo o potencial econômico atrelado ao bem público concedido (*v.g.*, os assim ditos "*sistemas rodoviários*"). Parcela desta exploração recebeu tratamento regulatório bastante estrito (ou seja, a exploração da finalidade específica da rodovia mediante a cobrança de pedágio dos usuários). Outras formas de exploração, embora genericamente admitidas, receberam tratamento mais lasso, menos regulado (como é o caso da auferição de receitas acessórias).

Porém, ficam já postas as duas mensagens principais deste tópico: a) a concessão de rodovias cuida da concessão de bem público, implicando na outorga ao particular do direito de explorar toda a potencialidade econômica deste bem, nos termos do prescrito no contrato;[26] b) dentro da exploração do bem público rodovia, cabe à concessionária explorar não só a finalidade precípua do bem (tráfego rodoviário), como também todas as potencialidades econômicas que lhe são associadas, independente de se discutir se estas atividades são ou não relacionadas a serviço público.

II – A exploração do potencial econômico agregado a bem público

A crise de financiabilidade do Estado é, sabemos, em grande medida fruto da crise econômica. Mas esta não é sua causa exclusiva. A incapacidade de investimentos do Estado é também fruto de uma enorme incapacidade de gestão.[27] O Estado, em todas as esferas, possui um enorme acervo patrimonial, pleno de potencialidades econômicas, que simplesmente é desperdiçado por falta de criatividade institucional. Claro que, nos estreitos lindes do presente, não caberia muita digressão sobre tão apaixonante tema. Tratemos apenas da exploração de potencial econômico agregado aos bens públicos.

É matéria pacífica na doutrina a possibilidade de o poder público outorgar concessão de bem público, definida pela mais básica doutrina como "o contrato administrativo pelo qual o Poder Público atribui a utilização exclusiva de um bem de

se a concessão for de uso do ginásio esportivo retro exemplificado ou de um parque, terei que apenas a concessionária poderá explorar comercialmente o bem, mas qualquer um do povo poderá adentrar ao bem concedido, pagando preço ou não (no caso da exploração se bastar com a venda de espaços publicitários no local). Tanto o uso privativo não se confunde com uso exclusivo, que o Tribunal de Justiça de São Paulo considerou constitucional lei municipal que outorgou concessão de uso de bem público de uso comum (viário interno a loteamento) para fins de preservação ambiental (cf. ADI n. 047.068-0, TJSP). V., neste sentido, Diogo Freitas do Amaral, *A Utilização do Domínio Púbico por Particulares*, Lisboa, 1965, p. 46.

26. "Na concessão de uso o concessionário, como já foi dito, ora recebe poderes de gestão dominial, passando a fazer as vezes da Administração Pública, ora detém meros poderes de uso, que exerce em seu próprio nome e interesse" (cf. Raimundo Nonato Fernandes, "Da concessão de uso de bens públicos", *Revista de Direito Administrativo* 118/5, out.-dez./1974).

27. Para uma panorâmica sobre o tema, v. os textos coletados por Luiz Carlos Bresser Pereira e Peter Spink (orgs.), *Reforma do Estado e Administração Pública Gerencial*, 2ª ed., FGV, 1998.

seu domínio a particular, para que o explore segundo sua destinação específica. O que caracteriza a concessão de uso e a distingue dos demais institutos assemelhados é o caráter contratual e estável da outorga do uso do bem público ao particular para que o utilize com exclusividade e nas condições convencionadas com a Administração".[28]

Ou seja, por meio da concessão de bem público a Administração outorga a um particular o direito de explorar, por sua conta e risco, um bem público, de forma estável e privativa, mas não necessariamente prejudicial ao uso de outrem,[29] determinando condições e requisitos para utilização (e eventual exploração) do bem pelo particular outorgado.

Bem é verdade que a doutrina sempre pensou em bens imóveis quando tratou de concessão de uso de bem público. O Código Civil Brasileiro, por seu turno, define os bens públicos afirmando que assim o são "os de domínio nacional pertencentes à União, aos Estados ou aos Municípios" (art. 65). Mais adiante (art. 66) classifica tais bens em (i) *de uso comum* (bens imóveis de utilização geral da coletividade); (ii) *de uso especial* (edifícios e terrenos – *v.g.*, bens imóveis – aplicados a serviço do poder público); e (iii) *dominicais* (bens patrimoniais do poder público, objeto de direito real ou pessoal deste).

É óbvio, então, que o conjunto de bens públicos de titularidade do Estado é integrado por bens imóveis e móveis, tangíveis e intangíveis, estes últimos necessariamente bens dominicais.[30]

Se é vastamente admissível a concessão de uso de bem público imóvel, menos possível não seria a concessão do uso (exploração comercial) de bens móveis, mesmo quando intangíveis (simples direitos ou potenciais econômicos agregados a uma dada utilidade pública). Lembremos que o CCB arrola, dentre os bens móveis, direitos reais sobre bens móveis (art. 48, I), os direitos de obrigação (art. 48, II) e os direitos de autor (art. 48, III).

Ora, quando uma entidade pública desenvolve uma pesquisa ao cabo da qual há um invento patenteável, os direitos de exploração desta patente integram o plexo de bens de titularidade do poder público e podem, portanto, ser objeto de concessão onerosa de uso por um particular (uma indústria, um laboratório, ou coisa que o valha). O direito conferido por organismo internacional de explorar uma posição orbital integra o plexo patrimonial da União. O mercado de um país ou um determinado fundo de comércio criado por força de uma inversão pública geram direitos que pertencem à coletividade representada pelo Estado e podem, pois, ser entregues à exploração de um particular que por isso pague.

Nenhum observador esclarecido negaria, hoje, que o maior patrimônio da República Popular da China é seu abissal mercado interno e que o seu governo tem sido hábil em negociar com o Ocidente, a alto custo político e financeiro, o direito de ir lá explorar este monumental potencial econômico.

Do mesmo modo, ninguém imaginaria que o grupo liderado pela Bell South pagaria 2,7 bilhões de Reais em troca do uso de subfaixa de freqüência por outra razão que não a enorme demanda reprimida (mercado potencial) por telefonia celular na Região Metropolitana de São Paulo. Na verdade, o que o consórcio que originou a operadora

28. Cf. Hely Lopes Meirelles, *Direito Administrativo Brasileiro*, 15ª ed., p. 431.

29. O que, como vimos em nota precedente, não interdita a outorga de outras concessões assemelhadas sobre bens congêneres.

30. Apenas a título de ilustração, recordemos que o art. 111 da Lei federal n. 8.666/1993 prevê a transferência obrigatória de direitos autorais relativos aos projetos ou serviços técnicos contratados pela Administração, inclusive com a cessão dos direitos de uso desta propriedade intelectual. Estes direitos, com inegável valor patrimonial, passam a integrar o plexo de bens públicos da respectiva esfera estatal.

BCP comprou, à gorda paga, foi o direito de explorar o mercado paulistano de consumidores da telefonia celular. Tanto é assim que a mesma subfaixa de freqüência foi licitada na Região 8 (Estados do norte do país) por alguns parcos milhões de Reais, valor ínfimo se comparados ao prêmio auferido para a Região Metropolitana de São Paulo.

Temos, então, que a consagrada concessão de uso de bem público pode ter por objeto a outorga a particular do direito de exploração, por sua conta e risco, de uma dada utilidade ou comodidade públicas (bem dominical, móvel e intangível de titularidade do Estado), fazendo-o a título oneroso, por prazo certo e determinado e mediante prévia licitação.

Como vimos acima, o traço essencial do regime geral da concessão está em transferir ao particular a exploração, por sua conta e risco, de uma utilidade ou comodidade pública (serviço, bem, direito, prerrogativa, potencial econômico), exigindo dele o cumprimento de obrigações (p. ex., atendimento de compromissos de interesse da coletividade, universalidade na exploração, regras de continuidade, respeito aos consumidores ou usuários, etc.).

A crise fiscal e a exigüidade de recursos para fazer frente aos investimentos públicos prenotam a imprescindibilidade da Administração pública potencializar o regime de concessões (de cessões, licenças ou outros congêneres[31]), de modo não só a contar com o concurso de particulares, para prover necessidades coletivas (utilidades públicas), como também para auferir receitas de fontes não impositivas (não tributárias), explorando uma enorme gama de oportunidades e potenciais econômicos que, outrora, ou eram desperdiçados ou eram apropriados por parcelas mais astutas da sociedade (legado do velho Estado patrimonialista).

Justiça seja feita, esta perspectiva já era cogitada por Geraldo Ataliba e Celso Antônio Bandeira de Mello desde o início da década passada.[32] O segundo dout rinador, há mais de um lustro, publicou estudo demonstrando a viabilidade da execução de "*obra pública a custo zero*",[33] porquanto custeada pela própria exploração da melhoria.

De fato, o poder público possui uma enorme capacidade de alterar a realidade social e econômica, criando oportunidades, atribuindo valor a bens e direitos e viabilizando a exploração de atividades econômicas que, sem investimentos públicos, inexistiriam.

Tomemos como exemplo a construção de um anel viário em torno de uma grande metrópole, de forma a interligar rodovias sem necessidade de que o tráfego pesado curse o viário local.[34] Bem poderia o poder público, ao promover as expropriações, declarar de utilidade pública uma faixa excedente, concedendo o direito de uso destes imóveis aos empreendedores privados que lá queiram instalar estabelecimentos comerciais voltados a explorar o mercado criado com a construção do Rodoanel. Com o valor obtido nestas transações, poder-se-ia recuperar parcela das inversões realizadas.

31. No Estado de São Paulo, o legislador já se apercebeu desta perspectiva. A Lei estadual n. 9.361/1996, que criou o Programa Estadual de Desestatização, contém autorização legal para o cogitado. Com efeito, o seu art. 3º, VIII, diz que o PED será implementado com utilização, dentre outros instrumentos, da cessão, licença ou conferência de direitos derivados de concessão de serviços públicos. Embora o Poder Executivo ainda seja tímido em fazê-lo, já se colhem algumas experiências alvissareiras neste sentido. P. ex., é digna de nota a tentativa das empresas estatais paulistas em ceder, onerosamente, o direito de uso da malha metro-ferroviária com vistas à implantação de redes de fibra óptica.

32. V., neste sentido, as conclusões do Seminário Internacional "Iniciativa Privada e Serviços Públicos", in *RDP* 98-91/219 e ss.

33. Cf. *RTDP* 3/32 e ss., 1993.

34. Devo o exemplo a Geraldo Ataliba que me convenceu, pouco antes de se ir, da tão inesgotável quanto inexplorada potencialidade dos mecanismos alternativos de financiamento das inversões estatais em infra-estrutura.

Assim como também se poderia trespassar o ônus de construir a própria obra à iniciativa privada, cometendo-lhe também o direito de explorar este potencial acessório ao bem viário.[35]

Quando o Estado implanta uma obra de infra-estrutura viária, está criando um enorme valor econômico agregado. Em uma palavra, seu investimento produz uma mais-valia econômica no entorno. Como ensina Hugo de Brito Machado, "da obra pública resulta vantagens gerais para toda a comunidade, mas resulta uma vantagem especial para os proprietários de imóveis no local em que se encarta. Não é justo que estes proprietários usufruam dessa valorização, decorrente de obra realizada com o dinheiro do Tesouro Público. O equivalente a essa valorização imobiliária há de retornar ao Tesouro".[36]

De fato, tais obras, sobremodo as mais vultosas, alteram radicalmente a situação das propriedades lindeiras. Onde antes se tinha sítios e fazendolas, ter-se-ão terrenos adjacentes a rodovias com intenso tráfego de longo percurso. Do investimento estatal (inversão na infra-estrutura rodoviária) advirá um enorme potencial econômico residente na exploração de atividades ligadas àquele tráfego. A instalação de postos de abastecimento, hotéis, revendas de caminhões, parques de reparos mecânicos, postos de seguradoras de veículos, borracharias, lojas de equipamentos automotivos, restaurantes, e tudo mais que a criatividade empresarial permitir, se faz possível apenas porque a ação estatal fez por construir uma estrada.

O fato é que em nossa tradição de Estado patrimonialista, tal mais-valia é apropriada pelo agente privado mais hábil, ágil ou com quem o Rei mais se afeiçoe. O potencial econômico criado pelo investimento público (é dizer, custeado por recursos captados de toda a gente) é apropriado por alguns poucos particulares a quem, discricionariamente, se permite ou admite explorá-lo.

Porém, este potencial econômico (verdadeiro fundo de comércio gerado pelo investimento estatal) constitui também ele um bem público, ainda que intangível.

Em certas oportunidades, o Estado cria mercados. Ao construir uma rodovia, o Estado produz um mercado de bens e serviços ligados ao tráfego para lá cursado. Justo é que o potencial econômico deste mercado seja apropriado pelo poder público, diretamente ou por delegatário seu (o qual, necessariamente, deverá pagar por isso). Em suma, não mais se pode admitir que o, digamos, *excedente econômico* criado pelo investimento público seja apropriado pelo agente privado de maior sorte, astúcia ou relacionamento.[37]

35. Neste sentido vem a precisa lição de Celso Antônio Bandeira de Mello: "Isto posto, é bem de ver que a realização de obras públicas pelos meios aduzidos é plenamente factível mediante 'contratos administrativos' obedecido o regime geral deles (Decreto-lei federal n. 2.300, de 21.11.1986, Lei estadual n. 6.544, de 22.11.1989) pactuando-se, entretanto, com autorização legislativa, que a retribuição do contratado pelos encargos assumidos não se fará por uma contrapartida em dinheiro versada pelo Poder Público, mas pelo trespasse integral ou parcial da área do imóvel não afetada à utilização pública, mediante transferência da propriedade, ou enfiteuse, concessão de direito real de uso ou simplesmente concessão de uso – conforme a viabilidade econômica do negócio – a fim de que o empreendedor se remunere através da comercialização ou exploração do imóvel, segundo o que seja estipulado" (cf. "Obra pública a custo zero", in *RTDP* 3/34, 1993).

36. V. "O fato gerador da contribuição de melhoria", in *Repertório IOB de Jurisprudência*, 2ª quinz. out./1993, n. 20/93, p. 406.

37. Como leciona Ives Gandra, "Nada mais injusto que um pequeno grupo de munícipes ou contribuintes sejam os usufrutuários de obras públicas pagas por toda a comunidade, através de impostos, que, à saciedade, devem ser endereçados àqueles serviços, cujo nível de generalidade, no interesse público e social, justifica a plena participação da comunidade como um todo. Obra que pode ser financiada por contribuição de melhoria e o é através de impostos, sobre demonstrar desequilibrada política

Há dois instrumentos complementares que vislumbramos para permitir que o Estado se assenhore, ao menos em parte, do potencial econômico criado por suas intervenções em infra-estrutura. Um, já clássico na Lei e na doutrina, mas de rara utilização prática, é a contribuição de melhoria. O outro, que aqui mais nos interessa, é a cessão onerosa do direito de exploração deste potencial econômico, entendido como um bem público intangível.

A contribuição de melhoria, prevista no art. 145, inciso III, da Constituição Federal, como é sabido, serve para ensejar que o proprietário de um imóvel valorizado pela obra pública venha a ressarcir, pela via tributária, o Estado da valorização que lhe beneficiou, até o limite de tal valorização. Tem, portanto, um caráter retrospectivo e se presta a permitir ao Estado a apropriação de parcela da valorização (mais-valia) criada com o empreendimento público. É, outrossim, um mecanismo a ser utilizado uma só vez, no limite da vantagem patrimonial auferida pelo particular.

Outra ordem de mecanismos tem a ver com a exploração pelo ente estatal do potencial econômico criado pelo seu investimento. Cuida-se aqui da exploração deste potencial agregado (mais-valia) ao longo do tempo, potencializando tal excedente. Aqui me refiro à cobrança pela exploração de um direito, de uma marca ou de uma patente de titularidade estatal (como no caso do invento fruto de pesquisa desenvolvida com recursos públicos).

Aludo à cobrança de preços públicos pela exploração de atividade econômica em bens de uso especial (por exemplo, a exploração do negócio de alimentação em rodoviárias, aeroportos ou estações ferroviárias). Falo também da exploração de verdadeiros "*fundos de comércio*" gerados pela criação indireta de mercados por força da ação estatal (como ocorre com a cobrança de preço para autorização de exploração de atividade postal no Projeto de Lei para Reestruturação do Setor Postal Brasileiro). Trata-se aqui de mecanismos prospectivos, que permitem até mesmo cogitar de tal exploração como forma não só de ressarcir o investimento público, como também de gerar excedentes econômicos apropriáveis pelo Estado.

Retomemos ao caso do potencial econômico agregado às rodovias. Como já dito, por força da utilização do bem público rodovia, advém várias oportunidades de negócio que podem, e devem, ser exploradas pelos particulares. Um posto de combustíveis, por certo, tem o seu valor estimado em função das suas instalações, mas também, e fundamentalmente, da sua localização e da capacidade de gerar receitas (ter clientes). Este potencial de atrair clientela depende, naturalmente, da carteira de clientes desenvolvida pelo proprietário (o nível de fidelidade que cria junto a sua clientela em função do seu preço, qualidade de atendimento, diferenciais comerciais, propaganda, etc.), mas também depende da localização do posto. É regra neste seguimento, por exemplo, que um estabelecimento de esquina tenha mais valor do que outro, localizado em rua de mão única ou próximo a uma curva.

Temos, pois, que a localização do estabelecimento interfere no potencial econômico do negócio. O volume de tráfego carreado na rodovia é o diferencial econômico que é explorado pelo posto de combustíveis, pelo restaurante ou pela oficina mecânica. E o acesso destes estabelecimentos à rodovia não tem característica de mera passagem para se atingir a via pública. Tem, isto sim, a função de meio de acesso ao mercado (fundo de comércio) produzido com investimento público. Assim como na lição de Ives Gandra acima reproduzida, não

tributária, gera indiscutível injustiça fiscal, condenável desde que, no século XVII, encontraram os ingleses a solução tributária mencionada para obras que beneficiam mais a uns do que a outros" (v. "A contribuição de melhoria no sistema constitucional brasileiro", in *Repertório IOB de Jurisprudência*, 1ª quinz. jul./1994, n. 13/94, p. 259).

me parece justo que o Estado se quede impedido de exigir alguma remuneração para que um particular explore o valor agregado ao bem criado com recursos que são de toda a coletividade.

Mensagem principal que se pode extrair deste tópico, portanto, é que no caso de um bem público rodovia, existe associado ao bem material (estrada) um bem intangível representado pelo potencial de negócio atrelado ao tráfego rodoviário. E este bem intangível, uma espécie de fundo de comércio criado pelo investimento público, pode e deve ser explorado pelo poder público, ou por agente delegado seu, de modo a impedir que um excedente econômico criado com recursos da coletividade sirva para beneficiar apenas parcela da sociedade. Estes poderosos mecanismos devem ser incrementados e difundidos, inclusive como forma de minorar a crise de financiabilidade do Estado.

Parece-me deva ser neste quadrante enfrentada a *questio juris* objeto do presente trabalho.

É tempo, então, de passar, mais objetivamente, às questões concretas ventiladas inicialmente.

III – O regime jurídico de concessão de rodovias no Estado

Embora os editais e os contratos aludam à concessão de serviço público (cf. Cláusula...), tenho cá comigo que os instrumentos regulatórios aplicáveis à concessão outorgada às concessionárias nos dão todos os elementos para concluir que a outorga, por eles representada, se refere aos direitos de exploração (uso privativo) de um bem público. Vejamos.

O objeto do contrato vem definido (Cláusula ..) como "a exploração do SISTEMA RODOVIÁRIO", o qual, por seu turno é descrito (Cláusula...) como "o conjunto composto, na situação atual, pelo SISTEMA EXISTENTE (atual conjunto de pistas de rolamento do Sistema Rodoviário, suas respectivas faixas de domínio e edificações, instalações e equipamentos nelas contidos) e, no futuro, pelas ampliações decorrentes dos serviços correspondentes às funções de ampliação". Temos, portanto, definido no contrato que o objeto da concessão é a exploração do Sistema Rodoviário, o qual é composto pela plenitude do bem público rodovia (incluindo expressamente a faixa de domínio). Praticamente idêntica é a definição constante do art. 2º, I, do Decreto n. 40.077/1995 e no art. 2º, *caput*, do Decreto n. 41.722/1997.

Se assim é, coloca-se certo que sobre todos os bens públicos integrantes do Sistema Rodoviário a concessão fez recair uma outorga de uso privativo[38] em favor da concessionária (a quem se conferiu o direito de explorar os bens integrantes deste Sistema) de um bem (obra) público.

Reforça este entendimento o disposto na Cláusula... dos Contratos, segundo o qual integram a concessão todos os bens vinculados ao *sistema existente* (lembrando: conjunto de pistas existentes, faixa de domínio e quejandos) e que foram transferidos à Concessionária.

O negócio jurídico entabulado pelas empresas com o Estado envolve, portanto, o direito de explorar todas as utilidades e

38. Usamos aqui o conceito de "uso privativo" para diferençá-lo do uso exclusivo (em sentido de prejudicial, excludente, ao uso por outrem). Na acepção aqui utilizada, o uso privativo se aproxima da concepção de exclusividade esposada por Raimundo Nonato Fernandes que, há quase trinta anos, asseverava que a exclusividade no uso de bem público decorria "de um modo particular de fruição da coisa, que não coincide com o da generalidade dos habitantes e, por outro lado, do fato da atribuição a terceiro do poder de uso de seu titular originário. O poder de uso deve ser entendido no sentido de gozo das utilidades das coisas, cujo domínio permanece com a entidade concedente. Em alguns casos, o utente exerce também poderes de gestão, como ocorre nas concessões de minas e de obra pública" (in "Da concessão de uso de bens públicos", *RDA* 118/2, out.-dez./1974).

potencialidades subjacentes àquilo que lhe foi outorgado (vale repisar, a exploração do Sistema Rodoviário). Isso envolve explorar não só os bens materiais arrolados na definição da Cláusula... dos ajustes, como também os bens intangíveis com eles correlacionados. Aqui meu entendimento não deflui exclusivamente do raciocínio já antes desenvolvido. Respalda-se mesmo na Lei.

Deveras. Ninguém pode afastar a aplicação à concessão das regras constantes da Lei estadual n. 7.835/1992. Não fosse por ser ela tecnicamente muito mais elaborada que a Lei federal n. 8.987/1995, seria porque os próprios contratos expressamente assim determinam (cf. Cláusula...). Pois, indo ao art. 32, II, da referida lei estadual de concessões, encontraremos:

> Art. 32. O disposto nesta lei aplica-se à concessão de obra pública, atendidas suas peculiaridades e observados os seguintes preceitos:
>
> (...).
>
> II – além da tarifa, o concessionário de obra pública poderá ser remunerado, nos termos previstos no edital e no contrato, dentre outras fontes, pela renda proveniente de contribuições de melhoria instituídas pelo Poder Público, pela renda derivada da exploração, direta ou indireta, de áreas de serviço, lazer, repouso, na faixa de domínio da obra pública ou em zona integrada ao patrimônio público por desapropriação extensiva ou qualquer outra forma, bem como pela receita decorrente de projetos associados.

Temos, pois, na Lei a autorização genérica de compreensão nas receitas advindas da concessão de outras fontes não tarifárias (ou seja, fruto não da exploração direta do bem público rodovia – razão de ser do pedágio – mas da exploração indireta do seu potencial econômico agregado – rendas diversas de natureza não tarifária). Além disso, encontramos lá a previsão de auferição de receitas oriundas de "*projetos associados*" dentro dos quais, parece-me claro, se situa a possibilidade de exploração do patrimônio intangível associado ao bem público rodovia. Dito de outro modo, não será necessário o poder público, por intermédio da concessionária, oferecer um serviço ao explorador de atividade comercial associada à rodovia para dele exigir uma paga, uma receita, correspondente ao direito de exploração de tal atividade.

A Regulamentação (embora procurando reduzir tudo à condição de serviço) é clara ao admitir que tais explorações constituem receita auferível pela concessionária.

Os Regulamentos da concessão dos Sistemas prevêem que o direito outorgado às concessionárias envolverá a exploração de atividades prestadas por terceiros que não a concessionária que envolvam, entre outros, o abastecimento e reparo de veículos, alimentação e hospedagem para usuários, provisão de áreas de lazer e repouso para usuários.

Tais atividades, mister lembrar, estão expressamente compreendidas no direito de exploração do Sistema concedido à concessionária, já que tais "*serviços complementares*" integram o objeto da concessão nos termos da Cláusula... do Contrato.

Temos, então, que, consoante o modelo adotado no Estado de São Paulo para a concessão dos sistemas rodoviários, às concessionárias foi outorgado o direito de exploração do Sistema Rodoviário como um todo, compreendendo a auferição de receitas, não apenas pela utilização direta deste bem (uso da rodovia para sua finalidade precípua, mediante pagamento de pedágio), como também pela utilização, por terceiros, que não a concessionária, do valor econômico associado à rodovia (mediante o pagamento de preços pelo acesso ao "*mercado potencial*" dos trafegantes pela rodovia, pela publicidade instalada no entorno, pela cobrança pelo uso da faixa de domínio, etc.).

Foi para ter o direito a explorar todo este potencial econômico que as Concessionárias pagaram e pagam um ônus, um prêmio, ao poder concedente. Lembremos que a concessão em apreço é onerosa e que, consoante prescreveu o Contrato, o preço pago pela outorga se prestou a remunerar o direito de exploração, por conta e risco das concessionárias, de todo o potencial econômico do negócio, não apenas a cobrança de tarifas dos usuários.

Firmo, então, a principal conclusão deste tópico: a concessão outorgada pelo Estado às empresas envolveu a outorga do direito de exploração dos respectivos Sistemas Rodoviários como um todo, compreendendo inclusive a exploração do seu potencial econômico agregado. Por esse direito, as concessionárias já pagaram e prosseguirão pagando, mediante a transferência de porcentual da sua receita bruta.

IV – O acesso de particulares às rodovias

Outra questão, que está a merecer abordagem, cuida da abrangência e natureza jurídica do direito que os particulares proprietários de imóveis lindeiros às rodovias têm de atingir seu leito carroçável. Isto se põe imprescindível porquanto muita vez se perpetram equívocos ao sustentar um irrestrito direito de acesso aos particulares, chegando alguns a emprestar o direito de servidão do direito civil como se estivesse ele a garantir o amplo e pleno acesso de qualquer proprietário fronteiriço à estrada.[39]

Assim não é. As rodovias, é cediço, são bens públicos de uso comum, com afetação específica para o uso rodoviário (tráfego de longo curso, ligação entre localidades, vilas, municípios, cidades razoavelmente distantes). Sua afetação, embora pertença ao gênero viário, difere dos singelos logradouros públicos (ruas, avenidas, travessas, etc.) porque não se destinam à trafegabilidade local e sim às viagens de longo percurso. Fossem destinadas ao tráfego local e não seriam de titularidade dos Estados ou da União e sim pertencentes aos Municípios. Afinal a Constituição Federal prescreve (art. 30, I) ser de competência municipal zelar por assuntos de interesse local.

Uma rodovia que corte área exclusivamente urbana e conurbada, que seja trespassada por cruzamentos e acessos desmedidos, não deixa de ser um bem de afetação viária, mas não mais pode ser considerada um eixo rodoviário. Não era por outro motivo que o Decreto-lei estadual n. 13.626, de outubro de 1943, prescrevia (art. 1º) que "os traçados das estradas de rodagem estaduais evitarão a travessia dos centros povoados".

É deveras incogitável que uma rodovia, mormente as de traçado mais moderno, possa cumprir suas finalidades (cursar tráfego de longo percurso com segurança e celeridade) permitindo-se amplo acesso de todas as propriedades lindeiras ao seu leito carroçável. Conferir a todos os particulares lindeiros o acesso irrestrito a uma rodovia é o primeiro e irreversível passo para transformá-la numa avenida, como, aliás, sói ocorrer em face do avanço da mancha urbana. Veja-se, por exemplo, o que ocorreu com a antiga estrada de Santo Amaro, a Estrada do Pêssego ou a Estrada das Lágrimas, entre outras. Isso ocorreu na Cidade de São Paulo há algumas décadas, quando várias estradas foram transformadas em avenidas, tendo sido criado, inclusive, o Departamento de Estradas de Rodagem do Município de São Paulo – DERMU.

O que importa frisar é que a destinação de um bem ao uso específico rodoviário (afetação) faz recair sobre este bem um regime especial de utilização, o qual não comporta a permeabilidade a todo e qualquer particular que alvitre, desde sua propriedade, atingir seu leito trafegável. Isso porque, admiti-lo, comprometeria a destinação do bem rodovia: permitir uma circulação mais veloz de veículos de longo percurso, sem comprometer sua segurança.

39. Ilustrativa, neste sentido, a decisão monocrática extraída dos autos do Processo 0302/93 da 2ª Vara da Fazenda Pública, em que se discutia o direito do Departamento de Estradas de Rodagem cobrar tarifas pelo acesso às rodovias administradas por aquela autarquia, conforme dispunha o Decreto estadual n. 30.374/1989.

Como nos ensina Fábio Duarte, "a idéia de que o uso comum de estradas se associe sempre e necessariamente à idéia de sua utilização imediata pelo proprietário lindeiro, é o que não aceitamos".[40] Dito de outro modo, parece-nos ser absolutamente incompatível com a natureza do bem rodovia pretender que, por se tratar de bem de uso comum do povo, devam todos os seus confinantes a ele alcançar indistinta e irrestritamente. Dizê-lo, repetimos, implicaria em substituir o interesse coletivo de ter um eixo viário veloz e seguro pelo interesse privado dos lindeiros em confortavelmente chegar ou sair de suas propriedades.

Aqui se põe a questão do direito de passagem em face do ora questionado "amplo direito de acesso à rodovia". Conhecida é a regra do Código Civil (art. 559) segundo a qual o proprietário que se quede encravado (sem saída para a via pública) tem direito de exigir dos seus confinantes o direito de alcançar tal via (direito de passagem). Porém, este instituto jurídico deve ser lido em sintonia com o regime jurídico dos bens públicos, previsto na própria Lei Civil (arts. 65 a 68).

É sabido que dentre os bens de uso comum compreendem estradas e ruas (cf. art. 66, I, do CCB). Certo deve estar, portanto, que existem dois tipos de bens públicos de uso comum aplicados ao trânsito de pessoas e veículos. Se assim é, temos que alguma diferença existe entre ruas e estradas. Diferença que é do senso comum, pois que uma (rua) tem finalidade de permitir ligação local, enquanto a outra (estrada) se presta a interconectar localidades mais distantes, não pertencentes a uma mesma malha urbana.

É evidente que a natureza e as características das estradas conhecidas no início do século (quando da elaboração do Código Civil, em vigência desde 1917) muito se alteraram. Isso fez com que a distinção, já lá existente, entre ruas e estradas, se tornasse profunda. Com a evolução dos meios de transporte, particularmente os automóveis, fez-se necessária a introdução de rodovias bloqueadas, acessíveis em pontos específicos e minudentemente estudados de modo a não comprometer a segurança dos usuários que trafegam, cada vez mais velozmente. Hely Lopes Meirelles chegava a sustentar que constituía um pressuposto para cobrança de pedágios em rodovias que fosse ela bloqueada (*v.g.*, fechada ao acesso dos proprietários lindeiros).[41]

Segue daí que, hoje, temos que reconhecer que o viário que se presta a garantir a circulação primária de veículos e pessoas (ou seja, a via pública a que se refere o art. 559 do CCB) é o viário local (a rua, aludida no art. 66, I, do CCB) e não as modernas rodovias bloqueadas (aquelas que os americanos denominam *free ways*).

Ou seja, o viário que deve permitir o acesso às propriedades lindeiras a uma rodovia bloqueada não será o viário rodoviário, e sim o viário local, pertencente ao Município. Estas vias (ruas, avenidas ou mesmo estradas municipais abertas) é que se ligam às rodovias, dentro do planejamento técnico necessário a impedir comprometimento da segurança dos usuários. Este entendimento, aliás, é o que mais se coaduna com a já referida competência municipal prevista no art. 30, I, da Constituição Federal.[42]

Calha perfeitamente, pois, o ensino de Fábio Duarte para quem "o importante, de qualquer modo, é distinguir o direito à

40. *Aspectos Jurídicos das Rodovias*, 1ª ed., Editora Mauad, 1997, p. 47.

41. V. "Pedágio – Condições para sua cobrança", in *Estudos e Pareceres de Direito Público*, v. 1, Ed. RT, p. 331.

42. É, ademais, o mais amoldado à prescrição constante do art. 9º do Decreto-lei estadual n. 13.626/1943 que dizia que para as Rodovias Anhangüera e Anchieta "o acesso às propriedades lindeiras só será feito em pontos de convergência ou cruzamento, convenientemente localizados pelo Departamento de Estradas de Rodagem". Igual filosofia pautou a construção das Rodovias Castello Branco, Bandeirantes e Imigrantes.

servidão de passagem forçada para a via pública, do suposto 'direito de acesso' a uma determinada via pública ou a um ponto determinado da via pública. O último é um fato administrativo, de ordenamento na utilização da cousa pública de uso comum. O primeiro é um instituto concernente à ordem privada".[43]

Não se pode admitir, em sede de direito público, que o interesse privado à passagem se superponha ao interesse público de segurança e fluidez do tráfego rodoviário. Haverá casos em que o acesso de propriedades privadas às rodovias se justificará (por exemplo, quando se tratar de postos de serviços ou outras propriedades que explorem atividades econômicas diretamente ligadas à rodovia), devendo neste caso ser pactuadas condições técnicas e econômicas entre o poder concedente, o particular e a concessionária que opera a rodovia. Porém, estes casos constituem a exceção a uma regra segundo a qual os particulares somente chegam à rodovia pelos eixos de ligação municipais adequados e nos acessos tecnicamente admissíveis.

V – Direitos das concessionárias em face da exploração de acessos

Consoante os marcos regulatórios aplicáveis à concessão outorgada às empresas, temos que as Concessionárias, ao assumir o Sistema Rodoviário concedido, adquirem prerrogativas acerca da implantação dos acessos a tais rodovias. Assim é que no Contrato vamos encontrar obrigação do órgão estadual de "aprovar, desde que autorizado pelo Poder Concedente, as solicitações da Concessionária quanto à construção, reformulação ou remoção de acessos ao Sistema Rodoviário", o que implica reconhecer que a implantação de acessos estará necessariamente submetida à análise prévia da concessionária (a quem compete solicitar ou não a implantação, reformulação ou supressão dos tais acessos).[44]

De outro lado, há ainda a atribuição, prevista no contrato, de que as Concessionárias se incumbirão de "zelar pela integridade dos bens que integram a Concessão incluindo os acessos".[45]

Nos Regulamentos das Concessões,[46] vamos encontrar ainda regra segundo a qual dependerão de autorização do poder concedente, a pedido da concessionária, entre outros, os acessos a estabelecimentos comerciais e outros, redação que me permite entender que a ingerência da concessionária envolve não só a instalação mas também a própria existência dos referidos acessos.

Temos daqui que os instrumentos regulatórios aplicáveis às concessões em tela outorgam um direito de ingerência necessária da concessionária na autorização para implantação, remoção ou remanejamento de acessos. Dito de outro modo, enquanto tais instrumentos preservam no poder concedente a prerrogativa de autorizar a existência destes acessos, comete às Concessionárias a prerrogativa, ao meu ver exclusiva, de solicitar qualquer providência quanto a eles to-

43. *Aspectos Jurídicos das Rodovias*, 1ª ed., Rio de Janeiro, Mauad, 1997, p. 48.

44. Cláusula 47.1.III do Contrato da Viaoeste e Cláusula 49.1.III do Contrato da Autoban.

45. Cf. Cláusula 48.1.VIII do Contrato da Viaoeste e Cláusula 50.1.VIII do Contrato da Autoban. Nos Regulamentos (art. 8º, V, do Decreto n. 40.077/1995 e art. 9º, XII, do Decreto n. 41.722/1997) das respectivas Concessões, vamos encontrar regra segundo a qual compete às concessionárias zelar pela integridade da faixa de domínio e de seus acessórios, o que bem pode ser entendido como não só os acessos, mas também todo o mais que envolver os projetos associados. É ilustrativa neste sentido a redação da Cláusula 50.1.III do contrato da concessionária Autoban que lhe imputa a competência para "zelar pela integridade dos bens que integram a Concessão e pelas áreas remanescentes, tomando todas as providências necessárias, incluindo as que se referem à faixa de domínio e seus acessos".

46. Cf. art. 5º, parágrafo único, do Decreto n. 40.077/1995 e art. 6º, parágrafo único, do Decreto n. 41.722/1997.

cante. Tem-se, pois, no tema uma verdadeira dicotomia entre a competência para solicitar (iniciativa exclusiva da concessionária) e a competência para aprovar (prerrogativa exclusiva do poder concedente) qualquer provimento no tocante aos acessos.

Indo um pouco mais adiante, encontramos o direito das Concessionárias exigirem o pagamento, dos proprietários, de retribuição pelo acesso de que se beneficiam. Isto vem disposto tanto no Contrato (Cláusula versante sobre receitas acessórias) como nos Regulamentos.[47] Depreende-se isso do Contrato quando vemos nele prescrito que "*constituem receitas da concessionária*" além das tarifas de pedágio, "*a cobrança de implantação e de manutenção de acessos*".

Então uma primeira fonte de cobrança possível pelas concessionárias dos particulares beneficiados por acessos que venham a ser, por solicitação delas, autorizados pelo poder concedente. Esta primeira fonte se desdobra em duas.

Haverá uma primeira quantia, exigível uma só vez, correspondente ao preço pela atividade material de implantação (construção) dos acessos, atividade esta que, até por questões de segurança, deve ficar a cargo da Concessionária. O, digamos, fato gerador desta cobrança é a realização de uma obra, consistente em construir o acesso. A remuneração deverá guardar alguma proporção com os custos de mercado de tal obra.

Outra paga possível se referirá ao preço pela manutenção do acesso. Aqui creio ser possível vislumbrar dois fatos geradores distintos a pautar tal precificação.

De um lado, há uma cobrança cabível em retribuição da atividade material de conservação deste acesso, envolvendo reparos de pavimento, limpeza, capina, manutenção de sinalização vertical e horizontal, etc.

De outro lado, há um outro fato gerador, também ligado à manutenção (aqui não no sentido de conservação física, mas na acepção de existência, de perenização). Explico.

O simples fato de existir numa rodovia de tráfego rápido um acesso (meio físico de ingresso de veículos no leito carroçável) acarreta um transtorno operacional àquela rodovia. Isso é cediço dos técnicos e compreensível, até mesmo para nós, leigos. É que a oportunidade de ingresso de veículos na rodovia traz, potencialmente, riscos de transtornos, colisões, desacelerações bruscas, entre outros fatores que interferem na operação da rodovia. É justo que as Concessionárias cobrem, com sopesamento e moderação, uma outra parcela de preço em função deste impacto operacional decorrente da simples existência (manutenção) do acesso.

Diferentemente da cobrança pela implantação do acesso (que por óbvio só pode ser cobrada uma vez), a cobrança pela sua manutenção poderá ser feita periodicamente (sendo a periodicidade anual a que mais se adapta a esta concepção). O montante a ser cobrado a esse título deverá estar lastreado na justa remuneração às suas parcelas do, digamos, "*custo de existência* (*manutenção*) *do acesso*" o valor necessário a remunerar as atividades materiais de conservação acrescido do montante apto a ressarcir o citado "*transtorno operacional*".

Não cessa aí, porém, a possibilidade de auferição de receita das concessionárias pelo acesso de particulares às rodovias. Se estivermos tratando de acesso à propriedade particular sem finalidade comercial (uma chácara, casa, sítio, etc.), ou seja, se o particular beneficiário do acesso dele faz uso para fins próprios, sem explorar com isso atividade econômica associada à rodovia, é certo que dele só será possível exigir a cobrança pcla implantação e manutenção do acesso requerido.

Contudo, se o acesso se referir ao meio que torna viável ao particular explorar o potencial econômico da rodovia (consoante tudo o que expusemos no tópico II supra),

47. Art. 13, VII, do Decreto n. 40.077/1995 e art. 14, VI, do Decreto n. 41.722/1997.

mediante a prestação de um serviço complementar – conforme definido do Contrato –, então caberá a cobrança de um preço justamente pela exploração deste potencial econômico (bem intangível), que será apropriado pelo particular. Este preço terá por finalidade permitir que o poder público, mediante a Concessionária, se aproprie de parcela da mais-valia produzida continuamente pelo bem público edificado com dinheiros públicos.

A base conceitual para tal cobrança, parece-me, já foi exaustivamente exposta acima. Ela independe de qualquer contraprestação pelo poder público, pois sua exigibilidade se prende à exploração que o agente privado pretende fazer de um bem público intangível (o potencial econômico, o verdadeiro fundo de comércio agregado à rodovia). Tampouco precisamos muito falar para demonstrar que de taxa não se trata, pois que tal remuneração é assumida voluntariamente pelo agente econômico que, interessado em explorar um bom negócio (atividade conexa ao tráfego de veículos, explorada à beira de uma grande rodovia), negocia com o titular do fundo de comércio correspondente a justa paga.

A base regulatória para tanto é encontrada especificamente nas disposições dos Contratos e dos Regulamentos que facultam às concessionárias a auferição de receitas decorrentes da cobrança dos chamados Serviços Complementares. Tais serviços são exatamente aqueles que são oferecidos aos usuários do Sistema e que lhes permitem uma comodidade acessória à utilização rodoviária (postos de abastecimento, alimentação, hospedarias, áreas de lazer, etc.). Como é permitida a cobrança por tais serviços e é determinada que sua prestação se dê por outrem que não a concessionária, temos certo que os marcos regulatórios da concessão autorizam a cobrança do prestador destes serviços (necessariamente um terceiro estranho ao contrato de concessão). Segue daí terem as concessionárias um poder-dever de cobrar por estes serviços e que tal paga incumbirá ao agente econômico encarregado de oferecer tais serviços aos usuários das rodovias.

Resta apenas apurar qual a base regulatória que permite às concessionárias efetivar tal cobrança. Tal referência é encontrada justamente nos Contratos e nos Regulamentos quando eles autorizam as Concessionárias a cobrar os chamados "*Serviços Complementares*". Com efeito, no rol de receitas acessórias vamos identificar "*a cobrança de serviços prestados aos usuários*" ressalvados aqueles de apoio obrigatório (ambulâncias, guinchos, etc.). Ora, lembramos que os Contratos e os Regulamentos definem os Serviços Complementares como aqueles prestados, obviamente aos usuários, por terceiros que não a concessionária. Estes serviços são exatamente aqueles de que falamos (postos de abastecimento, restaurantes, hotéis, etc.), que dependem da rodovia para se justificar economicamente.

Repetimos que, se as Concessionárias podem cobrar por estes serviços e se eles não serão prestados diretamente por ela, temos como conclusão óbvia que a cobrança autorizada dar-se-á por intermédio do agente particular que explorar tais atividades. Se o fizer instalando-se na faixa de domínio, a cobrança decorrerá do uso desta parcela física do bem (cf. disposto no art. 13, VIII, do Decreto n. 40.077/1995 e art. 14, VII, do Decreto n. 41.722/1997). Se, por outro lado, o estabelecimento comercial se situar fora da faixa de domínio, o negócio dependerá de acesso à rodovia e deverá pagar um preço por este acesso que, em última instância, permite-lhe prestar tais serviços complementares mediante o acesso ao mercado.

Este entendimento, aliás, é respaldado por disposição regulamentar existente exclusivamente no Decreto estadual n. 40.077/1995, onde vemos listadas, dentre as fontes de recursos da Concessionária, "*as receitas acessórias decorrentes da prestação de serviços complementares*".

Concluo este tópico decalcando que três são as possíveis remunerações exigíveis pelas Concessionárias dos beneficiários de acessos às rodovias por elas exploradas: (i) um preço pela implantação do acesso, cobrado uma só vez, quando da execução das respectivas obras; (ii) um preço pela manutenção do acesso, cobrado periodicamente em função dos custos de sua conservação acrescidos de valor suficiente a ressarcir o transtorno operacional causado pela sua existência; (iii) um preço pela exploração de prestação de serviços complementares por terceiros, mediante acesso ao potencial econômico da rodovia, calculado em função da relevância e vulto do negócio explorado pelo beneficiário do acesso (*v.g.*, o faturamento correspectivo).

VI – Natureza jurídica da cobrança pelos acessos às rodovias concedidas

Já adiantei, linhas acima, que a cobrança exigível pelas Concessionárias não tem caráter tarifário (pois não está atrelada à prestação de qualquer serviço público do beneficiário), nem tributário (pois que para se caracterizar como taxa teria que ser compulsória e no caso é nítido o seu caráter negocial estabelecido entre o explorador da rodovia – concessionária – e o explorador do negócio – beneficiário do acesso). Tenho cá comigo que tais cobranças se caracterizam como singelos preços privados, contraprestação econômica calcada em contratos privados a serem firmados entre as Concessionárias e os seus parceiros privados.

Estivessem tais pagas a ser exigidas pelo Estado e não hesitaria em dizer que se trata de preço público.[48] Como, porém, a exploração dos Sistemas Rodoviários foi transferida às Concessionárias (que pagaram e seguem pagando por isso), não há como pretender enquadrar tais valores dentro das categorias próprias às receitas públicas.

Em que pese a previsão de que os valores avençados pela Concessionária com os particulares beneficiários dos acessos deverem ser previamente aprovados pelo poder concedente (cf. Cláusula... dos Contratos), isso não lhes confere nem característica tarifária, nem caráter tributário. Tais disposições, parece-me, se prestam muito mais a assegurar ao poder concedente o controle sobre as receitas auferidas pela concessionária (lembro que 3% de sua receita bruta devem ser transferidos ao Estado) do que ensejar controle tarifário sobre tais valores.

O que é importante, de todo modo, é deixar claro que a cobrança em referência não possui qualquer característica impositiva que pudesse dar-lhe conotação tributária. Nas três espécies de cobrança divisadas no tópico anterior, vemos ausente este caráter impositivo.

A cobrança pela implantação dos acessos possui clara característica de retribuição pela obra realizada pela concessionária. Irrelevante, neste sentido, o fato destas obras terem de ser realizadas pela concessionária. Isso decorre do fato de que a concessionária é, por delegação do poder concedente, responsável pelas intervenções realizadas na rodovia, bem como pela sua segurança. Esse tipo de prática é comum no mundo privado quando a administradora de um condomínio contrata empresa para, a expensas de um condômino, realizar obra necessária à conservação do prédio.

Igual ocorre com a cobrança pela manutenção dos acessos. Há uma parcela remuneratória pelo serviço prestado e outra, indenizatória, pelos ônus e riscos trazidos à concessionária em razão do benefício auferido pelo particular. A base desta cobrança

48. Nas palavras de Antonia Aguilló Agüero, "los precios públicos se basean en la idea de contraprestación y equivalencia, que es, en sí misma, contraria a la estructura contributiva que es consubstancial al concepto constitucional de tributo" (in "Principio da legalidad y establecimiento de precios públicos", *Revista de Direito Tributário* 56/42, Ed. RT).

não está na compulsoriedade, mas no princípio da responsabilidade, típico do direito civil, que obriga o indivíduo a assumir o risco do dano potencial que sua atividade acarreta na esfera de direitos de outrem.

Por fim, a terceira possível cobrança também não parece aproximar-se de tributo. Veja-se desde logo que, no meu entender, ela não seria aplicável a todo e qualquer acesso, mas tão-somente àqueles que se prestem a viabilizar uma atividade econômica (mormente comercial) relacionada com a exploração da rodovia. A natureza desta cobrança é nitidamente comercial, lastreada no fundo de comércio cuja exploração, pelo contrato, compete às concessionárias (que adquiriram o direito de exploração do Sistema como um todo) e em torno ao qual o particular intenta "*alcançar*".[49] Nenhum caráter de compulsoriedade, de imposição há nesta cobrança. Ela tem caráter nitidamente comercial. O lojista pode se estabelecer numa rua comercial ou num *shopping center*. No segundo caso, terá que pagar um valor ao proprietário do *shopping* justamente para remunerá-lo pelo potencial de clientela que estes centros de compra têm. Sobre isso a doutrina comercialista muito já evoluiu, descarecendo muita divagação.

Fato é que o particular só vai instalar um posto de gasolina à beira de uma rodovia para poder usufruir da clientela criada pelo tal Sistema Rodoviário. Tanto é assim que, quando quiser alienar seu estabelecimento, certamente colocará na sua avaliação o valor representado pela clientela cativa. Nada impede que aquele legitimado para explorar tal Sistema (no caso as concessionárias) exija uma remuneração por esta exploração. O particular interessado pode ou não aceitar tal condição negocial.

Pode-se argumentar que, por este raciocínio, a construção da rodovia teria tolhido o uso das propriedades lindeiras. Afinal, antes da sua construção o proprietário da fazendola lá existente podia lá instalar um posto de gasolina para, sem pagar nada a ninguém, vender combustível às galinhas. Para remediar tal fato estão aí os instrumentos da desapropriação indireta. Porém, o que ocorre é o contrário, como vimos no tópico II supra. E, assim como a coletividade se obriga a indenizar o proprietário pela redução do valor de seu bem gerada por intervenção pública, também deve este proprietário compartilhar com o público a vantagem econômica propiciada pela mesma intervenção estatal.

Está claro que tais cobranças não têm nenhum laivo de caráter tributário. Também creio que elas não caracterizam tarifas no sentido de remuneração por serviço público. Mesmo que não se lhe queira dar característica de preço privado, mera remuneração travada entre particulares (haja vista o dever de aprovação pelo contratante referido neste tópico), a situação jurídica desta cobrança não se alteraria. Estaríamos diante de preços públicos cobrados por delegação do poder concedente e lastreados, em todas as três vertentes, no caráter de contraprestação a benefícios auferidos pelo particular dependente do acesso.

Firmo, então, a conclusão do presente tópico afirmando que as três espécies de cobrança possíveis na espécie não têm caráter de taxa ou de qualquer outra forma de tributo. Tampouco caracterizam-se como tarifas cabentes por remuneração a serviço público prestado pelas concessionárias. Representam isto sim preços cobrados em função do bônus amealhado pelos beneficiários dos acessos. Em função da necessidade de aprovação dos valores pelo contratante, poder-se-ia, no máximo, afirmar que tais cobranças se referem a espécies do gênero

49. Por mais jocoso que possa parecer, efetivamente o acesso físico que é solicitado pelos particulares nada mais é que um meio material para acessar à clientela cativa da rodovia (*v.g.*, os usuários do Sistema). Tanto é assim que muitos dos estabelecimentos comerciais situados à margem das rodovias possuem outras vias de acesso pelo viário local, necessitando, outrossim, ligar-se com a rodovia não para atingir a propriedade, mas para que sua clientela a ela se achegue.

preço público cobrado pela concessionária em face de delegação estatal.

VII – Situação jurídica dos acessos autorizados anteriormente à transferência dos sistemas rodoviários concedidos

Resta enfocar a situação dos acessos existentes antes da transferência do Sistema em face da sistemática de cobrança acima exposta. Com o advento da concessão, houve uma mudança radical no regime de exploração dos bens integrantes do Sistema Rodoviário, passando os mesmos para posse e exploração das concessionárias. Sustentei acima que eles passaram a ser objeto de concessão de uso, quer por ser esta a correta natureza jurídica da avença, quer por ser tal relação inerente à concessão, consoante reza o contrato.

Já daí tenho que antecipar que o advento da concessão, à luz do regime jurídico dos bens públicos integrantes do Sistema Rodoviário, fez perecer toda e qualquer relação jurídica precária antes existente sobre estes mesmos bens, já que não se admite em direito que um mesmo bem esteja sujeito a dois regimes jurídicos conferentes de direitos de exploração a particulares distintos.

Partindo da constatação das profundas alterações na gestão das Rodovias concedidas, quanto ao requerimento para construção de novos acessos, é de se analisar, por derradeiro, quais as implicações advindas deste novo regime nos acessos já existentes nas rodovias integrantes do Sistema.

Afirmo, desde já, que uma vez operada a concessão do Sistema – esta de caráter perene, bilateral e extenso – as autorizações perderam seu fundamento jurídico. A natureza precária da autorização decorre, essencialmente, do fato de inexistir interesse público na sua outorga, ao contrário do que se verifica na concessão. A outorga de autorização consubstancia o corolário negativo do princípio da legalidade, pelo qual, inexistindo interesse público concreto a restringir uma atividade do particular já submetida às restrições legais, ser-lhe-á permitido desempenhá-la.

Uma vez sobrevindo interesse público que inviabilize a atividade autorizada, não lhe assistirá qualquer direito advindo da outorga, como bem assevera Maria Sylvia Zanella Di Pietro:[50] "Nesse sentido, a autorização abrange todas as hipóteses em que o exercício de atividade ou a prática de ato são vedados por lei ao particular, por razões de interesse público concernentes à segurança, à saúde, à economia ou outros motivos concernentes à tutela do bem comum. Contudo, fica reservada à Administração a faculdade de, com base no poder de polícia do Estado, afastar a proibição em determinados casos concretos, quando entender que o desempenho da atividade ou a prática do ato não se apresenta nocivo ao interesse da coletividade. Precisamente por estar condicionada à compatibilidade com o interesse público que se tem em vista proteger, a autorização pode ser revogada a qualquer momento, desde que essa compatibilidade deixe de existir" (grifo nosso).

No caso, é evidente que a referida compatibilidade deixou de existir, vez que a estabilidade da concessão da Rodovia sobrepujou-se à precariedade das autorizações antes outorgadas.

Com a concessão do Sistema Rodoviário, as autorizações já existentes, ao mesmo título das autorizações futuras, devem submeter-se à análise, pelas concessionárias, da conveniência e da utilidade da localização e das condições de acesso efetuada pela concessionária. Com efeito, não seria sustentável que as autorizações já existentes, pelo simples fato de serem anteriores à concessão, a esta sobrepujassem.

Do contrário, estar-se-ia conferindo verdadeiro direito adquirido aos autoriza-

50. *Direito Administrativo*, 8ª ed., São Paulo, Atlas, 1997, p. 188.

tários de acesso. Ora, como já largamente demonstrei, as autorizações são precárias, posto que desvestidas de qualquer interesse público, e podem ser revogadas a qualquer tempo sem que assista qualquer direito ao particular que as detém.

Inexistindo alteração substancial no funcionamento das rodovias, é de se supor que a confirmação da compatibilidade das autorizações com o interesse público envolvido se dá tacitamente, pela não revogação das autorizações já outorgadas. No entanto, é evidente que a superveniência de novo regime substancialmente diferente do anterior de operação das rodovias – a concessão – exige a confirmação, desta vez expressa, das autorizações antes concedidas.

Com efeito, a concessão do Sistema Rodoviário, conforme reza o contrato de concessão, operou a transferência de controle sobre os bens integrantes da concessão, inclusive sobre a faixa de domínio adjacente ao leito rodoviário. Outorgou, portanto, a Administração deste bem público (e sua utilização e conservação) à concessionária, de maneira exclusiva. Ora, os acessos que dão vazão à Rodovia encontram-se, precisamente, na faixa de domínio que, ao mesmo título que a rodovia, foi transferida ao particular. Sobreveio, neste sentido, ato da Administração estável e imbuído de interesse público – o contrato administrativo – que outorga a outro particular, que não o autorizatário do acesso, a utilização daquela faixa de bem público.

Poder-se-ia eventualmente levantar o argumento de que haveria sub-rogação da concessionária quanto à autorizações de acesso já existentes na Rodovia, a exemplo do que ocorreu com os contratos anteriores à concessão celebrados pelo órgão estadual.[51]

Contudo, não há procedência em tal posição. Isto porque, em primeiro lugar, enquanto os contratos consistem em obrigações bilaterais assumidas pela Administração, as autorizações consubstanciam licença administrativa precária e unilateral. Em segundo lugar, e principalmente, não há disposição nos editais ou nos contratos de concessão que estabeleça tal sub-rogação no tocante aos atos unilaterais autorizantes. Ao contrário, no Anexo II dos contratos, que descreve a "Situação Atual" da Rodovia antes da concessão, não vemos listadas as autorizações de acesso, os contratos e atos que deverão ser honrados pela Concessionária.

Sendo assim, encontramo-nos diante de dois atos administrativos de natureza distinta, que outorgam a utilização exclusiva, por um particular, de parcela da faixa de domínio adjacente à Rodovia. Não pode haver hesitação em afirmar-se que as disposições da concessão prevalecem sobre a autorização anteriormente outorgada.

A estabilidade prevalece sobre a precariedade; o interesse público sobre o privado. De se concluir, pura e simplesmente, que as autorizações perderam *a priori* sua eficácia jurídica, pela incompatibilidade com contrato administrativo superveniente que expressa a nova política pública da Administração quanto às Rodovias. Por este motivo, as autorizações carecem da reafirmação da inexistência de dano ao interesse público, de forma a torná-las novamente compatíveis com a concessão.

Do afirmado, percebe-se sem dificuldades a ocorrência da extinção de atos administrativos (*in casu*, as autorizações de acesso à rodovia expedidas anteriormente à concessão) por sua *retirada*[52] mediante *caducidade*.[53] Com efeito, conformadas as

51. No caso das rodovias que antes eram concedidas à DERSA, já expus em trabalho anterior que com o cancelamento daquela concessão, foram suprimidos os vínculos antes firmados pela DERSA sem sub-rogação expressa à nova concessionária.

52. Gênero de fato extintivo dos atos administrativos, ocorrente "quando o Poder Público emite um ato concreto com efeito extintivo sobre o anterior" (Celso Antônio Bandeira de Mello, *Curso de Direito Administrativo*, 9ª ed., São Paulo, Malheiros Editores, 1997, p. 279).

53. Modalidade de retirada dos atos administrativos caracteriza pelo advento de "norma jurídica que tornou inadmissível a situação dantes permitida

referidas autorizações administrativas a um quadro normativo vigente à época de suas edições, com a mudança deste marco jurídico (fundamentalmente transformado com os contratos de concessão e os diplomas legais e administrativos que os regem), *fundamentalmente inconsentâneo com as mesmas, caducaram* aquelas. Não mais perseveram, como atos administrativos, no mundo jurídico. *Extinguiram-se*, em suma.

Não é só. Além da incompatibilidade lógica com o contrato de concessão, a perda da eficácia jurídica das autorizações já existentes decorre do tratamento isonômico que deve ser dado a todas as autorizações, independentemente de quando foram outorgadas.

Da precariedade das autorizações de acesso decorrem duas conseqüências lógicas. A primeira é que o transcorrer do tempo não traz estabilidade à autorização. A segunda é que, pelo fato de serem outorgadas por período indeterminado, as autorizações estão sujeitas à permanente renovação do favor acordado pela Administração – ou seja, à análise constante da inexistência de interesse público a justificar a revogação da autorização.

Isto porque, conforme a lição de Maria Sylvia Zanella Di Pietro anteriormente colacionada, a autorização depende da verificação, pela Administração, da inexistência de nocividade ao interesse da coletividade. Consiste, portanto, em favor excepcional, que permite a particular a prática de ato em princípio vedado ao particular. No caso das autorizações de acesso, é de se consignar que a Lei estabelece, em princípio, a impermeabilidade ou bloqueio das estradas, de forma a assegurar sua operabilidade. Qualquer autorização de acesso, neste sentido, é excepcional.

A partir da constatação de que o tempo é irrelevante na autorização e que seu decurso não acarreta qualquer direito ao autorizatário, não há qualquer sentido em se afirmar que as autorizações já existentes terão tratamento diferenciado em relação às futuras.

Firmo aqui a última nota conclusiva no sentido de que é conseqüência inarredável que os acessos autorizados sob o regime anterior perderam sua eficácia jurídica. Se os Regulamentos das Concessões, consubstanciados por Decretos, estabelecem que as autorizações dependerão de solicitação da concessionária, vez que esta é o agente mais idôneo para apurar o interesse público envolvido na instalação de novos acessos, torna-se evidente que os acessos já existentes subordinam-se, assim como os futuros, à apreciação de sua adequação pela concessionária, inclusive para fins de cobrança da contraprestação pecuniária aqui tratada.

VIII – Resposta objetiva aos questionamentos

É chegada a hora de responder as questões levantadas. As bases para as respostas que passamos a dar deve ser buscada em tudo quanto acima deixamos assentado. Nem por isso podem as respostas ser dadas de forma lacônica. A elas.

1. É juridicamente possível a cobrança pelas Concessionárias de valores dos agentes privados que explorem ou queiram explorar atividade econômica mediante acesso às rodovias por elas exploradas? A que título?

SIM. Sem sombra de dúvidas. Tendo recebido outorga para explorar o Sistema rodoviário como um todo, podem as concessionárias cobrar destes agentes privados quantias até mesmo pela exploração do potencial econômico agregado às rodovias, verdadeiro bem intangível associado ao Sistema. A cobrança destes valores encontra lastro nos Contratos de Concessão e nos Regulamentos, que, além de previsão de

pelo Direito e outorgada pelo ato precedente" (Celso Antônio Bandeira de Mello, *Curso...*, p. 280).

cobrança por implantação e manutenção de acessos, contêm previsão para que as concessionárias cobrem por tais serviços (atividades econômicas), necessariamente prestados por terceiros.

2. Se positiva a resposta ao quesito anterior, qual a natureza e o fundamento jurídicos desta cobrança?

A exploração de atividade econômica adjeta às rodovias depende, obviamente, do acesso a elas. Tal cobrança poderá envolver três ordens distintas. A primeira, referente à remuneração pela implantação do acesso, preferencialmente executada pela Concessionária. A segunda, concernente à manutenção do acesso e que deverá envolver não só a remuneração pela sua conservação, mas também uma parcela de ressarcimento decorrente do transtorno operacional gerado pela simples existência do acesso. A terceira e mais importante parcela (aplicável apenas àqueles acessos que possibilitem a exploração de atividade econômica associada à rodovia) atrela-se à exploração da atividade em si, e corresponde ao prêmio que o particular paga para explorar o potencial econômico adjeto ao bem público concedido. Em qualquer destas três modalidades, a remuneração não tem caráter nem tributário (não é taxa), nem tarifário. Ao meu ver, tal remuneração caracteriza mero preço privado, fruto de avença entre particulares que alvitram travar negócio jurídico. Como, contudo, estes valores dependem de aprovação do contratante, pode-se entender que tais pagas envolvem preço público, o que absolutamente não muda os pressupostos aqui expostos.

3. É necessária a existência de lei para que seja admitida tal cobrança?

NÃO. Tendo a cobrança o caráter de mero preço (público ou privado, pouco importa), não há necessidade de lei. Inobstante, deve-se lembrar que já existem autorizações legais, ainda que genéricas, a possibilitar tais cobranças. Encontramo-las no art. 32, II, da Lei estadual n. 7.835/1992, que autoriza, nas concessões de obra pública, que além da tarifa se cobre preço pela exploração indireta de atividades congêneres àquelas cogitadas na Consulta. Vemo-la também no art. 3º, incisos IV e VIII, da Lei estadual 9.361/1996 que autoriza a cessão de ativos patrimoniais (inclusive intangíveis) à iniciativa privada, bem como permite a cessão e licença de direitos derivados de concessão.

4. Quais critérios podem ser adotados para estabelecer os valores a serem cobrados destes particulares?

Como visto acima, cada uma das três modalidades de cobrança deverá seguir um critério específico. Pela implantação de acessos deverá ser exigida remuneração compatível com as obras que forem demandadas para tal construção. Pela manutenção de acessos, deverá ser cobrada, periodicamente, uma quantia que corresponda aos trabalhos de conservação do acesso, acrescida de um valor pelo ressarcimento do transtorno operacional causado pela existência do acesso. Esta segunda quantia deverá advir de cálculos técnicos suportados nos efetivos transtornos que tais acessos geram. A terceira e última parcela, que tem por fato gerador o acesso ao potencial econômico da rodovia deverá se basear no tipo de exploração que será feita pelo particular (potencial do negócio). Ela se refere especificamente à cobrança pelos serviços complementares a serem prestados por terceiros mediante o acesso aos veículos trafegantes pelo Sistema Concedido (como permitem os Contratos e os Regulamentos da concessão). O mais adequado será calcular esta paga em função do potencial de geração de receita enredado no negócio (valor agregado aos serviços complementares prestados). Importante, porém, ter em vista que a concessionária não deverá pretender se apropriar integralmente da mais-valia do negócio, mas apenas participar de uma parcela da exploração do fundo de comércio que, por contrato, foi-lhe permitido explorar.

5. Os critérios e os valores a serem praticados devem ser previamente submetidos ao poder concedente?

SIM. À luz dos Contratos, os valores cobrados a estes títulos devem ser submetidos ao Contratante (originalmente o órgão estadual). Porém, parece-me que tal submissão deve cingir-se aos valores e não aos critérios que os embasam. Como tais cobranças dificilmente poderão ser padronizadas, recomenda-se que sejam submetidas ao contratante as linhas gerais das cobranças e os valores que se pretende praticar para cada negócio, sem uma abertura despropositada das bases negociais travadas com os particulares.

6. Pode a cobrança ser baseada em instrumento particular pactuado entre a concessionária e o interessado? É o poder concedente parte nesta contratação?

SIM. Deve a relação travada entre as concessionárias e os particulares ser formalizada por meio de instrumento particular, regido pelo direito civil como, aliás, prescreve o art. 25, § 2º da Lei n. 8.987/1995. De outro lado, embora os valores cobrados tenham de ser submetidos ao órgão estadual e a autorização para os acessos tenha que ser aprovada pelo poder concedente, entendo que este não intervém nos contratos.

AÇÃO CIVIL PÚBLICA – SUSPENSÃO DE DIREITOS POLÍTICOS SEM PERDA DA FUNÇÃO PÚBLICA – IMPOSSIBILIDADE DE APLICAÇÃO DA PENA EM EXECUÇÃO

Sérgio Sérvulo da Cunha

Advogado em Santos

Os ilustres advogados Georghio Alessandro Tomelin e Marcelo Silva Prado propõem-me a seguinte

CONSULTA

1. Sentença datada de 26.11.1999, que julgou integralmente procedente ação civil pública, condenou o atual prefeito de ..., por atentado a princípio da Administração (art. 12, III, da Lei 8.429/1992): (a) à suspensão de direitos políticos; (b) ao pagamento de multa; (c) ao ressarcimento de danos causados àquele Município quando no exercício do cargo de prefeito, em 1992. Quanto à pena de perda de função pública, cuja aplicação não foi requerida, assinalou o decisório: "Deste modo, com exceção da perda da função pública, vez que o réu ... não exerce mais o cargo de prefeito do Município de ..., é caso de procedência do pedido".

2. Da sentença houve recurso, e o réu não conseguiu sua reforma, sendo iminente o trânsito em julgado. Por petição datada de 16.5.2005, o douto Promotor de Justiça da comarca de ... requereu "seja a decisão definitiva que decretou a perda dos direitos políticos de ... comunicada à Câmara Municipal, para que ela dê posse ao substituto legal do réu prefeito". Os autos serão conclusos após o cumprimento de diligências, entre as quais a informação sobre o trânsito em julgado.

3. Dada a ameaça assim consubstanciada, pergunta-se: a execução da sentença que em 1999 condenou ... à suspensão dos direitos políticos alcança seu atual mandato de prefeito, conferido na eleição de 2004, de modo a determinar seu afastamento do cargo?

PARECER

1. A resposta, cabal, pode ser dada desde logo: *se a sentença não condenou o réu à perda de função pública, na respectiva execução não se pode pretender esse efeito.*

Alguém diria que na pena de suspensão de direitos políticos, a que foi condenado o réu, se inclui a pena de perda de função pública. Tal ilação, a meu ver, não é correta, e à fundamentação deste entendimento dedico o presente parecer.

2. Sem dar aos direitos políticos a merecida atenção, a praxe brasileira os tem equiparado simplesmente aos direitos de votar e ser votado. Com base na lição de Pimenta Bueno, venho me opondo, em vários textos, a essa concepção restrita.[1] Dizia aquele consagrado autor que "direitos políticos são as prerrogativas, os atributos, faculdades ou poder de intervenção dos cidadãos ativos no governo do seu país, intervenção direta ou só indireta, mais ou menos ampla, segundo a intensidade do gozo desses direitos. São o *jus civitatis*, os direitos cívicos, que se referem ao Poder Público, que autorizam o cidadão ativo a participar na formação ou exercício da autoridade nacional, a exercer o direito de votante ou eleitor, os direitos de deputado ou senador, a ocupar cargos políticos e a manifestar suas opiniões sobre o governo do Estado".[2]

Quanto à cassação de direitos políticos, nota-se que ela foi, historicamente, pena substitutiva do banimento e da morte civil. Concebeu-se por isso monoliticamente e como pena perpétua, sem se considerar que é variado o leque dos direitos políticos e sem se ter em conta que direitos políticos, como direitos à participação na formação e exercício do poder estatal, são liberdades fundamentais. O art. 15 da CF brasileira veda a cassação de direitos políticos (a supressão de direito político pelo governo, como ato punitivo). Com isso, e mais o que se vê no art. 5º, XLVII, "b", o governo não pode infligir pena perpétua suprimindo direito político; fica-lhe apenas o poder de suspender o exercício de direito político, por prazo determinado.

Como suspensão do exercício de direito fundamental, a suspensão de direito político deve conformar-se às regras que limitam o poder do governo. Logo, ela só pode decorrer de sentença judicial, fundada em disposições específicas do Direito objetivo, que determine o prazo da suspensão e indique, dentre os direitos políticos, aquele ou aqueles cujo exercício foi suspenso.[3] À falta dessa discriminação, deve-se entender a suspensão pelo mínimo, alcançando apenas os direitos de votar e de ser votado. Os direitos de acesso à função pública (*jus ad officium*) e do respectivo exercício (*jus in officio*) são espécies de direitos políticos. Como impeditiva do acesso vem à baila a pena de inabilitação para o exercício de função pública, prevista no art. 33 da Lei 1.079, de 10.4.1950, que dispõe sobre a responsabilidade do presidente da República: "No caso de condenação, o Senado por iniciativa do presidente fixará o prazo de inabilitação do condenado para o exercício de qualquer função pública (...)".

Não escapou ao legislador, em tal hipótese, a inconveniência de que o presidente inabilitado para o exercício de função pública permanecesse no exercício das respectivas funções, e por isso dispôs, no art. 34: "Proferida a sentença condenatória o acusado estará, *ipso facto*, destituído do cargo". Não houve, aí, previsão para o caso de que durasse o processo além do mandato. Nem era preciso: porque, findo o mandato, inexistiria suporte fático (e, mais que isso, inexistiria razão) para a incidência do art. 34, prevalecendo apenas, quanto a qualquer pretensão futura do apenado, a impossibilidade de acesso a função pública (*v.g.*, mediante candidatura a cargo público), durante o prazo da condenação.

No processo de responsabilização política do Presidente Fernando Collor de Mello, em que o acusado, por suposto, exercia função pública, assinalei, a respeito:

1. V., por todos, nosso *Fundamentos de Direito Constitucional*, pp. 153 e ss.

2. José Antônio Pimenta Bueno, *Direito Público Brasileiro e Análise da Constituição do Império*, p. 458.

3. V. Sérgio Sérvulo da Cunha, *Fundamentos de Direito Constitucional*, pp. 180-181.

"A referência expressa à perda do cargo, em tal contexto, não é necessária para que isso ocorra efetivamente, em caso de condenação. Porque a perda do cargo decorre, necessariamente, da inabilitação para o exercício de função pública. O que se objetiva, ao condenar agente público por improbidade, é afastar a fonte potencial de dano que sua presença significa para a Administração. Esse afastamento é imediato. Não se poderia aguardar o término do mandato para, a partir daí, contar-se o prazo de inabilitação. Donde se vê que a medida de inabilitação implica perda do cargo, e a referência a esta é expletiva, sendo de caráter executório, tal como no art. 34 da Lei 1.079/1950".[4]

Assemelhada é a situação tratando-se da pena de suspensão de direitos políticos. Bem por isso deixou o douto Representante do Ministério Público, na hipótese sob exame, de requerer a imposição da pena de perda de função pública, e deixou o MM. Juízo de aplicá-la.

Algumas distinções, porém, fazem-se notar. A suspensão de direitos políticos é sanção mais ampla que a simples inabilitação para o exercício de função pública. Como se viu acima, ao se decretar a suspensão de direitos políticos é preciso declarar quais dentre esses direitos se consideram suspensos: pode ser que a condenação inclua não apenas o impedimento de votar e de ser votado, mas também a inabilitação para o exercício de função pública, ou a perda de função pública.

Certamente não foi esta, que advogo, a concepção doutrinária a orientar o legislador na redação da Lei de Improbidade. Mas o fato é que dentre as sanções previstas no seu art. 12, III, situou a perda de função pública ao lado da suspensão de direitos políticos. À diferença do que ocorre com a Lei 1.079/1950, há pouco referida, a perda da função pública não figura nesse art. 12, III, como efeito da suspensão dos direitos políticos, mas como pena autônoma.

Há consenso doutrinário no sentido de que as penas desse art. 12 são autônomas e específicas, e por isso cumuláveis, sem que ocorra *bis in idem*; sendo próprias a matéria e as circunstâncias correspondentes a cada uma, elas não se superpõem e tampouco se interpenetram. A perda da função pública não se encontra, portanto, absorvida pela pena de suspensão dos direitos políticos.

Requisito da incidência do art. 12, III nessa parte, com a imposição da pena de perda de função pública, é que o acusado se encontre no exercício atual de função pública. Tomando esse entendimento por tão evidente a ponto de dispensar justificativa, o egrégio TJSP, por decisão de sua 4ª Câmara de Direito Público, em apelação nos autos de ação civil pública por improbidade administrativa, julgou inadmissível a perda de função pública com relação a "cargo não exercido por ocasião dos fatos".[5]

Se o mandato já expirou no momento da condenação, não se frustra a norma: apenas não se configura o respectivo suporte fático de incidência; seu objetivo não é evitar, para o futuro, o acesso a função pública (*jus ad officium*), mas rescindir a titularidade *desta* função pública atual (*jus in officio*). A pena não é a perda de toda e qualquer função pública, agora e para sempre: é pena de perda *desta* função pública, em cujo exercício o apenado se encontra no momento da condenação. Na mente do legislador esboçou-se um mecanismo em que para o presente opera a perda da função pública, e para o futuro opera a suspensão dos direitos políticos, inibitória da obtenção de um novo mandato. Enquanto a pena de perda de função pública é punctual e de aplicação imediata, a pena de suspensão de

4. Sérgio Sérvulo da Cunha, "Responsabilidade administrativa e impeachment", in *A OAB e o "Impeachment"*, pp. 183-192.

5. TJSP, 4ª Câmara de Direito Público, Ap. 67.630-5, Leme, rel. Des. Clímaco de Godoy, j. 14.10.1999, v.u., Ementa 219.920. A propósito, v. Fábio Medina Osório, "As sanções da Lei 8.429/1992 aos atos de improbidade administrativa", *RT* 766/89.

direitos políticos é de trato sucessivo: ela impede, pelo prazo da suspensão, o acesso a qualquer função pública.

Esses elementos estavam bem presentes no espírito do douto Representante do Ministério Público ao elaborar a petição inicial da ação civil pública, em que, fazendo em seu requerimento referência expressa a cada uma das penas cabíveis na hipótese, deixou de mencionar a perda da função pública. Assim como estavam presentes no espírito do respeitável Prolator da sentença, ao consignar: "Deste modo, com exceção da perda da função pública, vez que o réu ... não exerce mais o cargo de prefeito do Município de ..., é caso de procedência do pedido".

Com todo o respeito ao respectivo patrocínio, a mesma imprecisão presente no requerimento de que seja "a decisão definitiva que decretou a perda *[sic]* dos direitos políticos de ... comunicada à Câmara Municipal, para que ela dê posse ao substituto legal do réu prefeito" percebe-se na arrojada interpretação segundo a qual a pena de perda de função pública "acompanha o agente público, porque ela é uma condição personalíssima, somente sendo abdicada a incidência da sanção de que se cuida se o agente público não tiver mais nenhum vínculo com a Administração Pública ou de qualquer um dos níveis de governo ou de Poderes".[6]

Ora, a pena de perda da função pública – que é pena punctual, de aplicação imediata, correspondente à *perda da função* determinada em cujo exercício se encontra o apenado no momento da prolação da sentença – não pode ser confundida com uma imaginária pena de *perda do direito ao exercício de função pública*. Ela não é pena condicional e perpétua, aplicável no futuro se e sempre que se achar o apenado no exercício de função pública.

Concluindo: porque a pena de perda de função pública é distinta da pena de suspensão dos direitos políticos; porque ela diz respeito à função pública exercida pelo apenado no momento da condenação; porque ela não é pena condicional e perpétua, que se confundiria com a perda do direito ao exercício de função pública; porque na suspensão dos direitos políticos, prevista na Lei de Improbidade, não se inclui a perda de função pública; porque não se pode interpretar ampliativamente a sentença que suspende o exercício de direitos fundamentais; porque embora se trate, aí, de sanção civil, e não penal, regem a matéria as regras e princípios do direito sancionatório; e porque a sentença de que se trata não condenou o réu à perda da função pública, entendo, s.m.j., que na respectiva execução o prefeito de ... restará impedido de votar e ser votado durante o prazo de três anos, ficando incólume seu atual mandato.

Santos, 6 de setembro de 2005

Referências bibliográficas

CUNHA, Sérgio Sérvulo da. *Fundamentos de Direito Constitucional.* São Paulo, Saraiva, 2004.

———. "Responsabilidade administrativa e *impeachment*". In: *A OAB e o "Impeachment"*. Brasília, Conselho Federal da OAB, 1992.

MARTINS JR.,Wallace Paiva. *Probidade Administrativa.* São Paulo, Saraiva, 2001.

OSÓRIO, Fábio Medina. "As sanções da Lei 8.429/1992 aos atos de improbidade administrativa". *RT* 766/89. São Paulo, Ed. RT.

PIMENTA BUENO, José Antônio. *Direito Público Brasileiro e Análise da Constituição do Império.* Ed. Ministério da Justiça, 1958.

6. É o que se vê sem embargo na ilustrada obra de Wallace Paiva Martins Jr., *Probidade Administrativa*, p. 278.

ESTUDOS E COMENTÁRIOS

A AUTO-EXECUTORIEDADE DO ATO ADMINISTRATIVO: CONDIÇÕES DE EXISTÊNCIA, REQUISITO DE VALIDADE E OUTROS ASPECTOS

LUÍS MANUEL FONSECA PIRES

Juiz de Direito – Mestre e Doutorando em Direito Administrativo pela PUC/SP – Professor-Assistente na Pós-Graduação *Lato Sensu* da PUC/SP-COGEAE

1. Introdução: importância do tema, a relação com os outros atributos e o conceito de "auto-executoriedade". 2. Definição do conceito. 3. O fundamento jurídico da auto-executoriedade: o princípio da legalidade. 4. A auto-executoriedade "imprópria". 5. Atos que comportam a auto-executoriedade. 6. Condições de existência da auto-executoriedade: 6.1 A auto-executoriedade e os atos inválidos – 6.2 A necessidade de autorização expressa em lei ou de uma situação de urgência na qual não haja tempo hábil para buscar uma tutela jurisdicional. 7. Requisito de validade: o princípio da razoabilidade – em especial, a necessidade da auto-executoriedade. 8. Proteção jurídica dos administrados.

1. Introdução: importância do tema, a relação com os outros atributos e o conceito de "auto-executoriedade"

De todos os atributos do ato administrativo, o da *auto-executoriedade* é, sem dúvida, o de mais pungente atuação em relação à órbita de direitos dos administrados. Não se descura a Administração, ao se valer deste atributo, de apenas agir com legitimidade se o ato auto-executório for praticado em conformidade com o ordenamento jurídico. Mas isto não impede que se reconheça que em relação aos seus destinatários, os administrados, este atributo continua (mesmo quando se age com legitimidade) sendo uma medida invasiva.

Assim o é porque, enquanto o atributo da *presunção de legitimidade e veracidade* significa que os atos administrativos se presumem de acordo com o Direito e fiéis quanto aos fatos que anunciam; o atributo da *imperatividade* implica imposição unilateral de uma obrigação, à revelia da aquiescência do administrado; o atributo da *exigibilidade* quer dizer que a Administração pode, sem antes obter do Poder Judiciário qualquer título, utilizar meios indiretos de cobrança de suas pretensões; o atributo da *tipicidade* conceitua-se como a correspondência que o ato deve observar em relação ao seu tipo hipoteticamente definido em lei; enquanto, enfim, estes atributos, com significados diferentes, representam efeitos de uma relação entre o Poder Público e o administrado sem a interferência material no seu âmbito de direitos, o atributo da *auto-executoriedade*, por sua vez, define-se como "a qualidade pela qual o Poder Público pode compelir 'materialmente' o administrado, sem precisar de buscar previamente as vias judiciais, ao cumprimento da obrigação".[1]

2. *Definição do conceito*

O ato administrativo que contém este atributo – e veremos oportunamente quais os atos que gozam deste privilégio – faculta à Administração Pública constranger, impelir, coagir o administrado a fisicamente realizar, ou se abster de praticar, um ato ou uma tarefa. Em exemplos arquitetados pelo mestre Celso Antônio Bandeira de Mello, enquanto a Administração reclama do administrado que construa a calçada em frente à sua casa ou terreno sob pena de multa, utiliza-se de um meio *indireto* de coação, é dizer, contém o ato que intima o particular a fazer a calçada sob pena de multa o atributo da *exigibilidade*; mas se a Administração interdita uma fábrica, apossa-se, por requisição, de bens dos particulares em caso de urgência ou calamidade pública, ou apreende medicamentos com a validade vencida, então, ela interfere fisicamente na liberdade ou na propriedade do administrado: aí se tem o atributo da *auto-executoriedade*.[2]

O emparelhamento, nos mencionados exemplos, dos dois atributos é importante, porque são os que mais intensas reverberações produzem junto à esfera jurídica dos administrados e não poucas vezes são confundidos. No entanto, a distinção, como nos parece que restou esclarecida, deve mesmo ser enfatizada: "pela exigibilidade pode-se induzir à obediência, pela executoriedade pode-se compelir, constranger fisicamente".[3]

Da lavra de Carlos Ari Sundfeld: "A exigibilidade é o atributo de impor-se à obediência, independentemente do consentimento do destinatário: é a obrigatoriedade do ato. A executoriedade é a condição de admitir o uso, pela Administração, da coação para fazê-lo cumprir".[4]

As variações terminológicas não se encerram, no entanto, no cotejo com os outros atributos já estudados. Juan Carlos Cassagne, administrativista argentino, sinaliza a adoção de termos diversos na doutrina, como a *executividade* e a *executoriedade*, a primeira com o sentido equivalente a eficácia em geral, e então ínsita a qualquer ato administrativo, e a segunda no sentido por nós adotado, como coação direta, sem intervenção judicial, incidente na liberdade ou nos bens do administrado.[5] Neste jaez que Bartolomé A. Fiorini fala em "execução" e "executoriedade", esta com a concepção de Cassagne e aqui tratada como auto-executoriedade, aquela entendida como "um título processual que as normas estabelecem para a realização judicial do ato administrativo", e ainda menciona a *executividade*, adotada por parcela da doutrina, mas – assevera o jurista – com o mesmo sentido que remete ao atributo da exigibilidade.[6] Também na

1. Celso Antônio Bandeira de Mello, *Curso de Direito Administrativo*, 17ª ed., p. 384.

2. Celso Antônio Bandeira de Mello, *Curso de Direito Administrativo*, 17ª ed., p. 384. O atributo da auto-executoriedade também é encontrado na doutrina com a denominação de "executoriedade" (Celso Antônio Bandeira de Mello, idem, ibidem), mas concordamos com Hely Lopes Meirelles, "porque o prefixo 'auto' é que indica a condição de o ato ser executável pela própria Administração" (*Direito Administrativo Brasileiro*, 24ª ed., p. 143).

3. Celso Antônio Bandeira de Mello, *Curso de Direito Administrativo*, 17ª ed., p. 385.

4. Carlos Ari Sundfeld, *Direito Administrativo Ordenador*, 1ª ed., 3ª tir., p. 83.

5. Juan Carlos Cassagne, *Derecho Administrativo*, 7ª ed., vol. II, p. 232.

6. Bartolomé A. Fiorini, *Manual de Derecho Administrativo*, p. 298.

exposição de Roberto Dromi se encontra referência à *executividade* e à *executoriedade*, a primeira como sinônimo do atributo de exigibilidade e relacionada com a eficácia do ato, e a segunda tal como aqui definimos a auto-executoriedade.[7] E sobre esta Dromi a aponta – tal como na doutrina de Eduardo García de Enterría e Tomás-Ramón Fernández[8] é tratada – como um típico caso de autotutela: manifestação característica da função administrativa em que o ordenamento jurídico habilita o Poder Público à realização imediata e unilateral dos atos administrativos.[9]

Com propriedade, realmente, Eduardo García de Enterría e Tomás-Ramón Fernández desenvolvem, sob a denominação de "autotutela executiva", uma das formas de exteriorização deste atributo; como um passo adiante da *autotutela declarativa* – considerada como uma declaração –, a executiva "supõe um passo no terreno dos fatos, do comportamento ou operações materiais, concretamente o uso da coação física frente a terceiros".[10] Mas este atributo é ainda abordado, na doutrina dos mestres espanhóis, em outros meios de manifestação externa da Administração, como a *coação administrativa*.[11]

Na Itália, Massimo Severo Giannini também denomina "autotutela" o poder atribuído à autoridade administrativa de realizar, se necessário coativamente, os efeitos do provimento administrativo.[12]

Nota-se, com estas considerações, que não há necessariamente uma relação com o atributo da exigibilidade.[13] Um ato presumidamente legítimo e imperativo pode ou não ser exigível, ou executável, ou até apresentar estes dois últimos atributos. Como exemplo se pode ter a imposição do Poder Público Municipal de o administrado respeitar os limites sonoros que seu restaurante pode produzir à noite, sob pena de multa na primeira infração – o que caracteriza a *exigibilidade*: um meio *indireto* de coagir o administrado a cumprir uma obrigação – e de fechamento do estabelecimento em caso de reincidência – exemplo típico de *auto-executoriedade*: um meio *direto* de coação.

Excepcionalmente encontra-se este atributo nas práticas sujeitas ao direito civil, como a legítima defesa e o estado de necessidade (art. 188, I e II, do CC), ou o desforço imediato (art. 1.210, § 1º, do CC), ou a possibilidade de o proprietário do terreno invadido pelas raízes e ramos de árvore que ultrapassarem o limite cortá-los até o plano vertical divisório (art. 1.283 do CC). Mas são circunstâncias em que o sistema jurídico confere, de forma restritiva

7. Roberto Dromi, *Derecho Administrativo*, 10ª ed., p. 385.

8. Eduardo García de Enterría e Tomás-Ramón Fernández, *Curso de Derecho Administrativo*, 12ª ed., vol. I, pp. 497 e ss.

9. José Roberto Dromi, *Derecho Administrativo*, 10ª ed., p. 386.

10. Eduardo García de Enterría e Tomás-Ramón Fernández, *Curso de Derecho Administrativo*, 12ª ed., vol. I, p. 522.

11. Idem, p. 781.

12. Massimo Severo Giannini, *Istituzioni di Diritto Amministrativo*, 2ª ed., p. 318.

13. Não é este o entendimento de Roberto Dromi, para quem a executoriedade pressupõe a exigibilidade (por ele denominada como "executividade"), que, por sua vez, tem por pressuposto a presunção de legitimidade (*Derecho Administrativo*, 10ª ed., pp. 386-387). Na doutrina nacional, no entanto, remetemos ao entendimento de Celso Ribeiro Bastos, que sufraga a mesma idéia por nós adotada. Diz ele: "Por outro lado, nem todos os atos dotados de exigibilidade são auto-executórios. Um bom exemplo são os impostos. A Administração não pode, coativamente, por meios próprios, compelir o administrado a pagar o imposto devido. No caso de não-pagamento deverá interpor ação judicial. Entretanto, poderá exigir de forma indireta o cumprimento dessa obrigação. É o que acontece quando condiciona a expedição do alvará de construção solicitado pelo administrado à demonstração de estar ele em dia com o pagamento do imposto predial relativo ao respectivo terreno. Como se vê, há exigibilidade mas não há auto-executoriedade" (*Curso de Direito Administrativo*, p. 104).

e em caráter extraordinário, a possibilidade de uma parte agir sobre a outra ou sobre os seus bens, isto é, sobre a liberdade ou a propriedade daquele contra quem se dirige. Já no âmbito do direito público não é mesmo tão esporádico e insólito a Administração Pública intervir na livre locomoção ou nos bens dos administrados.

Sem dúvida, há critérios a serem seguidos para que o ato administrativo contenha o atributo da auto-executoriedade, não se encontra no ato administrativo, então, como característica ínsita à declaração emitida, mas a permissividade do ordenamento jurídico a que um ato contenha esta força – a auto-executoriedade: a possibilidade de agir sobre os administrados sem necessitar de um prévio pronunciamento judicial – é, com efeito, mais expressiva e esperada que nos atos sujeitos ao direito privado, porque cuidam os atos administrativos de um interesse público. Portanto, a nota característica deste atributo é a dispensa ao titular da pretensão – a Administração ou quem a substitui – de ter previamente um provimento jurisdicional que impulsione e confira concreção à sua intenção.

3. *O fundamento jurídico da auto-executoriedade: o princípio da legalidade*

O fundamento jurídico da auto-executoriedade repousa no *princípio da legalidade*. Como leciona Oswaldo Aranha Bandeira de Mello, o atributo da auto-executoriedade é o *privilège d'action d'office*: o "privilégio da ação de ofício", o privilégio de a Administração Pública coagir o particular no cumprimento de uma obrigação mediante a autotutela, é dizer, o emprego da força pública sem a intervenção do Poder Judiciário. Um privilégio, segundo as lições do citado jurista, de criação do direito administrativo francês e que se estendeu por todo o Continente Europeu e América Latina.[14]

Pondo ao lado estas anotações, recorramos, agora, a Eduardo García de Enterría e Tomás-Ramón Fernández, que, ao investigarem a origem do conceito de "ato administrativo", apontam duas orientações do desenvolvimento do seu significado: num sentido, na França, o conceito de "ato administrativo" desenvolveu-se como expressão prática do princípio de separação entre a Administração e a Justiça, pois o ato administrativo seria um ato jurídico isento do poder jurisdicional, por ser ato de autoridade administrativa; portanto, submeter-se-ia apenas à Administração – concepção, esta, defendida ainda hoje na Itália por Pietro Virga.[15] Noutra direção, o ato administrativo caracterizou-se essencialmente por conter a nota de autotutela, o que ganhou corpo tanto na Alemanha, na doutrina de Otto Mayer, como novamente na França, nas lições de Hauriou, que prevalecem hodiernamente para definir o ato administrativo como uma "decisão executória".[16]

Percebe-se, ao se entreterem as doutrinas dos referidos juristas – Oswaldo Aranha Bandeira de Mello e os espanhóis Eduardo García de Enterría e Tomás-Ramón Fernández –, que a construção da idéia de poder auto-executório – é dizer, de intervenção direta da Administração, sem a necessidade de um provimento jurisdicional, sobre a liberdade e os bens dos administrados, tanto num vínculo especial (como um contrato ou uma relação de emprego) ou mesmo geral (simplesmente em razão da supremacia estatal) – é um arquétipo que se externa não apenas sob a denominação de atributo da auto-executoriedade, mas como informe essencial do regime jurídico administrativo que permeia o conceito de todo o instituto do ato administrativo. E, como tal, e em razão do princípio da legalidade, que comanda

14. Oswaldo Aranha Bandeira de Mello, *Princípios Gerais de Direito Administrativo*, 3ª ed., vol. I, p. 616.

15. Cf., junto ao autor italiano citado, *Diritto Amministrativo*, 5ª ed., vol. II, p. 102.

16. Eduardo García de Enterría e Tomás-Ramón Fernández, *Curso de Derecho Administrativo*, 12ª ed., vol. I, pp. 547-548.

e legitima o comportamento da Administração Pública num Estado Democrático de Direito, acreditamos ser este – o princípio da legalidade – o crucial fundamento jurídico deste atributo.

Confere-se, então, que o atributo da auto-executoriedade representa um instrumento, um poder, ou, em melhor expressão cunhada pela doutrina consentânea às garantias e direitos fundamentais, um *dever-poder*, pois a idéia de *dever*, mormente em posição prévia na expressão, enfatiza que o *poder* é apenas um instrumental ao *dever* maior que impera nas relações de direito público: o de realizar o bem comum. Tal como os outros atributos, o da auto-executoriedade é expressão, concretização, do regime jurídico administrativo, um regime que se notabiliza pela adoção de dois princípios basilares: a supremacia do interesse público sobre o privado e a indisponibilidade, pela Administração, deste mesmo interesse público, e a posição de supremacia só se perfaz com a atribuição ao Poder Público de mecanismos eficazes de cumprir o interesse coletivo, que não pode ser livremente disposto. Um destes meios, sem dúvida, são os atributos do ato administrativo, por isto é feliz a análise produzida por Lúcia Valle Figueiredo: "A executoriedade, 'quando desempenhada dentro das comportas augustas em que se deve desenvolver', é elemento essencial à função administrativa".[17] E com esta mesma percepção encontramos em Roberto Dromi seu apontamento sobre o fundamento.[18]

Manuel María Diez assinala dois fundamentos da executoriedade: um, de ordem política, pauta-se na necessidade de a satisfação dos interesses públicos não ser afetada pela manifestação contrária dos particulares; e o outro, de natureza jurídica, reside na presunção de legitimidade dos atos administrativos[19] – o que nos parece dar-nos razão ao sustentarmos ser o princípio da legalidade, em última análise, o primeiro e mais relevante fundamento jurídico deste atributo, porque o fundamento da presunção de legitimidade e veracidade é o princípio da legalidade.

4. *A auto-executoriedade "imprópria"*

Classificação procedida pela doutrina e que deve ser por nós anotada é a distinção que se faz entre a *auto-executoriedade própria* ou *integral* da *imprópria* ou *parcial*, sendo esta a que ocorre "quando compete à Administração Pública formar o título jurídico exigível, mas a eficácia, pela execução, é feita perante a autoridade judiciária", e aquela "quando compete à Administração Pública não só formar o título, fundamento da execução do ato, como proceder ela própria, através da autotutela, à sua execução, independentemente da ingerência do Poder Judiciário, mesmo formal".[20] Desta distinção também tratam, sob os mesmos conceitos, os mestres argentinos Rafael Bielsa,[21] Bartolomé A. Fiorini,[22] Manuel María Diez,[23] Héctor Jorge Escola[24] e Roberto Dromi.[25]

Não acolhemos esta distinção, porque, em nosso entendimento, se ao ato falece o atributo da auto-executoriedade, não há

17. Lúcia Valle Figueiredo, *Curso de Direito Administrativo*, 7ª ed., p. 183.

18. José Roberto Dromi, *Derecho Administrativo*, 10ª ed., p. 385.

19. Manuel María Diez, *El Acto Administrativo*, 2ª ed., p. 267.

20. Oswaldo Aranha Bandeira de Mello, *Princípios Gerais de Direito Administrativo*, 3ª ed., vol. I, pp. 618 e 620.

21. Rafael Bielsa, *Principios de Derecho Administrativo*, 3ª ed., p. 99.

22. Bartolomé A. Fiorini, *Manual de Derecho Administrativo*, pp. 299-300.

23. Manuel María Diez, *El acto administrativo*, 2ª ed., p. 269.

24. Héctor Jorge Escola, *Compendio de Derecho Administrativo*, vol. I, p. 512.

25. Roberto Dromi, *Derecho Administrativo*, 10ª ed., p. 388.

sentido em querer mantê-lo artificialmente sob o rótulo de "imprópria" ou "parcial"; se é preciso um provimento jurisdicional para a concretude de uma pretensão da Administração Pública é porque não há, naquele ato administrativo, o atributo da executoriedade. Em precisas palavras são as críticas de outro argentino, Juan Carlos Cassagne: "Em nossa opinião, a chamada 'executoriedade imprópria' é precisamente a negação da executoriedade, já que, em tais casos, o ato carece em sede administrativa de força executória, devendo acudir-se ao órgão judicial para obter seu cumprimento. A lógica indica que se um sistema postula que certos atos da Administração carecem de executoriedade, no sentido de que a sua execução deve ser decidida pelos juízes, não pode sustentar ao mesmo tempo que estes atos gozam de executoriedade imprópria, pois, em tal caso, a executoriedade surgirá da sentença judicial e não do ato administrativo".[26]

É que a construção doutrinária que sustenta estas espécies – execução *própria* e *imprópria* – parte do pressuposto, como acima foi visto nos apontamentos de Eduardo García de Enterría e Tomás-Ramón Fernández ao se referirem à origem do ato administrativo, de compreender a executoriedade como componente inerente ao conceito de ato administrativo. Para nós, que o atributo é uma qualidade contingente do ato administrativo não há necessidade de sustentá-lo de forma fictícia mesmo quando evidente a ausência desta característica.[27]

26. Juan Carlos Cassagne, *Derecho Administrativo*, 7ª ed., vol. II, p. 220.

27. Note-se o pressuposto da doutrina de Bartolomé A. Fiorini: "A executoriedade é a substância jurídica estatal dos atos administrativos. Assim como as leis são obrigatórias, os atos administrativos são executórios sem necessidade de que uma lei expressamente os autorize, pois a essência da executoriedade provém do Poder Público e de forma alguma é um atributo particular de certos atos administrativos" (*Manual de Derecho Administrativo*, p. 300).

5. Atos que comportam a auto-executoriedade

Interessa, ainda, saber quais atos são passíveis de comportar este atributo. Primeiro, é intuitivo perceber que apenas os atos que impõem alguma obrigação aos administrados têm razão de eventualmente se revestir desta característica, porque os atos que são simples enunciados, que certificam fatos ou atos, que conferem direitos aos administrados, não necessitam de qualquer força executória.

Percebe-se, portanto, que qualquer espécie de obrigação – dar, fazer e não-fazer – é sujeita a ser objeto de um ato administrativo com o atributo da auto-executoriedade. Apenas quanto às obrigações infungíveis é preciso ponderar a pertinência deste atributo, porque dependem do cumprimento da obrigação por parte de pessoa individualizada, não se admite a transferência do dever a terceiro; assim, poderá haver situações em que se mostrará inócua qualquer medida de coação direta. Neste sentido, entrevê, com sagacidade, Oswaldo Aranha Bandeira de Mello[28] ao afirmar que nas obrigações infungíveis o instrumento producente é o que transmite um meio *indireto* de coação, o que significa dizer, de acordo com o estudo aqui desenvolvido, que o atributo que em certos casos se mostra adequado a induzir ao cumprimento das obrigações personalíssimas é o da exigibilidade. Tome-se em exemplo a requisição de serviço de profissionais da área da Saúde em determinada cidade por conta de uma grave epidemia que toma proporções vultosas e reclama a imediata intervenção. A eventual recusa dos profissionais requisitados não tem como ser resolvida com a coação direta, não há maneira de constrangê-los fisicamente a adotar os procedimentos pertinentes; o que pode induzi-los ao cumprimento é algum meio

28. Oswaldo Aranha Bandeira de Mello, *Princípios Gerais de Direito Administrativo*, 3ª ed., vol. I, p. 631.

indireto de coação, como, por exemplo, a imposição de multa.

Mas se perceba que esta reflexão acerca das obrigações personalíssimas não é absoluta, não apregoamos a inaptidão do atributo da auto-executoriedade toda vez que a obrigação se revestir desta natureza, pois, como chama a atenção o publicista Pietro Virga, é possível, sim, a auto-executoriedade na forma de *coação pessoal*, como ocorre com a dissolução de reunião não autorizada, a internação coativa de doente mental etc.[29]

6. Condições de existência da auto-executoriedade

A seguir veremos quais as condições para a existência da auto-executoriedade no ato administrativo.

6.1 A auto-executoriedade e os atos inválidos

Impende sublinhar que este atributo, a auto-executoriedade, pressupõe que o ato administrativo se revista de dois outros atributos: o da *presunção de legitimidade e veracidade* e o da *imperatividade*. O porquê é naturalmente percebido: apenas o ato que se presume de acordo com o Direito e sincero na reprodução dos fatos poderá, por conseguinte, impor-se unilateralmente ao administrado, concorde ele ou não, e só então é que se justificará, se não atendida a prescrição imposta, que a Administração atue diretamente – leia-se: intervenha fisicamente –, a ponto de constranger o administrado a atender ao preceito.

E para conter a presunção de legitimidade e veracidade é preciso que o ato seja válido ou, se comportar algum vício, que seja anulável, mas nunca contenha uma pecha de nulidade absoluta (ato nulo) ou que se trate de ato inexistente. Concordamos, pois, com o argentino Agustín Gordillo quando, após pontuar que há três categorias de nulidade do ato administrativo (os anuláveis, os nulos e os inexistentes), afirma que os atos válidos e os atos anuláveis são considerados regulares e se opõem aos atos nulos, chamados pelo autor de "irregulares", porque têm vícios graves, e ainda aos inexistentes, que são os atos com vícios grosseiros; e com estas considerações sustenta que a presunção de legitimidade só se justifica com relação aos atos anuláveis – isto, é claro, além dos atos válidos.[30]

De fato, enquanto o ato nulo deve ser declarado inválido pela Administração Pública, o ato anulável pode ser saneado; portanto, a presunção de legitimidade justifica-se perante os atos anuláveis.

Neste sentido, ainda, é a doutrina dos argentinos Roberto Dromi,[31] Juan Francisco Linares,[32] Juan Carlos Cassagne e, ainda, Bartolomé Fiorini,[33] além dos espanhóis Eduardo García de Enterría e Tomás-Ramón Fernández.[34]

Sustentam Roberto Dromi[35] e Agustín Gordillo[36] que diante de um ato nulo ou inexistente não só se derriba a presunção como é possível ao administrado desobedecer ao

29. Pietro Virga, *Diritto Amministrativo*, 5ª ed., vol. II, pp. 102-103.

30. Agustín A. Gordillo, *Tratado de Derecho Administrativo – El Acto Administrativo*, 2ª ed., Capítulo V, pp. 2-4.

31. José Roberto Dromi, *Derecho Administrativo*, 10ª ed., pp. 380-381.

32. Juan Francisco Linares, *Fundamentos de Derecho Administrativo*, pp. 226-230.

33. Bartolomé A. Fiorini, *Manual de Derecho Administrativo*, pp. 294-295.

34. Eduardo García de Enterría e Tomás-Ramón Fernãndez, *Curso de Derecho Administrativo*, 12ª ed., vol. I, p. 585.

35. José Roberto Dromi, *Derecho Administrativo*, 10ª ed., p. 384.

36. Agustín A. Gordillo, *Tratado de Derecho Administrativo – El Acto Administrativo*, 2ª ed., Capítulo V, p. 15.

ato. Na doutrina nacional, Celso Antônio Bandeira de Mello posiciona-se: "(...) não há garantia de um direito à resistência, por descumprimento, contra atos que 'poderão vir a ser declarados inválidos'. Também não há uma sanção pela resistência 'passiva' a atos que 'vierem a ser declarados inválidos'. Quando um particular desatende a um ato administrativo o faz, como se disse, por sua conta e risco, pois a qualificação do ato como inválido perante o direito positivo só vai ser definida *a posteriori*, isto é, quando houver um pronunciamento do órgão jurisdicional, único que possui competência para dizer em definitivo se o ato era ou não inválido. A resistência 'passiva' perante um ato administrativo 'válido' ou 'inválido' (quando 'nulo' ou 'anulável') do ponto de vista jurídico 'tem o mesmo caráter no momento em que esteja ocorrendo'. A diferença de conseqüências jurídicas só vai surgir depois: quando houver invalidação do ato pela própria Administração ou decisão judicial que declare a invalidade do ato a que se resistiu. Entretanto, a resistência *manu militari* a atos 'nulos' ou 'anuláveis' é, em si mesma, um elemento de perturbação da ordem e da paz social, e, por isto mesmo, ilegítima".[37]

Deste entendimento parece-nos ser divergente a doutrina esposada por Maria Garcia, para quem a desobediência civil é um direito fundamental com respaldo no exercício da cidadania como participação no poder político (art. 5º, § 2º, da CF), pode ser ativa ou passiva e se caracteriza, então, como a resistência ou contraposição à lei ou ato de autoridade (como pode ser o ato administrativo) quando ofensivos à ordem constitucional ou aos direitos e garantias fundamentais, com o objetivo de propugnar por sua revogação ou anulação.[38]

E o que mais contundentemente difere do pensamento de Celso Antônio Bandeira de Mello, em nossa interpretação, é que para a mencionada jurista deve-se repudiar a possibilidade de sanção ao administrado quando não reconhecida a procedência de sua petição ao Poder Público na qual se declara em desobediência civil e postula a exclusão dos efeitos de uma lei ou ato que entende em conflito com a ordem constitucional.

Na doutrina estrangeira o assunto também é encontrado em labor monográfico da lavra de Maria da Assunção Andrade Esteves: "Com efeito, a autotutela da Administração confronta-se aí com a autotutela dos direitos do particular, que em face de uma intervenção lesiva de um ou mais dos seus direitos, liberdades e garantias tem o poder (a 'competência') atribuído pela Constituição de impedir essa intervenção, sem ter de aguardar o recurso à via contenciosa, evitando, assim, a inutilização prática do direito".[39]

6.2 A necessidade de autorização expressa em lei ou de uma situação de urgência na qual não haja tempo hábil para buscar uma tutela jurisdicional

Em Portugal, na doutrina de Marcello Caetano, enaltece-se a auto-executoriedade

37. Celso Antônio Bandeira de Mello, *Curso de Direito Administrativo*, 17ª ed., p. 441.

38. Maria Garcia, *Desobediência Civil. Direito Fundamental*, 2ª ed., pp. 293-302. Neste sentido, ainda, encontra-se Ronald Dworkin, que reprocha a idéia de que a desobediência civil, isto é, a desobediência por razões de consciência, signifique o mesmo que desacato à lei, e formula, após o desenvolvimento de seu pensamento, algumas conclusões preliminares a respeito: a primeira é que quando a lei é incerta, no sentido de admitir a defesa razoável de dois pontos de vista opostos, o fato de um cidadão seguir seu próprio discernimento não implica comportamento esvaído de eqüidade; desta consideração decorre que as razões para processar o indivíduo são relativamente fracas e o caminho da eqüidade, por conseguinte, só se encontra na tolerância (*Levando os Direitos a Sério*, pp. 315-330).

39. Maria da Assunção Andrade Esteves, *A Constitucionalização do Direito de Resistência*, 1989.

como um atributo segundo o qual, quando presente em companhia do ato definitivo, representa o "ato de autoridade" da Administração em sua mais intensa plenitude.[40]

No Direito Argentino este entendimento é defendido por Rafael Bielsa.[41] Para ele, a diferença essencial entre o ato jurídico privado e o ato administrativo é mesmo a auto-execução deste último, que, segundo defende, apenas excepcionalmente poderá ser suspenso; chega mesmo a apregoar que entre a declaração (a decisão do ato) e a execução não há solução de continuidade, a menos que a própria decisão difira sua execução a um termo certo ou ao implemento de uma condição, e que, salvo situações excepcionais em que haja a possibilidade de um dano irreparável ou de lesão grave, qualquer recurso interposto deve ser recebido apenas no efeito devolutivo.[42] Textualmente, diz: "A chamada executoriedade do ato administrativo é, portanto, propriedade essencial; sem ela se afetaria a 'eficácia' da atividade administrativa".[43]

Outro doutrinador que acede a este posicionamento é Bartolomé A. Fiorini, que assevera ser esta característica – a auto-executoriedade – verdadeira "conseqüência lógica do ato presumivelmente legítimo (...)".[44] Para ele, basta reconhecer as condições para a presunção de legitimidade e veracidade do ato administrativo para daí conter, naturalmente, o atributo da auto-executoriedade. Na mesma orientação, ainda, declara-se Manuel María Diez, que não apenas defende ser a auto-executoriedade uma propriedade ínsita ao ato administrativo, como ainda sustenta ser de caráter excepcional qualquer medida com o objetivo de sustar a execução – quando se divisa um dano gravemente irreparável.[45]

No Brasil esta é a posição sufragada por Diogo de Figueiredo Moreira Neto, que apregoa: "A executoriedade é, portanto, a regra da execução administrativa, embora sempre sujeita a duas inafastáveis condicionantes, uma positiva e uma negativa. A condicionante positiva é o pressuposto da exeqüibilidade, pois só o ato exeqüível se torna executório. A condicionante negativa é a inexistência de exceção legal, pois a lei pode submeter certos atos administrativos a um prévio controle de legalidade, transferindo, assim, ao Poder Judiciário a prerrogativa de alcançar, nessas hipóteses excepcionais, direitos fundamentais especialmente tutelados, como a incolumidade da pessoa, sua dignidade e a garantia de seu patrimônio".[46] E ainda pelo mestre Oswaldo Aranha Bandeira de Mello, ao defender que "a auto-executoriedade é a regra, nos casos em que ela seja efetivamente necessária, (...) ela se realiza em princípio, desde que não haja proibição legal, direta ou indireta, como salientado".[47] Explana o professor as abordagens distintas que este atributo tomou sob a influência de diversas escolas – o que deve ser considerado de acordo com o tempo em que o mencionado jurista fez suas pesquisas: nos idos da década de 1970: no direito administrativo do Continente Europeu e da América Latina prevalece o princípio da auto-executoriedade como

40. Marcello Caetano, *Manual de Direito Administrativo*, 10ª ed., vol. I, p. 464. Por "ato definitivo" entende o autor a "resolução final que define a situação jurídica da pessoa cujo órgão se pronunciou ou de outra que com ela está ou pretende estar em relação administrativa", e "ato não-definitivo" o que não contenha resolução final ou que não defina situações jurídicas" (idem, p. 443).

41. Rafael Bielsa, *Compendio de Derecho Administrativo*, 2ª ed., vol. I, p. 37.

42. Rafael Bielsa, *Principios de Derecho Administrativo*, 3ª ed., p. 99.

43. Idem, p. 101.

44. Bartolomé A. Fiorini, *Manual de Derecho Administrativo*, p. 298.

45. Manuel María Diez, *El Acto Administrativo*, 2ª ed., pp. 259-260.

46. Diogo de Figueiredo Moreira Neto, *Curso de Direito Administrativo*, 14ª ed., p. 139.

47. Oswaldo Aranha Bandeira de Mello, *Princípios Gerais de Direito Administrativo*, 3ª ed., vol. I, p. 627.

inerente a todos os provimentos administrativos que prescrevem deveres e limitações às atividades dos particulares, o que implica dizer que há o atributo independentemente de expressa disposição legal; já no direito administrativo anglo-americano exige-se texto legal explícito outorgando a auto-executoriedade (denomina-se, nesta escola, de *summary power* o privilégio de execução direta).[48]

Decerto, estas construções doutrinárias estreitam-se profundamente com a própria origem do conceito de "ato administrativo", como linhas acima anotamos ao serem declinadas as lições de Eduardo García de Enterría e Tomás-Ramón Fernández. Conseqüência desta senda doutrinária é a dificuldade em esquadrinhar os limites desta prerrogativa, uma vez que a ausência deste atributo é encarada como medida de exceção, como o faz o argentino Juan Carlos Cassagne ao admitir a suspensão dos efeitos auto-executórios do ato administrativo, na interposição de um recurso administrativo, apenas se houver norma expressa a respeito ou se padecer da presunção de legitimidade porque se eiva a declaração de nulidade manifesta.[49]

Na Espanha, por conta do art. 95 da Lei de Regime Jurídico das Administrações Públicas e do Procedimento Administrativo, de 26.11.1992, modificada pela Lei 4, de 13.1.1999, que formula – nas palavras de Eduardo García de Enterría e Tomás-Ramón Fernández – um "princípio geral de autotutela coativa com fins de execução forçosa", a auto-executoriedade, em razão de sua amplitude, legitima a possibilidade permanente deste atributo, salvo se a lei exigir um prévio pronunciamento judicial – o oposto, como abaixo veremos, do que encampamos e, conforme ainda os mesmos doutrinadores, é construção doutrinária originária da França e Itália.[50]

Entre este entendimento e o que veremos a seguir, no qual se busca coartar os atos do Poder Público ao princípio da legalidade, há o que nos parece ser uma posição intermediária, e se encontra bem exposta nas lições do italiano Pietro Virga. Sustenta o doutrinador referido que os atos administrativos que impõem uma obrigação de *dar* devem, para gozar do atributo da auto-executoriedade, conter expressa previsão legal, mas nos atos que prescrevem uma obrigação de *não-fazer* ou de *fazer* a auto-executoriedade – diz ele – é reconhecida independentemente de uma lei que expressamente a preveja.[51]

Contudo, comungamos da doutrina mais restritiva do reconhecimento deste atributo nos atos administrativos, porque nos parece ser mais consentânea com os direitos e garantias fundamentais de um Estado Democrático de Direito e é esposada, dentre outros, pelos mestres Celso Antônio Bandeira de Mello, Maria Sylvia Zanella Di Pietro, Carlos Ari Sundfeld, Celso Ribeiro Bastos, Lúcia Valle Figueiredo e Diógenes Gasparini, e no Direito estrangeiro lembramos Roberto Dromi, Agustín Gordillo, Maria da Assunção Andrade Esteves, Jean Rivero, Georges Vedel, Juan Francisco Linares e Ernest Forsthoff,[52] para quem só se

48. Idem, pp. 622-625.

49. Juan Carlos Cassagne, *Derecho Administrativo*, 7ª ed., vol. II, p. 221.

50. Eduardo García de Enterría e Tomás-Ramón Fernández, *Curso de Derecho Administrativo*, 12ª ed., vol. I, pp. 784-785.

51. Pietro Virga, *Diritto Amministrativo*, 5ª ed., vol. II, p. 102.

52. Celso Antônio Bandeira de Mello, *Curso de Direito Administrativo*, 17ª ed., p. 386; Maria Sylvia Zanella Di Pietro, *Direito Administrativo*, 15ª ed., pp. 193-194; Carlos Ari Sundfeld, *Direito Administrativo Ordenador*, 1ª ed., 3ª tir., p. 82; Celso Bastos, *Curso de Direito Administrativo*, p. 104; Lúcia Valle Figueiredo, *Curso de Direito Administrativo*, 7ª ed., p. 183; Diógenes Gasparini, *Direito Administrativo*, 8ª ed., p. 76; Roberto Dromi, *Derecho Administrativo*, 10ª ed., pp. 388-389; Agustín A. Gordillo, *Tratado de Derecho Adminis-*

admite a *auto-executoriedade* do ato administrativo em uma das seguintes situações: (a) quando a lei o prevê expressamente; (b) quando necessário, como condição insopitável, à realização do interesse público, o que por tal se entende "nos casos em que a medida é urgente e não há via jurídica de igual eficácia à disposição da Administração para atingir o fim tutelado pelo Direito, sendo impossível, pena de frustração dele, aguardar a tramitação de uma medida judicial".[53]

Quer-nos parecer que a doutrina perfilada por estes autores é mais emparelhada aos ideais democráticos e ao princípio da legalidade, porque, como bem percebeu e externou Agustín Gordillo, "a possibilidade de usar a força pública por própria decisão administrativa (e não mediante a intervenção judicial, pelo procedimento que seja) 'não é um atributo próprio do ato administrativo', mas sim uma competência especial outorgada pela lei à Administração";[54] posição diversa, diz o autor – e aderimos à sua doutrina –, levaria a um verdadeiro Estado de Polícia, mesmo que a doutrina ou a legislação logo tencionassem impor limites a este poder genérico.[55]

Do seguinte julgado extrai-se a mesma intelecção: "Ato administrativo – Auto-executoriedade – Inadmissibilidade – Exercício do poder de polícia – Irrelevância – Autorização nos casos expressamente previstos em lei ou quando existir urgência – Necessária previsão de prejuízo iminente – Princípio da proporcionalidade dos meios aos fins".[56]

A auto-executoriedade não existe como um elemento inerente à manifestação do Estado na realização da função administrativa. Depende, o exercício da função, de que uma norma atribua um feixe de competências no qual se preveja a possibilidade de o Estado agir sem necessitar de prévio deferimento por meio de um provimento judicial que avalize a conduta que se intente praticar. Esta é a condição normal. A exceção admitida – a atuação ao largo de prescrição expressa (explícita ou implícita) – apenas pode ser consentida à guisa de exceção, isto é, nos casos em que se desdobra uma situação urgente na qual não há tempo de obter um provimento jurisdicional sem que pereça o interesse público que se pretende preservar.

Como bem percebe, uma vez mais, Agustín Gordillo, negar a potestade de execução coativa quando a norma não a confere, de forma expressa ou razoavelmente implícita, "não é senão a aplicação do princípio de que quando uma norma não outorga à Administração determinada faculdade, há de interpretar-se que não a tem (interpretação restritiva da competência, diferente da interpretação extensiva da capacidade de direito privado)".[57]

O que quiçá possa incomodar neste discurso que encetamos após apontar estas duas condições para a existência da auto-executoriedade – sua previsão em lei ou por uma situação de urgência na qual sequer há tempo de obter um provimento jurisdicional prévio – é justamente a segunda delas: a premente reação que a Administração deve ter no caso concreto que facultaria que agisse por ela própria, sem, como é normal num Estado Democrático de Direito, amparar-se numa ordem judicial. Pois, afinal, não

trativo – El Acto Administrativo, 2ª ed., Capítulo V, p. 25; Maria da Assunção Andrade Esteves, *A Constitucionalização do Direito de Resistência*, p. 234; Jean Rivero, *Direito Administrativo*, pp. 119-121; Georges Vedel, *Derecho Administrativo*, 6ª ed., pp. 169-170; Juan Francisco Linares, *Derecho Administrativo*, pp. 438-441; Ernest Forsthoff, *Tratado de Derecho Administrativo*, pp. 405-406.

53. Celso Antônio Bandeira de Mello, *Curso de Direito Administrativo*, 17ª ed., p. 386.

54. Agustín A. Gordillo, *Tratado de Derecho Administrativo – El Acto Administrativo*, 2ª ed., Capítulo V, pp. 25 e 31.

55. Idem, p. 34.

56. *RT* 807/374.

57. Agustín A. Gordillo, *Tratado de Derecho Administrativo – El Acto Administrativo*, 2ª ed., Capítulo V, p. 36.

é o princípio da legalidade o fundamento primeiro e principal da auto-executoriedade, na medida em que a Administração só pode fazer, ou deixar de fazer, o que a lei prevê?

Decerto que a situação de urgência não é qualquer derrogação de postulados jurídicos, não se encontra fora da Constituição Federal o fundamento para esta medida, não há um direito supra-estatal que legitime o Poder Público a atuar com a auto-executoriedade sem se encontrar uma prescrição normativa no seio da Carta Magna do país.

Portanto, percebe-se que mesmo ao se dizer que a situação de urgência, que a absoluta e objetiva constatação de impossibilidade de a Administração obter um provimento jurisdicional para atuar, é uma outra hipótese a legitimar a auto-executoriedade, ainda assim o fundamento desta situação é, ainda e mais uma vez – tal como a primeira: a da previsão expressa em lei –, o princípio da legalidade. Legalidade, esta, em sua abrangente concepção: como normas – regras e princípios – constitucionais.

Mas qual ou quais direitos prescritos na Constituição Federal podem, então, escorar a ação da Administração de intervenção na esfera da liberdade ou no patrimônio do administrado sem um provimento do Judiciário, e ainda quando ausente a expressa anunciação de uma lei, é questão que precisa ser respondida.

Encontramo-la – a resposta – no *direito de necessidade constitucional*, assim entendido como a "previsão e delimitação normativo-constitucional de instituições e medidas necessárias para a defesa da ordem constitucional em caso de situação de anormalidade que, não podendo ser eliminadas ou combatidas pelos meios normais previstos na Constituição, exigem o recurso a meios excepcionais".[58] E com o acréscimo – nas palavras do professor da Faculdade de Direito de Coimbra e na correspondência do que adiantamos no parágrafo acima – de que "o direito de necessidade constitucional não é um direito fora da Constituição, mas um direito normativo-constitucionalmente conformado. O regime das 'situações de excepção' não significa 'suspensão da Constituição' ou 'exclusão da Constituição' (excepção de Constituição), mas sim um 'regime extraordinário' incorporado na Constituição e válido para situações de anormalidade constitucional".[59]

Fixados estes apontamentos sobre as situações em que possível encontrar a auto-executoriedade, cremos ser de grande valia exemplificá-las.

São exemplos da primeira situação – a decorrência do atributo da auto-executoriedade de expressa disposição legal – a imediata assunção do objeto do contrato administrativo por parte da Administração em razão da rescisão prevista no art. 80, I, da Lei 8.666, de 21.6.1993; ou a encampação, prevista no art. 35, II, da Lei 8.987, de 13.2.1995; ou a intervenção do poder concedente, instituto previsto no art. 32 do mesmo diploma; ou, ainda, os casos de desconto do vencimento do funcionário público, conforme arts. 111, 246 e 248 da Lei 10.261, de 26.10.1968 – Estatuto dos Funcionários Públicos do Estado de São Paulo; ou, ainda, as medidas administrativas previstas no Código de Trânsito Brasileiro, como a retenção e a remoção do veículo e o recolhimento da Carteira Nacional de Habilitação, prescritas no art. 269 e especificadas para infrações tipificadas nos arts. 161 e ss.

Da segunda situação – em caso de urgência e sendo o aguardo de prévio pronunciamento judicial comprometedor da consecução do interesse público – tem-se como exemplo a orientação do trânsito, em razão de um acidente, por parte dos funcionários de uma concessionária de rodovia estadual;

58. J. J. Gomes Canotilho, *Direito Constitucional e Teoria da Constituição*, 7ª ed., p. 1.085.

59. Idem, p. 1.086.

ou, ainda, a limitação de acesso a uma rua por um concessionário de energia elétrica, porque cabos de alta voltagem se partiram e urge ser reparados; ou a demolição de um prédio comprometido estruturalmente, que se precipita sobre outras casas no entorno. Nota-se que a contingência que exsurge e reclama uma resposta célere do administrador permite, ainda que a auto-executoriedade decorra até de um ato verbal.[60]

Ilustramos, ainda, com o seguinte precedente: "Mandado de segurança – Ato administrativo – Interdição e destruição de viveiro de mudas de café infestadas por parasitas – Alegação de afronta ao direito prévio de defesa e contraditório regular – Preponderância do interesse público pela não disseminação da praga – Auto-executoriedade dos atos administrativos – Inexistência de direito líquido e certo – Ordem denegada – Inteligência do art. 5º, LV, da CF".[61]

7. Requisito de validade: o princípio da razoabilidade – em especial, a necessidade da auto-executoriedade

É requisito de validade do ato administrativo que contém o atributo da auto-executoriedade que seu exercício ocorra de acordo com o princípio da razoabilidade. Costumam ser assinalados como critérios objetivos a compor este princípio: (a) *adequação*, (b) *necessidade ou exigibilidade* e (c) *proporcionalidade em sentido estrito*. Mas é sobretudo em relação ao segundo que, nos limites deste artigo, queremos encarecer.

A *necessidade ou exigibilidade* é compreendida como a exigência de que o *meio* escolhido para o alcance do *fim* objetivado deva ser *o menos gravoso possível* para os cidadãos. Vale dizer: se houver outro instrumento apto a atingir o mesmo desiderato mas que cause menor gravame aos administrados, deve ser ele, e não qualquer outro, o *meio* eleito a ser meneado. Nas singelas mas judiciosas palavras do publicista francês Xavier Philippe, citado por Paulo Magalhães da Costa Coelho,[62] esse requisito pode assim ser sintetizado: "De dois males, faz-se mister escolher o menor".

Considere-se a situação exemplificativa de um administrado que atua na exploração de restaurante e que em determinada noite resolve promover música ao vivo em altura que realmente compromete o sossego dos vizinhos. A Administração, em vez de autuá-lo com a imposição de uma multa, considerando que é a primeira vez que comete esta infração, ou, mesmo, com a intimação de que a reincidência implicará cassação da licença, resolve liminarmente embargar a atividade. Havia outros meios menos gravosos para alcançar o mesmo resultado com eficiência, e a frustração no uso destes mecanismos implica violação ao princípio da razoabilidade, por falta de necessidade da medida utilizada.

8. Proteção jurídica dos administrados

Não se olvide que abusos de qualquer natureza que se perpetrem sob o pretexto subvertido do rótulo da auto-executoriedade podem ser reparados mediante a propositura, por parte do administrado ou mesmo do Ministério Público, se o fato for de proporção a conter interesses difusos, de ações judiciais como o mandado de segurança, o *habeas corpus*, a ação popular, a ação civil pública etc.

Ousamos não concordar com Diógenes Gasparini, cujas lições, em geral, são por

60. Nesta linha pronuncia-se Agustín A. Gordillo (*Tratado de Derecho Administrativo – El Acto Administrativo*, 2ª ed., Capítulo V, p. 37).

61. *RT* 692/77.

62. Paulo Magalhães da Costa Coelho, *Controle Jurisdicional da Administração Pública*, p. 66.

nós reiteradamente referidas e encampadas, quando sustenta que este atributo é incompatível com o princípio do contraditório e da ampla defesa.[63] Não é o único a assim se situar; ao contrário, é muito bem acompanhado pelas idéias professadas por Oswaldo Aranha Bandeira de Mello, ao asseverar que "o princípio da auto-executoriedade dos atos administrativos impõe aos particulares, como preliminar, o dever de obedecer, e só lhes permite, posteriormente, recorrer. Faz com que não haja, por assim dizer, 'solução de continuidade' entre a determinação administrativa e sua execução".[64]

Acompanha-os, ainda, Manuel María Diez, que defende a aplicação do princípio *solve et repete*, isto é, o órgão jurisdicional deve ser acionado, para conhecer da legitimidade do ato, apenas posteriormente à sua execução.[65]

É preciso distinguir as situações e, entre elas, o instante no qual a auto-executoriedade se manifesta. No caso de este atributo decorrer de expressa previsão legal, deve a Administração realizar, antes da prática de qualquer ato, um procedimento que dê ciência aos administrados, destinatários da ação, dos motivos, de fato e de direito, que levam à pretensão do Poder Público de intervir diretamente em caso de resistência; e não apenas o conhecimento dos desideratos do administrador será suficiente, pois há a necessidade, ainda, de que se permita aos potencialmente sujeitos à ação que se manifestem e que produzam, caso queiram, as provas que entendem pertinentes – enfim, numa linha, é preciso assegurar o contraditório e a ampla defesa. É o que Roberto Dromi destaca, sob a denominação de "aspecto processual": a observância de um processo administrativo prévio e regrado.[66]

No que tange à situação de urgência e à premência de uma reação imediata do Poder Público, sob pena de perecimento de um interesse coletivo, é certo que não haverá tempo hábil a este procedimento – de ciência do administrado, de oportunidade de defesa e de produção de provas –, mas não impede, ou, melhor, impõe que todo este processo seja, então, diferido para realização imediata à execução do ato. E caso a própria Administração apure, posteriormente, ser incorreta sua atuação, deverá proceder à indenização dos lesados. A violação de direitos fundamentais dos cidadãos, dos princípios que regem a atuação da Administração Pública ou, mesmo, do princípio da proporcionalidade, como enaltecem Eduardo García de Enterría e Tomás-Ramón Fernández,[67] são circunstâncias que exigem da Administração a recomposição de eventuais prejuízos.

Referências bibliográficas

ANDRADE ESTEVES, Maria da Assunção. *A Constitucionalização do Direito de Resistência*. Lisboa, Associação Acadêmica da Faculdade de Direito de Lisboa, 1989.

63. Diógenes Gasparini, *Direito Administrativo*, 8ª ed., p. 74.

64. Oswaldo Aranha Bandeira de Mello, *Princípios Gerais de Direito Administrativo*, 3ª ed., vol. I, p. 621.

65. Manuel María Diez, *El Acto Administrativo*, 2ª ed., p. 273.

66. Roberto Dromi, *Derecho Administrativo*, 10ª ed., p. 389. Esta posição é retratada no seguinte precedente: "Apelação – Mandado de segurança – Interdição de estabelecimento comercial – Oportunidade de defesa ao interessado. A interdição administrativa de atividade ou estabelecimento insere-se no poder de polícia. Mas, como ato punitivo que é, há de ser precedido de processo regular e do auto circunstanciado das irregularidades, a possibilitar defesa do interessado, no que não contrasta, não desmerece e nem diminui seus atributos, dentre os quais o da auto-executoriedade – Apelo desprovido – Sentença confirmada em reexame necessário" (TJRS, Ap. cível 70006120976, rel. Des. Genaro José Baroni Borges, j. 23.6.2004).

67. Eduardo García de Enterría e Tomás-Ramón Fernández, *Curso de Derecho Administrativo*, 12ª ed., vol. II, p. 801.

BANDEIRA DE MELLO, Celso Antônio. *Curso de Direito Administrativo*. 17ª ed. São Paulo, Malheiros Editores, 2001.

BANDEIRA DE MELLO, Oswaldo Aranha. *Princípios Gerais de Direito Administrativo*. 3ª ed., vol. I. São Paulo, Malheiros Editores, 2007.

BASTOS, Celso Ribeiro. *Curso de Direito Administrativo*. São Paulo, Saraiva, 1994.

BIELSA, Rafael. *Compendio de Derecho Administrativo*. 2ª ed., vol. I. Buenos Aires, Roque Depalma Editor, 1957.

————. *Principios de Derecho Administrativo*. 3ª ed. Buenos Aires, Roque Depalma Editor, 1963.

CAETANO, Marcello. *Princípios Fundamentais do Direito Administrativo*. Coimbra, Livraria Almedina, 2003.

————. *Manual de Direito Administrativo*. 10ª ed., vol. I. Coimbra, Livraria Almedina, 2001

CANOTILHO, José Joaquim Gomes. *Direito Constitucional e Teoria da Constituição*. 7ª ed. Coimbra, Livraria Almedina, 2003.

CASSAGNE, Juan Carlos. *Derecho Administrativo*. 7ª ed., vol. II. Buenos Aires, LexisNexis, 2004.

COSTA COELHO, Paulo Magalhães da. *Controle Jurisdicional da Administração Pública*. São Paulo, Saraiva, 2002.

DI PIETRO, Maria Sylvia Zanella. *Direito Administrativo*. 15ª ed. São Paulo, Atlas, 2003.

DIEZ, Manuel María. *El Acto Administrativo*. 2ª ed. Buenos Aires, Tipográfica Editora Argentina, 1961.

DROMI, Roberto. *Derecho Administrativo*. 10ª ed. Buenos Aires/Madri, Ciudad Argentina, 2004.

DWORKIN, Ronald. *Levando os Direitos a Sério*. São Paulo, Martins Fontes, 2002.

ENTERRÍA, Eduardo García de, e FERNÁNDEZ, Tomás-Ramón. *Curso de Derecho Administrativo*. 12ª ed., vol.s I e II. Madri, Civitas, 2004.

ESCOLA, Héctor Jorge. *Compendio de Derecho Administrativo*. vol. I. Buenos Aires, Roque Depalma Editor, 1990.

FIGUEIREDO, Lúcia Vale. *Curso de Direito Administrativo*. 7ª ed. São Paulo, Malheiros Editores, 2004.

FIORINI, Bartolomé A. *Manual de Derecho Administrativo*. Buenos Aires, La Ley – Sociedad Anónima Editora e Impresora, 1968.

FORSTHOFF, Ernest. *Tratado de Derecho Administrativo*. Madri, Instituto de Estudios Políticos, 1958.

FREITAS, Juarez. *O Controle dos Atos Administrativos e os Princípios Fundamentais*. 3ª ed. São Paulo, Malheiros Editores, 2004.

GARCIA, Maria. *Desobediência Civil. Direito Fundamental*. 2ª ed. São Paulo, Ed. RT, 2004.

GASPARINI, Diógenes. *Direito Administrativo*. 8ª ed. São Paulo, Saraiva, 2003.

GIANNINI, Massimo Severo. *Istituzioni di Diritto Amministrativo*. 2ª ed. Milão, Giuffrè Editore, 2000.

GORDILLO, Augustin. *El Acto Administrativo*. Buenos Aires, Editorial Perrot, 1976.

————. *Tratado de Derecho Administrativo – El Acto Administrativo*. 2ª ed. Colômbia, Biblioteca Jurídica Diké, 2001.

————. *Tratado de Derecho Administrativo – Parte General*. Colômbia, Biblioteca Jurídica Diké, 2001.

LINARES, Juan Francisco. *Derecho Administrativo*. Buenos Aires, Editorial Astrea, 1986.

————. *Fundamentos de Derecho Administrativo*. Buenos Aires, Editorial Astrea, 1975.

MEIRELLES, Hely Lopes. *Direito Administrativo Brasileiro*. 24ª ed., atualizada por Eurico de Andrade Azevedo, Délcio Balestero Aleixo e José Emmanuel Burle Filho. São Paulo, Malheiros Editores, 1999.

MOREIRA NETO, Diogo de Figueiredo. *Curso de Direito Administrativo*. 14ª ed. Rio de Janeiro, Forense, 2005.

RIVERO, Jean. *Direito Administrativo*. Trad. de Rogério Ehrhardt Soares. Coimbra, Livraria Almedina, 1981.

SUNDFELD, Carlos Ari. *Direito Administrativo Ordenador*. 1ª ed., 3ª tir. São Paulo, Malheiros Editores, 2003.

VEDEL, Georges. *Derecho Administrativo*. 6ª ed., trad. de Juan Rincón Jurado. Madri, Aguilar, 1980.

VIRGA, Pietro. *Diritto Amministrativo*. 5ª ed., vol. II. Milão, Giuffrè Editore, 1999.

A SEPARAÇÃO DOS PODERES E O JUDICIÁRIO COMO LEGISLADOR POSITIVO E NEGATIVO

MAURÍCIO ZOCKUN

Professor de Direito Administrativo e Fundamentos de Direito Público na Faculdade de Direito da PUC/SP – Mestre em Direito Tributário e Doutorando em Direito Administrativo pela PUC/SP – Advogado

1. Introdução. 2. Confins da cláusula "separação dos Poderes": 2.1 A plurissignificação da expressão – 2.2 Solvendo-se o aparente problema da plurissignificação: 2.2.1 O estado de coisas assegura a ação estatal. 3. Função desempenhada pelo Poder Judiciário: 3.1 O Judiciário atua como "legislador positivo" ou "legislador negativo"?: 3.1.1 O Judiciário no exercício de típica função legislativa – 3.1.2 O Judiciário no exercício de típica função administrativa.

1. Introdução

O art. 2º da Constituição da República proclama que os Poderes Legislativo, Executivo e Judiciário são harmônicos e independentes entre si.

Esse dispositivo constitucional alçou à condição de cláusula pétrea um modelo de organização e funcionamento estatal que preserva e perpetua um arquétipo político concebido para consecução do interesse público.

Mas, diante do encargo de satisfazer o interesse público, é imperioso que o exegeta se recorde de que a função estatal não se confunde com o órgão credenciado a desempenhá-la. Com efeito, na da impede que um órgão estatal exerça função estatal que não lhe é ordinariamente cominada.[1]

Essa observação juridicamente elementar revela sua importância, pois a imutabilidade constitucional que atinge a forma de satisfação desse encargo jurídico-positivo tem seus confins delimitados no conteúdo normativo contido nos arts. 2º e 60, § 4º, III, da CF.

Assim, por meio dessas singelas enunciações justificamos o propósito que nos anima neste texto. Pretendemos (i) examinar o sentido e alcance do conteúdo prescritivo veiculado no art. 2º da Constituição da República; (ii) apurar os confins das atividades precipuamente desempenhadas

1. Essa idéia não escapou despercebida a Thomas Cooley, que há tempos já destacava que: "Há, pois, poderes que são estritamente legislativos, outros que são estritamente executivos e outros que são estritamente judiciários; ao mesmo tempo que outros poderes podem ser exercitados por um ou por outro ramo, segundo as precisas disposições da lei" (*Princípios Constitucionais dos Estados Unidos da América do Norte*, 2ª ed., p. 44).

pelo Poder Judiciário; e (iii) aquilatar se as decisões proferidas pelo Poder Judiciário que inovam o ordenamento jurídico e o fazem atuar como "legislador positivo" são juridicamente válidas à luz da mencionada cláusula pétrea.

Não se trata, no entanto, de tema que se edifica, limita e exaure na metalinguagem do Direito. Pelo contrário! A atualidade dessa questão decorre de sua inegável implicação de ordem prática.

Basta verificarmos que, justamente sob essa ótica, inúmeras disposições normativas foram mantidas ou extirpadas do ordenamento jurídico pela Suprema Corte.[2] Eis a razão desse nosso entusiasmo.

2. *Confins da cláusula "separação dos Poderes"*

2.1 A plurissignificação da expressão

Consoante o art. 2º da CF: "São poderes da União, independentes e harmônicos entre si, o Legislativo, o Executivo e o Judiciário". Trata-se de dispositivo de invulgar importância, porque, ao mesmo tempo em que condiciona a validade das relações intersubjetivas reguladas pelo direito positivo, se encontra em posição de supremacia em relação aos demais preceitos constitucionais (qualificando-se, pois, como *sobreprincípio*).

Por isso mesmo é que as Cartas Fundamentais das ordens jurídicas parciais (e não apenas da União) devem servil obediência a essas prescrições (nos termos dos arts. 25, *caput*; e 29, *caput*, da CF e 11 do ADCT) ou, como prefere o STF, ao "modelo federal" positivado pela Constituição da República.[3]

Além disso, basta que o exegeta verifique a localização topológica em que o constituinte fez inserir o art. 2º para que se revele a cardeal importância do conteúdo jurídico veiculado nesse dispositivo. Explicita-se: esse comando está inserido no Título I: "Dos Princípios Fundamentais".

Dessa forma, sendo a independência e harmonia entre os Poderes um *princípio fundamental* da República, ele garante a isonomia entre os referidos Poderes. E se mediante esse *princípio fundamental* se preserva a igualdade entre as pessoas políticas, segue-se que não há necessidade de produção normativa ulterior para irradiação dos seus efeitos – como, aliás, didaticamente prevê o art. 5º, § 1º, da CF.[4]

Essas considerações não resolvem (embora delimitem) o problema de elucidação da premissa de nossa análise. E isso porque o art. 60, § 4º, III, da CF preserva a *separação dos Poderes*. Explica-se o problema.

O art. 2º prevê que o Legislativo, o Executivo e o Judiciário são *Poderes* da União. Resulta disso que a expressão "Poderes" está jungida aos órgãos credenciados a desempenhar as funções estatais (e não propriamente às funções desempenhadas).

Partindo-se dessa premissa, poder-se-ia concluir que o bem jurídico acautelado pela cláusula da imutabilidade constitucional (art. 60, § 4º, III) seria a separação entre Executivo, Legislativo e Judiciário (e não entre as funções por eles exercidas).

Esse raciocínio seria encerrado com a seguinte consideração: caso se pretendesse preservar a harmonia e independência entre as *funções estatais*, seria necessário que outra fosse a redação do art. 2º da CF,[5] até mesmo porque onde o constituinte não diferenciou não cabe ao intérprete fazê-lo.

2. STF, Pleno, ADI 3.459, rel. Min. Marco Aurélio, *DJU* 7.4.2006; STF, 2ª Turma, RE 322.348, rel. Min. Celso de Mello, *DJU* 6.12.2002; STF, Pleno, ADI 1.755, rel. Min. Nelson Jobim, *DJU* 18.5.2001; STF, 1ª Turma, RE 344.331, rela. Min. Ellen Gracie, *DJU* 14.3.2003.

3. ADI 3.361, 2.596, 1.677, 1.304 e 910, dentre outras.

4. Nesse sentido: STF, MI 107.

5. A plurissignificação dessa expressão e de suas conseqüências não passou despercebida pelo crivo de José Afonso da Silva (*Curso de Direito Constitucional Positivo*, 12ª ed., pp. 109-110).

Ocorre que não comungamos desse pensamento, visto que diversas são as premissas que escoram nossa exegese.

Em nosso entendimento há outra forma de se edificar o sentido desse dispositivo constitucional. E essa opção de interpretação decorre de lição – ao nosso sentir cardeal – segundo a qual o texto legislado (especialmente o constitucional) deve ser interpretado em seu sentido vulgar, salvo quando outro não for o sentido corrente.[6] Vamos a ele.

O art. 2º utiliza as expressões "independentes" e "harmônicos" para se referir aos Poderes. Ou seja: os *Poderes* devem ser *independentes* e *harmônicos*.

Ocorre que o vocábulo "independente" se refere a um elemento estático (um *estado de coisas*) e o termo "harmônico" (do verbo *harmonizar*) está jungido a algo dinâmico (uma *ação*). Ora, se a expressão "Poder" pretendesse representar apenas um objeto mentado (separação dos órgãos que desempenham as funções estatais), como, então, ele poderia ser, ao mesmo tempo, um *estado de coisas* e *uma ação*? Ou, melhor dizendo: como poderia um elemento estático ser também harmônico?

Não negamos que um objeto mentado possa, em um momento, ser analisado ou edificado sob o viés dinâmico para, em momento subseqüente, ser encarado sob o ângulo estático. No entanto, essa percepção é imprimida pelo intérprete ao examinar o objeto mentado sob o ângulo de realidades logicamente distintas entre si.

Um exemplo cotidiano é suficiente para elucidar o que com isso desejamos destacar.

Ao observarmos um carro em movi mento estamos defronte de dois fatos distintos (ainda que em uma apressada cognição possamos imaginar que se trata de um fato único e incindível): o objeto (carro) e seu movimento (sua dinâmica). Esses fatos são inconfundíveis entre si. Ainda que a dinâmica dependa do objeto, ele (o objeto) existirá independentemente da dinâmica.

Isso revela – para além de qualquer espécie de dúvida – que (i) a coisa e (ii) a dinâmica imprimida sobre a coisa são objetos logicamente distintos. Por essas razões, uma expressão (no caso, "Poder") não pode pretender significar objetos logicamente dessemelhantes.

Não fosse isso tema suficiente para ensejar toda sorte de dúvidas, há, ainda, gravame interpretativo adicional.

E isso porque até o presente momento apontamos equívocos de natureza substancial (*estado de coisas* e *ação*). No entanto, a eles se acresce a imprecisão semântica (vício de natureza *formal*), posto que distintas realidades sejam enunciadas por meio de um mesmo vocábulo.

Notem a amplitude do equívoco: uma expressão sendo utilizada para representar duas realidades antagônicas. Esse é o problema por nós temido e tão bem conhecido, representado pelo ordinário binômio manga-fruta e manga-roupa.

Essa segregação lógica entre duas realidades e a mazela semântica de identificá-las por meio de um vocábulo nos permitem, justamente por sua elucidação, compreender os confins do conteúdo veiculado no art. 2º da Constituição da República. Assim, pensamos que a compreensão do erro ao menos nos permitirá almejar o acerto![7]

2.2 Solvendo-se o aparente problema da plurissignificação

O art. 2º da CF prescreve que o Poder é independente e harmônico.

6. Como, aliás, se pode verificar em nosso "A natureza jurídica das 'taxas' destinadas ao Fundo de Fiscalização das Telecomunicações (FISTEL)", in *Tributação nas Telecomunicações*, p. 283.

7. Lição, aliás, implicitamente contida nas observações de José Souto Maior Borges, *Ciência Feliz*, 2000.

Pois bem, *o Poder é independente* quando os órgãos credenciados a exercitar certo plexo de competências mantêm estruturas dissociadas dos demais, o que lhes garante autonomia na satisfação do interesse público.

E, para que a consecução dos seus misteres constitucionais seja plenamente assegurada, a eles a Constituição atribuiu pessoal[8] e recursos próprios.[9]

Assim, por meio do sobredito *estado de coisas*, a Constituição da República assegura aos órgãos estatais *meios* para satisfação do interesse público cujo encargo de sua realização lhes (aos órgãos) foi conferido.

Por isso mesmo, parece-nos *incompleto* o pensamento de José Afonso da Silva, para quem "independência" significa que (i) a investidura e a permanência dos agentes em cada um desses órgãos não dependam da vontade alheia; (ii) não há necessidade de consulta entre agentes dos órgãos para deliberações; e (iii) há livre iniciativa – observados os parâmetros constitucionais – na organização dos respectivos "serviços".[10]

As conseqüências apontadas por José Afonso da Silva decorrem da *independência* dos Poderes, mas não se prestam a identificar sua essência (que, como procuramos revelar, é algo *estático*).

2.2.1 *O estado de coisas assegura a ação estatal*

Mas esse *estado de coisas* não existe por si só, como se descolado de qualquer outro parâmetro ou fim. Ele é prestante a algo. É concebido para um propósito.

Basta relembrarmos que, no plano geral e abstrato, as normas que disciplinam a função pública prevêem o ingresso do seu curador no pólo passivo da relação jurídica. Vale dizer que o perseguidor de uma função pública tem o dever ou a obrigação jurídica de realizar certas condutas em prol da coletividade, que, por seu turno, tem o poder ou o direito subjetivo de exigir a realização da sobredita conduta.[11]

É bem verdade que, no plano individual e concreto, esse curador pode ocupar (e geralmente ocupa) o pólo ativo de uma relação jurídica, praticando condutas (de fazer ou de não-fazer) em prol do interesse público. Mas, como essa situação concreta (conduta normada) encontra seu fundamento jurídico de validade em norma que lhe é hierarquicamente superior (ou seja, na norma geral e abstrata), segue-se que a prerrogativa de atuação do curador decorre de um dever (em prol da coletividade), e não de um poder (outorgado pela coletividade para satisfazer o dever que lhe foi acometido).

Por mais essa razão é que se mostra integralmente procedente o ineditismo do magistério de Celso Antônio Bandeira de Mello, para quem no exercício da função pública há "dever-poder" de perseguir o interesse público.[12]

Diga-se, ademais, que idêntica conclusão pode ser extraída do pensamento de Ruy Cirne Lima, para quem a função pública é a "forma de atividade humana

8. Arts. 61, § 1º, II, "a", e 84, VI, "b", em relação do Poder Executivo; arts. 51, IV, e 52, XIII, em relação ao Poder Legislativo; e art. 96, II, em relação ao Poder Judiciário, todos da Constituição da República.

9. Art. 99, § 1º, em relação ao Poder Judiciário; arts. 51, IV, e 52, XIII, em relação ao Poder Legislativo; e art. 61, § 1º, II, "b", em relação do Poder Executivo, todos da Constituição da República.

10. José Afonso da Silva, *Curso de Direito Constitucional Positivo*, 23ª ed., p. 110.

11. Esse pensamento, em linhas gerais, foi igualmente contemplado por Ruy Cirne Lima (*Preparação à Dogmática Jurídica*, 2ª ed., Porto Alegre, 1958, pp. 139-180), *apud* Alfredo Augusto Becker, *Teoria Geral do Direito Tributário*, 3ª ed., p. 234).

12. Celso Antônio Bandeira de Mello, *Curso de Direito Administrativo*, 21ª ed., pp. 29 e 68.

que, obediente a um plano ou ordem preestabelecida, se propõe à realização de um fim determinado", razão por que "ater-se ao fim designado não é simples faculdade, sensível a razões de oportunidade ou conveniência – é dever".[13]

Essas passagens confirmam nossa assertiva inicial: como esses órgãos estatais existem para uma finalidade – que, sabemos, consiste na perseguição do interesse público –, o texto constitucional, ao assegurar-lhes *independência* recíproca, criou fórmula imutável que lhes garante condições de perseguir seu mister por meio do desempenho de certas funções estatais (que é objeto *dinâmico*). Assim, a independência dos Poderes serve para garantir a harmonia no desempenho das funções estatais volvidas à satisfação do interesse público.

Essa é a razão pela qual pensamos que J. J. Gomes Canotilho sintetiza com rara felicidade essa idéia ao afirmar que *independência e harmonia garantem a independência funcional*.[14]

Outro, aliás, não é o magistério de Geraldo Ataliba ao acentuar que "a teoria de divisão do poder afirma, finalmente, que hão de ser distintos os órgãos prepostos a uma ou outra finalidade".[15]

Em síntese: o que se acautela nos arts. 60, § 4º, III, e 2º da CF é a *independência funcional* do Executivo, do Legislativo e do Judiciário.

As conclusões até aqui atingidas permitem afirmar, por derradeiro, que ao Poder Judiciário é assegurada a independência em relação aos demais Poderes para o desempenho de suas funções típicas.

13. Ruy Cirne Lima, *Preparação à Dogmática Jurídica*, 2ª ed., pp. 148, 149 e 151, *apud* Alfredo Augusto Becker, *Teoria Geral do Direito Tributário*, 3ª ed., p. 235.

14. J. J. Gomes Canotilho, *Direito Constitucional e Teoria da Constituição*, 7ª ed., p. 171.

15. Geraldo Ataliba, *República e Constituição*, 2ª ed., p. 50.

3. Função desempenhada pelo Poder Judiciário

Durante certo momento histórico alguns sustentaram que havia uma classificação natural dos Poderes, de tal sorte que cumpria ao Judiciário decidir os conflitos surgidos.

Assim, na visão de Thomas Cooley, cabe ao Poder Judiciário "interpretar e aplicar a lei, quando surgem controvérsias concernentes ao que tem sido feito ou omitido".[16]

Ainda que essa classificação nada tenha de "natural",[17] cada um dos órgãos credenciados ao desempenho das funções estatais inova o ordenamento jurídico ao seu próprio modo. E isso porque, não obstante todos produzam normas jurídicas nesse mister, a valência, natureza e finalidade das normas produzidas diferem radicalmente entre si.

Com efeito, sendo o Direito objeto da criação humana destinado a preservar a segurança jurídica (que, em relação ao Estado, é traduzida pela *previsibilidade da conduta estatal*), a única forma de se atingir esse propósito é por meio de outra criação humana: a norma jurídica.[18]

16. Thomas Cooley, *Princípios Constitucionais dos Estados Unidos da América do Norte*, 2ª ed., pp. 43-44.

17. Basta relembramos, a título de exemplo, que Oswaldo Aranha Bandeira de Mello concebe a existência de duas funções estatais (*Princípios Gerais de Direito Administrativo*, 3ª ed., vol. I, pp. 49 e ss.) e Otto Mayer discorre sobre quatro "atividades" principais, relatando também a existência de mais nove "atividades" que não se inserem em qualquer das quatro principais (*Le Droit Administratif Allemand*, vol. I, pp. 1-14). Enfim, nada há de natural na classificação sugerida por Monstesquieu em seu *O Espírito das Leis*.

18. Pensamos que a *norma jurídica* é uma criação humana, porquanto aos eventos da Natureza se aplica a Lógica Apofântica (Isaac Newton bem soube disso ao ver a maça cair da árvore) e ao nosso objeto aplica-se a Lógica Deôntica. O fato de a

Valendo-se dessa prerrogativa, as pessoas estatais preservam a segurança jurídica e garantem a satisfação do interesse público. Todavia, como já destacamos, a valência das normas produzidas por essas pessoas não é idêntica.

Em nosso direito positivo, ao Legislativo cumpre produzir normas jurídicas que inovam de forma inaugural o ordenamento jurídico para, com isso, criar, alterar ou suprir poderes, deveres, direitos e obrigações.

Por essa razão é que Geraldo Ataliba destacava a imperiosa necessidade de esses comandos fixarem "genérica e abstratamente, com força obrigatória, os preceitos a serem observados não só pelos cidadãos, como pelos próprios órgãos do Estado",[19] até mesmo porque, "editando normas abstratas e gerais, torna-se muito difícil ao legislador favorecer ou prejudicar deliberadamente os interesses particulares de determinado indivíduo".[20]

E justamente porque somente cabe ao Poder Legislativo elaborar normas que possam inovar inauguralmente a ordem jurídica que não é atribuída ao Poder Judiciário a prerrogativa de produzir norma jurídica de valência idêntica àquela emanada da atividade legislativa. Vale dizer: não é atribuição de nossos magistrados inovar o ordenamento jurídico de forma inaugural mediante a produção de normas gerais e abstratas. Não podem eles se substituir ao Legislativo, por não terem recebido do povo mandato para manifestação da vontade popular.

Aliás, é na figura do mandato que a República viabiliza os meios de sua implementação, especialmente porque é nela que se cristaliza a representação popular. E os magistrados – reconheçamos – não são e não atuam como representantes do povo.

O magistrado não manifesta a vontade de povo; ele aplica a vontade querida pelo povo. A missão dos magistrados não é de índole política, mas sim técnica. Eles exercem função estatal por serem os mais capacitados (dentre o universo dos interessados) a manejar instrumental científico de concreta aplicação do Direito. Em uma só voz: juiz faz justiça!

Aliás, justamente porque ao Judiciário cumpre traduzir a vontade da lei ao caso concreto, lhe é proscrito nela agregar a sua vontade. Críticas porventura existentes sobre o conteúdo das leis são inócuas, na medida em que ao magistrado não cumpre julgar a lei, mas, sim, julgar segundo a lei.

Essas conseqüências advindas dessas diferenças são irradiadas a todas as fronteiras do Direito (até mesmo porque o Direito é uno). Verifique-se, por exemplo, que, dentre as várias classes de agentes públicos, os magistrados se fazem inserir como servidores públicos, e não como agentes políticos (como são os ministros de Estado, os chefes do Poder Executivo e os *mandatários eleitos pelo povo*). Aqueles desempenham função estatal por merecimento; estes, por vontade popular.

Não fosse suficientemente demonstrada essa abissal dessemelhança entre cada uma dessas funções, basta relembrarmos que entre os Poderes existe *independência funcional*. Se essa prerrogativa é intocável, como, então, podemos conceber que Legislativo e Judiciário possam exercer, ao mesmo tempo, idêntica atribuição funcional? A harmonia entre os Poderes impede essa solução!

Resulta disso que ao Poder Legislativo cumpre, em regra, a produção de normas gerais e abstratas (preservadoras do ideal republicano) que inovam de modo inaugural o ordenamento jurídico, ao passo que ao Poder Judiciário cumpre a produção de normas individuais e concretas para afastar lesão ou ameaça de lesão a direito,

norma jurídica ser um conceito lógico-jurídico não faz desaparecer uma propriedade que lhe é inata: ser decorrente de um pensamento humano.

19. Geraldo Ataliba, *República e Constituição*, 2ª ed., p. 48.

20. Idem, p. 51.

formando-se, ao cabo dessa atividade, a coisa julgada.

O mesmo se diga em relação à função tipicamente desempenhada pelo Poder Executivo, cujo elemento identificador reside no desempenho de uma atividade de concreta aplicação da lei (e excepcionalmente da Constituição) submetida à apreciação do Poder Judiciário.

Com efeito, se da aplicação da lei ou da Constituição advier suposta lesão ou ameaça de lesão a direito, poder, dever ou obrigação de algum dos sujeitos da relação jurídica, então, esse esgarçar da propriedade e/ou da liberdade poderá ser submetido à apreciação do Poder Judiciário.

Mas o Judiciário não se substitui ao administrador para concretamente satisfazer as finalidades queridas pela lei e pela Constituição mediante atividades materiais e/ou jurídicas. Pelo contrário, ele atua onde essas atividades realizadas fazem nascer o conflito (*pretensão resistida*), e somente quando provocado; ao contrário do administrador, que não deve aguardar provocação de ninguém para cumprir os ditames legais.

3.1 O Judiciário atua como "legislador positivo" ou "legislador negativo"?

Doutrina e jurisprudência[21] afirmam que o Judiciário, no exercício de sua função típica, pode atuar apenas na condição de "legislador negativo". É necessário que se compreenda o que com isso se pretende dizer, para que se identifique o alcance da colocação.

Conforme já esclarecemos, todos os Poderes exercem sua *independência funcional* mediante a produção de normas jurídicas. Elas (as normas) inovam o ordenamento jurídico na medida em que o Direito se autoalimenta. Essa inovação pode ser positiva ou negativa se prescrições normativas forem acrescidas ou suprimidas do direito positivo. É esse o sentido que atribuímos, respectivamente, às expressões "legislador positivo" e "legisla dor negativo".

Assim, quando se aduz que o Poder Judiciário atua como legislador negativo, quer-se, com isso, dizer que, no exercício de sua típica função estatal, ele pode suprimir as prescrições normativas produzidas pelos Poderes. Não pode, contudo, produzir normas jurídicas que inovem em campo reservado à atuação dos demais Poderes.

Não obstante essas ponderações, o direito positivo prevê explicitamente que em algumas restritas oportunidades o magistrado pode atuar em substituição ao legislador e ao executor da lei. Ou seja, o Judiciário pode atuar como *legislador positivo* em campo que não lhe é típico.

Trata-se, como salta aos olhos de qualquer exegeta, de uma exceção ao princípio da *independência funcional* entre os Poderes. Aliás, se quisermos ser cientificamente precisos, não se concebe propriamente como uma exceção. É, pelo contrário, a própria conformação constitucional da *separação funcional* entre os Poderes. Sua morfologia jurídica é essa. Já nasce, por assim dizer, (de)limitado.

Essa substituição funcional atribuída ao magistrado não é novidade entre nós. Basta relembrarmos que o CPC 1939 prescrevia em seu art. 114 que na hipótese de anomia, circunstância em que se autorizava a decisão com base na eqüidade, "o juiz aplicará a norma que estabeleceria se fosse legislador".

Mas como essa "exceção" comporta em seu bojo situações normativas que se repelem em razão de sua discrepância, há necessidade de apartá-las. Com efeito, é possível conceber que o magistrado possa excepcionalmente atuar no exercício de função legislativa ou no exercício de função administrativa.

21. STF, ADI 1.755 e 3.459 e RE 322.348.

Na primeira hipótese ele produzirá normas jurídicas gerais e abstratas que inovarão o ordenamento jurídico de forma inaugural. O mesmo não se diga no exercício atípico de típica função administrativa, caso em que a sobredita inovação normativa inaugural não se apresenta.

3.1.1 *O Judiciário no exercício de típica função legislativa*

A despeito da *independência funcional* que permeia a separação entre os Poderes, há obrigatoriedade de o Judiciário se substituir ao Legislativo em certas oportunidades.

Deveras, o art. 5º, LXXI, da CF autoriza a impetração de mandado de injunção caso "a falta de norma regulamentadora torne inviável o exercício dos direitos e liberdades constitucionais e das prerrogativas inerentes à nacionalidade , à soberania e à cidadania".

Há possibilidade de essas normas regulamentadoras inovarem o ordenamento jurídico de forma inaugural, posto que o art. 102, I, "q", da CF indica que essa mora pode ser oriunda do Congresso Nacional ou de suas Casas.

Como o mandado de injunção é via de exceção de controle de constitucionalidade por omissão, a decisão judicial que acolhe definitivamente o *writ* impetrado só irradia seus efeitos entre as partes litigantes.

Ora, se isso é verdade, ainda que o magistrado produza a norma regulamentadora necessária a sanar a omissão legislativa, sua conduta inovará o ordenamento jurídico de forma inaugural apenas para as partes envolvidas. Vale dizer: nestas circunstâncias o Judiciário não produzirá norma geral e abstrata, mas, sim, individual e concreta.

O Judiciário atuará, sim, como "legislador positivo", mas em amplitude sobremaneira restrita àquela tipicamente legislativa.[22] Não que o Legislativo esteja proscrito de produzir norma individual e concreta;[23] apenas que essa não é sua mais típica atribuição constitucional, como averbou Geraldo Ataliba.

A Constituição da República prevê, ademais, a possibilidade de ajuizamento de ação direta de inconstitucionalidade por omissão. Nessa hipótese, como a demanda se volta ao controle concentrado de constitucionalidade por omissão, o resultado dela advindo produz efeitos *erga omnes*; diferentemente do que se

22. O entendimento do STF nessa matéria é disforme ao longo do tempo.

Nos autos do MI 584 aquela Corte reconheceu a inércia do Congresso Nacional em regulamentar o art. 192, § 3º, da CF e fixou a mora daquela Casa para que produzisse lei. Ao jurisdicionado cumpriu esperar, sentado, o cumprimento dessa decisão, posto que ela nunca ocorreu. E a segurança jurídica, a que se predestina o Direito, restou flagrantemente frustrada por conduta juridicamente mesquinha daquele que tinha por função curá-la.

Mais adiante (MI 361) reconheceu-se que o Judiciário só poderia fixar prazo para o Congresso Nacional legislar se o Estado fosse sujeito passivo de direito constitucional subjetivo.

A mora do Congresso Nacional – de impossível coerção forçada do Judiciário, ao menos segundo a visão do STF – ensejaria, no máximo, responsabilidade por omissão do Estado, a teor do disposto no art. 37, § 6º, da CF (MI 284).

Mas, em razão da avassaladora inércia legislativa em certos campos, o Judiciário teve que, ao final, reconhecer conseqüências jurídicas advindas dessa mora legislativa. No MI 232 o STF concedeu prazo para que o Congresso Nacional legislasse sobre determinada matéria, sob pena de, ao cabo do referido período, o impetrante (que era pessoa jurídica de direito privado não integrante da estrutura orgânica do Estado) passar a gozar de dada prerrogativa independentemente da existência de norma geral e abstrata.

23. Basta relembrarmos que a abertura de crédito orçamentário extraordinário para realização de despesas predeterminadas se dá por meio lei e as Leis federais 11.338/2006 (que deu nova denominação ao Aeroporto de Santarém/PA), 11.325/2006 (que declara o sociólogo Florestan Fernandes patrono da Sociologia Brasileira) e, por fim, 11.323/2006 (que autorizou a doação de um helicóptero, da marca tipo Esquilo – Biturbinado, para a Armada da República Oriental do Uruguai).

verifica em relação ao *writ of injunction*, há possibilidade de o Judiciário atuar tipicamente como legislador.

Ocorre que a mesma mazela que contaminou o início da jurisprudência do STF em relação ao mandado de injunção também contamina a ação direta de inconstitucionalidade por omissão. E isso porque, segundo a jurisprudência da Suprema Corte, nada há que o Judiciário possa fazer para constranger o Legislativo a produzir norma regulamentadora, nem tampouco se substituir a ele.

Nessa hipótese, restaria ao administrado amargar o tortuoso caminho da ação de responsabilidade civil do Estado por omissão e, tendo sucesso, amargar o caminho da liquidação de sua indenização por meio de precatório judicial.

A solução adotada pela Suprema Corte até o presente momento não nos seduz, porque a norma só goza dessa qualidade se seu descumprimento ensejar para a pessoa desobediente alguma espécie de sanção. A norma não recomenda, não sugere, não aconselha; ela é um mandamento, ela prescreve!

A se admitir que a fixação de prazo para o Legislativo exercer sua missão é uma mera recomendação, então, a decisão judicial e o correspondente comando constitucional não são prescrições jurídicas. São, quiçá, recomendações sociológicas encartadas afoitamente pelo constituinte em texto estranho ao seu verdadeiro espírito.

O sistema normativo só é qualificado como tal se, ao mesmo tempo, existirem normas primárias, primárias sancionatórias e secundárias. Se isso não ocorrer não teremos sistema normativo e não haverá Direito.

3.1.2 *O Judiciário no exercício de típica função administrativa*

Para que se possam ser edificadas as múltiplas possibilidades de controle judicial da atividade administrativa, deve o intérprete adotar como objeto central de estudo a específica forma de manifestação de vontade estatal: o *ato administrativo*.

Ora, se o exercício da *independência funcional* exige que os Poderes produzam normas jurídicas – legislando positiva ou negativamente –, segue-se que a manifestação de vontade decorrente do exercício da função administrativa não será diversa daquela decorrente do exercício das demais funções estatais.

Assim sendo, a norma jurídica decorrente do exercício da função administrativa inovará o ordenamento jurídico positiva ou negativamente, tal como ocorre com as normas jurídicas produzidas pelos demais Poderes.

No entanto, o que efetivamente obriga uma determinada pessoa a fazer ou não fazer algo não é a totalidade da norma jurídica (até mesmo porque edificada sob juízo hipotético-condicional); mas apenas seu mandamento, sua prescrição.

Se se quiser delimitar com precisão o conceito nuclear do revestimento externo do desempenho da função administrativa, cumpre-nos, então, designá-lo como *ato administrativo*.

Mas, sendo o ato administrativo logicamente semelhante a todo e qualquer mandamento normativo, ou há algo em sua substância que o torne típico ou, então, não será prestante dar nomes diferentes às coisas iguais. Mas há, sim, algo de peculiar na substância do mandamento normativo decorrente do exercício da função administrativa.

No magistério de Celso Antônio Bandeira de Mello,[24] ato administrativo é mandamento complementar à lei (ou excepcionalmente à Constituição) a título de lhe dar cumprimento, produzido no exercício de prerrogativas públicas e submetido

24. Celso Antônio Bandeira de Mello, *Curso de Direito Administrativo*, 21ª ed., p. 366.

à apreciação jurisdicional quanto à sua legitimidade (conformidade à lei e aos princípios informadores da Administração, ou seja, conforme ao Direito).

Como não há lesão ou ameaça a lesão que possa ser afastada de apreciação judicial (nem mesmo aquela oriunda de ato típico do Poder Judiciário[25]), essa manifestação jurídica do Estado no exercício de função administrativa não é exceção à ampla revisibilidade da atuação estatal.

A pergunta que se coloca é: há possibilidade de essa revisão judicial ser positiva? Vale dizer: poderá o Poder Judiciário se substituir ao administrador e produzir, ele mesmo, um ato administrativo no exercício de função jurisdicional?

O tema exige que se identifique, ao menos meteoricamente, uma das classificações mais correntes de atos administrativos, qual seja, a de atos *vinculados* e *discricionários* (ou, melhor dizendo, atento aos apontamentos de Celso Antônio Bandeira de Mello, *atos praticados no exercício de competência discricionária ou vinculada*).

Ainda que o exercício da função administrativa seja de submissão à lei e ao Direito para sua concreta realização, o primado da legalidade não é antitético ao exercício de competência discricionária, como fez notar Tomás Hutchinson.[26]

Nos atos praticados no exercício de competência discricionária o administrador goza de certa margem de liberdade para satisfação do interesse público, na medida em que a lei não anteviu, diante da ocorrência de determinado suporte fático, a única e restrita possibilidade de satisfação do interesse público.

25. O cabimento de mandado de segurança contra ato judicial comprova a indistinta aplicação desse primado.

26. Tomás Hutchinson, "Principio de legalidad. Discrecionalidad y arbitrariedad", *Revista Jurídica de Buenos Aires*, 2005, p. 297.

Nestas hipóteses, em que se pratica um ato discricionário, o Poder Judiciário não pode se substituir ao administrador para, em seu lugar, fazer a opção de qual a melhor solução a ser adotada à luz do caso concreto para satisfação do interesse público. Não pode ele, pois, atuar como "legislador positivo".

E isso porque a *independência funcional* entre os Poderes afasta o exame do *mérito* do ato administrativo discricionário do controle judicial. Aliás, como bem observou Caio Tácito ao destacar os confins do "poder discricionário", "não cabe ao juiz substituir a ação administrativa pelo arbítrio da toga. A ditadura judiciária será tão nociva quanto o descrédito da Administração".[27]

Não obstante isso, a discricionariedade não se confunde e nem tampouco autoriza a prática da arbitrariedade.[28] Daí por que ao Judiciário será autorizado examinar a razoabilidade da conduta praticada pela Administração no exercício dessa competência, posto que a "discricionariedade só existe nas hipóteses em que, perante a situação vertente, seja impossível reconhecer de maneira pacífica e incontrovertível qual a solução idônea para cumprir excelentemente a finalidade legal. Ou seja: naquelas em que mais de uma opinião for razoavelmente admissível sobre a medida apropriada para dar a melhor satisfação ao objetivo da lei".[29]

Havendo múltiplas alternativas razoáveis ao cumprimento da finalidade da lei, então, essa escolha cumpre apenas àquele que goza da correspondente competência. Ao Judiciário cumpre examinar os ex-

27. Caio Tácito, *Temas de Direito Público (Estudos e Pareceres)*, vol. I, p. 989.

28. Como fizeram notar Tomás Hutchinson ("Principio de legalidad. Discrecionalidad y arbitrariedad", *Revista Jurídica de Buenos Aires*, 2005, p. 310) e Caio Tácito (*Temas de Direito Público (Estudos e Pareceres)*, vol. I, p. 991).

29. Celso Antônio Bandeira de Mello, *Curso de Direito Administrativo*, 21ª ed., p. 918.

cessos e arbítrios porventura praticados, identificando aquelas hipóteses em que a solução adotada não condiz minimamente com o fim querido pela lei. Ou seja, trata-se de controle sobre a legalidade do ato administrativo.

Nessas hipóteses, o Poder Judiciário anula o ato (exercendo sua qualidade de "legislador negativo") e a Administração, valendo-se da sobredita competência discricionária, produz outro ato que, à luz da *razoabilidade*, satisfaça o interesse público.

Solução diversa ocorre se estivermos diante de atos vinculados.[30] Nessas hipóteses não há qualquer margem de liberdade ao administrador. Se há subsunção dos fatos à hipótese, a solução antevista pela lei é em apenas um sentido.

Se pela análise da hipótese (antecedente normativo), do mandamento (conseqüente normativo) ou da finalidade da norma não for possível identificar qualquer margem à apreciação subjetiva conferida ao administrador, então, a solução antevista pela lei é em apenas um sentido.

Ocorre que a Administração, não obstante esteja diante de circunstância fática que exija a produção de ato administrativo em um sentido, pode produzir ato em sentido diverso ou, pior, permanecer inerte. Diante disso, qual o limite para atuação jurisdicional?

Tomemos o seguinte exemplo: servidor público que há 40 anos ocupa cargo público completa 70 anos de idade. Não obstante a hipótese seja de aposentadoria compulsória, seu pedido para reconhecimento dessa situação não é analisado e, embora o pagamento de seus vencimentos tenha cessado, ainda não teve início o pagamento dos proventos de aposentadoria.

Nesse caso, o Judiciário (i) apenas detecta a mora do administrador e fixa prazo para que ele produza o ato; ou (ii) ele mesmo já reconhece a ocorrência da hipótese de aposentadoria compulsória e fixa prazo para que a Administração inicie o pagamento dos valores devidos a título de proventos. Note-se que na primeira hipótese o Judiciário atua como "legislador negativo", ao passo que na segunda hipótese sua conduta equivale à de um "legislador positivo". Qual a solução prestigiada pelo direito positivo?

Ora, se a pessoa interessada demonstrar cabalmente o preenchimento do suporte fático que autoriza a produção do ato derivado do exercício de competência vinculada, o magistrado reconhecerá que há irradiação dos efeitos queridos pela lei e que a Administração está obrigada a adotar os atos materiais necessários ao concreto proveito do desfrute prescrito em lei.

Basta relembrarmos que, tratando-se dessa espécie de ato administrativo, ocorrido o suporte fático (subsunção), dá-se, automática e infalivelmente (Alfredo Augusto Becker[31]), o mandamento. O mandamento pode não ser querido ou desejado pelo agente público ou pelos destinatários da norma. No entanto, como à norma jurídica se aplica a Lógica Deôntica, uma vez ocorrida a hipótese, irradia-se infalivelmente o conseqüente.

Não há agente público, particular, ato administrativo, judicial ou legislativo que possa impedir essa conseqüência, salvo naquelas hipóteses em que o próprio Direito autoriza a retroação dos efeitos normativos (o que é exceção entre nós).

A essa hipótese acresça-se o evento revolucionário (verdadeiro esfacelamento

30. Ainda que para Caio Tácito a prática administrativa evidencie, "porém, serem raros esses modelos extremos e categóricos. Não há, usualmente, nenhum ato totalmente vinculado ou totalmente discricionário. Existem matrizes de predominância, mais ou menos acentuadas, dando relevo à parte livre ou subordinada da manifestação administrativa" (*Temas de Direito Público (Estudos e Pareceres)*, vol. I, p. 990).

31. Alfredo Augusto Becker, *Teoria Geral do Direito Tributário*, 3ª ed.

da ordem jurídica), que – isso, sim – teria o condão de irromper o que restou dito acima, até mesmo porque *não há direito adquirido diante de nova Constituição.*

Nessa circunstância, contudo, a revolução não é um ato jurídico. É, pelo contrário, um fato original do qual renasce o Direito (ato).

Afora essas excepcionais circunstâncias, diante de lesão ou ameaça de lesão a direito decorrente da má aplicação ou inaplicação de norma fixadora de competência administrativa vinculada, o magistrado reconhece que os efeitos jurídicos prescritos já nasceram. O juízo realizado é, pois, meramente declaratório (tal como ocorreria se o administrador se encontrasse em idêntica situação).

Mas a conduta assim realizada pelo Poder Judiciário (que inegavelmente inova a ordem jurídica) não significa dizer que o magistrado também está autorizado a praticar concretamente os atos materiais previstos pelo ato administrativo.

Afinal, como já disssemos, o magistrado faz justiça (mas não com as próprias mãos). Sua atividade é de ordem jurídica, e não material. Pode atuar como legislador positivo em campo que não lhe é próprio, mas isso não o autoriza a se substituir às atividades materiais desempenhadas pelos demais Poderes.

Em síntese, ainda que a *independência funcional* do Estado no exercício da função jurisdicional seja precipuamente negativa (mediante o reconhecimento da invalidade de prescrições normativas), há possibilidade de sua atuação se revestir de caráter inovador positivo.

Essa inovação normativa positiva no ordenamento jurídico se dará quando (i) houver falta de norma regulamentadora sobre determinada matéria e (ii) estivermos diante do exercício de competência vinculada da Administração.

Afora essas hipóteses, seguramente haverá burla ao ideal da *independência funcional* entre os Poderes – o que não se pode admitir.

Referências bibliográficas

ATALIBA, Geraldo. *República e Constituição*. 2ª ed. São Paulo, Malheiros Editores, 1998.

BANDEIRA DE MELLO, Celso Antônio. *Curso de Direito Administrativo*. 21ª ed. São Paulo, Malheiros Editores, 2006.

BANDEIRA DE MELLO, Oswaldo Aranha. *Princípios Gerais de Direito Administrativo*. 3ª ed., vol. I. São Paulo, Malheiros Editores, 2007.

BECKER, Alfredo Augusto. *Teoria Geral do Direito Tributário*. 3ª ed. Campinas, Lejus, 1998.

CANOTILHO, J. J. Gomes. *Direito Constitucional e Teoria da Constituição*. 7ª ed. Coimbra/ Portugal, Livraria Almedina, 2003.

CIRNE LIMA, Ruy. *Preparação à Dogmática Jurídica*. 2ª ed. Porto Alegre, 1958.

COOLEY, Thomas. *Princípios Constitucionais dos Estados Unidos da América do Norte*. 2ª ed., trad. de Alcides Cruz. São Paulo, Ed. RT, 1982.

HUTCHINSON, Tomás. "Principio de legalidad. Discrecionalidad y arbitrariedad". *Revista Jurídica de Buenos Aires*. 2005. Buenos Aires, Abeledo-Perrot/LexisNexis.

MAYER, Otto. *Le Droit Administratif Allemand*. vol. I. Paris, V. Giard & E. Brière, Libraires Éditeurs, 1903.

SILVA, José Afonso da. *Curso de Direito Constitucional Positivo*. 12ª ed. São Paulo, Malheiros Editores, 1996; 23ª ed. São Paulo, Malheiros Editores, 2004.

SOUTO MAIOR BORGES, José. *Ciência Feliz*. São Paulo, Max Limonad, 2000.

TÁCITO, Caio. *Temas de Direito Público (Estudos e Pareceres)*. vol. I. Rio de Janeiro, Renovar, 1997.

ZOCKUN, Maurício. "A natureza jurídica das 'taxas' destinadas ao Fundo de Fiscalização das Telecomunicações (FISTEL)". In: *Tributação nas Telecomunicações*. São Paulo, Quartier Latin, 2006.

RACIONALIDADE E SISTEMA NORMATIVO: NA TEORIA PURA E NA TEORIA PRAGMÁTICA DO DIREITO[1]

Ricardo Marcondes Martins

Procurador do Município de São Paulo
– Mestre em Direito Administrativo pela PUC/SP

1. Introdução. 2. Norma jurídica e racionalidade: 2.1 Racionalidade na Teoria Pura do Direito de Hans Kelsen – 2.2 Racionalidade na Teoria Pragmática de Tércio Sampaio Ferraz Jr.: 2.2.1 Axiomas conjeturais da comunicação – 2.2.2 Discurso racional – 2.2.3 Estruturas e modos do discurso: dialógico, monológico, com e contra – 2.2.4 Discurso normativo e racionalidade – 2.2.5 Inversão do ônus da prova – 2.2.6 Racionalidade normativa e permissão. 3. Norma jurídica e validade: 3.1 Validade na Teoria Pura de Hans Kelsen – 3.2 Validade na Teoria Pragmática de Tércio Sampaio Ferraz Jr.: 3.2.1 Noção pragmática de validade – 3.2.2 Técnicas de validação – 3.3 Norma inválida – 3.4 Validade e racionalidade. 4. Norma jurídica e eficácia: 4.1 Eficácia na Teoria Pura de Hans Kelsen – 4.2 Concepções sintática e semântica da eficácia – 4.3 Eficácia na Teoria Pragmática de Tércio Sampaio Ferraz Jr. – 4.4 Principais diferenças entre eficácia na Teoria Pura e na Teoria Pragmática – 4.5 Eficácia e racionalidade. 5. Norma fundamental: 5.1 Norma fundamental na Teoria Pura de Hans Kelsen – 5.2 Imperatividade: 5.2.1 Calibração – 5.2.2 Padrões de funcionamento normativo – 5.3 Norma-origem. 6. Norma e sistema normativo: 6.1 Sistema normativo na Teoria Pura de Hans Kelsen – 6.2 Concepção de sistema da Teoria Pragmática e da Teoria Pura – 6.3 Sistema normativo na Teoria Pragmática de Tércio Sampaio Ferraz Jr. 7. Conclusões.

1. Introdução

A *comunicação* é um ato complexo que envolve ao menos duas pessoas: o orador (emissor), que emite a mensagem por uma fórmula lingüística, e o ouvinte (receptor), destinatário da mensagem. Exige-se a emissão da mensagem pelo orador e a recepção da mensagem pelo ouvinte. Daí os três elementos essenciais do discurso: um orador (emissor), um ouvinte (receptor) e uma mensagem. A comunicação é, pois, uma relação entre esses três elementos.

É possível abstrair a recepção da mensagem por parte do destinatário, situação que pode ser descrita como uma *asserção* ou *asseveração*: uma relação entre o sujeito falante e o significado de uma expressão lingüística. Nessa concepção a comunica-

1. Trabalho de conclusão da disciplina "Filosofia do Direito I – Norma Jurídica", ministrada pelo professor Dr. Tércio Sampaio Ferraz Jr. no Curso de Mestrado da PUC/SP.

ção exige uma asserção, mas esta existe independentemente de ter sido comunicada. Pode-se enfatizar o sujeito emissor ou o conteúdo da asserção e, assim, distinguir o ato de *asseverar* levado a cabo por um sujeito em uma ocasião determinada do *asseverado* por ele nessa ocasião, este último denominado de *enunciado*. Conseqüentemente, a asserção implica a distinção entre a asserção como *ato* e a asserção como *enunciado*, duas realidades não independentes, pois uma pressupõe a outra. É possível, por fim, abstrair também o sujeito emissor e centrar a atenção tão-somente no conteúdo significativo de um possível ato de asserção: o que os lógicos chamam de *proposição*. Uma proposição pode ser enunciada de várias formas distintas, em vários idiomas.

A partir desses conceitos iniciais, Carlos Alchourrón e Eugenio Bulygin discriminam três concepções sobre a norma jurídica. Denominam, por analogia com a proposição, de *norma-sentido* o conteúdo significativo de um possível ato de prescrever, norma é uma prescrição (exigência, proibição ou permissão) de um possível estado de coisas, é uma proposição com sentido normativo. Denominam, por analogia com a asserção, de *norma-prescrição* ao determinado por um ato de prescrever, realizado por um sujeito numa ocasião determinada. Para sua existência é necessário um ato de prescrever, mas não é necessário que esta prescrição seja comunicada ao destinatário. Por fim, denominam a situação análoga à comunicação de *norma-comunicação*, em que a comunicação não é uma asserção, mas uma prescrição em que importam tanto a emissão desta quanto sua recepção.[2]

A doutrina dos ilustres juristas argentinos é importante para a visualização didática da *evolução* do conceito de *norma jurídica* na ciência do Direito. Inicialmente, *norma* foi considerada um enunciado proposicional (*norma-sentido*). Dessa concepção advieram graves problemas: a mera estrutura da proposição não é suficiente para identificação das normas jurídicas, grande parte das normas não é redigida na forma de comandos, de imperativos. Num segundo momento, *norma* foi tomada como prescrição (*norma-prescrição*): a estrutura proposicional não foi abandonada, mas posta em segundo plano; deu-se ênfase ao ato de prescrever. *Norma* não é simplesmente um enunciado proposicional, mas um enunciado proposicional posto por um ato de vontade. Num terceiro momento, *norma* não é mais um enunciado proposicional, nem um ato de prescrever, mas uma situação comunicativa (*norma-comunicação*).

A *Teoria Pura do Direito* de Hans Kelsen representa claramente o *segundo* momento dessa evolução: toma a norma jurídica como ato de prescrição (norma-prescrição).[3] A *Teoria Pragmática da Norma Jurídica* de Tércio Sampaio Ferraz Jr. representa o *terceiro* momento descrito: toma a norma como situação comunicativa (norma-comunicação).[4]

Visa-se, aqui, a efetuar uma *análise comparativa* dessas duas teorias. A análise comparativa será efetuada a partir de cinco temas: a *racionalidade*, a *validade*, a *eficácia*, a *norma fundamental* e o *sistema*

2. Carlos Alchourrón e Eugenio Bulygin, *Sobre la Existencia de Las Normas Jurídicas*, 1ª ed., 1ª reimpr., pp. 13-17.

3. Hans Kelsen, *Teoria Pura do Direito*, 6ª ed., 1984. O seguinte trecho comprova, de forma clara, a afirmação de que o autor adota o segundo sentido mencionado (norma-prescrição): "O Direito prescreve, permite, confere poder ou competência – não 'ensina' nada. Na medida, porém, em que as normas jurídicas são expressas em linguagem, isto é, em palavras e proposições, podem elas aparecer sob a forma de enunciados do mesmo tipo daqueles através dos quais se constatam factos. (...). Do que se trata, porém, não é da forma verbal, mas do sentido do acto produtor de Direito, do acto que põe a norma" (p. 111). O que importa, enfim, é o ato que põe a norma, o ato de prescrever, e não a forma verbal, não a proposição.

4. Tércio Sampaio Ferraz Jr., *Teoria da Norma Jurídica*, 4ª ed., 2002.

normativo. O tema da racionalidade, porém, estará presente em toda a exposição.

A Teoria de Kelsen é majoritariamente adotada pelos juristas e regularmente ensinada nas universidades brasileiras. Pode ser, hoje, considerada a *teoria tradicional da norma jurídica*. Sendo comumente estudada, sua exposição limitar-se-á ao necessário para a análise comparativa pretendida. Serão expostas as duas teorias – esclarece-se – de formas distintas: a exposição centrar-se-á na Teoria Pragmática de Tércio Sampaio e tomará a Teoria Pura como contraponto.

Busca-se, primeiramente, apresentar a Teoria Pragmática de Tércio Sampaio e, em comparação com a Teoria tradicional de Kelsen, justificar por que a Teoria Pragmática é considerada um terceiro momento na histórica do conceito de *norma jurídica* – e, portanto, um avanço em relação à Teoria kelseniana, representativa do segundo momento. Por fim, almeja-se que, ao final da exposição, não só sejam discriminadas as semelhanças e diferenças entre as duas Teorias mas, sob um ponto de vista *crítico*, sejam indicadas suas falhas e seus acertos.

2. *Norma jurídica e racionalidade*

2.1 Racionalidade na Teoria Pura do Direito de Hans Kelsen

Norma para Hans Kelsen é uma disciplina de conduta, é o sentido de um ato pelo qual uma conduta é prescrita, permitida ou – no sentido de adjudicada à competência de alguém – facultada.[5] Tem sentido *prescritivo*, ou seja, determina como *deve ser* uma conduta, e não como ela é. Esses atos disciplinadores da conduta humana são *atos de vontade*: um indivíduo exprime a vontade de que outro indivíduo se conduza de determinada maneira. Eis, em extraordinária simplificação, o significado de *norma* para Kelsen: o sentido de um ato de vontade pelo qual um indivíduo estabelece a maneira como outro indivíduo deve comportar-se.[6] Ora, se as normas são o "sentido de um ato de vontade", pode-se indagar: existe alguma racionalidade, para Kelsen, no direito positivo *per se*? Fundada a norma na vontade, impõe-se a resposta negativa.

Daí o papel da ciência do Direito: descrever o direito positivo fazendo-o racional. Kelsen estabeleceu importante dicotomia para compreensão de sua obra: as *proposições* jurídicas, enunciadas pela ciência do Direito, descrevem as *normas* jurídicas; estas são válidas ou inválidas; aquelas, verdadeiras ou falsas. *Racional* para Kelsen é o que obedece aos postulados da *Lógica*, particularmente ao princípio da não-contradição e às regras da concludência do raciocínio. Ao descrever o direito positivo a ciência deve observar estritamente esses postulados, e ao fazê-lo eles passam indiretamente a se aplicar ao direito positivo.[7] Assim, nada impede que o legislador estabeleça duas normas incompatíveis entre si ou com conteúdos absurdos. O cientista, ao examinar essas normas, considera inválida uma das duas normas incompatíveis, con-

5. Hans Kelsen, *Teoria Pura do Direito*, 6ª ed., p. 22.

6. *Norma* é um dever-ser objetivo, e não um dever-ser subjetivo, pois a norma continua valendo após o ato de vontade ter cessado, e vale para um terceiro desinteressado. Por isso, é o sentido *objetivo* do ato de vontade (Kelsen, *Teoria Pura do Direito*, 6ª ed., pp. 25-26). O exame da validade permitirá uma melhor compreensão desse "sentido objetivo".

7. Eis as palavras de Kelsen: "Os *princípios lógicos* podem ser, se não directa, *indirectamente* aplicados às *normas jurídicas*, na medida em que podem ser aplicados às proposições jurídicas que descrevem estas normas e que, por sua vez, podem ser verdadeiras ou falsas. Duas normas jurídicas contradizem-se e não podem, por isso, ser afirmadas simultaneamente como válidas quando as proposições jurídicas que as descrevem se contradizem; e uma norma jurídica pode ser deduzida de uma outra quando as proposições jurídicas que as descrevem podem entrar num silogismo lógico" (*Teoria Pura do Direito*, 6ª ed., pp. 115-116 – grifamos).

sidera inválida uma norma com enunciado absurdo, compõe, enfim, um sistema em que os postulados lógicos se aplicam integralmente. Enfim, faz do irracional conjunto de normas jurídicas postas pela vontade do legislador um sistema racional obediente aos postulados lógicos. O direito positivo, em si mesmo irracional, é tornado racional pelo jurista.

Em síntese: a norma jurídica é o sentido de um ato de vontade disciplinador da conduta humana, é o fruto do ato de prescrever. Essa norma é descrita pela proposição jurídica. Inicialmente o direito positivo, formado pelo conjunto de normas jurídicas, é irracional, fruto da vontade do editor normativo, não obediente aos postulados lógicos. Porém, o cientista do Direito, ao descrevê-lo, o faz racional, impondo, ao editar as proposições normativas, a obediência aos postulados lógicos. *Racionalidade*, aqui, é a obediência a esses postulados.

2.2 *Racionalidade na Teoria Pragmática de Tércio Sampaio Ferraz Jr.*

O tema da racionalidade na Teoria Pragmática de Tércio Sampaio Ferraz Jr. é substancialmente diferente da abordagem kelseniana na Teoria Pura do Direito. Questão prévia, porém, é a concepção pragmática de *norma jurídica*, sensivelmente diversa da concepção kelseniana. Como já afirmado, *norma* na Teoria Pura é o sentido (objetivo) do ato de vontade disciplinador da conduta humana, é o sentido do ato prescritivo. A concepção positivista de Kelsen abstrai, na situação comunicativa, a recepção da mensagem.

Norma na Teoria Pragmática de Tércio Sampaio é, em primeiro lugar, uma situação comunicativa, uma *relação emissor-receptor*, relação de discussão entre dois sujeitos. Na norma estão presentes os três elementos do discurso enquanto discussão: o emissor (orador), o receptor (ouvinte) e a mensagem[8] – ou seja, não se abstrai a recepção da norma pelo endereçado. *Norma*, aqui, é o conjunto da emissão da mensagem e de sua recepção.

2.2.1 *Axiomas conjeturais da comunicação*

Se norma é comunicação, para compreendê-la faz-se imprescindível o exame, ainda que perfunctório, dos cinco axiomas conjeturais da comunicação.[9] Pelo *primeiro*, é impossível não comunicar. O comportamento não tem oposto, ou seja, não existe não-comportamento. Como numa situação interacional o comportamento tem valor de uma *mensagem*, conclui-se que é impossível não comunicar: não comunicar é comunicar que não quer comunicar.

Pelo *segundo* axioma, em toda comunicação, além do conteúdo da mensagem emitida, emite-se uma mensagem sobre a própria relação comunicativa. Qualquer comunicação implica, além da informação propriamente dita, o aspecto *relato*, uma definição da relação, o aspecto *cometimento*. Transmite-se uma informação e impõe-se um comportamento.[10]

8. Sobre o conceito de *situação comunicativa* v. Tércio Sampaio Ferraz Jr., *Direito, Retórica e Comunicação*, 2ª ed., p. 7. Na página seguinte o autor examina os três elementos do discurso enquanto discussão. Observa que o receptor e o emissor estão em *situação* (pp. 15-16): a posição de receptor ou de emissor depende sempre do ângulo de análise, de uma visão estática do fenômeno comunicativo. Como há constante interação e o comportamento de um influencia o comportamento do outro, todo emissor é receptor, e vice-versa.

9. Sobre os cinco axiomas v. Paul Watzlawick, Janet Helmick Beavin e Don D. Jackson, *Pragmática da Comunicação Humana*, 14ª ed., pp. 44 e ss.

10. Ao dizer "feche a janela", por exemplo, além do relato, a informação "feche a janela", é comunicado o cometimento, ou seja, como a relação entre o emissor e o receptor deve ser compreendida. Se a frase é dita aos berros, comunica-se "isso é uma ordem, obedeça"; se é dita de forma meiga, afetuosa, comunica-se "isso é um pedido" ou até

A comunicação pode ser definida como uma troca de mensagens, ela consiste numa *interação*, numa série de mensagens sendo trocadas pelos participantes. Nessa série pode acontecer que um ou outro dos participantes tenha sempre a iniciativa, o domínio: estabelece-se, na série de mensagens trocadas, uma *pontuação*. É a pontuação que organiza a troca de mensagens, em torno dela ocorrem as lutas sobre a relação. Eis o terceiro axioma: a natureza da relação decorre da pontuação estabelecida entre os comunicantes.

Pelo quarto axioma, existem dois modos básicos de comunicação: o analógico e o digital. Sempre que se usa um signo, uma palavra, estabelece-se uma relação arbitrária entre o nome e a coisa, o signo aponta para algo. A comunicação verbal, por isso, é digital. Etimologicamente, *digitus, i*, significa *dedo*: o signo verbal é digital porque aponta para algo. Há também a comunicação não-verbal, em que alguma coisa, diversa das palavras em si consideradas, indica algo, existindo entre o algo e a coisa mais que uma convenção previamente estabelecida;[11] não se trata de uma relação arbitrária entre algo que aponta para algo, daí ser denominada de *analógica*. Suponha-se que uma testemunha, ao prestar seu testemunho, gagueje, sue, trema. Não se pode ignorar que o gaguejamento, o suor e a tremedeira também consistem em comunicação (analógica) que, em muitos casos, contradiz totalmente tudo que a testemunha verbalmente (digitalmente) afirmou. Em toda comunicação humana vislumbram-se a linguagem digital, possuidora de rica sintaxe, e a analógica, desprovida de sintaxe adequada. Enquanto o aspecto *relato* tende a ser comunicado digitalmente, o aspecto *cometimento* tende a sê-lo analogicamente.

Por fim, as permutas comunicacionais, as trocas de mensagens, podem ser *simétricas* ou *complementares*. Pelas primeiras a relação entre os comunicantes baseia-se na *igualdade*; pelas segundas, na *diferença*. Na relação complementar existem duas posições: a superior, primária ou "de cima", e a inferior, secundária ou "de baixo". A enunciação desses cinco axiomas possibilita visualizar de forma mais nítida o *fenômeno comunicativo* e, conseqüentemente, a *norma jurídica* enquanto *situação comunicativa*. A enunciação desses axiomas é vital não só para a compreensão do tema da racionalidade, como dos demais temas a seguir desenvolvidos.

2.2.2 *Discurso racional*

A norma jurídica é uma situação comunicativa discursiva. Discutir a racionalidade da norma jurídica é, pois, antes de tudo, discutir a racionalidade do discurso. É, antes ainda, discutir o próprio conceito de *racionalidade*. O pensamento clássico considera que toda racionalidade exige *finitude*, vê no infinito o irracional. Daí o *princípio da razão suficiente* de Leibniz: exige-se uma razão que não exige outra razão.[12] Esse princípio envolve uma série de dificuldades, bastando para evidenciá-las indagar quando a razão é suficiente. Além disso, essa concepção exige um ponto inicial – ponto, esse, incompatível com a concepção pragmática que vê na comunicação um processo interativo sem começo nem fim.

mesmo "isso é uma súplica". Há uma mensagem que o orador emana e uma mensagem que dele emana. O conteúdo da mensagem, a informação, é denominado de *relato*; a definição da relação é chamada de *cometimento*. Por se referir à própria comunicação, por fixar como a comunicação deve ser entendida, o cometimento é uma comunicação sobre uma comunicação, é uma *metacomunicação* (Watzlawick, Beavin e Jackson, *Pragmática da Comunicação Humana*, 14ª ed., p. 49).

11. Watzlawick, Beavin e Jackson, *Pragmática da Comunicação Humana*, 14ª ed., p. 57.

12. Sobre o *princípio da razão suficiente* (*Principium rationis sufficientis*, *Satz vom zureichenden grunde*) como razão explicativa contraposta à causa ou razão de ser de Aristóteles, v. Nicola Abbagnano, *Dicionário de Filosofia*, 1ª ed., verbete "Fundamento", p. 475.

Importa, nos limites desta exposição, determinar o que faz o discurso ser racional. Quem discursa discute, e quem discute apela à compreensão de outrem. Todo discurso é uma discussão, e será *racional* se a discussão for *fundamentante*, racional é o discurso que presta contas, que não apenas afirma, mas sempre fundamenta.[13] *Discurso racional* é aquele que não impõe arbitrariamente sua sustentabilidade, mas fornece instrumentos para sua comprovação. Condição para a racionalidade é que as regras da discussão não sejam impostas *fora* da situação comunicativa, mas de *dentro* dela. *Discurso irracional*, ao contrário, é aquele cujas regras não resultam da própria situação comunicativa ou aquele que não se guia pelas próprias regras. Para ser racional, enfim, necessita o discurso de uma regra que *obrigue* à fundamentação: o discurso deve submeter-se à *regra do dever de prova* ou regra do *onus probandi*.

Enfim, um discurso racional é aquele em que quem fala responde pelo que diz, é aquele que obedece à regra do *onus probandi*. Esse *onus* está, por sua vez, submetido a regras que surgem na situação comunicativa, e não fora dela; falar racionalmente é submeter-se a essas regras. Para a exata compreensão da regra do *onus probandi*, necessário examinar as estruturas do discurso e diferenciar as modalidades do discurso.

2.2.3 *Estruturas e modos do discurso: dialógico, monológico, com e contra*

Há, sob o aspecto estrutural, duas espécies de discurso: o *monológico* e o *dialógico*. O *discurso dialógico* submete-se a três regras: pela primeira, todo ato de falar pode ser posto em dúvida. O exercício ilimitado da crítica impõe que, a partir dessa regra, se estabeleçam ações lingüísticas primárias sob a forma de presunções, postulados, axiomas, pressupostos. Pela segunda regra, uma ação lingüística primária do orador não pode mais ser atacada pelo ouvinte; e pela terceira regra o orador não pode modificar suas ações lingüísticas primárias. Esse discurso não pressupõe o terceiro excluído, pelo qual todo ato de falar seria atacável ou não-atacável, pois sua aceitação feriria a primeira regra. As mensagens (aquilo que é dito) aparecem como questões dubitativas (*dubium*). Nesse discurso, o ouvinte efetivamente participa do discurso, tem uma reação ativa. Além disso, há uma atuação personalíssima do orador, sua atuação reflete uma posição pessoal sua.

O *discurso monológico* também se rege por três regras: pela primeira, nem todos os atos de falar do orador podem ser atacados; pela segunda, os atos de falar dividem-se em atacáveis e não-atacáveis ou defensáveis e não-defensáveis; pela terceira, se o ato for defensável, não pode ser posto em questão, e se for atacável não poderá ser proposto. Esse discurso pressupõe o princípio lógico do terceiro excluído: os atos de fala ou são atacáveis ou não-atacáveis. Nele, o orador pode pôr-se em segundo plano, pois a fundamentação não decorre de seus argumentos, mas do que foi admitido como defensável: há uma possibilidade de generalização, de universalização. O ouvinte assume uma posição passiva, é um mero espectador. A questão posta apresenta-se como *certum*. O discurso monológico tem um ponto de partida certo, desenvolve-se sempre para a frente, admite a axiomatização. O discurso dialógico não tem um ponto de partida certo, é aberto, não-axiomatizável.

Fixadas essas duas estruturas, devem ser diferenciados os dois modos pragmáticos do discurso: o *discurso-com* e o *discurso-contra*. Segundo o quinto axioma pragmático exposto acima (item 2.2.1), as relações comunicativas podem apresentar-se simétricas ou complementares, se baseadas na igualdade ou na diferença. Se a interação entre o orador e o ouvinte

13. Tércio Sampaio Ferraz Jr., *Direito, Retórica e Comunicação*, 2ª ed., p. 31; *Teoria da Norma Jurídica*, 4ª ed., p. 17.

se baseia na igualdade, ambos discutem um *com* o outro; se se baseia na diferença, ambos discutem um *contra* o outro. Na *discussão-com* a fundamentação busca o *convencimento*, ou seja, despertar um sentimento que se funda na verdade. Na *discussão-contra* a fundamentação busca a *persuasão*, ou seja, despertar um sentimento fundado no interesse. Nesse discurso, ao contrário do que ocorre na discussão-com, as reações dos comunicantes são partidárias, eles defendem opiniões.[14]

O discurso monológico é submetido ao *princípio da razão suficiente*, tem um ponto de partida, parte de um axioma. O discurso dialógico não tem um ponto de partida, não parte de um axioma e, assim, não se submete ao princípio da razão suficiente.[15] Ambos, porém, são *racionais*. A racionalidade no discurso monológico funda-se no princípio da razão suficiente; e no discurso dialógico no princípio da *satisfação* ou da *inércia do ouvinte* (algo se torna aceito na medida em que o ouvinte interrompe o questionamento). Assim, no discurso monológico a racionalidade funda-se na submissão a um axioma inicialmente fixado; no discurso dialógico a racionalidade funda-se na satisfação do ouvinte, na interrupção do questionamento por parte deste.

2.2.4 *Discurso normativo e racionalidade*

No discurso normativo está presente o fenômeno do *poder*, e este é, em regra, irracional. O poder não se fundamenta, não se justifica, ele simplesmente se exerce. O poder que se explica deixa de ser poder, descaracteriza-se. É a intima relação com o fenômeno do poder que leva Kelsen a vislumbrar o discurso normativo, em si mesmo, como *irracional*: as normas são fruto da vontade, pura e simplesmente. O próximo passo deste estudo é, portanto, apurar se o discurso normativo é, ou não, racional.

Os envolvidos numa discussão-contra buscam a sustentação de suas teses mediante argumentos partidários. Em certo momento da discussão seus interesses passam a influir no próprio conteúdo das mensagens, surgindo um conflito. Tomada uma decisão, esta poderia ser objeto de nova discussão, de novo conflito, e conflitos sobre conflitos comumente levariam, por força do engajamento pessoal das partes, a um impasse, e daí à violência. Para que isso não ocorra insere-se na discussão um *terceiro comunicador*, o *comunicador normativo* (legislador, juiz etc.). As palavras deste aparecem como *premissa* da discussão, e não como tema: ele não elimina a interação subjetiva entre as partes, mas estabelece entre elas uma coordenação objetiva, ele *institucionaliza* o conflito.[16]

O comunicador normativo é um orador, mas está isento do ônus de prova. Eis a peculiaridade do discurso normativo: é um discurso fundamentante em que o ônus de prova é invertido, a prova não incumbe ao emissor da mensagem, mas ao receptor. Com a inversão do ônus da prova, o comunicador normativo faz com que sua decisão valha independentemente de as expectativas dos interessados serem contrárias: ele não elimina o conflito, mas lhe põe um fim. A racionalidade do discurso normativo é garantida pela *inversão do ônus da prova*: imputa-se ao ouvinte o dever de prova, e, ao fazê-lo, induz-se à sua inércia.

Importante perceber a *ambigüidade* do discurso normativo. No aspecto *cometi-*

14. Sobre os discursos monológicos e dialógicos, com e contra, v. Tércio Sampaio Ferraz Jr., *Teoria da Norma Jurídica*, 4ª ed., pp. 20 e ss.; *Direito, Retórica e Comunicação*, 2ª ed., pp. 15 e ss.

15. Exemplo característico de discurso dialógico é o discurso filosófico, em que tudo é passível de ser discutido, sendo, nesse sentido, muito ilustrativos os diálogos platônicos. O discurso filosófico, por óbvio, não é irracional, apesar de nele não vigorar o princípio da razão suficiente.

16. Tércio Sampaio Ferraz Jr., *Direito, Retórica e Comunicação*, 2ª ed., pp. 39 e ss.

mento, na definição da relação, o discurso é *monológico*: há uma relação de *autoridade-sujeito* em que, de forma dogmática, o ônus da prova é invertido. A questão apresenta-se como *certum*, não sendo passível de discussão. Porém, no aspecto *relato*, na informação da mensagem, o discurso é dialógico, há uma relação de *argumentante-intérprete* em que a questão se apresenta como *dubium*. O discurso normativo é monológico em seu aspecto *cometimento* e dialógico em seu aspecto *relato*. Se, por um lado, o estabelecimento da relação não pode ser discutido, invertendo-se o ônus da prova, por outro, o conteúdo da informação transmitida, o relato, pode ser discutido sem restrições.

Na Teoria Pura, como já afirmado, o sistema normativo, por si mesmo, não é racional. É a ciência do Direito que o *faz* racional. *Racionalidade*, nessa concepção, é a obediência aos postulados lógicos, ao princípio do terceiro excluído, às regras da concludência do raciocínio. Para obtenção dessa racionalidade a ciência do Direito vale-se de um dogma e parte dele: estabelece a *norma fundamental*, examinada adiante.[17] Na Teoria Pragmática o sistema normativo, por si mesmo, é racional: a racionalidade não é fruto da ciência do Direito, não é um produto desta, mas característica do discurso normativo enquanto tal. *Racionalidade*, aqui, não significa adequação aos postulados lógicos, mas, sim, ser fundamentante, não se fundar em regras estabelecidas fora do discurso, submeter-se às regras nele desenvolvidas. Os dois sistemas partem de concepções distintas de racionalidade e, por isso, chegam a resultados distintos: no sistema kelseniano a norma é, em si mesma, irracional, mas tornada racional pela proposição jurídica; pelo sistema pragmático a norma é, em si mesma, racional.

17. A *norma fundamental* – antecipa-se – não é um axioma, não é uma verdade estabelecida pela evidência, mas pela crença. Trata-se de um dogma que funcionalmente atua como um axioma.

2.2.5 *Inversão do ônus da prova*

Afirmou-se que no discurso dialógico não se conta, de antemão, com a inércia do outro, essa inércia é sempre precária, é conquistada, por isso a racionalidade funda-se no *princípio da inércia do receptor*. No discurso monológico ou axiomático parte-se de verdades tomadas como evidentes, pressupõe-se a inércia do destinatário pela aceitação do axioma, a racionalidade funda-se no *princípio da razão suficiente*. No discurso normativo está presente o fenômeno do poder, e este é, de certo modo, irracional, ele não se explica, ele não se fundamenta, sob pena de se descaracterizar, ele se impõe: vigora o *princípio da irracionalidade*. Por se fundar no poder, o discurso normativo é peculiar, nele o dever de prova é invertido: há uma *racionalidade às avessas*. O discurso normativo, como também já afirmado, é ambíguo. No que tange ao estabelecimento da relação ele não é axiomático, não se funda em evidências, mas *dogmático*, funda-se em dogmas. O ponto de partida é a inversão do ônus da prova: quem deve fundamentar o que afirma é o receptor, e não o emissor. A partir daí, no aspecto do relato, o discurso é plenamente dialógico, estando tanto o emissor como o receptor numa relação simétrica.

É mister tecer alguns esclarecimentos sobre a inversão do ônus da prova e definir, com exatidão, no que ela consiste e como ela ocorre. O receptor, ao receber uma mensagem, pode comportar-se, tão-somente, de três formas distintas: pode aceitar (confirmar), a mensagem; pode negá-la (rejeitar); ou pode ignorá-la (desconfirmar).[18] A ne-

18. As três possibilidades são analisadas por Watzlawick, Beavin e Jackson, *Pragmática da Comunicação Humana*, 14ª ed., pp. 77 e ss. O signo "desconfirmação" não está registrado no *Vocabulário Ortográfico* da Academia Brasileira de Letras (*Vocabulário Ortográfico da Língua Portuguesa*, 4ª ed., Rio de Janeiro, Academia, 2004, p. 250). É, assim, um *neologismo*.

gação, ao contrário da desconfirmação, não enfraquece a relação de autoridade, mas a reforça.[19] Já a desconfirmação desconstitui a autoridade, que, para se manter, necessita desconfirmar a desconfirmação. *Relação de autoridade*, nesses termos, pode ser definida como relação em que a desconfirmação é desconfirmada.

A *norma* enquanto comunicação obedece a todos os axiomas pragmáticos enunciados acima. Consiste numa relação interativa entre um emissor e um receptor em que uma informação (mensagem) é transmitida (relato) juntamente com uma informação sobre a relação entre eles (cometimento). O emissor, ao enviar o cometimento, estabelece uma previsão da relação que pode, em princípio, consistir na aceitação da relação estabelecida, na rejeição desta ou em sua desconfirmação. No *cometimento* da norma, porém, há a inversão do ônus da prova, ou seja, a desconfirmação da desconfirmação. Nisso consiste a inversão do *onus probandi*: trata-se de uma desconfirmação da desconfirmação do receptor.[20]

A inversão do ônus da prova – ou, em outras palavras, a desconfirmação da desconfirmação – dá-se por intermédio dos *functores* ou *conectivos modalizadores* do discurso: *obrigatório*, *proibido* e *permitido*. Esses modalizadores afastam a indiferença, desconfirmando-a pela imposição da inversão do ônus da prova. O cometimento, como afirmado, manifesta-se geralmente na forma analógica. Quando os modalizadores estão expressos no texto normativo ocorre uma digitalização do cometimento; mas nem sempre isso ocorre, daí as acirradas discussões hermenêuticas.[21]

2.2.6 *Racionalidade normativa e permissão*

Há grande discussão na ciência do Direito sobre as normas permissivas, sendo famosa a polêmica entre Alf Ross e G. H. von Wright: para o primeiro a permissão não é um functor normativo, mas um acessório dos functores obrigatório/proibido, trata-se de uma exceção às proibições e obrigações estabelecidas. O segundo jusfilósofo estabeleceu importante distinção: há permissão fraca quando não existe uma norma que proíba; há permissão forte quanto existe uma norma que expressamente permita.[22] Kelsen aceita essa distinção e vai além: além de diferenciar permissão num sentido *negativo*, em que o sistema normativo simplesmente silencia sobre dada situação, de permissão num sentido *positivo*, em que se estabelece uma exceção a algo proibido, menciona também a permissão no sentido

19. Se a autoridade jamais é negada, ela se enfraquece. Necessita ser negada para se confirmar e, assim, se fortalecer.

20. Desconfirma-se tanto a desconfirmação por distração, em que o receptor simplesmente ignora a mensagem enviada, quanto a desconfirmação ostensiva, em que o receptor age de forma incompatível com a mensagem enviada. A primeira hipótese de desconfirmação é desconfirmada, *v.g.*, pelo princípio de impossibilidade de desconhecimento da lei ou de vedação do erro de direito; a segunda hipótese é desconfirmada reputando-se criminosos os atos de revolta. Toma-se, em ambos os casos, o ato de desconfirmação como um ato de rejeição e, assim, mantém-se a relação de autoridade.

21. Há uma acirrada disputa entre os comunicantes sobre a definição dos conectivos, evidenciando-se o importante jogo de poder em torno da codificação e decodificação das mensagens normativas. Um exemplo é o debate no direito administrativo a respeito de a Administração ter um dever, um poder, um poder-dever ou um dever-poder (sobre o tema, v. Celso Antônio Bandeira de Mello, *Curso de Direito Administrativo*, 22ª ed., Capítulo II-5-6, pp. 94-96). O relato pode ser emitido de forma fechada (código forte) ou aberta (código fraco). O receptor, ao interpretar o relato, tende a decodificar o código forte num código fraco e o código fraco num código forte (sobre o tema, v. Tércio Sampaio Ferraz Jr., *Introdução ao Estudo do Direito*, 5ª ed., pp. 285 e ss.).

22. Sobre a *permissão*, v. Alchourrón e Bulygin, *Sobre la Existencia de las Normas Jurídicas*, 1ª ed., 1ª reimpr., pp. 47-52.

de "conferir um direito".[23] Os dois primeiros sentidos, porém, segundo Kelsen, estão essencialmente ligados à prescrição: somente nos quadros de um ordenamento normativo que prescreve determinada conduta pode ser permitida positiva ou negativamente uma conduta. O terceiro sentido, para Kelsen, é apenas um reflexo da prescrição: ao se permitir a conduta de "A" se está prescrevendo a "B" o dever de suportar referida conduta. Assim, se, por um lado, Kelsen reconhece a distinção formulada por von Wright, por outro, tal como Ross, reduz a permissão a um aspecto secundário da prescrição.

O tema da permissão em Kelsen não gera dificuldades: a admissão da norma permissiva nos termos descritos em nada prejudica o que se afirmou sobre a questão da racionalidade. Primeiro porque, como afirmado, a permissão é vista como um aspecto secundário da prescrição. Segundo, se a ciência, ao descrever a norma permissiva, o fizer de forma obediente ao dogma fixado (norma fundamental – dogma funcionando como um axioma) e aos postulados lógicos, garantida estará a racionalidade do sistema.

O tema da permissão adquire, porém, extraordinária importância na Teoria Pragmática de Tércio Sampaio, sendo vital para o exato entendimento da questão da racionalidade. Sendo a norma uma situação comunicativa e sendo esta uma situação de ensinar e aprender em que uma ação é sempre dirigida a outrem, torna-se impossível admitir que a norma permissiva, no sentido de estabelecer um direito, consista num reflexo da prescrição. Afirmar que a permissão da conduta do receptor consiste na proibição da conduta do emissor de impedir a conduta do receptor é afirmar que a mensagem do emissor é dirigida a ele mesmo, o que viola frontalmente o postulado da *bilateralidade da comunicação*. A permissão na *Teoria Pragmática* de Tércio Sampaio é um conector autônomo, não é, ao contrário do que ocorre na *Teoria Pura*, reduzida a um aspecto secundário da prescrição.

Se a norma permissiva estabelecesse um dever para o próprio emissor normativo, não haveria imputação do dever de prova ao receptor e, inexistindo a inversão do *onus probandi*, conseqüentemente, não haveria discurso racional. Mas não é isso que ocorre: a permissão que estabelece um direito gera, na inversão do dever de prova, um paradoxo. Este é "uma contradição que resulta de uma dedução correta a partir de premissas coerentes".[24] Trata-se de um paradoxo pragmático, mais precisamente, de uma injunção paradoxal: a relação de autoridade é assimétrica, é complementar, baseada na diferença existente entre a autoridade e o sujeito, mas na norma permissiva o emissor normativo impõe ao receptor a *simetria*, impõe uma relação simétrica. É na imposição da simetria que reside o paradoxo: concede-se a liberdade e ao mesmo tempo responsabiliza-se por ela.[25]

O receptor torna-se, assim, "obrigado a ser livre" e, por isso, é proibido de não ser livre. Daí a expressão "direito indisponível": é um direito de que não se pode dispor. A norma permissiva difere das normas de proibição e de obrigatoriedade, pois enquanto a primeira impõe uma relação simétrica, as últimas impõem uma relação complementar; mas em todas há a inversão do dever de prova, nas três subsiste a relação de autoridade.

23. Kelsen, *Teoria Pura do Direito*, 6ª ed., p. 37.

24. Watzlawick, Beavin e Jackson, *Pragmática da Comunicação Humana*, 14ª ed., p. 169.

25. Reconhecendo o caráter paradoxal da liberdade, escrevem Watzlawick, Beavin e Jackson: "A própria liberdade é semelhante ao paradoxo. Para Sartre a única liberdade que não temos é a de não sermos livres. Num sentido semelhante, o Código Civil suíço, um dos mais esclarecidos da Europa, estabelece (art. 27): '(...) ninguém pode abdicar da sua liberdade ou limitá-la até um ponto que viole a lei ou a moralidade'" (*Pragmática da Comunicação Humana*, 14ª ed., p. 181, nota 60).

Tornou-se evidente que o tema da racionalidade é muito mais complexo na Teoria Pragmática que na Teoria kelseniana. E o resultado da análise é radicalmente distinto: para a Teoria Pragmática a norma é em si mesma *racional*; para a Teoria Pura a norma é, em si mesma, *irracional*. A *concepção pragmática de racionalidade* exige, porém, ao contrário da simplista *concepção positivista*, detida análise de vários temas problemáticos. O primeiro deles – a permissão – foi analisado de forma não-autônoma. Caso se aceitasse a concepção kelseniana de que a permissão em forma de um direito reconhecido consiste no reverso de uma prescrição, o discurso normativo deixaria de ser racional. Se o editor normativo edita a mensagem para ele mesmo – o que, por si só, viola o axioma da bilateralidade da comunicação humana –, deixa de existir a inversão do ônus da prova, base da racionalidade do discurso normativo. A exposição demonstrou que não há falência da racionalidade, pois a inversão do ônus da prova subsiste na norma permissiva de uma forma paradoxal: impõe-se ao receptor uma relação de simetria. O tema da racionalidade na Teoria Pragmática não se esgota aqui, ele se defronta com outros problemas, a seguir analisados.

3. Norma jurídica e validade

3.1 Validade na Teoria Pura de Hans Kelsen

Validade para Kelsen é sinônimo de *vigência*, e esta é a existência específica de uma norma jurídica. A norma existe e, portanto, vale independentemente do ato de vontade de que ela constitui o sentido: sua vigência inicia-se justamente quando esse ato de vontade deixa de existir. Por isso *norma* é o sentido do ato de vontade, não o próprio ato. Essa validade é espaço-temporal, diz Kelsen, ou seja, a norma vale para determinado espaço e para determinado período de tempo, daí os conceitos de *domínio de validade temporal*, período de tempo em que ela vige, e *espacial da norma*, espaço em que ela vige. Além disso, Kelsen distingue o *domínio pessoal de validade*, conjunto de indivíduos cuja conduta é regulada pela norma, e o *domínio material de validade*, concernente aos aspectos da conduta que são normados.[26]

Fixados esses conceitos, Kelsen discorre sobre o *fundamento de validade* da norma, ou seja, qual o fundamento para se considerar uma norma como válida (vigente). O jurista tece o seguinte raciocínio: do fato de algo ser não pode seguir-se algo que deve-ser, e vice-versa; por isso, o fundamento de validade de uma norma apenas pode ser a validade de outra norma. Assim, uma norma é considerada válida – diz Kelsen – porque está de acordo com uma norma superior ou, em outras palavras, porque foi editada (prescrita) por uma autoridade competente para tanto, sendo que essa competência decorre de outra norma. Se parasse por aí, Kelsen atentaria contra o *princípio da razão suficiente*, pois sua Teoria seria levada ao infinito: necessitar-se-ia sempre de outra norma para fundamentar a anterior. O sistema formado pela ciência do Direito, positivista, não admite a abertura própria do discurso dialógico: impõe-se, na visão de Kelsen, que a concepção da causa de um determinado efeito não se perca no infinito.[27] Daí a pressuposição de uma *norma fundamental*, analisada adiante, fundamento de validade último do sistema jurídico. Válida, enfim, é a norma editada por quem tenha competência para tal, sendo essa competência estabelecida por outra norma, editada com base noutra competência estabelecida por outra norma. A superposição de normas finda na norma pressuposta.

Por fim, ainda segundo Kelsen, uma norma que nunca é aplicada nem respeitada,

26. Kelsen, *Teoria Pura do Direito*, 6ª ed., pp. 28-35.

27. Idem, p. 269.

que não é eficaz "numa certa medida", não é considerada norma válida. O mínimo de eficácia é um pressuposto da validade. Uma norma que preceitue um efeito que de antemão se sabe que ocorrerá, posto impossível não ocorrer, bem como uma norma que preceitue um efeito impossível de ocorrer são desprovidas de um mínimo de eficácia e, por isso, inválidas.[28]

Essa concepção gera problemas difíceis de serem contornados. Antes de analisá-los, importa examinar o próprio conceito de validade. As palavras formadas pelo sufixo "dade" (sufixo formador de substantivos abstratos derivados de adjetivo), em sua maioria, consistem em *termos relacionais*. Consistem em noções que não se reportam a uma substância, mas a uma relação. A *igualdade*, por exemplo, em si é um termo vazio: um objeto em si mesmo jamais é igual, para tanto necessita de outro objeto em face do qual se estabeleça a comparação. *Validade*, tal como igualdade, é um termo relacional. Dizer que a norma é válida leva à falsa impressão de que tem uma qualidade substancial que lhe é própria. Se o termo é relacional, norma válida o é em relação a algo, pois validade sempre exprime uma relação. Norma válida, para Kelsen, é uma norma que está de acordo com outra norma que lhe é superior: validade é, assim, uma *relação entre normas*, relação que independe dos agentes ou do comportamento por ela regulado. Diz Kelsen: a norma é válida ainda que, em casos particulares, não seja observada nem aplicada.[29] Por isso – conclui-se –, em Kelsen validade é uma *qualidade sintática* da norma, pois designa uma relação entre normas.

Ao condicionar, porém, a validade à mínima eficácia, Kelsen torna sua teoria obscura: não há indicação de qualquer critério para sc apurar quanta eficácia compõe o "mínimo" necessário para que a norma seja válida. Não há como, além disso, a partir da Teoria kelseniana, diferenciar o *costume negativo* do *desuso*. Uma norma cuja conduta imposta não é praticada por um longo tempo, seguindo a orientação kelseniana, é inválida, pois "uma norma jurídica deixará de ser considerada válida quando permanece duradoiramente ineficaz".[30] Conclusão que não parece correta, pois se numa sociedade a coletividade pratica por um longo tempo uma conduta considerada pela norma como criminosa e essa conduta não é punida, nem por isso essa norma perderá sua validade. A Teoria Pragmática, como se verá a seguir, resolve todos esses problemas.

3.2 Validade na Teoria Pragmática de Tércio Sampaio Ferraz Jr.

Afirmou-se que, sendo a norma jurídica uma situação comunicativa, na mensagem enviada pelo emissor ao receptor consta uma informação (relato) e uma mensagem sobre a relação estabelecida (cometimento). No cometimento a relação é de autoridade (complementar, heterogênea), ou seja, inverte-se o ônus da prova, desconfirmando-se a desconfirmação do receptor: o emissor é *imune* à indiferença do receptor. Sendo uma manifestação de poder, a regra da inversão apresenta-se como um *certum*, não podendo ser discutida pelas comunicantes: o discurso é *monológico*. No relato não há inversão do ônus da prova, a relação é simétrica (não é de autoridade, é homogênea), sendo a questão um *dubium*, podendo ser amplamente discutida pelos comunicantes, sendo possível a desconfirmação pelo receptor: o discurso é *dialógico*.

Ocorre que é plenamente possível ao receptor discutir em juízo se o comportamento é permitido ou obrigatório, se a autoridade é competente ou incompetente, etc. No Direito, portanto, a relação estabelecida é plenamente discutida pelos comunicantes. Isso parece pôr em cheque o esquema ra-

28. Idem, pp. 30-31.

29. Idem, p. 298.

30. Idem, p. 30.

cional apresentado: a relação de autoridade não pode ser discutida, pois o poder não se fundamenta; se se fundamenta, deixa de ser poder, e ao mesmo tempo ela é discutida, há a inversão e ao mesmo tempo não há. Esse intricado problema é resolvido pela *noção pragmática* de *validade*.

3.2.1 *Noção pragmática de validade*

A *validade* é conceito relacional, tanto na Teoria Pura como na Teoria Pragmática. Sendo conceito relacional, para ser entendida deve-se vislumbrar o fenômeno normativo não do ponto de vista *estático*, mas *dinâmico*. A noção de *validade* de Kelsen exige a compreensão dinâmica do sistema: a edição de uma norma individual dá-se nos termos de uma norma geral, que se dá nos termos da norma constitucional, que se dá nos termos da norma pressuposta. Somente a visualização do *processo* permite compreender o conceito de *validade*, pois possibilita vislumbrar as *relações entre as normas*. Do ponto de vista pragmático dá-se mais ou menos da mesma maneira: a comunicação não é um ato isolado, não é o envio de uma mensagem do receptor para o emissor, é um *contínuo*, um *processo ininterrupto de trocas de mensagens*.

Para fins didáticos isola-se um momento do processo comunicativo, destacando-se duas situações comunicativas – que, numa simplificação, valendo-se da terminologia positivista, poderiam ser chamadas de *normas jurídicas*: a norma "A", que Kelsen chama de superior, e a norma "B", que Kelsen chama de inferior. Numa relação sintática, Kelsen limita-se a dizer que a norma "B" foi editada nos termos da norma "A" e, assim, é válida. Em termos pragmáticos trata-se de uma relação entre o cometimento da norma "B" e o relato da norma "A". Um exemplo: no cometimento da norma individual fixada pelo juiz está a relação de autoridade estabelecida entre o juiz e o jurisdicionado. Essa relação, nessa norma, é indiscutível. Essa relação de autoridade consiste, porém, no conteúdo do relato da norma que estabelece a competência do juiz para editar a norma individual e concreta. Em outras palavras: o cometimento de uma norma é o conteúdo do relato de uma norma anterior. Fala-se em "norma" para fins de simplificação, mas – insiste-se – se está no plano pragmático, a relação aqui é entre *discursos normativos*: uma relação entre o aspecto *relato* de uma norma e o aspecto *cometimento* de outra. Ao se prever o cometimento de uma norma posterior no relato de norma anterior ocorre a *imunização* da relação de autoridade estabelecida na situação normativa subseqüente. *Validade*, portanto, é uma relação de *imunização* em que uma norma imuniza a outra contra as reações do endereçado, garantindo-lhe um cometimento metacomplementar.[31]

Para Kelsen uma ordem dada por um bando de salteadores não é uma norma válida, porque não se funda na *norma fundamental*. Kelsen vai além: não se funda numa norma fundamental por um único motivo: porque a ordem de coação constitutiva do bando de salteadores não tem *mais eficácia* que a ordem jurídica, globalmente considerada.[32] Se a norma pressuposta perder sua eficácia global, será substituída por outra e, nesse caso, a ordem dos salteadores passará a ser uma norma válida. O fundamento último da validade de uma norma na teoria de Kelsen, perceba-se, não é a norma funda-

31. Watzlawick, Beavin e Jackson explicam que numa *relação simétrica* entre duas pessoas, baseada na igualdade, os parceiros tendem a refletir o comportamento um do outro. Numa *relação complementar*, baseada na diferença, o comportamento de um parceiro não reflete o do outro mas o complementa. Numa relação *metacomplementar* "A" deixa ou força "B" a encarregar-se dele (*Pragmática da Comunicação Humana*, 14ª ed., p. 63). A relação estabelecida no cometimento da norma não é complementar, mas metacomplementar. (Ferraz Jr., *Teoria da Norma Jurídica*, 4ª ed., p. 43).

32. Kelsen, *Teoria Pura do Direito*, 6ª ed., p. 79.

mental, mas a *eficácia*.[33] A ordem coativa do ladrão não é válida para a Teoria Pragmática porque o ladrão não é *autoridade*, ou seja, a relação estabelecida no cometimento dessa norma não está imunizada por outra norma contra críticas do endereçado. A ordem do ladrão é inválida não porque não está fundada numa norma fundamental, mas sim porque o ladrão não é autoridade, porque a relação entre ele e a vítima não está imunizada contra críticas desta.

3.2.2 *Técnicas de validação*

Uma norma jurídica imuniza outra de duas formas, por meio de duas técnicas, explicadas por Tércio Sampaio Ferraz Jr. a partir da distinção cibernética entre *programação condicionada* e *programação finalista*. Pela primeira uma decisão é programada fixando-se as condições em que ela deve ocorrer, de modo que, estando presentes as condições, a decisão deve ser tomada. Pela segunda não se fixam as condições em que a decisão deve ser tomada, mas os fins que devem ser atingidos. A programação condicionada é mais elástica quanto aos fins a serem atingidos, sendo o programador responsável pelos meios utilizados; a programação finalística é mais elástica quanto aos meios escolhidos, sendo o programador responsável pelo resultado. Com base nesses conceitos cibernéticos distingue-se a *imunização condicional* da *imunização finalista*.

Pela *imunização condicional* há disciplina da edição de uma norma por outra. Nesse caso, o cometimento da segunda norma é estabelecido no relato da primeira. Suponha-se, por exemplo, uma norma tributária que institua o IPTU progressivo e uma outra norma que atribua ao legislador municipal a competência para instituir o IPTU progressivo. O conteúdo do relato desta segunda norma é o cometimento da primeira. A técnica é *condicional* pois estabelece as condições para a instituição do IPTU: ser legislador municipal. Tal qual a programação condicional, as conseqüências são irrelevantes para a validade da norma: má distribuição de renda, empobrecimento da população etc.

Pela *imunização finalista* há uma delimitação do relato: a norma imunizante não disciplina a edição de outra norma, mas lhe fixa determinado relato. É *finalista* pois estabelece um fim a ser atingido. Seguindo o exemplo dado, cita-se a norma constitucional cujo preceito estabeleça que a progressividade do IPTU deve ser instituída para os fins de garantir a função social da propriedade. O relato da norma tributária a ser instituída é delimitado: deve visar à concretização das normas do Plano Diretor do Município – ou seja, à realização da função social da propriedade –, importando, aqui, os fins a serem atingidos. Observa-se que a validade continua sendo uma relação entre o aspecto *relato* de uma norma e o aspecto *cometimento* de outra, mas a técnica é outra: a metacomplementaridade do cometimento de uma norma é imunizada pela previsão do relato, posto na norma antecedente como fim a ser atingido.

Para ser válida a norma deve obedecer às duas técnicas, que, geralmente, são utilizadas concomitantemente. Assim, se a norma obedece à técnica finalista e desobedece à técnica condicional, sendo, *v.g.*, editada por agente incompetente, é considerada inválida por vício de inconstitucionalidade formal. Se a norma obedece à técnica condicional mas desobedece à finalista, é considerada inválida por vício de inconstitucionalidade material.[34]

3.3 *Norma inválida*

Pela concepção sintática da validade, esta deveria ser tratada como um conceito absoluto, em que a espacialidade e tempora-

33. Idem, ibidem.

34. Em famoso artigo doutrinário Tércio Sampaio Ferraz Jr. examina o regime jurídico admi-

lidade são reduzidas a conceitos objetivos: a norma dada é válida no tempo e no espaço em que se apresenta. Essa concepção é compatível com um discurso-*com*, mas não com um discurso-*contra*, por isso Kelsen elabora o conceito de *domínio de validade* (v., supra, item 3.1): a norma é válida para um certo domínio temporal, espacial, pessoal e material. Isso permite a Kelsen negar a norma parcialmente, ou seja, a norma seria inválida em certos âmbitos, surtindo efeitos em outros: a norma perde, por exemplo, a validade a partir de determinada data, continuando válida para os fatos ocorridos até esse momento.

Ao tratar, porém, das leis inconstitucionais e do controle de constitucionalidade, Kelsen evidencia que seu conceito de validade é *dinâmico*. Uma norma válida para ele é uma norma compatível com a Constituição; afirmar que "uma lei válida é 'contrária à Constituição' (anticonstitucional) é uma *contradictio in adjecto*".[35] No controle difuso de constitucionalidade o sistema normativo atribui a todos os órgãos do Poder Judiciário a competência para retirar a validade para o caso concreto de uma norma válida quando a considerar inconstitucional. A lei, antes válida, perde a validade para o caso examinado e somente para ele, continua sendo válida para todos os demais casos.[36] No caso do controle concentrado o sistema normativo dá a um órgão o poder de invalidar uma norma, mediante processo especial, por considerá-la inconstitucional. A lei era válida, e essa validade foi retirada pelo órgão ao qual foi atribuída competência para tanto.[37] Conclui Kelsen: não existe norma nula, pois norma sem validade não é norma, não existe no sistema jurídico. O que há é norma anulável, ou seja, a norma é válida, pertence ao sistema, mas a validade é retirada por um órgão estatal. O sistema pode atribuir à anulação efeitos retroativos; nem por isso se tratará de nulidade.[38] Norma inválida, portanto, é uma contradição *in terminis* na Teoria Pura.

Ora, supondo-se que um órgão estatal edite norma determinando a um servidor público específico que pague determinada quantia aos cofres públicos e que esse servidor não cumpra a norma, não recolha essa quantia, e que não haja aplicação de qualquer sanção, nem o desencadeamento de um procedimento de cobrança, a norma não tem a mínima eficácia e, por isso, aplicando-se os conceitos da Teoria Pura, o órgão estatal editou uma norma inválida.[39] Essa conclusão é absurda, o que evidencia a insustentabilidade teórica da Teoria kelseniana.

No plano pragmático a validade não consiste numa relação entre normas, mas entre discursos, entre situações comunicativas. Por força do princípio da *interação*, a validade não é uma relação linear e progressiva, mas uma relação cujo padrão é a circularidade.[40] Nela, não apenas a norma imunizante exerce influência sobre a imunizada, mas esta também influencia aquela.[41]

nistrativo, em especial os princípios da supremacia e da indisponibilidade do interesse público, a partir das duas técnicas de imunização: condicional e finalista ("A relação meio/fim na Teoria Geral do Direito Administrativo", *RDP* 61/27-33).

35. Hans Kelsen, *Teoria Pura do Direito*, 6ª ed., p. 367.

36. Idem, p. 371.

37. Idem, ibidem.

38. Idem, pp. 374-375.

39. Ferraz Jr., *Teoria da Norma Jurídica*, 4ª ed., p. 124.

40. Dizem Watzlawick, Beavin e Jackson: "Uma cadeia em que o evento 'a' gera o evento 'b, e 'b' gera então 'c', e 'c', por sua vez, provoca 'd', etc., teria as propriedades de um sistema linear determinístico. Se, porém, 'd' conduzir de volta a 'a', o sistema é circular e funciona de um modo inteiramente diferente" (*Pragmática da Comunicação Humana*, 14ª ed., p. 27).

41. O princípio da interação não é estranho à doutrina. A *Teoria do Círculo Hermenêutico* de Karl Larenz chega ao mesmo resultado: uma norma especial concretiza uma norma geral, mas esta também é importante para compreensão daquela. Na

A invalidade, na Teoria Pragmática, não é uma anormalidade, mas uma situação normal: não se trata da quebra do elo de uma cadeia, nem um fenômeno estranho à cadeia, mas uma configuração relacional específica que ocorre ao lado da validade. Para a Teoria Pragmática, ao contrário do que ocorre na Teoria Pura, a *norma inválida* não é uma contradição em termos, trata-se de *fenômeno normal* no discurso normativo.

Para entender o fenômeno da invalidade a Teoria Pragmática vale-se de um conceito da Cibernética: a *retroalimentação negativa*. Na retroalimentação parte do produto de um sistema é reintroduzida no sistema como informação sobre o produto resultante. Na retroalimentação negativa essa informação é usada para diminuir o desvio do produto de um conjunto de normas, por isso é chamada de negativa. Na retroalimentação positiva a informação é usada para ampliar o desvio, é positiva em relação à tendência já existente para um ponto morto.[42] A relação de validade expressa um estado constante do sistema normativo, esse estado é mantido por mecanismos de retroalimentação negativa. O sistema prevê meios de anulação de uma norma, tais como o controle de inconstitucionalidade difuso ou concentrado, examinados por Kelsen. Se esses sistemas não são acionados, ou seja, se a norma não é anulada, atua um mecanismo de *retroalimentação negativa*, ou seja, o sistema absorve a norma anulável como válida. Assim, ainda que haja uma flagrante inconstitucionalidade, a Teoria Pragmática é concordante, ao menos parcialmente, com a Teoria Pura: a norma, se não for anulada, subsiste como válida no sistema, por força da atuação da retroalimentação negativa. É parcialmente concordante pois não nega que a norma, apesar de pertencer ao sistema, era antes inválida (pois o cometimento não havia sido imunizado), mas tornada válida por um mecanismo de retroalimentação negativa (o cometimento passa a ser imunizado pela regra, por exemplo, da coisa julgada). A Teoria Pragmática, porém, explica a atuação de mecanismos de *retroalimentação positiva*, totalmente ignorados pela Teoria Pura. Esses mecanismos serão examinados juntamente com o exame dos temas da norma fundamental e do sistema, nos itens 5 e 6, infra.

3.4 Validade e racionalidade

A *validade*, portanto, do ponto de vista pragmático, é uma qualidade da comunicação normativa em que um discurso é imunizado contra eventuais críticas, tornando *exigível* determinado comportamento. *Validade* é, assim, uma *condição de exigência* do comportamento. Na Teoria Pura a validade também é uma condição de exigência: devemos nos conduzir de acordo com a norma – diz Kelsen – porque ela é válida.[43] Na Teoria Pragmática, porém, é uma relação entre discursos, é uma *relação pragmática*; na Teoria Pura é uma relação entre normas, é uma *relação sintática*.

Na Teoria Pura a validade é conceito importante para manutenção da racionalida-

explicação do autor: "O processo de compreender tem o seu curso, deste modo, não apenas em *uma* direcção, 'linearmente', como uma demonstração matemática ou uma cadeia lógica de conclusões, mas em passos alternados, que têm por objectivo o esclarecimento recíproco de um mediante o outro" (Karl Larenz, *Metodologia da Ciência do Direito*, 3ª ed., p. 287). J. J. Gomes Canotilho, com base na Teoria do Círculo Hermenêutico, discrimina quatro tipos de normas constitucionais: os princípios estruturantes, os princípios gerais constitucionais, os princípios especiais constitucionais e as regras constitucionais. Umas concretizam as outras, porém – diz o eminente constitucionalista, valendo-se das palavras de Larenz – sem uma hierarquia: há um *processo biunívoco de esclarecimento recíproco* (J. J. Gomes Canotilho, *Direito Constitucional e Teoria da Constituição*, 4ª ed., pp. 1.137 e ss.).

42. Watzlawick, Beavin e Jackson, *Pragmática da Comunicação Humana*, 14ª ed., p. 27.

43. Kelsen, *Teoria Pura do Direito*, 6ª ed., pp. 29 e 78.

de do sistema normativo. Este é constituído pela ciência do Direito, que submete as normas à rigorosa obediência aos postulados lógicos: uma norma decorre da outra, num encadeamento lógico que culmina na norma pressuposta. É a validade que dá ao todo uma ordem lógica, fazendo-o racional.

Na Teoria Pragmática a validade é também um importante mecanismo de manutenção da racionalidade do sistema – racionalidade, essa, fundada, conforme já afirmado, na inversão do ônus da prova. São comuns no diálogo jurídico discussões sobre a relação de autoridade, o que, em princípio, parece pôr em xeque o dogma da inversão do ônus da prova, a metacomplementaridade da relação. O cometimento (e, com ele, a relação de autoridade), porém, é imunizado pelo relato de uma situação comunicativa antecedente. Não se discute, portanto, o cometimento, mas o relato da situação antecedente: isso garante a metacomplementaridade do cometimento, seu aspecto monológico e a irreflexividade da inversão do ônus da prova, base da racionalidade do discurso normativo.

4. Norma jurídica e eficácia

4.1 Eficácia na Teoria Pura de Hans Kelsen

Eficácia para Kelsen é "o fato real de ela *[a norma]* ser efetivamente aplicada e observada"; é a "circunstância de uma conduta humana conforme a norma se verificar na ordem dos fatos".[44] É o fato de essa norma ser aplicada pelos órgãos jurídicos, especialmente pelos tribunais; o fato de a sanção nela prevista ser, num caso concreto, ordenada e aplicada; e é também o fato de ser respeitada pelos indivíduos subordinados à ordem jurídica, ou seja, de ser adotada a conduta pela qual se evita a sanção.[45] A *eficácia* não se confunde com a *validade*, pois uma norma não observada nem aplicada não deixa de ser válida.

É, porém, em certo grau, *condição* ou *pressuposto* da validade: uma norma não dotada de um "mínimo de eficácia" deixa de ser considerada válida.[46] Nesse sentido – diz Kelsen –, a ordem coercitiva que se apresente como Direito só é considerada válida se *globalmente eficaz*. A norma fundamental, fundamento de validade de uma ordem jurídica, deve referir-se sempre a uma Constituição que seja base de uma ordem coercitiva eficaz. A Constituição será eficaz se as normas postas por ela são, globalmente, aplicadas e observadas.[47] Se o forem, o cientista pode pressupor uma norma que determine o cumprimento dessa Constituição, ou seja, pode pressupor a validade dessa Constituição. Se não o forem, o cientista não está autorizado a fazer essa pressuposição. Para Kelsen não é nem correta a concepção segundo a qual o Direito é completamente independente de sua eficácia, nem a concepção que identifica a validade do Direito com sua eficácia: a primeira é incorreta pois uma ordem jurídica como um todo, "tal como uma norma jurídica singular", perde sua validade quando deixa de ser eficaz; a segunda é incorreta pois há numerosos casos em que uma norma jurídica ainda não eficaz é válida.[48] Eis, em síntese, a concepção kelseniana da *eficácia*.

4.2 Concepções sintática e semântica da eficácia

Inicialmente, antes de adentrar o exame da concepção pragmática da eficácia, importante examinar a distinção entre *eficácia técnica* e *eficácia social*. O termo "eficácia" abrange na Dogmática Jurídica esses dois significados, tendo *ambigüidade semântica*.

44. Kelsen, *Teoria Pura do Direito*, 6ª ed., p. 29 (esclarecemos).

45. Idem, p. 30.

46. Idem, ibidem.

47. Idem, p. 291.

48. Idem, p. 297.

Toda norma, para produzir seus efeitos, necessita de certas condições normativas; *eficácia técnica* consiste na presença dessas condições normativas necessárias para que a norma produza seus efeitos. Exemplo típico é a norma constitucional que contenha a cláusula "nos termos da lei": a edição de uma lei é condição normativa necessária para que a norma constitucional produza todos os seus efeitos; enquanto a lei não for editada a norma não tem *eficácia técnica* ou *jurídica*. O segundo significado refere-se à repercussão da norma no meio social, ou seja, a norma que não é observada e aplicada não tem *eficácia social* ou *efetividade*.[49]

Enquanto o conceito dogmático de eficácia técnica ou jurídica consiste numa *concepção sintática*, o conceito dogmático de eficácia social consiste numa *concepção semântica*. A concepção sintática baseia-se no fato de que a Dogmática supõe enlaces entre diversas normas sem os quais a norma não pode produzir seus efeitos, há uma relevância sintática (signo/signo, norma/norma).[50] A eficácia técnica tem a ver com a aptidão para produzir efeitos, e essa aptidão admite graus, aferidos de acordo com as funções da eficácia no plano da realização normativa – funções, essas, chamadas de *funções eficaciais*, que, fundamentalmente, são três: a função de *bloqueio*, a função de *resguardo* e a função de *fomento* ou *programa*. Geralmente a norma exerce mais de uma função, porém sempre há uma função principal, chamada de *função eficacial primária*. As normas que proíbem, impeditivas de um comportamento previsto, exercem predominantemente a função de bloqueio, elas bloqueiam um comportamento. Há normas que visam à realização de um objetivo, fomentam um comportamento, enunciando um programa a ser concretizado, exercem predominantemente a função de programa. Por fim, as normas que visam à realização de um dado comportamento têm o efeito de garantir uma situação, resguardam uma posição jurídica, exercem predominantemente a função de *resguardo*. A norma que, para concretização de sua função eficacial primária, dependa de outra norma não é eficaz do ponto de vista técnico; eficaz, nesse sentido, é a norma apta a exercer, de imediato e sem restrições, suas funções: não é a norma necessariamente obedecida (eficácia social), mas a que tem condições para ser obedecida.[51]

Já a *eficácia social* é aquela que encontra condições sociais adequadas para produzir efeitos, tendo relevância semântica (signo/objeto, norma/realidade normada). Assim, se uma norma obriga o uso de um aparelho que não existe, há ineficácia social ou *inefetividade*: uma inadequação entre a norma e a realidade, que lhe impede de produzir seus efeitos. A eficácia social não se confunde com a *observância*. No exemplo dado: não se trata de descumprimento da norma, mas de impossibilidade de cumpri-la, em face de uma inadequação com a realidade. A norma pode não ser observada ou cumprida e nem por isso ser inadequada à realidade.[52]

Kelsen, porém, não faz essa distinção: eficácia na Teoria Pura engloba tanto o conceito de *eficácia social* ou *efetividade* quanto o conceito de *observância* ou *obediência*. É ineficaz – diz Kelsen – tanto a norma que não é observada nem aplicada[53] quanto o é a norma que é impossível de ser aplicada.[54] Não menciona, todavia, a ineficácia técnica ou jurídica. A Teoria Pragmá-

49. A distinção entre *eficácia jurídica* (*técnica*) e *eficácia social* (*efetividade*) é efetuada por José Afonso da Silva, *Aplicabilidade das Normas Constitucionais*, 4ª ed., Título II, Capítulo I, item 6, p. 66. Porém, como se verá a seguir, *eficácia social* não se confunde com *observância*, diferença não efetuada pelo fúlgido constitucionalista.

50. Tércio Sampaio Ferraz Jr., *Introdução ao Estudo do Direito*, 5ª ed., item 4.32, p. 199.

51. Idem, p. 200.

52. Idem, pp. 199-200.

53. Kelsen, *Teoria Pura do Direito*, 6ª ed., p. 298.

54. Idem, p. 30.

tica não confunde esses três conceitos, nem os ignora. Por isso, fixados os conceitos de *eficácia técnica* ou *jurídica*, *eficácia social* ou *efetividade* e *observância* ou *obediência*, é possível examinar o conceito pragmático de *eficácia*.

4.3 Eficácia na Teoria Pragmática de Tércio Sampaio Ferraz Jr.

Se do ponto de vista pragmático *validade* é a relação de imunização do cometimento de uma norma (entendida sempre como discurso) pelo relato de outra norma, *eficácia* é a *relação de adequação entre o relato e o cometimento da mesma norma*. Aquela é uma condição de exigência; esta, uma condição de obediência. Assim, para saber se uma norma é válida, deve-se analisar o processo comunicativo; pelo menos dois momentos desse processo, pois a validade é a relação entre dois discursos normativos. Para saber se uma norma é eficaz, porém, basta examiná-la, não se necessita examinar o processo, pois eficácia é uma relação entre aspectos do mesmo discurso normativo.

Na Teoria Pragmática a adequação entre o cometimento e o relato deve garantir uma relação equilibrada entre os comunicantes, e para a obtenção desse equilíbrio é necessário que o cometimento seja tranqüilamente entendido, ficando em segundo plano. Se o relato exprimir mal o cometimento, não indicando, *v.g.*, os sujeitos competentes ou as condições de aplicação, o equilíbrio ficará comprometido, e isso pode se dar intencional ou desintencionalmente.

4.4 Principais diferenças entre eficácia na Teoria Pura e na Teoria Pragmática

No plano pragmático não se confunde a *eficácia* com a *obediência* ou *observância* da norma: esta é conseqüência daquela, mas não se confunde com ela. Uma norma pode ser observada por motivações outras que não sua eficácia (sua adequação entre o relato e o cometimento). Na Teoria Pura, ao contrário, essa diferença não é percebida e, como resultando, o exame da eficácia implica um exame sociológico, extrajurídico. Daí a dificuldade que o conceito gera para Teoria Pura: é, ao mesmo tempo, primordial para ela e inalcançável por ela. Na Teoria Pragmática a eficácia é conceito eminentemente normativo: seu exame atém-se ao exame do discurso normativo e, portanto, da norma. Enquanto o motivo da eficácia na Teoria Pura é *sociológico*, na Teoria Pragmática é *jurídico*.

A Teoria Pura adota um conceito semântico de eficácia (eficaz é a norma cumprida e aplicada no meio social) e ignora o conceito sintático. A Teoria Pragmática não ignora o sentido sintático e, dessa forma, admite que seja considerada eficaz uma norma totalmente descumprida e não aplicada no seio social. Aliás, uma norma observada no seio social pode ser considerada como ineficaz no plano pragmático: é o caso da norma que, apesar da total inadequação entre o cometimento e o relato e, conseqüentemente, da insustentabilidade da relação de autoridade, é observada, por exemplo, por força do medo da população ou pela forte crença religiosa enraizada no seio social. Enfim, o que importa para que a norma seja considerada eficaz pela Teoria Pragmática não é o fato de ela ser observada ou não, aplicada ou não – questão sociológica –, mas se a relação metacomplementar se mantém equilibrada ou não.

A Teoria Pura não distingue a *desuetudo* do *costume negativo*. Diz Kelsen que "uma norma jurídica pode perder sua validade pelo fato de permanecer por longo tempo inaplicada ou inobservada, quer dizer, através da chamada *desuetudo*", que é "como que um costume negativo cuja função essencial consiste em anular a validade de uma norma existente".[55] Tor-

55. Kelsen, *Teoria Pura do Direito*, 6ª ed., pp. 298-299.

na-se, de fato, impossível para Teoria Pura distinguir os conceitos, na medida em que reduz a *eficácia* à concepção semântica. A Teoria Pragmática, além de não desconsiderar a concepção sintática, também não desconsidera a semântica, trata-se de uma *concepção inclusiva*. O reiterado descumprimento da norma, sua não-observância e não-aplicação, pode afetar a relação metacomplementar. Por ser inclusiva, ao considerar a diferença entre eficácia técnica, efetividade (eficácia social) e observância ou obediência, possibilita a diferenciação entre os dois conceitos: o *desuso* consiste numa *inefetividade pragmática* decorrente da ineficácia semântica; o *costume negativo* consiste numa *inefetividade pragmática* decorrente da ineficácia semântica e sintática da norma. Em ambos há uma ineficácia semântica, mas só no costume negativo há uma ineficácia sintática.[56]

Do ponto de vista pragmático, a inefetividade pragmática decorrente do desuso quase sempre não é suficiente para retirar a eficácia da norma: ela não é aplicada ou observada por um longo período, mas nem por isso é inexigível. Suponha-se o crime de peculato. Ainda que durante anos o crime seja reiteradamente praticado pelos funcionários públicos sem qualquer processo ou punição, mesmo que haja reiterada inobservância e não-aplicação, a norma continua sendo eficaz, nada impedindo que, ocorrido o fato, venha a ser aplicada. A inefetividade pragmática decorrente do costume negativo, porém, sempre retira a eficácia pragmática da norma: ela deixa de ser exigível. Assim, supondo-se que uma norma obrigue o empregador a registrar seus empregados num órgão estatal que jamais é criado pelo governo: a norma não é exigível. Não se está afirmando que a norma não perde sua eficácia pragmática pelo desuso. Poderá, eventualmente, perdê-la. Reitera-se: o que retira a eficácia pragmática da norma é a inadequação entre o relato e o cometimento, é o desequilíbrio da relação de autoridade, não é a inobservância. Esta, porém, pode afetar a adequação, pode gerar o desequilíbrio; e, se assim o fizer, retirar a eficácia pragmática da norma. Ante um costume negativo essa inadequação torna-se evidente; ante um desuso a inadequação depende da argumentação do interessado.

4.5 Eficácia e racionalidade

A relação entre a *eficácia* e a *validade* é um dos pontos mais intrincados e complexos da Teoria da Norma. É nesse tema, principalmente, que residem as maiores dificuldades da Teoria Pura, tornando-se evidente a superioridade científica da Teoria Pragmática. Como já afirmado, enquanto *validade* na Teoria kelseniana consiste numa relação sintática, uma relação entre uma norma e outra, *eficácia* consiste numa relação semântica, uma relação entre a norma e a realidade. Se o conceito de validade está no *plano sintático* e o de eficácia no *plano semântico*, torna-se difícil entender como a eficácia pode ser pressuposto de validade da norma. No item 3.1 já se fez menção à obscuridade decorrente do "mínimo de eficácia" kelsenina: não há critério algum que permita quantificar ou precisar

56. Esses conceitos foram apresentados por Tércio Sampaio Ferraz Jr em seu *Teoria da Norma Jurídica* (4ª ed., pp. 120-121). Sem embargo, em obra mais recente o ilustre professor parece ter modificado os conceitos. Dá o seguinte exemplo de desuso: "a norma previa a proibição de pesca por meio de técnicas de alto custo; com a superveniência de novas técnicas, mais baratas, os destinatários se desinteressam pelas anteriores, que deixam de ser produzidas". E dá o seguinte exemplo de costume negativo: "é proibido fumar em recintos fechados ou em veículos públicos – cigarros estando à venda e, em meios de comunicação viária em pleno funcionamento, fuma-se". E conceitua: a norma entra em *desuso* "porque os destinatários não a cumprem, pois, diante da nova situação, não se sentem mais obrigados"; o costume negativo refere-se a "omissões que ocorrem diante de fatos que seriam condição de aplicação da norma" (Tércio Sampaio Ferraz Jr., *Introdução ao Estudo do Direito*, 5ª ed., pp. 205-206).

esse mínimo. Sendo conceito sociológico, é inalcançável pela Teoria Pura, apesar de ser vital para ela.

Na Teoria Pura, conforme já afirmado, a *racionalidade* consiste na plena compatibilidade aos postulados lógicos. A racionalidade do sistema é tarefa da ciência do Direito, que, ao descrever as normas, deve fazê-lo de forma obediente aos referidos postulados. Porém, o conceito de eficácia é vital para essa descrição, pois, em última análise, na Teoria kelseniana é a eficácia que permite não só indicar se uma norma é ou não válida, mas também qual norma constitucional deve ser pressuposta como válida pelo cientista. E, ao mesmo tempo, é inalcançável por ele, pois não cabe ao jurista, e sim ao sociólogo, nos limites da Teoria Pura, analisar se a norma é ou não eficaz no plano social. Conclui-se: o conceito de eficácia na Teoria Pura do Direito é um *obstáculo* à missão científica de edificação de um sistema jurídico *racional*.

Afirmou-se que para a Teoria Pragmática o cerne da *racionalidade* do discurso normativo é a inversão do ônus da prova. Esta inversão não pode ser discutida, faz da relação de autoridade no cometimento da norma uma relação *heterológica* baseada num *certum*. Posteriormente afirmou-se que o fato de no diálogo jurídico aspectos da relação de autoridade serem comumente postos em questão não retira a racionalidade do discurso normativo, porque a relação de autoridade é imunizada pelo relato de uma norma (situação comunicativa) anterior. Assim, o que se discute não é o cometimento, mas o relato da norma anterior, mantendo-se intocada a inversão do ônus da prova, a relação metacomplementar estabelecida no cometimento. O tema da *eficácia*, porém, ao possibilitar a discussão sobre a inadequação entre o relato e o cometimento da própria norma, parece permitir a discussão do cometimento e, portanto, a quebra da inversão do ônus da prova. A eficácia parece, num primeiro momento, retirar a racionalidade do sistema normativo. Isso não ocorre por força de um terceiro conceito, analisado a seguir: a *imperatividade*.

5. *Norma fundamental*

5.1 Norma fundamental na Teoria Pura de Hans Kelsen

Uma norma é válida – e, por isso, vigente – se foi editada de acordo com o estabelecido por uma norma que lhe é superior; esta é válida se foi editada de acordo com o prescrito por uma norma superior; e assim por diante. Nesses termos, uma norma individual editada pelo juiz é válida porque foi editada conforme o prescrito por uma norma geral editada pelo legislador; esta é válida porque foi editada conforme o prescrito por uma norma constitucional. No conjunto das *normas postas*, *positivadas*, a Constituição, no sentido *jurídico-positivo*, é o final da cadeia. Impõe-se a pergunta: o que dá fundamento de validade à Constituição? Aqui, surge o *conceito-chave* da Teoria Pura do Direito: a *norma fundamental*.

A *norma fundamental* é a Constituição no sentido *lógico-jurídico*, é o ponto de partida da criação jurídica.[57] Essa norma não é *posta*, mas *pressuposta* pelo cientista, ela é *pensada*. Se uma Constituição, no sentido jurídico-positivo, seja escrita ou não-escrita, adquire *eficácia global*, então, o cientista deve pressupor uma norma cujo preceito estabeleça que "se deve cumprir essa Constituição".[58] Se por um ato revolucionário essa Constituição em sentido positivo for abolida, ou seja, se perder totalmente sua eficácia, o cientista será obrigado a pressupor outra norma fundamental, substituindo a anterior, cujo preceito determine que outra Constituição deva ser cumprida.

A norma fundamental é uma condição epistemológica de compreensão do sistema

57. Hans Kelsen, *Teoria Pura do Direito*, 6ª ed., p. 275.

58. Idem, p. 277.

normativo. É a explicação do motivo pelo qual as normas constitucionais, positivamente postas, são objetivamente válidas: o são porque se pressupõe que o sejam, e essa pressuposição decorre de sua eficácia global.[59] A norma fundamental é o *fundamento* da *validade da norma constitucional positiva*, ela faz com que a validade da norma constitucional positiva não seja posta em questão.[60] Essa norma fundamental – diz Kelsen – não pode ser o sentido subjetivo do ato de vontade, pois se o fosse dependeria de outra norma; não pode ser, portanto, *querida*, tem que ser apenas *pensada*.[61]

5.2 *Imperatividade*

Para compreensão de como a Teoria Pragmática trata do tema é necessário examinar o conceito de imperatividade. Na Teoria Pura o conceito de imperatividade confunde-se com o de validade: norma válida é aquela que deve ser cumprida,[62] válida é a norma imperativa, e imperativa é a norma válida. Ao perguntar por que a norma é válida, ou por que ela vincula, Kelsen invoca a norma fundamental: ela é imperativa e válida porque está de acordo com a norma fundamental.[63] Eis outro ponto frágil da Teoria kelseniana: se a norma fundamental, enquanto instrumento cognitivo do Direito, pode indicar *racionalmente* quais são as normas válidas, quais são as normas imperativas, não tem o condão de fundar racionalmente a obrigatoriedade.[64] Em face de uma Constituição globalmente eficaz o cientista pressupõe uma norma que determine o cumprimento dessa Constituição, que a torne obrigatória. A Teoria kelseniana, ao fundar a obrigatoriedade na norma fundamental, acaba por fazer repousar o Direito num ato de crença e, assim, torna irracional inclusive o sistema edificado pela ciência jurídica. A norma é obrigatória porque, simplesmente, se acredita (crença) que o seja, porque se pressupõe a obrigatoriedade.

A Teoria Pragmática distingue a *validade* da *imperatividade*. Enquanto a *efetividade* é uma relação de *adequação* entre o cometimento e o relato da norma (supra, item 4.2) e a *validade* uma relação de *imunização* entre o relato de uma norma e o cometimento de outra (supra, item 3.2.1), a *imperatividade* é uma relação de *calibração* entre o cometimento de uma norma e o cometimento de outra. Pela Teoria Pragmática uma norma pode ser válida e não ter império e ter império e não ser válida. A imperatividade consiste na *estabilização* dos cometimentos das normas, é uma *regulação* ou *calibragem*, ou seja, a fixação das possibilidades de variações admitidas ao nível da relação num determinado âmbito. Uma norma é vinculante não porque está de acordo com a norma fundamental, mas porque estão reguladas as variações de sua possibilidade de imposição dentro de um âmbito determinado.

5.2.1 *Calibração*

A *calibração* é um conceito da Cibernética, explicado a partir do termostato de um refrigerador. O refrigerador tem por função produzir frio, mas se esfriasse o ambiente ilimitadamente entraria rapidamente numa disfunção e em pouco tempo se tornaria uma grande pedra de gelo. Para evitar isso a produção de frio é regulada por um *termostato*, cuja função é manter o equilíbrio do sistema: se a temperatura cai abaixo de um limite, o termostato faz o motor parar de funcionar até a temperatura voltar ao limite fixado; se a temperatura sobe acima do limite, o termostato faz o motor funcionar até a temperatura atingir o limite fixado. A regra de atuação do termostato, por exemplo, o limite fixado, é

59. Idem, pp. 297-300.

60. Idem, p. 279.

61. Idem, p. 280.

62. Idem, p. 29.

63. Idem, p. 297.

64. Ferraz Jr., *Teoria da Norma Jurídica*, 4ª ed., p. 128.

uma regra de *calibração*.[65] A modificação da regulagem do termostato implica modificação da *calibração* do sistema.[66]

5.2.2 *Padrões de funcionamento normativo*

A imperatividade consiste numa relação de *calibração* por meio da qual a norma se adapta a mudanças e desvios em relação a uma estabilidade (a um padrão), de modo que um desvio do sistema é contrabalançado, mantendo seu equilíbrio. Em outras palavras, é a capacidade inerente à comunicação normativa de *trocar de padrão*. Um exemplo tornará mais fácil a compreensão. Suponha-se que um ato administrativo é editado em frontal violação às normas que disciplinam sua edição (ato inválido): um servidor público é aposentado sem ter direito à aposentadoria. Suponha-se que ele não contribuiu para o vício, agiu com boa-fé. Durante 20 anos o servidor goza da aposentadoria, sem qualquer tipo de constrangimento; o ato não é anulado nem impugnado. Depois desse longo período de tempo o Ministério Público descobre o vício. Ora, pelo *padrão da legalidade*, o ato deve ser invalidado com efeitos retroativos. Essa era, inclusive, a posição quase-unânime da doutrina no direito administrativo brasileiro: a invalidade tem efeitos *ex tunc* – diziam os juristas, em coro. Essa solução, por questões ideológicas evidentes, mostrou-se insustentável, mas a manutenção do ato pelo padrão da legalidade importa um rompimento do sistema. Por isso, *modificou-se o padrão*: por uma questão de justiça, segurança jurídica, proteção da boa-fé do administrado, o ato não deve ser invalidado, ocorre a estabilização ou saneamento do ato. Trocou-se o *padrão da legalidade* pelo *da legitimidade*, aquele baseado na necessidade de se adequar à lei hierarquicamente superior, este na necessidade de se adequar à justiça, permitindo-se a manutenção do ato sem o rompimento do sistema.[67] A imperatividade é a qualidade que explica a constância dessas variações dentro de certo âmbito.

Se a imperatividade é a capacidade de modificação do padrão, o que vem a ser "padrão normativo"? *Padrão normativo* ou *padrão de funcionamento normativo* significa um tipo de relacionamento que se dá entre os emissores normativos numa dada situação comunicacional de tal maneira que esse relacionamento goze de *estabilidade*.[68] Num sistema jurídico há múltiplos emissores de normas e centenas de normas são emitidas todo o tempo. A imperatividade garante a *consistência geral dos cometimentos dessas normas*. Há certos padrões de consistência, e a imperatividade garante o equilíbrio, possibilitando a modificação desses padrões sem o rompimento do sistema. De forma não-exaustiva, podem ser identificados três padrões de funcionamento normativo: o *padrão da legalidade*, em que uma norma deve estar de acordo com a norma que disciplinou sua edição; o *padrão da legitimidade*, em que uma norma deve estar de acordo com os valores que vigoram no seio social; o *padrão da efetividade*, em que uma norma deve estar de acordo com as possibilidades fáticas de seu cumprimento.

65. Ferraz Jr., *Introdução ao Estudo do Direito*, 5ª ed., pp. 191-192.

66. Watzlawick, Beavin e Jackson, *Pragmática da Comunicação Humana*, 14ª ed., p. 132.

67. Sobre a estabilização dos atos inválidos, v. Celso Antônio Bandeira de Mello, *Curso de Direito Administrativo*, 22ª ed., Capítulo VII-166, pp. 454-455. O autor, na 17ª edição de seu *Curso*, propôs uma nova alteração do padrão: independentemente do decurso de tempo, a invalidade do ato ampliativo de direito, se presente a boa-fé do administrado, tem sempre efeitos *ex nunc*, e não *ex tunc* (p. 458).

68. Segundo Watzlawick, Beavin, Jackson "um padrão é informação transmitida pela ocorrência de certos eventos e não ocorrência de outros eventos. Se todos os eventos possíveis de uma certa classe ocorrem ao acaso, não há padrão nem informação" (*Pragmática da Comunicação Humana*, 14ª ed., Capítulo 4, p. 107, nota 31).

As emissões normativas têm que estar adequadas a um padrão. Porém, havendo um desvio, deve ser possível a alteração do padrão sem rompimento do sistema. Essa alteração do padrão é regulada pelas *regras de calibração*, que garantem o equilíbrio do sistema. Graças às regras de calibração, a norma, apesar do desvio, continua vinculante, ou seja, permanece-lhe garantida a possibilidade de impor um comportamento independentemente do consenso ou da colaboração do interessado; em outras palavras, mantém-se íntegra a *inversão do ônus da prova*.

A imperatividade é uma relação entre os cometimentos das normas, não se referindo aos relatos. Como afirmado no item 2.2.1, supra, o cometimento tende a ser expresso em linguagem *analógica*. Daí a dificuldade de identificação dessas regras de calibração: primeiro porque elas advêm de várias fontes – da jurisprudência, da doutrina, da política, da moral, da religião, etc. –, não havendo uma lista finita; segundo porque elas não compõem um todo ordenado, aparecem e desaparecem na História. Os juristas tendem a traduzir a linguagem analógica na digital, ocorrendo, muitas vezes, a positivação de uma regra de calibração com sua introdução no relato de uma norma. Um exemplo é a positivação do princípio da moralidade administrativa no art. 37, *caput*, da CF de 1988: com sua positivação acresceu-se *validade* à sua imperatividade, tornando mais complexo o entendimento do sistema.[69]

5.3 Norma-origem

A noção de regulagem ou calibração é fator de coesão do sistema jurídico, mas não se confunde com a norma fundamental de Kelsen. Na Teoria Pura uma norma é válida porque foi proferida conforme uma norma que lhe é superior, e esta é válida pelo mesmo motivo, estando no final da cadeia positiva a Constituição positiva. Esta é válida porque se pressupõe uma norma, chamada de *norma fundamental* (a Constituição *lógica*), que lhe atribui obrigatoriedade. Caso seja editada uma norma incompatível com a norma fundamental e, conseqüentemente, com a Constituição em sentido positivo tornada por ela obrigatória, de duas, uma: ou a norma deve ser excluída do sistema, ou a norma fundamental deve ser substituída – e, conseqüentemente, substituída a Constituição em sentido positivo.[70] Na Teoria kelseniana só pode existir uma única norma fundamental.

Se por um lado a Teoria Pragmática apresenta alguns pontos aparentemente semelhantes com a Teoria Pura, por outro, apresenta diferenças radicais. Como já se afirmou, em regra geral, uma norma necessita de outra que a imunize, e essa de outra, e assim por diante; da mesma forma, na Teoria Pura uma norma necessita de outra que lhe dê fundamento de validade, e essa de outra, e assim por diante. Na Teoria Pura no final da cadeia está uma *Constituição em sentido positivo*, que é tornada obrigatória

69. Ferraz Jr., *Introdução ao Estudo do Direito*, 5ª ed., p. 193.

70. Para evitar equívocos, impõem-se alguns esclarecimentos. Pela Teoria Pura uma norma incompatível com a Constituição, em regra, é compatível com ela, pois existe, expressa ou implicitamente, uma norma que considera válida a norma inválida enquanto a validade dessa norma não for retirada pelo órgão competente. Ao se considerar uma norma incompatível com a Constituição está-se, aqui, considerando incompatível inclusive com essas normas constitucionais legitimadoras das normas contrárias à Constituição. Um exemplo seria uma lei editada por alguém estranho aos Poderes Legislativo e Executivo: o princípio da presunção de constitucionalidade das leis não garante a validade provisória dessa norma. O sistema não obriga recorrer-se ao Judiciário para que este retire a validade da norma, pois ela é, desde o início, incompatível com a Constituição, independentemente de declaração de inconstitucionalidade. Assim, pela Teoria Pura, ou é desconsiderada ou obriga à substituição da Constituição.

pela *norma fundamental*; na Teoria Pragmática no final da cadeia há uma *norma-origem*, que é tornada obrigatória não pela norma fundamental, mas por uma *regra de calibração*.

A semelhança funcional, porém, entre a calibração e a norma fundamental é apenas aparente. Pela Teoria Pragmática é possível, e até normal, a existência de várias *normas-origem*, o que é inadmissível na Teoria Pura do Direito. Nesta, ou uma norma é compatível com a Constituição vigente – e, portanto, é norma; ou é incompatível – e, assim, não é norma. Ante a hipótese da existência de duas Constituições incompatíveis entre si, mas simultaneamente válidas no sistema, a Teoria Pura não dá solução, ao contrário da Teoria Pragmática. Essa hipótese, segundo Tércio Sampaio Ferraz Jr.,[71] ocorreu no Estado Brasileiro, tornando, na prática, evidente a insuficiência científica da Teoria Pura do Direito. Em 15.3.1967 entrou em vigor uma nova Constituição no Brasil (a Constituição de 1967). Como era globalmente eficaz, dela decorreu para o cientista a pressuposição da norma fundamental, tornando-a obrigatória. A Constituição de 1967, no pensamento kelseniano, é o ponto inicial do sistema jurídico positivo, dela decorrendo todas as demais normas positivas. Em 13.12.1968 entrou em vigor o Ato Institucional 5. Referido diploma era incompatível com a Constituição de 1967, pois a modificava (AI-5, art. 1º, *caput*) de forma absolutamente distinta do processo de reforma constitucional previsto em seus arts. 50 a 53. Pela Teoria Pura, o Ato Institucional 5 deveria assumir a posição da Constituição de 1967 na pirâmide normativa, substituindo-a. Porém, historicamente, não foi o que ocorreu: as duas normas coexistiram no sistema, dois pontos iniciais (o Ato Institucional 5 e a Constituição Federal de 1967) de duas cadeias normativas. Duas normas-origem, cada uma mantida por uma *regra de calibração* diferente. A primeira norma-origem ("a") imuniza a validade de uma norma, esta de outra, esta de outra, formando uma cadeia normativa ("a1", "a2" e "a3") de *normas* dela *derivadas*. A segunda norma-origem ("b") imuniza a validade de outra norma ("b1"), e essa de outra ("b2"), e essa de outra ("b3"), formando outra cadeia normativa de *normas* dela *derivadas*. As normas derivadas da segunda norma-origem ("b1", "b2" e "b3") são inválidas perante a norma "a", mas não são inválidas perante a norma "b". Na Teoria Pura do Direito uma norma contrária à Constituição ("b1" em relação a "a", por exemplo) é considerada válida até que sua validade seja retirada pelo órgão competente (pelo Poder Judiciário, por exemplo). Ocorre que, no exemplo dado, não é possível entender como válida a norma "b1" perante a cadeia formada pela norma "a", pois não há mecanismo algum de retroalimentação negativa nessa cadeia normativa, tal como a regra da coisa julgada ou o princípio de presunção de legalidade dos atos administrativos, que permita a subsistência dessa norma nessa cadeia. O art. 11 do AI-5 excluiu da apreciação do Poder Judiciário os atos praticados de acordo com ele, e por isso não há como, no exemplo histórico-positivo citado, entender que uma norma da cadeia "b" seja válida, ainda que provisoriamente, perante a cadeia "a". A Teoria Pragmática, ao permitir a coexistência de mais de uma norma-origem no mesmo sistema normativo, ao permitir que uma norma inválida perante uma norma-origem mas válida perante outra subsista normalmente no sistema, explica uma situação que perante a Teoria Pura é inexplicável.

Não é apenas na possibilidade de mais de uma norma-origem que a Teoria Pragmática se diferencia da Teoria Pura. Nesta a Constituição em sentido positivo, espécie de norma-origem no sistema kelseniano, é considerada norma *válida*, sua validade é dada pela norma fundamental, e a validade desta é pressuposta. Se "validade" é termo relacional, indaga-se como afirmar que a norma fundamental é válida. Kelsen afir-

71. Tércio Sampaio Ferraz Jr., *Introdução ao Estudo do Direito*, 5ª ed., pp. 194-196.

ma que sua validade está fora de questão, porque é pressuposta. Mas, como já dito, *validade* não se refere a uma substância, refere-se a uma relação, só se pode pressupor uma relação. A Teoria Pura não pressupõe uma relação, mas uma substância, o que é cientificamente incorreto. Na Teoria Pragmática uma norma-origem é inválida em relação a outra norma-origem, mas em si não é nem válida, nem inválida, apenas efetiva – efetividade, essa, decorrente das regras de calibração do sistema. As normas derivadas são normas válidas em relação à sua norma-origem e inválidas em relação a outras normas-origem, mas em si efetivas ou não-efetivas. Em princípio, a inefetividade de uma norma derivada não afeta sua validade, mas a inefetividade das normas derivadas afeta a efetividade da norma-origem; e, afetada essa, afetada estará a validade das normas derivadas.[72]

Numa síntese conclusiva, enfatiza-se que a Teoria Pura vale-se de um conceito-chave para garantir a racionalidade do sistema, evitando-se o regresso ao infinito: a *norma fundamental*. Esse conceito gera uma série de imprecisões, tornando a Teoria cientificamente falha e de deficiente aplicação prática. A Teoria Pragmática não adota o conceito de norma fundamental, mas distingue a *imperatividade* da *validade* e da *efetividade*, ao contrário da Teoria Pura, que identifica a *imperatividade* com a *validade*. A imperatividade decorre das regras de calibração do sistema. A Teoria Pragmática admite várias normas-origem, que não são válidas nem inválidas, mas efetivas – efetividade, essa, garantida pelas referidas regras de calibração. A presente análise da *norma fundamental na Teoria Pura* e da *imperatividade na Teoria Pragmática* relaciona-se intimamente com o último tema desta exposição, o *sistema jurídico*, analisado a seguir. Muitos dos conceitos aqui expostos serão retomados adiante, esclarecidos e aprofundados.

72. A inefetividade da norma derivada afeta sua validade não apenas quando implica, juntamente com a inefetividade das demais normas da cadeia, a inefetividade da norma-origem. Como já se afirmou (supra, item 4.3), a inadequação entre o relato e o cometimento pode levar à invalidade da norma. Aparentemente contra: Ferraz Jr., *Teoria da Norma Jurídica*, 4ª ed., p. 147.

6. Norma e sistema normativo

6.1 Sistema normativo na Teoria Pura de Hans Kelsen

Kelsen, inicialmente, distingue dois tipos de sistemas normativos: o sistema *estático* e o sistema *dinâmico*. Pelo primeiro o conteúdo de uma norma inferior pode ser extraído do conteúdo de uma norma superior, este de outra, e assim por diante, até a norma fundamental. Esta, num sistema estático, não fornece apenas o fundamento de validade, mas o conteúdo de validade das normas dela deduzidas através de uma operação lógica. Para que da norma fundamental se deduza o conteúdo das demais normas, ela tem que ter um conteúdo imediatamente evidente, ou seja, ela deve ser fruto da razão. Por isso, é impossível – conclui Kelsen – a existência de um sistema de normas *estático*: "a função da razão é conhecer e não querer, e o estabelecimento de normas é um ato de vontade", por isso não existe qualquer norma imediatamente evidente.[73] Um sistema normativo é, por isso, sempre *dinâmico*, ou seja, a norma fundamental fornece tão-somente o fundamento de validade das demais normas, não o conteúdo. No sistema jurídico a norma fundamental não decorre de uma evidência, mas de uma pressuposição, e tem por conteúdo somente a instituição de um fato produtor de normas ou, em outras palavras, a atribuição de poder a uma autoridade legisladora ou, ainda, como devem ser criadas as normas gerais e individuais no ordenamento fundado sobre

73. Hans Kelsen, *Teoria Pura do Direito*, 6ª ed., p. 271.

ela.[74] Assim, uma norma pertence ao sistema porque foi criada na forma determinada pela norma fundamental, e não porque tem determinado conteúdo.

Assim, supondo-se que uma norma cujo preceito estabeleça como as normas devem ser produzidas (Constituição em sentido jurídico-positivo) adquira *eficácia global*, deve o cientista pressupor uma norma que estabeleça sua validade (a norma fundamental ou Constituição em sentido lógico-jurídico). A partir daí todas as normas editadas são redutíveis a essa norma fundamental. Por exemplo: dois particulares editam um contrato, norma individual; fazem-no porque uma norma geral (Código Civil) editada pelo legislador os autoriza a editar um contrato; o legislador edita essa norma geral porque a Constituição o autoriza a editar uma lei; a Constituição o autoriza a editar uma lei porque se pressupõe a norma fundamental que lhe dá validade. No sistema kelseniano há apenas uma única norma fundamental, e todas as demais normas são redutíveis, reduzem-se a ela não quanto ao conteúdo, mas quanto ao modo como foram criadas: todas as normas do sistema são estabelecidas pela forma fixada por uma norma inicial, tornada válida pela norma fundamental.

Esse sistema tem uma forma hierárquica, uma *estrutura escalonada*, que pode ser representada por uma *pirâmide*, em que no *ápice* se encontra a norma fundamental e no último degrau a Constituição positiva. A norma fundamental não é uma norma posta, mas pressuposta, e, por isso, não ocupa degrau algum da pirâmide, está fora dela, no ápice: ela dá validade à Constituição positiva. Esta ocupa o último degrau e dá validade às leis, normas gerais e abstratas. Estas ocupam o segundo degrau e dão validade às normas individuais (sentenças, atos administrativos e contratos). Estes estão no terceiro degrau, base da pirâmide. O sistema normativo kelseniano, assim, tem a forma de uma ordem escalonada, unitária, repousa sobre um princípio único e último capaz de determinar originariamente o sentido da validade das demais normas, num movimento linear e descendente.[75]

74. Idem, ibidem.

6.2 Concepção de sistema da Teoria Pragmática e da Teoria Pura

Sistema é um conjunto de objetos, seus atributos e as relações entre eles, em que os objetos são os *componentes* ou *partes* do sistema, os *atributos* são as *propriedades* dos objetos e as *relações* dão *coesão* ao sistema.[76] Os objetos dos sistemas interacionais são "pessoas-comunicando-com-outras-pessoas". O conjunto de objetos e seus atributos consiste no *repertório* do sistema, e as relações entre eles segundo certas regras são a *estrutura* do sistema.[77]

Watzlawick, Beavin e Jackson, baseados na Teoria Geral dos Sistemas de Ludwig von Bertalanffy, distinguem os sistemas em *abertos* ou *fechados*:[78] *sistemas abertos* são aqueles que permutam materiais, energias ou informações com seus meios; *sistemas fechados* são aqueles em que inexiste importação ou exportação de energias, em qualquer de suas formas. Os sistemas interacionais são, segundos eles, sistemas abertos, possuidores de três propriedades: *globalidade*, com suas duas subpropriedades, a *não-somatividade* e a *não-unilateralidade*, *retroalimentação* e *eqüifinalidade*. Pela *globalidade*, "toda e qualquer parte de um sistema está relacionada de tal modo com as demais partes que uma mudança numa delas provocará uma mudança em todas as

75. Ferraz Jr., *Teoria da Norma Jurídica*, 4ª ed., p. 136.

76. Watzlawick, Beavin e Jackson, *Pragmática da Comunicação Humana*, 14ª ed., p. 109.

77. Ferraz Jr., *Teoria da Norma Jurídica*, 4ª ed., p. 140.

78. Watzlawick, Beavin e Jackson, *Pragmática da Comunicação Humana*, 14ª ed., pp. 108 e ss.

partes e no sistema total", o "sistema comporta-se não como um simples conjunto de elementos independentes, mas como um todo coeso e inseparável".[79] Essa característica contrapõe-se à *somatividade*, em que as variações numa das partes não afetam nem as demais nem o todo, sendo as partes mutuamente independentes. Registra-se a diferença entre a concepção de sistema positivista e a pragmática: o conceito de sistema da Teoria Positivista decorre das Teorias Mecânicas do século XIX e é eminentemente *somativo*. A *globalidade* tem duas subpropriedades: a *não-somatividade*, pela qual um sistema não pode ser considerado a soma das partes; e a *não-unilateralidade*, em que os comportamentos entre as partes não são unilaterais ("A" pode afetar "B", mas "B" não pode afetar "A"), vigorando o princípio da interação em que "A" afeta "B" e "B" afeta "A" (v. item 3.3, supra). Pelo modelo das Teorias Mecanicistas, o sistema é visto como um conjunto de reações lineares, unidirecionais e progressivas de *causa/efeito*: o evento "a" gera o "b", este gera o "c", este gera o "d", e assim por diante; vigora o modelo dos sistemas lineares-determinísticos. Com a Cibernética desenvolveu-se outro modelo: no exemplo, "d" conduz de volta "a", o sistema é *circular*, e não *linear*; e isso se dá por força da segunda propriedade, a *retroalimentação* (v. item 3.3, supra). A retroalimentação garante a não-unilateralidade, ou seja, que o comportamento de cada parte afete e seja afetado pelo comportamento de cada uma das outras partes. Por fim, num sistema *circular* e *automodificável* os resultados são determinados não tanto pelas condições iniciais, mas pela natureza do processo ou pelos parâmetros do sistema. Daí a terceira propriedade, a *eqüifinalidade*: enquanto o estado de equilíbrio dos sistemas fechados é garantido pelas condições iniciais, o estado constante dos sistemas abertos é obtido independentemente das condições iniciais, apenas pelo parâmetro do sistema; os parâmetros do sistema prevalecem sobre as condições iniciais.[80]

O Positivismo adota uma concepção de sistema própria da Física Clássica ou das Teorias Mecânicas do século XIX (representadas pelo pensamento de Galileu, Newton e Descartes): o sistema consiste num conjunto de reações *lineares*, *unidirecionais* e *progressivas de causa/efeito*, sendo caracterizado por ser *somativo*, pois as partes são independentes, no sentido de que a mudança de uma parte não afeta as demais, muito menos provoca a mudança do sistema como um todo, e *unilateral*, pois o comportamento de uma parte afeta outra, mas o desta não afeta aquela; sendo seu equilíbrio resultante das *condições inicialmente fixadas*. A Teoria Pragmática adota uma concepção de sistema própria da Física Moderna, decorrente, sobretudo, da Cibernética, da Física Quântica e da Biologia: o sistema é um conjunto de reações *circulares* e *dependentes*; caracterizado pela *globalidade*; pela *não-somatividade*, pois não é considerado simples soma das partes, a alteração de uma parte afeta as demais bem como todo o sistema; pela *não-unilateralidade*, pois o comportamento de uma parte afeta a outra e esta afeta aquela; pela *retroalimentação*, que garante a não-unilateralidade e a constante troca de informações; e, finalmente, pela *eqüifinalidade*, pois o estado constante do sistema não decorre das condições iniciais, mas de seu parâmetro.

Enquanto a Teoria Pura de Kelsen adota a concepção positivista de sistema, a Teoria Pragmática de Tércio Sampaio Ferraz Jr. adota a concepção *cibernética* ou *ecológica* de sistema, com uma ressalva. Para entender essa ressalva é necessário examinar, ainda que perfunctoriamente, um conceito desenvolvido pelos neurocientistas Humberto Maturana e Francisco Varela: o de *sistema autopoiético*. Do Grego, *autós*

79. Idem, p. 112.

80. Idem, pp. 115-116.

significa "por si próprio" e *poiesis* "criação" ou "produção": é o sistema que é construído pelos próprios componentes que ele constrói, é caracterizado pelo fechamento na produção e reprodução dos elementos.[81] Luhmann adotou com ressalvas o conceito, aplicando-o às ciências sociais. Para o sociólogo existem dois tipos de sistemas autopoiéticos, os sistemas constituintes de sentido e os sistemas orgânicos. Não há para Luhmann, ao contrário da concepção biológica de Maturana, uma concepção radical de fechamento: "eles mantêm o seu caráter autopoiético enquanto se referem simultaneamente a si mesmos (para dentro) e ao seu meio ambiente (para fora), operando internamente com a diferença fundamental entre sistema e meio ambiente".[82] O conceito de sistema *autopoiético* de Luhmann não se confunde com o conceito de sistema *fechado* de Bertalanffy. O conceito de *sistema fechado* ganha um novo sentido, ele não designa mais sistemas que existem quase sem meio ambiente e que, portanto, possam determinar-se quase que integralmente a si mesmos, fechamento não significa mais nem falta do meio ambiente, nem determinação integral de si mesmo, trata-se de *autonomia* do sistema, não de *autarquia* deste.[83] Nos limites desta exposição pode-se dizer que para Luhmann o sistema autopoiético é um sistema auto-referencial que constitui por si mesmo, como unidades funcionais, os elementos de que é composto.[84]

6.3 Sistema normativo na Teoria Pragmática de Tércio Sampaio Ferraz Jr.

O sistema normativo na Teoria de Tércio Sampaio Ferraz Jr. tem todas as características do *sistema aberto* concebido pela Teoria Biológica de Ludwig von Bertalanffy e pela Teoria Cibernética de Norbert Wiener e adotado pela Teoria Pragmática de Watzlawick, Beavin e Jackson. Com o acréscimo de ser considerado um *sistema autopoiético*, conforme a concepção desenvolvida por Luhmann a partir do conceito de Humberto Maturana e Francisco Varela. Passa-se, agora, a analisar as características principais do *sistema normativo* na Teoria Pragmática do insigne jurista paulista.

As normas são entendidas como *discursos* (supra, item 2.2), interações em que alguém dá a entender a outrem alguma mensagem, enviando-lhe uma informação (relato) e uma mensagem sobre a relação entre os comunicantes (cometimento). Orador e ouvinte, no discurso normativo (norma), estão em constante definição de suas relações (interação). Cada discurso normativo tem três componentes (orador, ouvinte e mensagem), interligados por certas regras (regra do dever de prova), constituindo uma unidade. O sistema normativo tem por *objeto* essas unidades discursivas chamadas de *normas*.

Ante o que foi exposto até aqui, é possível enunciar a definição apresentada por Tércio Sampaio de *norma jurídica*: é um discurso heterológico (supra, item 3.2, pois não é baseado na igualdade entre os comunicantes, e sim na diferença – a relação estabelecida no cometimento é de autoridade), decisório (supra, item 2.2.4), estruturalmente ambíguo (supra, item 2.2.4, pois enquanto o discurso é dialógico no relato, é monológico no cometimento), que instaura uma metacomplementaridade (supra, item 3.2.1, em que a inversão do ônus da prova é posta fora de discussão) e que, tendo por questão um conflito decisório, o soluciona na medida em que lhe põe um fim (supra, item 2.2.4). Os objetos do *sistema* são as normas especificadas por seus atributos (a validade e a efetividade), e o que dá coesão ao sistema são as relações entre elas; relações, essas, de *imunização* contra reações

81. Sobre os sistemas autopoiéticos, v. Marcelo Neves, *A Constitucionalização Simbólica*, pp. 113 e ss.

82. Marcelo Neves, *A Constitucionalização Simbólica*, p. 114.

83. Idem, p. 115.

84. Idem, p. 116.

de desconfirmação do endereçado. Essas relações são regidas por regras, as *regras de calibração*, que dão ao sistema o seu *parâmetro*, sua imperatividade.[85]

Na concepção kelseniana são importantes as condições iniciais, ou seja, se a Constituição positiva é globalmente eficaz, ou não; se o for, será pressuposta a norma fundamental, e todos os resultados do sistema poderão ser previstos. Importante no sistema normativo jurídico, pela Teoria Pragmática, não são as condições iniciais, são as *condições atuais*, importa o *parâmetro* do sistema. Um exemplo: o postulado da proporcionalidade, tal qual desenvolvido pela doutrina alemã, não era vislumbrado quando da vigência da Constituição de 1988; hoje, porém, é considerado vital para a compreensão de seu funcionamento. As regras de calibração, como já se afirmou, são históricas, o que fundamenta a *eqüifinalidade* do sistema normativo.

Além disso, é dotado de *globalidade* e de *não-somatividade*, pois o sistema não consiste na simples soma das normas. O conjunto formado pelas normas tem propriedades que as normas, isoladamente consideradas, não têm; trata-se da *imperatividade*. Como já afirmado, uma norma é imunizada (tornada válida) por outra norma, e esta por outra, estando no final da cadeia normativa uma *norma-origem*, que não é nem válida nem inválida, mas efetiva ou inefetiva. Sua efetividade reside na *imperatividade* do sistema: as normas-origem são mantidas graças às *regras de calibração*.

A estrutura do sistema não é *linear*, mas *circular*. Há múltiplas normas-origem que originam múltiplas cadeias normativas. Nesse sistema a relação entre norma válida e norma inválida não é de contradição lógica. A norma *inválida* é uma norma, tal qual a norma *válida*, mas pertencente a outra cadeia normativa, imunizada por outra norma-origem. A norma-origem não é válida ou inválida, mas nem por isso não será desconfirmada sua eventual desconfirmação: não ocorre, propriamente, sua imunização, mas uma situação de fato institucionalizada por meio de regras de calibração.[86] A norma-origem não goza de validade, mas de imperatividade conferida pelas regras de calibração: elas têm o condão de impor um comportamento independentemente da verificação de qualquer forma de validade.

As regras de calibração estão em constante modificação, o que faz o sistema ser *dinâmico*: surgem constantemente novas regras de calibração, outras desaparecem, e outras ainda adquirem novo conteúdo. O sistema, assim, não tem uma estrutura escalonada, apoiada sobre uma norma fundamental: vigora o princípio da *interação*, pois o sistema é *não-unilateral*, o conteúdo das normas constitucionais, por exemplo, é ditado pelas normas individuais do STF, estas determinam aquelas, assim como aquelas determinam estas. Há relacionamentos cruzados, vigorando plenamente o círculo hermenêutico de Larenz. Essa dinâmica faz com que o sistema seja *autopoiético*: a estabilidade alimenta-se de si própria tanto em face de perturbações externas quanto internas. Para confirmar a afirmação basta lembrar um recurso conhecido de todos os juristas quando há necessidade de nova regulagem do sistema: cria-se uma nova regra de calibração, ou seja, invoca-se um *princípio implícito*. O *princípio implícito* é produzido dentro do próprio sistema normativo, o que demonstra seu caráter autopoiético.

A estrutura escalonada proposta pela Teoria Pura não é necessariamente encontrada no sistema normativo: pode-se encontrar uma estrutura escalonada, muitas estruturas escalonadas ou nenhuma. No exemplo histórico citado (supra, item 5.3), duas estruturas escalonadas autônomas surgiram concomitantemente no sistema normativo: a pirâmide formada pela Constituição de 1967

85. Ferraz Jr., *Teoria da Norma Jurídica*, 4ª ed., p. 141.

86. Ferraz Jr., *Introdução ao Estudo do Direito*, 5ª ed., p. 191.

e a pirâmide formada pelo Ato Institucional 5. Pode não existir pirâmide alguma, é o que ocorre no Direito Internacional. Se a melhor forma de representar o sistema linear kelseniano é por meio de uma *pirâmide*, a melhor forma de representar o sistema circular pragmático é por meio de uma *rede*. A visualização do sistema como uma rede começou a se tornar famosa a partir dos estudos de Per Bak, físico dinamarquês, para quem a vida na Terra é uma *teia integrada*. O sistema é formado por múltiplos emissores normativos, várias normas são constantemente introduzidas por eles, várias cadeias normativas são estruturadas de forma escalonada (várias pirâmides surgem) ou não, numa estrutura que não é vertical, mas horizontal, representada por uma grande rede. Inexiste na rede, globalmente considerada, uma hierarquia; esta existe nas cadeias normativas, meras ramificações da rede. A estrutura piramidal surge quando atua o padrão da legalidade; mas, como afirmado, existem outros padrões.

Esse sistema é racional, não, por óbvio, nos mesmos termos em que o sistema de Kelsen pretende ser racional. Na Teoria Pura – insiste-se – racionalidade é obediência aos postulados lógicos; postulados, estes, que não se aplicam (ou se aplicam muito limitadamente) na Teoria Pragmática. Kelsen adotou um conceito de racionalidade que vigorava nas ciências exatas da época, próprio das Teorias Mecânicas. Hoje o conceito de racionalidade vigorante nas ciências exatas é outro, os postulados da Mecânica Clássica foram colocados em xeque pela Física Moderna. Conseqüentemente, ser racional não é mais obedecer a um esquema linear de causa e efeito: o aparecimento de padrões em sistemas caóticos forçou os cientistas a reformular o conceito de racionalidade. Enfim, perante a concepção positivista de racionalidade o sistema normativo é irracional; perante a nova concepção de racionalidade, decorrente dos estudos científicos atuais, apesar de (aparentemente) caótico, nada tem de irracional.

7. Conclusões

7.1 Há três momentos bem distintos na evolução do conceito de *norma jurídica*: pelo primeiro abstraem-se tanto a emissão da mensagem quanto a recepção, concentrando-se tão-somente na mensagem, norma jurídica é um *enunciado proposicional*; pelo segundo abstrai-se tão-somente a recepção da norma, esta é um enunciado proposicional posto por um ato de vontade, é uma *prescrição*; pelo terceiro não se abstraem nem o ato de emissão da mensagem nem o ato de recepção, norma é uma *situação comunicativa*. A Teoria Pura do Direito representa o segundo momento dessa evolução, e a Teoria Pragmática o terceiro.

7.2 Racionalidade na Teoria Pura do Direito consiste na observância aos postulados lógicos: ao princípio da não-contradição e às regras da concludência do raciocínio. Norma jurídica para Hans Kelsen é o sentido objetivo de um ato de vontade; e, sendo fruto de um ato de vontade, é considerada, em si, irracional. Ao descrever o direito positivo a ciência deve observar estritamente esses postulados, que passam indiretamente a se aplicar ao Direito. O direito positivo é, pois, irracional, mas tornado racional pela ciência do Direito.

7.3 A norma jurídica na Teoria Pragmática do Direito é uma situação discursiva. Sendo comunicação, ela obedece aos cinco axiomas da pragmática da comunicação humana. Discurso racional é aquele que é *fundamentante*, funda-se na regra do ônus da prova, segundo a qual quem fala deve fundamentar o que diz. O *discurso dialógico* é regido pelo princípio da inércia do ouvinte, a discussão cessa quando o ouvinte pára de perguntar. O *discurso monológico* é regido pelo princípio da razão suficiente, pois parte de um ponto de partida, de um axioma.

7.4 No discurso normativo está presente o fenômeno do poder, e este é regido pelo princípio da irracionalidade. Esse discurso, por força disso, tem uma peculiaridade que lhe garante a racionalidade: a *inversão do ônus da prova*. O discurso jurídico é *estruturalmente ambíguo*: no aspecto do cometimento é monológico, a relação é heteróloga (de autoridade), a inversão do ônus da prova é posta fora de discussão, é um dogma, a questão apresenta-se como *certum*; no aspecto do relato é dialógico, a relação é simétrica, não há inversão do ônus da prova, a questão apresenta-se como *dubium*.

7.5 A relação de autoridade é aquela em que a desconfirmação do sujeito é desconfirmada. No discurso normativo essa desconfirmação ocorre pela inversão do ônus da prova, gerada por intermédio dos conectivos modalizadores ou functores: *obrigatório*, *proibido* e *permitido*. A *permissão* parece tornar o discurso irracional: parece que o emissor normativo emite uma mensagem para si, não havendo inversão do ônus da prova. Não é isso, porém, o que ocorre: ao permitir, o emissor normativo impõe ao receptor uma relação de simetria, criando um *paradoxo*; concede-se a liberdade e ao mesmo tempo responsabiliza-se por ela. Assim, pelos functores *obrigatório/proibido* impõe-se uma relação complementar, pelo functor *permitido*, uma relação simétrica. Os três, porém, implicam a inversão do ônus da prova, base da racionalidade do discurso normativo.

7.6 Pela Teoria Pura do Direito, portanto, a norma é em si *irracional*. Pela Teoria Pragmática a norma é em si *racional*. Racionalidade, porém, tem conceitos distintos. Para a primeira, consiste na obediência aos postulados lógicos; para a segunda, consiste na fundamentabilidade do discurso.

7.7 Validade é um termo relacional, não se refere a uma substância. Na Teoria Pura do Direito consiste numa relação *sintática*: uma relação entre duas normas, em que uma estabelece como a outra deve ser produzida. Na Teoria Pragmática consiste numa relação *pragmática*: uma relação de imunização entre duas situações comunicativas (normas), em que o relato de uma torna imune o cometimento da outra às críticas do receptor. Existem duas *técnicas de validação*: pela primeira, denominada de *técnica condicional*, o relato da norma anterior neutraliza a relação autoridade/sujeito da norma posterior ao estabelecer uma competência; pela segunda, denominada de *técnica finalista*, o relato da norma anterior neutraliza a relação autoridade/sujeito da norma posterior ao prescrever que, no conteúdo desta, certas finalidades sejam alcançadas. Para ser válida a norma deve obedecer às duas técnicas, que geralmente atuam concomitantemente: se obedecer à condicional e não obedecer à finalista, haverá inconstitucionalidade formal; se obedecer à finalista e não obedecer à condicional, haverá inconstitucionalidade material.

7.8 A Teoria Pura do Direito não admite uma norma inválida, norma é sempre válida, sob pena de não ser norma. Uma norma que contrarie a Constituição, no sentido positivo, é, por força de normas como a presunção de constitucionalidade das leis ou a coisa julgada, considerada válida até que sua validade seja retirada pelo órgão competente, geralmente o Judiciário. Se esse órgão entender que a norma contraria a Constituição, retira-lhe a validade, anulando-a: trata-se de anulação, ainda que o sistema lhe atribua efeitos retroativos. Pela Teoria Pragmática a norma inválida não é válida até que sua validade seja retirada pelo órgão competente, pois seu cometimento não é imunizado pelo relato de uma norma anterior, mas a norma é mantida no sistema, subsistindo como válida, por um mecanismo de *retroalimentação negativa*.

7.9 Na Teoria Pura a validade é importante para manutenção da racionalidade do sistema normativo, pois, sendo a racionalidade a obediência aos postulados lógicos, é o conceito de validade que permite um encadeamento lógico entre as normas, culminando na norma fundamental. É a validade que dá ao todo uma ordem lógica, fazendo-o racional. Também na Teoria Pragmática o conceito é importante para a manutenção da racionalidade do sistema. São comuns no diálogo jurídico questionamentos sobre aspectos da relação, questionamentos, esses, que parecem pôr em xeque a inversão do ônus da prova. Isso não ocorre, pois o que se discute é o relato da situação antecedente, e não o cometimento. A validade garante a metacomplementaridade do cometimento, seu aspecto monológico e, conseqüentemente, a manutenção da inversão do ônus da prova, base da racionalidade do discurso normativo.

7.10 A *eficácia* na Teoria Pura é um conceito *semântico*: ineficaz é a norma que não é aplicada, nem observada. A Teoria Pragmática distingue três conceitos: o de *eficácia técnica*, concepção sintática consistente no atendimento das condições normativas necessárias para que a norma produza todos os seus efeitos; a *eficácia social* ou *efetividade*, concepção semântica, consistente na subsistência de condições sociais adequadas para produção dos efeitos; e *observância*, consistente no cumprimento ou aplicação da norma no seio social. Kelsen não distingue a eficácia social ou efetividade da observância e não menciona a eficácia técnica.

7.11 Pela Teoria Pragmática, eficácia é uma relação pragmática de *adequação* entre o relato e o cometimento da norma. Para saber se uma norma é válida deve-se analisar o processo comunicativo ou ao menos dois momentos desse processo; para saber se uma norma é eficaz basta examiná-la. Enquanto o motivo da ineficácia na Teoria Pura é *sociológico*, na Teoria Pragmática é *jurídico*. A concepção de eficácia da Teoria Pragmática, por ser pragmática, é inclusiva: abrangente do conceito sintático e do conceito semântico. Distingue também, ao contrário da Teoria Pura, a inobservância da ineficácia, pois uma norma cujo relato seja inadequado ao cometimento pode ser observada no meio social por outros motivos, como o medo ou a crença religiosa. O que retira a eficácia pragmática da norma é a inadequação entre o relato e o cometimento, é o desequilíbrio da relação de autoridade, não é a inobservância. Esta, porém, pode afetar a adequação, pode gerar o desequilíbrio e, se assim o fizer, retirar a eficácia pragmática da norma.

7.12 A Teoria Pura, ao condicionar a validade a um mínimo de eficácia, incide em grave obscuridade: não há critério algum para identificar ou precisar esse mínimo. Sendo a ineficácia um conceito sociológico, é inalcançável pela ciência do Direito e, ao mesmo tempo, vital para que ela possa construir um sistema racional. Na Teoria Pragmática a eficácia, ao permitir a discussão sobre a inadequação entre o relato e o cometimento, parece permitir a discussão sobre o cometimento e, portanto, levar à quebra da inversão do ônus da prova. Isso não ocorre por força de um terceiro conceito: o da imperatividade.

7.13 Uma norma é válida segundo a Teoria Pura se foi editada conforme uma norma superior, e assim por diante, estando no final da cadeia a Constituição em sentido jurídico-positivo. Essa é válida por força da *norma fundamental* (Constituição em sentido lógico-jurídico), que é pressuposta, pensada. Se a Constituição positiva tiver eficácia global, o cientista deve pressupor uma norma que obrigue seu cumprimento.

7.14 A Teoria Pragmática nega a existência de uma norma fundamental, mas formula o conceito de *imperatividade*. Para Kelsen a imperatividade confunde-se com a validade, são conceitos correlativos: uma norma é válida porque é imperativa, e é imperativa porque é válida. Na Teoria Pragmática não há essa correlação: imperatividade é uma relação de *calibração* entre o cometimento de uma norma e o cometimento de outra, é responsável pela estabilização dos cometimentos normativos, pela regulagem e calibragem do sistema. Havendo um desvio, a norma é mantida no sistema graças a uma troca de padrão efetuada pelas regras de calibração. *Padrão de funcionamento normativo* consiste num tipo de relacionamento que se dá entre os comunicantes normativos numa dada situação comunicacional, de tal maneira que esse relacionamento goze de estabilidade. Numa classificação não-exaustiva, podem ser indicadas três espécies de padrões: o da *legalidade*, o da *legitimidade* e o da *efetividade*. Como a imperatividade é uma relação entre cometimentos normativos, é em regra manifestada analogicamente; por isso não existe uma lista finita de regras de calibração, elas surgem de diversas fontes e são históricas, aparecem e desaparecem com o tempo. Enfim, a regulagem ou a troca de padrão dá-se por força das regras de calibração, garantidoras da imperatividade normativa.

7.15 A noção de calibração não se confunde com a norma fundamental. Na Teoria Pura há uma cadeia normativa em que a validade de uma norma é dada pela outra; cadeia, essa, que termina com a Constituição positiva, tornada válida pela norma fundamental. A norma fundamental é considerada válida, validade que está fora de questão, porque é pressuposta. Apesar de ser um conceito relacional, a validade da norma fundamental parece referir-se a uma substância. Na Teoria Pragmática também há cadeias normativas em que a imunização de uma norma é dada pela outra; cadeia, essa, que termina numa *norma-origem*, em si nem válida, nem inválida, mas efetiva ou inefetiva; efetividade, essa, decorrente das regras de calibração. A Teoria Pura só admite uma Constituição positiva – e, portanto, apenas uma norma fundamental. A Teoria Pragmática admite várias normas-origem, pontos iniciais de várias cadeias normativas de normas derivadas. Uma norma derivada é válida em relação à norma-origem de sua cadeia e, eventualmente, inválida em relação a outra norma-origem.

7.16 A concepção de sistema da Teoria Pura é própria das Teorias Mecânicas do século XIX: é um sistema fechado, somativo, formado por um conjunto de relações unilaterais, lineares e progressivas de causa e efeito, tendo a forma de uma ordem escalonada, unitária, repousada sobre um princípio único, capaz de determinar a validade de todas as normas, num movimento linear e descendente. Trata-se, segundo, Kelsen de um sistema dinâmico: há apenas uma norma fundamental, e todas as demais normas são redutíveis a ela não quanto ao conteúdo, mas quanto à maneira como foram criadas. O resultado do sistema depende das condições iniciais fixadas, ou seja, da Constituição positiva pressuposta como válida. Por fim, é representado pela forma de uma pirâmide.

7.17 A concepção de sistema da Teoria Pragmática é própria da Física Moderna, da Ecologia e da Cibernética. O sistema é global, não-somativo, não-unidirecional. As relações não são lineares, mas circulares, devido à retroalimentação vigorante. É caracterizado pela eqüifinalidade, pois o resultado do sistema não decorre das condições iniciais fixadas, mas das condições atuais, do parâmetro do sistema. É autopoiético, pois constitui por si os elementos de que é composto. É representado pela forma de uma teia.

7.18 Objetos do sistema na Teoria Pragmática são as normas entendidas como discurso, especificadas por seus atributos, a validade e a efetividade. O que dá coesão ao sistema são as relações entre elas; relações, essas, regidas pelas regras de calibração. Estas são responsáveis pelo parâmetro do sistema (imperatividade). A estrutura escalonada proposta pela Teoria Pura não é necessariamente encontrada no sistema normativo proposto pela Teoria Pragmática. Podem surgir várias estruturas escalonadas ou nenhuma. A estrutura, globalmente considerada, não é, por isso, vertical, mas horizontal, representada por uma teia em que, eventualmente, aparecem pirâmides em suas ramificações.

7.19 Kelsen adotou um modelo compatível com o conceito de racionalidade vigorante na ciência da época, próprio das Teorias Mecânicas. O aparecimento de padrões em sistemas caóticos forçou os cientistas a reformular o conceito: ser racional não é mais obedecer a um esquema linear de causa e efeito. Perante a concepção positivista, conclui-se, o sistema normativo é irracional, mas perante a nova concepção de racionalidade, decorrente dos estudos científicos atuais, ele, apesar de aparentemente caótico, nada tem de irracional.

Referências bibliográficas

ABBAGNANO, Nicola. *Dicionário de Filosofia*. 1ª ed., trad. coordenada e revista por Alfredo Bosi. São Paulo, Martins Fontes, 2000.

ALCHOURRÓN, Carlos, e BULYGIN, Eugenio. *Sobre la Existencia de las Normas Jurídicas*. 1ª ed., 1ª reimpr. México, Fontamara, 2002.

BANDEIRA DE MELLO, Celso Antônio. *Curso de Direito Administrativo*. 22ª ed. São Paulo, Malheiros Editores, 2007.

BEAVIN, Janet Helmick, JACKSON, Don D., e WATZLAWICK, Paul. *Pragmática da Comunicação Humana*. 14ª ed. São Paulo, Cultrix, 2004.

BULYGIN, Eugenio, e ALCHOURRÓN, Carlos. *Sobre la Existencia de las Normas Jurídicas*. 1ª ed., 1ª reimpr. México, Fontamara, 2002.

CANOTILHO, J. J. Gomes. *Direito Constitucional e Teoria da Constituição*. 4ª ed. Coimbra, Livraria lmedina, 2000.

FERRAZ JR., Tércio Sampaio. "A relação meio/fim na Teoria Geral do Direito Administrativo". *RDP* 61/27-33. São Paulo, Ed. RT, janeiro-março/1982.

————. *Direito, Retórica e Comunicação*. 2ª ed. São Paulo, 1997.

————. *Introdução ao Estudo do Direito*. 5ª ed. São Paulo, Atlas, 2007.

————. *Teoria da Norma Jurídica*. 4ª ed. Rio de Janeiro, Forense, 2002.

JACKSON, Don D., BEAVIN, Janet Helmick, e WATZLAWICK, Paul. *Pragmática da Comunicação Humana*. 14ª ed. São Paulo, Cultrix, 2004.

KELSEN, Hans. *Teoria Pura do Direito*. 6ª ed. Coimbra, Coimbra Editora, 1984.

LARENZ, Karl. *Metodologia da Ciência do Direito*. 3ª ed. Lisboa, Fundação Calouste Gulbenkian, 1997.

NEVES, Marcelo. *A Constitucionalização Simbólica*. São Paulo, Acadêmica, 1994.

SILVA, José Afonso da. *Aplicabilidade das Normas Constitucionais*. 4ª ed. São Paulo, Malheiros Editores, 2000.

WATZLAWICK, Paul, BEAVIN, Janet Helmick, e JACKSON, Don D. *Pragmática da Comunicação Humana*. 14ª ed. São Paulo, Cultrix, 2004.

PARTICIPAÇÃO ADMINISTRATIVA

GUSTAVO HENRIQUE JUSTINO DE OLIVEIRA

Doutor em Direito do Estado pela USP
– Professor no Instituto de Direito Romeu Felipe Bacellar. Procurador do Estado do Paraná
– Advogado e Consultor em Curitiba

1. Introdução. 2. Cidadania e participação. 3. Democracia representativa e democracia participativa. 4. Participação administrativa: 4.1 Conceituação; 4.2 A problemática da participação administrativa; 4.3 Participação administrativa e participação procedimental: 4.3.1 Momentos e efeitos da participação procedimental; 4.4 Legitimidade pelo procedimento e legitimidade pela participação; 4.5 Participação, descentralização e negociação; 4.6 A participação gerencial. 5. Considerações finais.

1. Introdução

Nas duas últimas décadas do século XX espraiaram-se os clamores por uma premente readequação do modo de ser e de atuar do Estado, como forma de superação dos efeitos adversos ocasionados pelo aprofundamento da crise do modelo providencialista.[1]

Independentemente de serem países dotados de economias desenvolvidas ou em desenvolvimento, neles proliferou a criação de Comissões Especiais ou Ministérios, incumbidos de realizarem avaliações, estudos, relatórios, programas e projetos, inseridos em processos denominados de Reforma ou Modernização de Estado.

Nesse contexto de transformação, o objetivo principal era o de encontrar respostas adequadas às crescentes demandas tendentes a redefinir os fins e o alcance do Estado, reestipular suas tarefas e redesenhar sua organização político-institucional

1. Embora seja possível identificar variações do denominado modelo providencialista (sobretudo entre países dotados de economias mais desenvolvidas) a nota caracterizante do gênero Estado do Bem-Estar Social consiste, indubitavelmente, no intervencionismo estatal nas atividades econômicas, encarado como a forma mais adequada de proporcionar o desenvolvimento econômico e social da população. Após a Segunda Guerra Mundial e apoiadas nas fórmulas elaboradas por John M. Keynes, as políticas econômicas passaram a estabelecer os principais traços da condução dos assuntos econômicos pelo Estado (planejamento), estimulando inclusive sua direta atuação na economia (estatização). Assim, a intervenção do Estado na economia era justificada pelo fim de promover-se o bem-estar populacional através da socialização dos investimentos, pois "se o capital privado decide não investir, é o Estado quem deve investir com o objetivo de reativar a economia" (Jorge Rodríguez Guerra, *Capitalismo Flexible y Estado de Bienestar*, p. 39).

e administrativa. Programas de Reforma ou Modernização de Estado não somente foram incorporados, mas passaram a ser a tônica nas Agendas de Governo em todo o mundo, sobretudo por meio da denominação *Reforma Administrativa*.

Contudo, é preciso ressaltar que *Reforma Administrativa* exprime uma das vertentes da *Reforma do Estado*, representando um conjunto de medidas direcionadas a modificar as estruturas, organização, funcionamento, tarefas e instrumentos da Administração Pública, com a finalidade de melhor capacitá-la para servir aos fins do Estado e aos interesses da sociedade. Para Diogo Freitas do Amaral trata-se de "um conjunto sistemático de providências destinadas a melhorar a Administração Pública de um dado país. Por forma a torná-la, por um lado mais eficiente na prossecução dos seus fins e, por outro, mais coerente com os princípios que a regem".[2] Enfatiza Diogo de Figueiredo Moreira Neto que uma reforma administrativa deve anteceder às demais reformas que integram o panorama da Reforma de Estado, e constitui-se na mais importante delas, pois passa a ser o mais decisivo instrumento para levar a cabo todos os demais aspectos da reforma de Estado.[3]

A generalização das causas da transformação e a similitude dos problemas enfrentados pelos países desenvolvidos foram fatores preponderantes no alastramento do fenômeno reformador do Estado e, por extensão, das reformas da Administração Pública. No entanto, ao contrário do que poder-se-ia supor, tais semelhanças não motivaram o surgimento e a adoção de soluções homogêneas.

Tal assertiva não implica desconsiderar as inovações advindas dos movimentos reformadores e modernizadores ocorridos em outros países, pois efetivamente há um *mínimo denominador comum* no que tange às transformações econômicas a partir dos recentes Programas de Reforma e Modernização de Estado e da Administração Pública.

Manuel Villoria Mendieta elenca propostas de promoção de um ajuste fiscal para a eliminação do déficit público; privatizações e desregulamentações; busca da qualidade na prestação dos serviços públicos com a inevitável orientação ao cliente; desconcentração e descentralização; maior participação das organizações não-governamentais na gestão dos serviços; tentativas de redução do hiperpositivismo jurídico; a criação de instrumentos de combate à corrupção.[4]

Odete Medauar lista maior sensibilidade quanto aos direitos dos cidadãos, que implica valorização do cidadão; identificação e aplicação de índices de qualidade, de padrões de produtividade e avaliação da satisfação dos usuários de serviços públicos; quebra total ou parcial de monopólios; regulação de setores privatizados e de atividades sensíveis, sobretudo mediante agências reguladoras ou autoridades independentes; estímulo à concorrência nos serviços públicos; ampliação das parcerias público-privado; forte descentralização; simplificação de procedimentos; deslegificação, entendida como maior atribuição de poder normativo à cúpula do Poder Executivo, a agências reguladoras ou ainda a entes locais e ao próprio setor a ser regulado (auto-regulação total

2. Diogo Freitas do Amaral, *Curso de Direito Administrativo*, v. 1, 2ª ed., 5ª reimp., p. 199.

3. Diogo de Figueiredo Moreira Neto, *Apontamentos sobre a Reforma Administrativa*, p. 17. O autor vislumbra cinco linhas de transformação que permeariam a cruzada por uma nova configuração da Administração Pública: (i) passar dos modelos tutelares [de Estado] aos instrumentais; (ii) dos modelos burocráticos aos gerenciais; (iii) dos modelos processualizados aos de resultados; (iv) dos modelos voltados às eficácia aos voltados à eficiência; e (v) dos modelos que acentuam a ética intencional àqueles que destacam a ética de resultados (ibid., p. 18).

4. Manuel Villoria Mendieta, *La Modernización de la Administración como Instrumento al Servicio de la Democracia*, p. 17.

ou parcial); controle de gestão e *incentivo à participação dos cidadãos isolados ou associados na tomada de decisões*.[5]

A partir desse quadro em contínua mutação, concorda-se com afirmação de Norberto Bobbio registrada em obra publicada em 1985, para quem "o Estado de hoje está muito mais propenso a exercer uma função de mediador e de garante, mais do que a de detentor do poder de império".[6]

Por seu turno, em clássico artigo publicado em 1887 intitulado "O estudo da Administração", Woodrow Wilson alertava que "a idéia do Estado é a consciência da administração".[7] Complementando sua afirmação, aduziu o autor que "observando-se, cada dia, os novos encargos que o Estado é compelido a assumir, cumpre ao mesmo tempo distinguir claramente *como* lhe caberá desincumbir-se deles"[8] (sem grifo no original).

José Ortiz Díaz esclarece que atualmente, e sobretudo na doutrina alemã, "a denominação 'Estado Constitucional' é utilizada para identificar e tipificar um determinado modelo de Estado em que a Constituição alcança 'primazia' qualificadora e um caráter 'prevalente' em face do todo e em relação aos fins estatais".[9] Pondera que no estabelecimento desses fins estatais há a necessidade de conciliar-se a dimensão subjetiva dos direitos fundamentais com o caráter objetivo dos fins do Estado.

No cenário do Estado constitucional, acrescenta José Ortiz Díaz que "os genéricos e clássicos fins estatais (...) concretizam-se em grande parte (...) *na satisfação efetiva dos direitos fundamentais da pessoa, principalmente a cargo das Administrações Públicas*, (...)"[10] (sem grifo no original). E explícita: "A clássica, indeterminada e universalista função dos fins estatais como o bem comum, o 'interesse público', as necessidades públicas, concretizam-se na atualidade (em sua grande maioria) na satisfação dos direitos humanos e nas liberdades positivas da pessoa. Objetivos primordiais das Administrações Públicas em nosso tempo deve ser precisamente a satisfação dos direitos e liberdades fundamentais, sendo missão do Direito Administrativo garantir efetivamente essa satisfação".[11]

Sob esse enfoque, Manuel Villoria Mendieta põe em relevo uma nova configuração da função administrativa, propondo readequações na estrutura e gestão administrativas, notadamente voltadas à valorização do *processo de diálogo*: "A Administração não pode esquivar-se de seu papel central de sustentação do sistema. A ela cabe, goste disso ou não, a responsabilidade final dos grandes fracassos sociais (De León, 1989). Também é sua responsabilidade gerar uma rede público-privada que confira respostas às necessidades da sociedade como um todo. Ela é a responsável pelo processo de diálogo, fazendo com que o mesmo atenda as garantas de igualdade para todos os implicados em virtude da aplicação de determinadas políticas. Tudo isso demanda responsabilidade, não hierarquias; centralidade, não monopólio. Governar será, a partir de agora, configurar e manter um adequado espaço de co-direção e equilíbrio entre as partes implicadas em cada política (Kooiman, 1993). Como alcançar isso sem hierarquias, como concretizar tal objetivo sem autoridade, são perguntas a procura

5. Odete Medauar, *O Direito Administrativo em Evolução*, 2ª ed., pp. 133-134.

6. Norberto Bobbio, *Estado, Governo e Sociedade*, 4ª ed., p. 26.

7. Woodrow Wilson, "O estudo da Administração", *Cadernos de Administração Pública* 16/16.

8. Id.

9. José Ortiz Días, "El horizonte de las administraciones públicas en el cambio de siglo: algunas consideraciones de cara al año 2000", in Francisco Sosa Wagner (coord.), *El Derecho Administrativo en el Umbral del Siglo XXI: Homenage al Profesor Dr. D. Ramón Martín Mateo*, t. 1, pp. 70-71.

10. Ibid., p. 70.

11. Id.

de respostas (Wildavsky), ainda que determinados dados e práticas apontem para resultados positivos".[12]

Em trabalho que exorta a *participação dos cidadãos na Administração pública*, João Baptista Machado ressalta que a satisfação dos interesses e necessidades vitais é mediatizada pela máquina administrativa, razão pela qual um meio apropriado aos cidadãos para lutarem por tais interesses é a sua atuação sobre o funcionamento desta máquina.[13]

Com efeito, porque cumpre aprioristicamente à organização administrativa estatal conferir respostas às demandas da sociedade, afigura-se correto sustentar ser a *Administração Pública uma interface entre o Estado e a sociedade*. Sua principal função é a de receber os influxos e estímulos da sociedade, rapidamente decodificá-los e prontamente oferecer respostas aptas à satisfação das necessidades que se apresentam no cenário social, seja no campo da regulação, seja no campo da ação.

De outro lado, na esfera administrativa o consenso entre Administração pública, cidadãos e sociedade civil – ou ao menos as decisões administrativas previamente negociadas – resultam do exercício do *direito de participação na Administração pública*.

Dessarte, espera-se que o Estado contemporâneo aguce sua capacidade de agente conciliador dos conflitos imanentes à sociedade policêntrica da atualidade, não somente estabelecendo canais de participação e interlocução com seus representantes, mas igualmente criando vínculos, acordos, alianças e parcerias com as entidades empresariais e sociais.

Nesse cenário, exsurge o fenômeno da *participação administrativa*, o qual configura uma das linhas de evolução da Administração pública contemporânea. Para Odete Medauar, participação administrativa refere-se (i) à identificação do interesse público de modo compartilhado com a população, (ii) ao decréscimo da discricionariedade, (iii) atenuação da unilateralidade na formação dos atos administrativos e (iv) às práticas contratuais baseadas no consenso, negociação e conciliação de interesses.[14]

Como premissas ao enfrentamento do tema proposto, cumpre apreciar o sentido contemporâneo de *cidadania* e as noções de *democracia representativa* e *democracia participativa*.

2. Cidadania e participação

A consagração da noção de Estado de Direito por um Texto Constitucional tem, originalmente, dupla finalidade: a imposição de limites ao exercício do poder estatal e a criação de uma autêntica garantia constitucional aos cidadãos.

No que tange à *democracia*, mesmo sendo difícil conquistar a unanimidade na determinação precisa de seus contornos elementares, Norberto Bobbio alude à existência de uma *definição mínima*. O autor assinala a possibilidade de caracterizá-la como "um conjunto de regras (primárias ou fundamentais) que estabelecem quem está autorizado a tomar as decisões coletivas e com quais procedimentos".[15] A democracia estaria, assim, essencialmente relacionada à formação e atuação do governo.

Da concepção de democracia extrai-se uma outra noção: a de *legitimidade*, concebida por Diogo de Figueiredo Moreira Neto como "submissão do poder estatal à percep-

12. Manuel Villoria Mendieta, *La Modernización de la Administración como Instrumento al Servicio de la Democracia*, p. 381.

13. João Baptista Machado, *Participação e Descentralização: Democratização e Neutralidade na Constituição de 76*, p. 38.

14. Odete Medauar, *O Direito Administrativo em Evolução*, 2ª ed., p. 230.

15. Norberto Bobbio, *O Futuro da Democracia: uma Defesa das Regras do Jogo*, 5ª ed., p. 18. Cf., ainda, Norberto Bobbio *et al.*, *Crisis de la Democracia*. Sobre as teorias da democracia, cf. José Adércio Leite Sampaio, "Democracia, Constituição e realidade", *Revista Latino-Americana de Estudos Constitucionais* 1.

ção das necessidades e dos interesses do grupo nacional que lhe dá existência".[16]

José Joaquim Gomes Canotilho aduz que a consagração constitucional da noção de democracia (Estado Democrático de Direito) tem a finalidade de erigi-la a um autêntico princípio informador do Estado e da sociedade, e assevera que o sentido constitucional desse princípio é a *democratização da democracia*, ou seja, a condução e a propagação do ideal democrático para além das fronteiras do território político.[17]

Para Odete Medauar, "a preocupação com a democracia política leva, muitas vezes, ao esquecimento da *democracia administrativa*, quando, na verdade, esta deveria ser o reflexo necessário da primeira"[18] (sem grifo no original).

É o que José Joaquim Gomes Canotilho denomina *democratização da administração*, a qual pode manifestar-se (i) na substituição das estruturas hieráquico-autoritárias por formas de deliberação colegial, (ii) introdução do voto na seleção das pessoas a quem foram confiados cargos de direção individual, (iii) participação paritária de todos os elementos que exercem a sua atividade em determinados setores da Administração, (iv) transparência ou publicidade do processo administrativo e (v) gestão participada, que consiste na participação dos cidadãos por meio de organizações populares de base e de outras formas de representação na gestão da Administração pública.[19]

Assim, conforme ressaltou-se em trabalho anterior, não é possível deixar de notar que o Texto Constitucional Pátrio, em diversos momentos, "pautou o caminho para uma maior participação dos cidadãos na esfera administrativa. Em face disso, teve início no Brasil a real democratização administrativa, a ser implementada por intermédio da *participação popular na*

16. Diogo de Figueiredo Moreira Neto, *Direito da Participação Política*, p. 65. Explicita o autor que o *controle de legalidade* advém da configuração do *Estado de direito*. Por sua vez, o *Estado de direito democrático* institucionalizaria o *controle de legitimidade* (id.). Para Paulo Bonavides, em um regime democrático a legalidade "é o seu enquadramento nos moldes de uma constituição observada e praticada; sua legitimidade será sempre o poder contido naquela constituição, exercendo-se de conformidade com as crenças, os valores e os princípios da ideologia dominante, no caso a ideologia democrática" (Paulo Bonavides, *Ciência Política*, 10ª ed., p. 112). Sobre legitimidade no Estado contemporâneo, cf. Emerson Gabardo, *Eficiência e Legitimidade do Estado: uma Análise das Estruturas Simbólicas do Direito Político*.

17. José Joaquim Gomes Canotilho, *Direito Constitucional*, 5ª ed., 2ª reimp., p. 421. Para Regina Maria Macedo Nery Ferrari, "a Democracia corporifica-se como um processo dinâmico, próprio de uma sociedade que aceita o desenvolvimento do cidadão, proporcionando sua participação no processo político em condições de igualdade, o que se reflete no campo econômico, político, social e jurídico" (Regina Maria Macedo Nery Ferrari, "Participação democrática: audiências públicas", in Sérgio Sérvulo da Cunha e Eros Roberto Grau (orgs.), *Estudos de Direito Constitucional em Homenagem a José Afonso da Silva*, p. 331).

18. Odete Medauar, "Administração pública ainda sem democracia", *Problemas Brasileiros* 256/38.

19. José Joaquim Gomes Canotilho, *Direito Constitucional*, 5ª ed., 2ª reimp., p. 433. O tema da democracia administrativa suscita a preocupação com o reforço das garantias de determinados direitos fundamentais, pela via da participação dos cidadãos nas organizações e nos procedimentos. Nas palavras de J. J. G. Canotilho, "certos direitos fundamentais adquiriam maior consistência se os próprios cidadãos participassem nas estruturas de decisão" (ibid., p. 558). Para o autor, "as condições reais em que se desenvolve a eficácia de um direito fundamental apontam para a necessidade de a lei criar estruturas organizatórias funcionalmente efectivantes desse direito" (ibid., p. 652). Miguel Sanchez Moron faz alusão a manifestações participativas "institucionalizadas e juridicamente reguladas" (Miguel Sanchez Moron, "Espagne", in Francis Delperee (org.), *Citoyen et Administration*, pp. 63-94, p. 69). No Brasil, participação regulada ocorreria, p. ex., nos termos do inc. VI do art. 206 da Lei Maior, preceito que estabelece como um dos princípios constitucionais do ensino, a "gestão democrática do ensino público, na forma da lei".

Administração pública (...)"[20] (sem grifo no original).

Dotada de fortes bases históricas, *cidadania* manifesta o vínculo do indivíduo com o Estado, e, portanto, pode ser entendido como "um círculo de capacidade conferido pelo Estado aos cidadãos".[21] Seu conteúdo foi forjado por meio de lutas,[22] as quais culminaram em drástica mudança do eixo das relações entre Estado e indivíduo. De uma perspectiva unidimensional Estado-súdito (o indivíduo não era possuidor de direitos frente ao Estado, mas unicamente de deveres para com o Estado), passou-se a uma perspectiva bidimensional Estado-cidadão (direitos e deveres originados do vínculo da cidadania destinam-se tanto ao Estado quanto aos indivíduos). Contudo, a cidadania foi e continua a ser objeto de transformações, razão do contínuo aprofundamento de seu conteúdo e extensão de seu alcance.[23]

Fábio Konder Comparato, traçando a evolução histórica de seu conceito, distingue três etapas da cidadania: (i) a cidadania na civilização greco-romana, (ii) a cidadania individualista do Estado liberal e (iii) a nova cidadania no Estado social. Com relação a nova cidadania, o autor destaca que sua noção elementar reside "em fazer com que o povo se torne parte principal do processo de seu desenvolvimento e promoção: é a idéia de *participação*"[24] (sem grifo no original). E segundo o autor, tal participação há de instaurar-se em cinco níveis: (i) na distribuição dos bens, materiais e imateriais, indispensáveis a uma existência socialmente digna, (ii) na proteção dos interesses difusos ou transindividuais, (iii) no controle do poder político, (iv) na administração da coisa pública e (v) na proteção dos interesses transnacionais.

E no que tange à *participação popular na administração da coisa pública*,

20. Gustavo Henrique Justino de Oliveira, "As audiências públicas e o processo administrativo brasileiro", *Revista de Direito Administrativo* 209/156. Importa registrar que democracia, participação e processo são fenômenos indissociáveis. Elio Fazzalari afirma que o esquema processual "seria a forma em que se realça também, no plano técnico-jurídico, o jogo da democracia" (Elio Fazzalari, "Processo: teoria generale", in *Novissimo Digesto Italiano*, v. 13, p. 1.074). Enfatiza Marcelo Caetano que mediante o processo "se traçam as regras que há de seguir a formação, a manifestação e a execução da vontade dos órgãos administrativos assegurando-se a participação conveniente e justa dos membros da coletividade" (Marcelo Caetano, "Tendências do direito administrativo europeu", *Revista de Direito Público* 1/32-33).

21. Paulo Bonavides, *Ciência Política*, 10ª ed., p. 77. Observa-se que a cidadania é um dos fundamentos do Estado Brasileiro, nos termos do inc, II do art. 1º da Constituição da República. Manoel Gonçalves Ferreira Filho indica que "a nova Constituição brasileira quer apontar a indispensabilidade da participação popular na tomada das decisões políticas. O povo brasileiro deve ser composto de cidadãos, participantes ativos do exercício do poder democrático, não de súditos de qualquer poder, mesmo democrático" (Manoel Gonçalves Ferreira Filho, *Comentários à Constituição Brasileira de 1988*, v. l, 3ª ed., p. 19).

22. Dos confrontos aludidos resultaram documentos que registraram as conquistas dos cidadãos frente ao Estado, constituindo-se nas bases do conceito da cidadania. Entre eles, há a precedência da *Declaração de Direitos da Virgínia* (16 jun. 1776) e a *Declaração dos Direitos do Homem e do Cidadão* (26 ago. 1789). Cf. Jorge Miranda, *Textos Históricos do Direito Constitucional*, 2ª ed., pp. 31-34 e 57-59.

23. O dinamismo e evolucionismo imanentes à cidadania são orientados principalmente pelo vetor democrático, e por isso concorda-se com Jaime Pinsky, para quem cidadania em sua acepção mais ampla é a "expressão concreta do exercício da democracia" (Jaime Pinsky, "Introdução", in Carla Bassanezi Pinsky e Jaime Pinsky (orgs.), *História da Cidadania*, p. 10). Liszt Vieira assevera que "a cidadania, definida pelos princípios da democracia, constitui-se na criação de espaços sociais de luta (movimentos sociais) e na definição de instituições permanentes para a expressão política (partidos, órgãos públicos), significando necessariamente conquista e consolidação social e política" (Liszt Vieira, *Cidadania e Globalização*, 6ª ed., p. 40).

24. Fábio Konder Comparato, "A nova cidadania", in Fábio Konder Comparato, *Direito Público: Estudos e Pareceres*, p. 10.

cabe transcrever as considerações de Fábio Konder Comparato: "A relevância da atuação administrativa do Estado social é um fato sobejamente conhecido. Convém, no entanto, advertir para a falsa dicotomia que se procura hoje inculcar, no tocante à distribuição eqüitativa do bem-estar social, entre o estatismo e o privatismo. O princípio da participação popular permite evitar esses extremas, introduzindo uma linha de ação mais democrática na administração da coisa pública".[25]

Eis a figura do cidadão que manifesta sua vontade em *fazer parte* de procedimentos passíveis de culminar em decisões estatais que afetem direitos seus, não somente de natureza individual, mas de ordem coletiva ou difusa. É o *cidadão consciente* de seus direitos civis, políticos e sociais (porque bem informado), e que deseja *tomar a palavra* e *expressar sua opinião* nos assuntos relativos à condução das atividades públicas. É o *cidadão responsável*, conhecedor de seu compromisso social de intervir na esfera estatal, visando com que as decisões dela emanadas possam ajustar-se o mais possível com a realidade social. É o *cidadão cooperador*, que almeja não ser visto como intruso ou estranho na organização administrativa, mas como o seu principal colaborador. Enfim, é o *cidadão participador*, que assume posturas pró-ativas perante uma Administração pública que deve agir em proveito dos cidadãos e de toda a sociedade.[26]

Clémerson Merlin Clève, enumera cinco qualificativos do vocábulo cidadão,[27] centralizando sua análise na figura do *cidadão propriamente participante*, ou seja, aquele que se insere na esfera decisória da Administração Pública. Para o autor, a participação do cidadão na esfera estatal é uma aplicação de mecanismos de democracia direta no âmbito das ações estatais. "A questão da democracia não pode ser posta apenas em termos de representatividade. Não há dúvida que em Estados como os modernos não há lugar para a rescindibilidade da representação política. Os Estados modernos, quando democráticos, reclamam pela técnica da representação popular. A nação, detentora da vontade geral, fala pela voz de seus representantes eleitos. Mas a cidadania não se resume na possibilidade de manifestar-se, periodicamente, por meio de eleições para o legislativo e para o executivo. A cidadania vem erigindo a reformulação do conceito de democracia, radicalizando, até, uma tendência, que vem de longa data. Tendência endereçada à adoção de técnicas diretas de participação democrática. Vivemos, hoje, um momento em que se procura somar a técnica necessária da democracia representativa com as vantagens oferecidas pela democracia direta. Abre-se espaço, então, para o cidadão atuar, direta e indiretamente, no território estatal".[28]

A concepção acima aludida corresponde à noção de *democracia participativa*, entendida por José Joaquim Gomes Canotilho como "a formação da vontade política de 'baixo para cima', num processo de estrutura de decisões com a participação de todos os cidadãos".[29] Para o autor, a noção compreenderia um sentido amplo e um sentido restrito. O primeiro significaria "a participação através do voto, de acordo com os processos e formas da democracia representativa";[30] o segundo, traduziria "uma forma mais alargada do concurso

25. Ibid., p. 19.

26. Cf. Francis Delperee (org.), *Citoyen et Administration* e Mario Nigro, "Il nodo della partecipazione", *Rivista Trimestrale di Diritto e Procedura Civile* 1/225-236, entre outros.

27. Seriam eles o cidadão eleitor, o agente do poder, o colaborador (gestão privada de interesses públicos), o seduzido e o censor. Cf. Clémerson Merlin Clève, "O cidadão, a administração pública e a nova Constituição", *Revista de Informação Legislativa* 106/81-98.

28. Ibid., pp. 82-83.

29. Canotilho, *Direito Constitucional*, 5ª ed., 2ª reimp., p. 413.

30. Ibid., p. 414.

dos cidadãos para a tomada de decisões, muitas vezes de forma directa e não convencional".[31]

É o tema que será analisado a seguir, relacionando-o com a democracia representativa.

3. *Democracia representativa e democracia participativa*

Diogo de Figueiredo Moreira Neto alude a um *ciclo do poder*, o qual englobaria (i) destinação, (ii) atribuição, (iii) exercício, (iv) distribuição, (v) contenção e (vi) detenção. Restringir a democracia ao último momento de referido ciclo acabaria por desvirtuar, se não aniquilar, o seu significado.[32]

Entretanto, embora o fenômeno da *democracia participativa* encontre-se em expansão em todo o mundo, importa ressaltar a importância de conciliá-la com a lógica democrática ainda dominante,[33] ou seja, a *democracia representativa*.

Odete Medauar aponta que uma das justificativas para o alargamento da participação administrativa seria a "perda de ascendência, de fato, do Legislativo sobre o Executivo e a Administração e na dúvida quanto à adequada representação de valores e interesses da população pelos integrantes do Legislativo".[34] Entretanto, indica a autora que favoravelmente à participação poder-se-ia defender que a mesma permite "aprimoramento da conduta dos parlamentares ante o paralelismo da atuação popular; e pode-se ponderar que se trata de mais um meio de compatibilizar as decisões estatais às aspirações e reais interesses da coletividade".[35]

André Molitor posiciona-se favoravelmente à participação, enfatizando que as práticas participativas, longe de colocarem em risco os sistemas representativos, poderão afastar o peso da burocracia que encontra-se em suas bases.[36]

Debruçando-se sobre a problemática, João Baptista Machado conclui que por meio da participação reencontram-se, em convergência, os dois vetores da democraticidade, "um que vai buscar a sua origem ao sufrágio político universal, outro que procura harmonizar a acção do Estado com os interesses, necessidades e votos expressos pelos grupos sociais organizados e activos através dos quais uma sociedade pluralista se manifesta".[37]

É Boaventura de Souza Santos quem apresenta soluções para o que denomina *problema democrático*: a (necessária) compatibilização em um determinado país da democracia representativa com a democracia participativa.

A primeira solução é a que admite a *coexistência* entre as duas espécies democráticas: a democracia representativa em nível nacional, convivendo com a democracia participativa em nível local.

31. Id.

32. Diogo Figueiredo Moreira Neto, *Direito da Participação Política*, p. 7.

33. "Se, por um lado, tal debate foi resolvido em favor da desejabilidade da democracia como forma de governo, por outro lado, a proposta que se tornou hegemônica ao final das duas guerras mundiais implicou em uma restrição das formas de participação e soberania ampliadas em favor de um consenso em torno de um procedimento eleitoral para a formação de governos (Schumpeter, 1942). Essa foi a forma hegemônica de prática da democracia no pós-guerra, em particular nos países que se tornaram democráticos após a segunda onda de democratização" (Leonardo Avritzer e Boaventura de Sousa Santos, "Introdução: para ampliar o cânone democrático", in Boaventura de Sousa Santos (org.), *Democratizar a Democracia: os Caminhos da Democracia Participativa*, pp. 39-40).

34. Odete Medauar, *O Direito Administrativo em Evolução*, 2ª ed., p. 233.

35. Id.

36. André Molitor, "Prefácio", in Francis Delperee (org.), *Citoyen et Administration*, p. 17.

37. João Baptista Machado, *Participação e Descentralização*, p. 52.

A segunda solução seria a *complementaridade*, que expressaria uma articulação mais intensa entre as duas espécies de democracia. Aqui pressupõe-se que o governo reconheça ser possível a substituição de parte do processo de representação e deliberação típicos da democracia representativa por mecanismos e procedimentos típicos da democracia participativa (*v.g.*, formas públicas de monitoramento, processos de deliberação pública). O objetivo da complementariedade, para o autor, é "associar ao processo de fortalecimento da democracia local formas de renovação cultural ligadas a uma nova institucionalidade política que recoloca na pauta democrática as questões da pluralidade cultural e da necessidade de inclusão social".[38] Prossegue esclarecendo que a complementariedade seria diferente da coexistência, pois "implica uma decisão da sociedade política de ampliar a participação em nível local através da transferência ou devolução para formas participativas de deliberação de prerrogativas decisórias a princípio detidas pelos governantes".[39]

Para Boaventura de Souza Santos, enquanto a coexistência da democracia representativa com a participativa prevaleceria nos países centrais, a complementariedade entre ambas emergiria nos países semiperiféricos e periféricos. E arremata, registrando que "é na originalidade das novas formas de experimentação institucional que podem estar os potenciais emancipatórios ainda presentes nas sociedades contemporâneas".[40]

Boaventura de Souza Santos propõe *três teses para o fortalecimento da democracia participativa*: (i) fortalecimento pela demodiversidade, com a ampliação da deliberação pública e da intensificação da participação, (ii) fortalecimento da articulação contra-hegemômica entre o local e o global, e (iii) ampliação do experimentalismo democrático, no sentido de que as práticas bem sucedidas de participação originam-se em *gramáticas sociais*, "nas quais o formato da participação foi sendo adquirido experimentalmente".[41]

Dessarte, passa-se a examinar conceito e características da *participação administrativa*, com especial destaque para a denominada *participação procedimental*.

4. Participação administrativa

4.1 Conceituação

Odete Medauar informa que a participação administrativa é uma técnica retificadora do distanciamento da organização administrativa em relação ao cidadão e à realidade.[42]

Nesse sentido, razão assiste a Mario Nigro quando afirma que por meio da participação "o Estado procura introduzir o mais de sociedade possível em sua esfera, atraindo para o campo do aparato estatal o maior número de interesses sociais e garan-

38. Leonardo Avritzer e Boaventura de Sousa Santos, "Introdução", cit., in Boaventura de Sousa Santos (org.), *Democratizar a Democracia*, cit., p. 76.

39. Id.

40. Ibid., p. 77.

41. Ibid., p. 78.

42. Odete Medauar, "Administração pública ainda sem democracia", p. 38. Insta registrar a opinião de Caio Tácito, para quem "a moderna tendência do direito público marca (...) a transição do Direito Administrativo que, absorvendo a ação participativa dos administrados, valoriza o princípio da cidadania e coloca o indivíduo e a empresa em presença da Administração Pública, como colaboradores privilegiados para a consecução do interesses público" (Caio Tácito, "Direto administrativo participativo", *Revista de Direito Administrativo* 209/6). Entretanto, cabe salientar o destacado papel de participação das ONGS, não somente nesse processo de estreitamento de laços da população com o Estado, mas principalmente como defensora dos cidadãos em seus pleitos emancipatórios frente ao Estado. Por isso, Maria Célia Paoli observa que "o caminho das ONGS opta por representar as demandas populares em negociações pragmáticas, tecnicamente formuladas, com os governos, dis-

tindo sua defesa e gestão aos seus titulares, considerados singularmente ou em grupo; (...)".[43]

Apresentadas suas premissas, é possível definir a *participação administrativa como a intervenção individual ou coletiva dos cidadãos na gestão dos órgãos e entidades que integram a Administração pública, com reflexos no conteúdo das decisões deles emanadas.*[44]

4.2 A problemática da participação administrativa

É João Baptista Machado[45] quem arrola as principais funções que podem ser atribuídas à participação administrativa.

Em primeiro lugar, aduz que esta revela-se uma excelente técnica de canalização e controle dos descontentamentos e frustrações dos cidadãos, facilitando uma melhor integração social e uma maior estabilidade política. Em seguida, a participação propiciaria o aumento do grau de conscientização dos indivíduos, os quais tornam-se cônscios de seus interesses e de que encontram-se habilitados a promovê-los. Imanente à participação seria o caráter pedagógico, levando ao entendimento de que consiste em "excelente escola de formação cívica, preparando para o exercício da democracia à escala nacional".[46] Possibilita às autoridades decididoras maior informação sobre as questões que envolvem a satisfação das necessidades coletivas. Confere maior grau de eficácia e efetividade dessas decisões, por refletirem os anseios da coletividade em virtude da intervenção prévia dos cidadãos ou organizações representativas. Isso ensejaria uma maior adesão dos destinatários das decisões administrativas ao seu comando, fazendo desaparecer "a resistência e má-vontade que os administradores em regra manifestam e relativamente às medidas unilaterais da autoridade".[47] Finalmente, a participação contribuiria enormemente para o aperfeiçoamento da democracia no campo da Administração pública, tornando mais sensível às necessidades e aspirações reais dos cidadãos.

De outro lado, João Baptista Machado elenca problemas ou inconvenientes que eventualmente podem ser enumerados em desfavor da participação administrativa.[48]

Do ponto de vista dos cidadãos, participar significaria empregar tempo e energia

pensando a base ampliada da participação popular" (Maria Célia Paoli, "Empresas e responsabilidade social: os enredamentos da cidadania no Brasil", in Boaventura de Sousa Santos (org.), *Democratizar a Democracia*, cit., p. 378).

43. Mario Nigro, "Il nodo della partecipazione", cit., p. 230.

44. Cumpre registrar que *participação administrativa*, na visão de Diogo Figueiredo Moreira Neto, é espécie do gênero *participação política*, definida como "a atuação formal e informalmente admitida, dos indivíduos e dos grupos sociais secundários, na ação juspolítica do Estado. Como este, nas organizações políticas contemporâneas, se diversifica em grandes funções e órgãos específicos – os Poderes do Estado –, a participação política se tripartirá em participação legislativa, participação administrativa e participação judiciária (...)" (Diogo Figueiredo Moreira Neto, *Direito da Participação Política*, pp. 56-57). Cf. Agustín Gordillo: "Ideas sobre participación en América Latina", *Revista de Direito Público* 57-58; "La garantía de defensa como principio de eficacia en el procedimiento administrativo", *Revista de Direito Público* 10; e "Participación administrativa", *Revista de Direito Público* 74.

45. João Baptista Machado, *Participação e Descentralização*, pp. 37-38.

46. Ibid., p. 37. Maria Victoria de Mesquita Benevides destaca que a participação em processos decisórios tem importância de per si, independentemente do resultado do processo, uma vez que "as campanhas que precedem às consultas populares têm uma função informativa e educativa, de valor inegável, tantos para os participantes do lado 'do povo', quanto para os próprios dirigentes e lideranças políticas" (Maria Victoria de Mesquita Benevides, *A Cidadania Ativa*, p. 198).

47. João Baptista Machado, *Participação e Descentralização*, pp. 37-38.

48. Ibid., pp. 43-45.

nessa atividade, fazendo com que muitos potenciais participantes desistam de assim agir, em virtude do escasso tempo disponível. Uma vez participando, podem considerar tempo perdido as horas em que passaram discutindo os assuntos públicos, se restar claro o rendimento escasso ou nulo dessas situações. Em zonas urbanas e suburbanas não haveria uma população constante, dificultando o nível de compromisso dessa população na realização coletiva dos objetivos comuns.

Do ponto de vista da Administração pública, a participação tenderia a reduzir a eficiência dos serviços, alargando o processo decisório, além de fomentar a irresponsabilidade dos órgãos de gestão, pois encontrariam nela "uma desculpa fácil para se não comprometerem com uma decisão responsável (...)".[49] A participação poderia gerar um *excesso de informação* para os responsáveis pelas instâncias decisórias, fato que seria contornável pela filtragem do conteúdo dessas informações.

Enfatiza João Baptista Machado que a *participação cooptativa* – participação na execução das decisões visando a facilitar a própria execução – poderia servir o interesse das autoridades, uma vez que implicaria a aceitação dos objetivos globais estabelecidos por outrem. Por derradeiro, o autor registra que favorecer a participação poderia levar ao sacrifício da democracia representativa.

4.3 Participação administrativa e participação procedimental

Luís Filipe Colaço Antunes assevera que a participação administrativa teria sua expressão jurídica mais importante na denominada *participação procedimental*, em que o cidadão participa nas funções levadas a cabo pela Administração pública por intermédio do procedimento de elaboração das decisões administrativas.[50]

Com efeito, visando um melhor conteúdo e eficácia das decisões administrativas cujos efeitos recaiam sobre a população, impende ao poder público dignificar a fase instrutória dos procedimentos a elas correspondentes, ampliando as possibilidades de fornecer e angariar informações úteis, fator essencial ao correto desempenho da função administrativa.

Em *primeiro lugar*, a adoção de instrumentos participativos enseja uma maior publicidade e transparência no que tange à condução dos assuntos que envolvem a coletividade, concretizando o princípio da publicidade insculpido no *caput* do art. 37 da Lei Maior.[51]

Em *segundo lugar*, possibilita aos cidadãos maior e melhor informação e conhecimento sobre as diretrizes dos órgãos administrativos, harmonizando-se com o preconizado no inc. XXXIII do art. 5º da Constituição da República. Este caráter informativo integra ainda as garantias constitucionais do contraditório e ampla defesa, previstas no inc. LV do art. 5º da Carta Magna. Contudo, possível é afirmar que os mecanismos participativos exercem um *duplo papel informativo*. De um lado, propiciam a obtenção de dados por parte dos cidadãos; de outro, habilitam o órgão administrativo decididor, tornando-o apto a emitir um provimento mais acertado e mais justo, pois estabelece um maior conhecimento acerca da situação subjacente à decisão administrativa.

Em *terceiro lugar*, o emprego de mecanismos participativos enseja a criação de *espaços de efetiva negociação*, nos quais

49. Ibid., p. 44.

50. Luís Filipe Colaço Antunes, *A Tutela dos Interesses Difusos em Direito Administrativo*, pp. 82-83. Cf. Mario Nigro, "Il nodo della partecipazione", cit., pp. 231-232.

51. Sobre o tema, cf. Wallace Paiva Martins Júnior, *Transparência Administrativa: Publicidade, Motivação e Participação Popular*.

as decisões administrativas são tomadas não somente a partir da perspectiva da ponderação ou harmonização dos interesses envolvidos, mas também sob a ótica do que Sabino Cassese denomina *reciprocidade de concessões*.

O enfoque da negociação significa que Administração pública, empresas, organizações não-governamentais e cidadãos mutuamente cedem sobre pontos relativos ao objeto em discussão, favorecendo a obtenção de um equilíbrio de interesses originalmente contrapostos, que permaneceriam contrapostos se não fosse pela que a ocorrência de trocas e concessões entre as partes.[52]

4.3.1 *Momentos e efeitos da participação procedimental*

Distinguem-se vários *níveis de profundidade*,[53] *graus de intensidade* ou *extensão*[54] dos mecanismos participativos, cujos resultados poderão ser *vinculantes* ou *não-vinculantes* para a Administração pública. Tais instrumentos podem ter lugar (i) na fase instrutória (preparatória, informativa ou pré-decisional), (ii) na fase decisória dos procedimentos administrativos e (iii) na fase de execução ou implementação da decisão, sem prejuízo da realização em todas as fases apontadas.

Realizada na *fase preparatória*,[55] o objetivo perseguido é o de possibilitar uma ampla instrução do feito. Logo, tem um forte sentido informativo, nos moldes acima especificados. No que concentre aos órgãos públicos, invoca-se ainda o sentido de consulta, decorrente do fato de poder a Administração ouvir previamente os interessados.

Salvo disposição legal em contrário, os resultados da aplicação de instrumentos participativos inseridos nesta fase procedi-

52. Sabino Cassese, "La arena pública: nuevos paradigmas para el Estado", in Sabino Cassese, *La Crisis del Estado*. O autor assevera que "não é o procedimento que modula a negociação, mas a negociação que plasma o procedimento" (ibid., p. 157).

53. João Baptista Machado, *Participação e Descentralização*, cit., pp. 41-42. Cf. Diogo de Figueiredo Moreira Neto, "Audiências públicas", *Revista de Direito Administrativo* 210.

54. A extensão da participação não tem por fim evocar a quantidade da participação, e sim a qualidade, a qual segundo Mario Nigro pode partir da cooperação, passar pela co-decisão e chegar até a prevalência da vontade do participante (Mario Nigro, "Il nodo della partecipazione", cit., p. 232).

55. A Lei federal n. 9.784, de 29.1.1999, a qual regula o processo administrativo no âmbito da Administração pública federal, estabelece como mecanismos participativos explícitos a *consulta pública* (art. 31) e a *audiência pública* (art. 32). Por seu turno, o art. 33 estatui que "os órgãos e entidades administrativas, em matéria relevante, poderão estabelecer outros meios de participação de administrados, diretamente ou por meio de organizações e associações legalmente reconhecidas". Importante observar que a Lei federal n. 9.784/1999 inseriu os instrumentos de participação administrativa unicamente na fase preparatória ou instrutória do processo administrativo, deixando claro que tais mecanismos devem ser empregados em período anterior à tomada da decisão administrativa. Entretanto, para tornar efetiva a democracia participativa no Brasil seria imprescindível inserir – por meio de expressas previsões legais – estes e outros mecanismos participativos também na fase decisória dos procedimentos administrativos, cujos resultados teriam efeitos vinculantes para a Administração pública. Isso implicaria a criação da forma participativa denominada *co-gestão*, em que o órgão administrativo seria integrado por representantes do poder público e da sociedade, e as decisões dele emanadas são tomadas em conjunto por todos os seus componentes. Nessa acepção, Vital Moreira alude ao termo *co-determinação* (Vital Moreira, *Auto-Regulação Profissional e Administração Pública*, p. 57). Há ainda o fenômeno da *co-administração* ou *administração conjunta*, definido por Vital Moreira como "o exercício de tarefas administrativas de forma compartilhada entre uma instância da administração pública (estadual ou não) e os administrados interessados, ou entre instâncias de administrações públicas diferentes (...). São formas de colaboração ou cooperação administrativa" (Vital Moreira, *Administração Autónoma e Associações Públicas*, p. 73).

mental não vinculam os órgãos públicos. É que a participação popular levada a efeito teve a finalidade de possibilitar a manifestação de opiniões, propostas e, sobretudo, informar Administração e cidadãos.

Todavia, constatando que os institutos participativos têm lugar, notadamente, no âmbito da atividade administrativa discricionária, eventual posicionamento da população é mais um elemento na limitação da liberdade de atuação da Administração. Ainda que não vinculante, as exposições dos interessados devem ser minuciosamente consideradas pelo órgão decididor, podendo inclusive constituir-se na motivação expressa de sua decisão.

Por outro lado, se inseridos na fase decisória, os resultados obtidos via aplicação de mecanismos participativos será vinculante para a Administração. Todavia, concorda-se com Diogo de Figueiredo Moreira Neto, pois "quando a eficácia pretendida for constitutiva de vontade, gerando uma condição vinculatória, estar-se-á introduzindo um órgão popular de decisão e uma nova função orgânica no sistema existente da administração pública, comprometendo-se, em conseqüência, o exercício de função similar por órgão regular da estrutura do Poder Executivo".[56]

Ainda segundo Diogo de Figueiredo Moreira Neto, a instituição de audiências públicas (um dos instrumentos participativos possíveis) com essa finalidade devem ser feitas por lei, "de competência privativa do Poder Executivo que pretender, dessa forma, valer-se da participação do administrado (art. 61, § 1º, *e*, da Constituição)".[57]

Finalmente, uma vez integrados na *fase de execução*, os canais participativos caracterizarão a denominada *participação cooptativa*, "em que aos administrados são explicados os programas da Administração e esta depois se limitará, no máximo, a aceitar algumas propostas ou sugestões daqueles (...) desde que estas não importem mais do que modificações marginais ou secundárias compatíveis com a estratégia global do Plano da Administração".[58]

Cabe esclarecer que os órgãos públicos estarão compelidos à realização ou à utilização de mecanismos participativos sempre que a lei assim estipular. Entretanto, a Administração estará simplesmente facultada a implementá-la, no caso de não haver previsão expressa para sua realização.

Os efeitos advindos em uma e outra hipótese são distintos.

Assim, desde que obrigatórios, constituir-se-ão em condição de validade do procedimento administrativo em que estiverem inseridos. Caso não implementados, ao arrepio da determinação legal, o procedimento estará viciado, e a decisão administrativa correspondente será passível de invalidação. Por outro lado, estando a Administração meramente facultada a promover tais mecanismos participativos – com as ressalvas de eventuais previsões legislativas em contrário – nenhuma implicação haverá diante da sua não realização.

No entanto, devem ser apreciados os casos em que é conferida legitimidade a interessados (cidadãos ou entidades associativas) para solicitar a realização de instrumentos participativos, previamente à emissão de uma decisão administrativa. Se formulado e deferido pela Administração, a realização ou emprego desse instrumento torna-se obrigatória. Em não sendo utilizado tal mecanismo por responsabilidade da Administração, defende-se que o procedimento correspondente encontrar-se-á maculado, sendo passível de declaração de nulidade o provimento final.

56. Diogo Figueiredo Moreira Neto, *Direito da Participação Política*, p. 126.

57. Id.

58. João Baptista Machado, *Participação e Descentralização*, p. 42.

4.4 Legitimidade pelo procedimento e legitimidade pela participação

A *participação procedimental* suscita ainda o tema da *legitimidade pelo procedimento*, em que a legitimidade da decisão repousaria nas competências de decisão e na realização dos correspondentes procedimentos, ambos traçados previamente por lei.

José Joaquim Gomes Canotilho posiciona-se desfavoravelmente a essa tese, aduzindo que "não se asseguram decisões informadas por critérios de justiça material só pelo facto de essas decisões terem observado determinados princípios de 'justiça procedimental' (...)".[59] Acrescenta o autor que o procedimento não é um fim em si mesmo, "antes desempenha a tarefa de abrir o caminho para soluções intrinsecamente justas".[60]

Niklas Luhmann é apontado como um dos grandes defensores da legitimidade pelo procedimento. Para o autor, a função legitimadora do procedimento não seria a de obter o consenso entre as partes, ou mesmo a justiça das decisões,[61] mas fazer com que as partes aceitem a decisão de cujo procedimento prévio participaram, em que pesem eventuais decepções e descontentamentos. E sobre o tema da participação cidadã na esfera administrativa, o autor propugna alguns temperamentos no que denomina *relações informativas entre a administração e o público*.[62]

59. José Joaquim Gomes Canotilho, *Direito Constitucional*, 5ª ed., 2ª reimp., p. 117.

60. Ibid., pp. 117-118.

61. Todavia, reconhece que "o núcleo de todas as teorias clássicas do procedimento é a relação com a verdade ou com a verdadeira justiça como objetivo" (Niklas Luhmann, *Legitimação pelo Procedimento*, p. 21). Entendendo que a justiça é uma das finalidades do processo administrativo, cf. Odete Medauar, *A Processualidade no Direito Administrativo*, pp. 66-67.

62. Niklas Luhmann, *Legitimação pelo Procedimento*, p. 171.

"Nos processos de decisão orientados para um objetivo, pode procurar-se, quando muito, mediante a criação de 'sistemas de contato', ou mediante uma disposição mais aceitável de meios e compensações, alcançar o consenso e a cooperação mais concretos possíveis entre os interessados. Este esforço não é inofensivo, pois leva a uma considerável restrição das possibilidades de decisão administrativa, obriga à admissão de várias informações e objetivos secundários no decurso da decisão e sobrecarrega a racionalidade da decisão. As pesquisas mais recentes em países em vias de desenvolvimento, em relação com as empresas típicas de prestação de serviços (escolas, hospitais, prisões de orientação terapêutica, hospícios etc.) onde a cooperação dos que aí são atendidos é condições de sucesso, mostraram claramente que as organizações têm de ser desburocratizadas, no caso de se lhes querer atribuir uma co-responsabilidade pela orientação do seu público. Sob determinadas condições sociais, ou em determinadas tarefas, isto pode ser indispensável. O que deveria ser válido, sobretudo quando os próprios processos políticos não conseguem suficiente apoio político para a administração, de forma que esta necessita de desempenhar por si mesma funções políticas e organizar, em cada caso, um público cooperante. Com isso se renuncia às vantagens duma diferenciação funcional de política e administração. Em resumo: a administração burocrática, que está equipada com meios financeiros necessários e conforme às competências e é sempre independente do consenso dos interessados, deveria ser mais eficaz, pois sua forma de trabalho pode ser gravada de forma conseqüente e específico-funcional para a adaptação de certos programas de decisão. A sua racionalidade e eficácia convertem-se, então, em fator de apoio de legitimação (política) do sistema administrativo como um todo. Permite escolher entre diversas alternativas e propor à administração mais programas de objetivos do que quando a cooperação dos mais interessados na ocasião tinha de ser assegurada concretamente e sob a forma de permuta. Aquela complexidade maior e liberdade de decisão na administração perder-se-ia, se se quisesse retirar à administração a co-responsabilidade política pela adoção bem intencionada das suas decisões através do público. Na medida em que a política desempenha essa função, a administração pode ser aliviada da própria conservação política com o consenso."[63]

Em que pese a opinião acima reproduzida, entende-se que mais do que uma tendência da Administração pública contemporânea, a participação administrativa é uma realidade e há de ser entronizada no corpo administrativo do Estado.

No entanto, para serem considerados mecanismos cooperativos úteis, tudo aquilo que for discutido ou configurar resultado do emprego de instrumentos participativos (*v.g.*, audiências pública, consultas públicas, referendos administrativos, coletas de informação, entre outros) deve ser devidamente considerado pelo órgão ou autoridade decididora, previamente à emissão do provimento administrativo.

Assim, a concordância ou aderência dos cidadãos aos provimentos emitidos pelos centros decisórios administrativos será uma conseqüência da maior legitimidade dessa decisão, pois seus pleitos, opiniões e sugestões foram ao menos apreciados. Isso acarretará *maior eficácia e efetividade das decisões administrativas*, sendo o caso de defender-se hodiernamente a *legitimidade pela participação*, inclusive como meio de obter-se maior *eficiência* no desempenho da função administrativa e maior *justiça* da decisão administrativa.[64]

Nesse passo, insta observar que a junção da noção de democracia à de Estado de direito, muito mais do que estabelecer um qualificativo do modo de ser do Estado, é responsável pela atribuição aos cidadãos do *direito de participação nas decisões estatais*.[65]

63. Ibid., pp. 168-169. Nessa passagem, o autor deixa transparecer que a legitimação da função administrativa concentrar-se-ia no aspecto da tomada da decisão pela via do procedimento, e, portanto, sob a ótica da produção ou geração dos efeitos da ação administrativa (eficácia). E embora seja possível afirmar que grande parte da ação administrativa prescinda do assentimento ou da concordância de seus destinatários para que encontre-se apta a produzir efeitos, cabe notar que o critério da justiça dessas decisões não é totalmente alcançado simplesmente pela realização do procedimento. Assim, e principalmente diante de um modelo gerencialista de gestão pública, importa cada vez mais indagar-se sobre meios e formas de atingir-se a justiça das decisões emanadas da Administração pública. E a justiça pode vir a ser conquistada por meio da efetivação do direito de participação administrativa. É o caso, portanto, de concordar-se com Adriana da Costa Ricardo Schier, para quem no contexto assinalado, "o direito de participação do cidadão no âmbito da Administração Pública torna-se um instrumento central porque permite a legitimação das atividades administrativas. Com efeito, a legitimidade dos atos administrativos deixa de ser legal e passa a ser conferida pelo resultado eficiente, obtido, principalmente, através da participação do cidadão na esfera púbica, seja mediante a interferência nos processos decisórios, seja mediante a fiscalização (...)" (Adriana da Costa Ricardo Schier, *A Participação Popular na Administração Pública: o Direito de Reclamação*, pp. 251-252).

64. Rogério Gesta Leal propõe a construção de uma gestão pública compartida, incentivando a criação de instrumentos de co-participação na administração dos interesses públicos, além de procedimentos de interlocução permanentes entre os atingidos e interessados pelas políticas públicas. Isso implicaria, na visão do autor, reconhecer "que tanto é preciso ampliar os espaços de participação material do cidadão na gestão pública, como aquilitar os já existentes (...)" (Rogério Gesta Leal, "Gestão pública compartida: construtos epistemológicos", *A&C Revista de Direito Administrativo e Constitucional* 12/109).

65. Maria Sylvia Zanella Di Pietro afirma ser a participação popular na Administração Pública "uma característica essencial do Estado de Direito Democrático, porque ela aproxima mais o particular da Administração, diminuindo ainda mais as barreiras entre o Estado e a sociedade" (Maria

A Constituição espanhola de 1978, considerada uma das grandes referências contemporâneas em matéria de reconhecimento, proteção e incentivo à participação popular, faz referência expressa ao direito de participação nas decisões estatais em ao menos três momentos. O art. 9.2 estabelece, como um dos princípios constitucionais basilares, corresponder aos poderes públicos facilitar a participação de todos os cidadãos na vida política, econômica, cultural e social. Qualificando-o como um direito fundamental, estatui o art. 23.1 que os cidadãos têm o direito de participar nos assuntos públicos, diretamente ou por meio de representantes. Por seu turno, o art. 105 (a) reza que a lei regulará a audiência dos cidadãos, diretamente ou através das organizações e associações reconhecidas por lei, no procedimento de elaboração das disposições administrativas que os afetem.

A Constituição brasileira estabelece no parágrafo único do art. 1º que "todo o poder emana do povo, que o exerce por meio de representantes eleitos ou diretamente, nos termos desta Constituição". Exemplificando, cumpre registrar que, sinalizando o caminho da colaboração entre Administração e população, a Lei Maior admite no inc. X do art. 29 "a cooperação das associações representativas no planejamento municipal", concretizando-se, por exemplo, na idealização do *plano diretor* (arts. 182 e ss.). Por seu turno, o inc. VII do parágrafo único do art. 194 possibilita uma gestão democrática e descentralizada da seguridade social, "com a participação da comunidade, em especial de trabalhadores, empresários e aposentados". Gestões similares estão previstas no inc. III do art. 198 (saúde), inc. II do art. 204 (assistência social) e inc. VI do art. 206 (ensino público). A conservação do patrimônio cultural brasileiro deve ser promovida com a cooperação da comunidade (§ 1º do art. 216), e a tutela do meio ambiente (bem de uso comum do povo) há de ser levada a efeito com a participação da comunidade (*caput* do art. 225), sendo dever do Estado a promoção da educação ambiental e da conscientização pública para o fim aludido (inc. VI do art. 225).

Eduardo García de Enterría e Tomás-Ramón Fernández apresentam três justificativas para o fomento ao exercício da participação popular na Administração pública.

Primeiramente, a consciência da necessária aproximação do poder com a sociedade, em substituição à separação antes dominante, e que servira de base à construção liberal. Em segundo lugar, a exigência de afastar os riscos que um governo dominado por burocratas pode gerar para a sociedade, tornando possível a identidade entre governantes e governados. E em terceiro lugar, considerando ser a ideologia participativa um autêntico contraponto ao desenvolvimento dos sistemas burocráticos, os autores defendem que a Administração participada ou concertada é uma técnica essencial de eficiência, a qual visaria complementar ou substituir a tradicional Administração autoritária.

De acordo com os autores, "a idéia de participação dos administrados nos processos de decisão parece capaz não somente de diminuir as disfunções organizativas e burocráticas, mas também de obter um novo *consensus*, uma nova legitimidade (...)

Sylvia Zanella Di Pietro, "Participação popular na administração pública", *Revista de Direito Administrativo* 191/32). Elencando formas de atuação direta (direito de ser ouvido, enquete) e indireta (participação popular em órgãos de consulta e de decisão, por meio do *ombudsman* e por via do Poder Judiciário), a autora aduz que a atuação dos cidadãos deve ocorrer diretamente na gestão e no controle da Administração pública (ibid., p. 38). Adriana da Costa Ricardo Schier sustenta que o direito de participação no âmbito administrativo é um meio de democratização da esfera do poder público, determinando uma maior contribuição dos cidadãos na tomada das decisões estatais (Adriana da Costa Ricardo Schier, *A Participação Popular na Administração Pública*, p. 74). Especificamente sobre o tema, cf. Fabiana de Menezes Soares, *Direito Administrativo de Participação*.

que permita superar a atual crise do poder autoritário (...)".[66]

4.5 *Participação, descentralização e negociação*

Miguel Sanchez Moron aduz que para propiciar a efetividade do princípio participativo seria necessário tomar medidas de ordem jurídica e institucional, tornando o aparelho administrativo (i) menos burocrático, (ii) menos autocentrado, (iii) mais aberto às demandas sociais e (iv) mais próximo dos cidadãos. Ao lado disso, destaca a relevância de dois aspectos essenciais ao tema da participação administrativa. O primeiro diz respeito à melhoria do acesso da informação do público sobre a ação administrativa; o segundo, ao aumento da descentralização da organização pública.[67]

No mesmo sentido, João Baptista Machado enfatiza a estreita relação entre participação e descentralização,[68] afirmando que "a descentralização cria, pois, quadros adequados ao desenvolvimento de fórmulas de 'participação' das populações na vida pública".[69]

Contudo, após estabelecer as distinções entre participação e descentralização,[70] o autor sustenta que ambas estão interligadas a um outro fenômeno: a *negociação.*

"Assentemos, pois, em que o reconhecimento de qualquer direito de participação é do mesmo passo reconhecimento de autonomia: de uma autonomia mais ou menos pronunciada, certo, mas em todo o caso suficiente para justificar um desvio de temperamento a um princípio majoritário de escalão mais amplo. E, ao mesmo tempo, tenhamos presente que o pressuposto das soluções negociadas – da 'concertação' – é uma certa 'descentralização' de funções. É esta 'descentralização', e o reconhecimento da correspondente autonomia aos corpos sociais que dela beneficiam, que engendra um espaço de negociação e que permite, portanto, substituir o regime das soluções negociadas ao das decisões unilateralmente impostas."[71]

E continua João Baptista Machado, explicitando sua afirmação: "Salientemos mais uma vez esta conclusão que se extrai de tudo o exposto: a 'descentralização' engendra um espaço de participação e de negociação que, dando voz e peso às diversas autonomias sociais, opõe uma barreira ao totalitarismo das maiorias (à 'autocracia electiva') e torna a democracia mais rica e mais humana, impedindo a 'estatização'. Descentralização é, com efeito, o outro nome da liberdade. Representando, nas suas múltiplas manifestações, princípios organizativos da acção diferentes dos do Estado, em círculos cada vez mais convizinhos da pessoa do cidadão e indo até o reconhecimento da autonomia pessoal deste, ela garante aquela interacção dialéctica capaz de impedir que o mesmo Estado se produza a si próprio, que a massa dos cidadãos funcione, através das eleições políticas, como simples transductor de forças que, engendradas pelo enquadramento

66. Tomás-Ramón Fernández e Eduardo García de Enterría, *Curso de Derecho Administrativo*, v. 2, 6ª ed., p. 84.

67. Miguel Sanchez Moron, "Espagne", cit., in Francis Delperee (org.), *Citoyen et Administration,* cit, p. 71.

68. Para Celso Antônio Bandeira de Mello, descentralização administrativa "é um sistema técnico-administrativo, através do qual o desempenho das funções pertinentes à Administração se processa através de vários organismos que desfrutam de largo grau de independência" (Celso Antônio Bandeira de Mello, *Natureza e Regime Jurídico das Autarquias*, p. 29).

69. João Baptista Machado, *Participação e Descentralização*, p. 55. Odete Medauar assinala que "em vários países europeus associou-se a descentralização (sobretudo a territorial) à participação, para que as instâncias de decisão se tornassem menos distantes dos cidadãos" (Odete Medauar, *O Direito Administrativo em Evolução*, 2ª ed., p. 235).

70. João Baptista Machado, *Participação e Descentralização*, pp. 55-56.

71. Ibid., p. 56.

estatal, a ele regressam sob a aparência de uma legitimação formal mas profundamente inautêntica".[72]

Em sentido aproximado, jungindo *negociação* à *participação administrativa*, afirma Luciano Parejo Alfonso: "Mesmo no plano da atuação administrativa, a própria Administração, com sua forma de fazer (seu 'estilo' de atuar) gera pautas e critérios. Aqui é grande o fator da aceitação, cooperação e consenso para conquistar a conformação da conduta dos cidadãos. Ainda que a conformidade, de uma decisão administrativa ao Direito não dependa em sentido estrito de sua aceitação social, deve-se considerar cometa a interpretação de sua busca como um mandamento constitucional implícito. Nesse contexto, entende-se a importância da participação cidadã na atuação administrativa. Por mais que deva-se ter em conta o perigo que a participação possa representar para o Estado de Direito, a decantação progressiva do Estado – em suas relações com o cidadão – em direção ao modelo cooperativo; o qual procura o compromisso por meio da negociação e da formação do consenso, obriga-o nesse campo a uma estratégia nem um pouco evasiva, promovendo-se a melhoria das fórmulas de participação. Justamente nesse ponto resultam importantes os critérios procedimentais administrativos para a facilitação da inovação, concretamente no que diz respeito à exploração das possibilidades da atuação informal (contatos, conversas), a audiência e a decisão acordada ou convencionada".[73]

4.6 A participação gerencial

Cabe apontar ainda a opinião de Marco Aurélio Nogueira, autor que coloca em relevo a *participação gerencial*, identificada como "um outro tipo de participação que se orienta por uma idéia de política como '*troca*' entre governantes e governados: quanto mais interações cooperativas existirem, melhor para o sucesso eleitoral e a legitimação dos governantes e melhor para os grupos sociais envolvidos, que podem assim ver atendida parte de suas postulações"[74] (sem grifo no original).

Consoante o autor, a participação gerencial pode (i) facilitar a obtenção de respostas para as demandas comunitárias, (ii) ampliar a comunicação entre governantes e governados, (iii) fornecer melhores parâmetros para a tomada de decisões e (iv) fortalecer a gestão pública e promover a expansão da cidadania ativa.[75]

5. Considerações finais

No processo de transformação do Estado contemporâneo, desponta a *função estatal de mediação*, revelando que incumbência estatal passa a ser, não somente a de estabelecer e de conferir eficácia aos canais de participação e interlocução com os indivíduos e grupos sociais, mas a de com eles constantemente interagir, com o escopo especial de instituir e manter vínculos. Tais vínculos são cada vez mais necessários para atribuir eficácia, eficiência e efetividade às ações estatais no atual âmbito das relações e interseções entre Estado e sociedade civil, esferas em crescente processo de recíproca interpenetração.

Com efeito, vem ganhando prestígio mundial a discussão acerca de uma *cultura do diálogo*, em que o Estado há de conformar suas ações em face das emanações da

72. Ibid., pp. 64-65.

73. Luciano Parejo Alfonso, "La terminación convencional del procedimiento administrativo como forma alternativa de desarrollo de la actividad unilateral de la administración", in Luciano Parejo Alfonso, *Eficacia y Administración: Tres Estudios*, p. 162.

74. Marco Aurélio Nogueira, "Gestão participativa, Estado e democracia", in Marco Aurélio Nogueira, *Um Estado para a Sociedade Civil: Temas Éticos e Políticos da Gestão Democrática*, p. 142.

75. Ibid., pp. 142-143.

diversidade social.[76] Alude-se à figura de um Estado "que conduz sua ação pública segundo outros princípios, favorecendo o diálogo da sociedade consigo mesma".[77]

Nesse sentido, Joan Prats I Catalá alude a uma mudança paradigmática do direito administrativo, a partir (i) do desenvolvimento de teorias e técnicas de construção e gestão de redes inter-organizativas, (ii) do incremento do interesse pelas relações inter-administrativas, (iii) do manejo da gestão pública sob a orientação de diferentes formas convencionais ou participativas, distintas do ato administrativo tradicional, e (iv) do desenvolvimento do posicionamento jurídico do cidadão perante os serviços públicos a serem prestados.[78]

Por tais razões, buscou-se nesse trabalho estabelecer as linhas basilares, o conteúdo e os efeitos da *participação administrativa*, genericamente entendida como a possibilidade de intervenção popular na gestão dos assuntos que dizem respeito a toda a coletividade, com reflexos na determinação do conteúdo da decisão administrativa.

A participação administrativa caracteriza-se como um dos mais importantes temas relacionados ao *direito administrativo prospectivo*, ramo jurídico que se encontra em constante evolução, sobretudo para fazer frente às relações e interseções contemporâneas mantidas entre Estado, Administração pública e sociedade civil.

Nesse quadro, aponta-se para o surgimento de uma nova concepção de Administração pública, a *Administração pública dialógica*, a qual contrasta com a tradicional Administração pública monológica, refratária à instituição e ao desenvolvimento de processos comunicacionais com a sociedade.

Assim, importa ao Estado contemporâneo reforçar os vínculos com a sociedade civil, habilitando a organização administrativa para bem corresponder ao desafio de potencializar os efeitos positivos que a experiência com instrumentos participativos pode acarretar no desenvolvimento das ações estatais.

76. Nicole Belloubet-Frier e Gérard Timsit, "L'administration en chantiers", *Revue du Droit Public et de la Science Politique en France et a l'Étranger* 2/303.

77. Ibid., p. 314.

78. Joan Prats I Catalá, "Direito e gerenciamento nas administrações públicas: notas sobre a crise e renovação dos respectivos paradigmas", *Revista do Serviço Público*, v. 120, n. 2, p. 40.

Bibliografia

AMARAL, Diogo Freitas do. *Curso de Direito Administrativo*. v. 1. 2ª ed., 5ª reimp. Coimbra, Almedina, 2001.

ANTUNES, Luis Filipe Colaço. *A Tutela dos Interesses Difusos em Direito Administrativo*. Coimbra, Almedina, 1989.

AVRITZER, Leonardo; SANTOS, Boaventura de Sousa. "Introdução: para ampliar o cânone democrático", in SANTOS, Boaventura de Sousa (org.). *Democratizar a Democracia: os Caminhos da Democracia Participativa*. Rio de Janeiro, Civilização Brasileira, 2002, pp. 39-82.

BANDEIRA DE MELLO, Celso Antônio. *Natureza e Regime Jurídico das Autarquias*. São Paulo, Ed. RT, 1968.

BELLOUBET-FRIER, Nicole; TIMSIT, Gérard. "L'administration en chantiers", *Revue du Droit Public et de la Science Politique en France et a l'Étranger* 2/299-324, Paris,abr. 1994.

BENEVIDES, Maria Victoria de Mesquita. *A Cidadania Ativa*. São Paulo, Ática, 1991.

BOBBIO, Norberto *et al*. *Crisis de la Democracia*. Barcelona, Editorial Ariel, 1985.

______. *Estado, Governo e Sociedade*. 4ª ed. Rio de Janeiro, Paz e Terra, 1987.

______ *O Futuro da Democracia: uma Defesa das Regras do Jogo*. 5ª ed. Rio de Janeiro, Paz e Terra, 1992.

BONAVIDES, Paulo. *Ciência Política*. 10ª ed. São Paulo, Malheiros Editores, 2003.

CAETANO. Marcelo. "Tendências do direito administrativo europeu", in *Revista de Direito Público* 1/25-39, São Paulo, jul.-set. 1967.

CANOTILHO, José Joaquim Gomes. *Direito Constitucional*. 5ª ed., 2ª reimp. Coimbra, Almedina, 1992.

CASSESE, Sabino. "La arena pública: nuevos paradigmas para el Estado", in CASSESE, Sabino. *La Crisis del Estado*. Buenos Aires, Abeledo Perrot, 2003, pp. 101-160.

CLÈVE, Clémerson Merlin. "O cidadão, a administração pública e a nova Constituição", *Revista de Informação Legislativa* 106/81-98, a. 27, Brasília, abr.-jun. 1990.

COMPARATO, Fábio Konder. "A nova cidadania", in COMPARATO, Fábio Konder. *Direito Público: Estudos e Pareceres*. São Paulo, Saraiva, 1996, pp. 3-24.

DELPEREE, Francis (org.). *Citoyen et Administration*. Bruxelas, Bruylant, 1985.

DI PIETRO, Maria Sylvia Zanella. "Participação popular na administração pública", *Revista de Direito Administrativo* 191/26-39, Rio de Janeiro, jan.-mar. 1993.

FAZZALARI, Elio. "Processo: teoria generale", in *Novisimo Digesto Italiano*, v. 13, s./l., s./m., 1966.

FERNÁNDEZ, Tomás-Ramón; GARCÍA DE ENTERRÍA, Eduardo. *Curso de Derecho Administrativo*. v. 2. 6ª ed. Madri, Civitas, 1999.

FERRARI, Regina Maria Macedo Nery. "Participação democrática: audiências públicas", in CUNHA, Sérgio Sérvulo da; GRAU, Eros Roberto (orgs.). *Estudos de Direito Constitucional em Homenagem a José Afonso da Silva*. São Paulo, Malheiros Editores, 2003, pp. 325-351.

FERREIRA FILHO, Manoel Gonçalves. *Comentários à Constituição Brasileira de 1988*. v. 1. 3ª ed. São Paulo, Saraiva, 2000.

GABARDO, Emerson. *Eficiência e Legitimidade do Estado: uma Análise das Estruturas Simbólicas do Direito Político*. Barueri, Manole, 2003.

GORDILLO, Agustín, "Ideas sobre participación en América Latina", *Revista de Direito Público* 57-58/29-38, São Paulo, a. 13, jan.-jun. 1981.

______. "La garantía de defensa como principio de eficacia en el procedimiento administrativo", *Revista de Direito Público* 10/16-24, São Paulo, out.-dez. 1969.

______. "Participación administrativa", *Revista de Direito Público* 74/15-25, São Paulo, a. 18, abr.-jun. 1985.

LEAL, Rogério Gesta. "Gestão pública compartida: construtos epistemológicos", *A&C Revista de Direito Administrativo e Constitucional* 12/87-111, Belo Horizonte, a. 3, abr.-jun. 2003.

LUHMANN, Niklas. *Legitimação pelo Procedimento*. Brasília, UnB, 1980.

MACHADO, João Baptista. *Participação e Descentralização: Democratização e Neutralidade na Constituição de 76*. Coimbra, Almedina, 1982.

MARTINS JÚNIOR, Wallace Paiva. *Transparência Administrativa: Publicidade, Motivação e Participação Popular*. São Paulo, Saraiva, 2004.

MEDAUAR, Odete. *A Processualidade no Direito Administrativo*. São Paulo, Ed. RT, 1993.

______. "Administração pública ainda sem democracia", *Problemas Brasileiros* 256/37-53, São Paulo, a. 23, mar.-abr. 1986.

______. *O Direito Administrativo em Evolução*. 2ª ed. São Paulo, Ed. RT, 2003.

MIRANDA, Jorge. *Textos Históricos do Direito Constitucional*. 2ª ed. Lisboa, Imprensa Nacional, 1990.

MOLITOR, André. "Prefácio", in DELPEREE, Francis (org.). *Citoyen et Administration*. Bruxelas, Bruylant, 1985, pp. 11-17.

MOREIRA NETO, Diogo de Figueiredo. *Apontamentos sobre a Reforma Administrativa*. Rio de Janeiro, Renovar, 1999.

______. "Audiências públicas", *Revista de Direito Administrativo* 210/11-23, Rio de Janeiro, out.-dez. 1997.

______. *Direito da Participação Política*. Rio de Janeiro, Renovar, 1992.

MOREIRA, Vital. *Administração Autónoma e Associações Públicas*. Coimbra, Coimbra, 1997

______. *Auto-Regulação Profissional e Administração Pública*. Coimbra, Almeida, 1997.

NIGRO, Mario. "Il nodo della partecipazione", *Rivista Trimestrale di Diritto e Procedura Civile* 1/225-236, Milão, a. 34, mar. 1980.

NOGUEIRA, Marco Aurélio. "Gestão participativa, Estado e democracia", in NOGUEIRA, Marco Aurélio. *Um Estado para a Sociedade Civil: Temas Éticos e Políticos da Gestão Democrática*. São Paulo, Cortez, 2004, pp. 117-166.

OLIVEIRA, Gustavo Henrique Justino de. "As audiências públicas e o processo administrativo brasileiro", *Revista de Direito Administrativo* 209/153-167, Rio de Janeiro, jul.-set. 1997.

ORTIZ DÍAS, José. "El horizonte de las administraciones públicas en el cambio de siglo: algunas consideraciones de cara al año 2000", in SOSA WAGNER, Francisco (coord.). *El Derecho Administrativo en el Umbral del Siglo XXI:*

Homenage al Profesor Dr. D. Ramón Martín Mateo. t. l. Valencia, Tirant lo Blanch, 2000, pp. 63-117.

PAOLI, Maria Célia. "Empresas e responsabilidade social: os enredamentos da cidadania no Brasil", in SANTOS, Boaventura de Sousa (org.). *Democratizar a Democracia: os Caminhos da Democracia Participativa*. Rio de Janeiro, Civilização Brasileira, 2002, pp. 373-418.

PAREJO ALFONSO, Luciano. "La terminación convencional del procedimiento administrativo como forma alternativa de desarrollo de la actividad unilateral de la administración", in PAREJO ALFONSO, Luciano. *Eficacia y Administración: Tres Estudios*. Madri, INAP, 1995, pp. 153-213.

PINSKY, Jaime. "Introdução", in PINSKY, Carla Bassanezi; PINSKY, Jaime (orgs.). *História da Cidadania*. São Paulo, Contexto, 2003, pp. 9-13.

PRATS I CATALÁ, Joan. "Direito e gerenciamento nas administrações públicas: notas sobre a crise e renovação dos respectivos paradigmas", *Revista do Serviço Público*, Brasília, a. 47, v. 120, n. 2, pp. 23-46, mai.-ago. 1996.

RODRÍGUEZ GUERRA, Jorge. *Capitalismo Flexible y Estado de Bienestar*. Granada, Comares, 2001.

SAMPAIO, José Adércio Leite. "Democracia, Constituição e realidade", *Revista Latino-Americana de Estudos Constitucionais* l/741-823, Belo Horizonte, jan.-jun. 2003.

SCHIER, Adriana da Costa Ricardo. *A Participação Popular na Administração Pública: o Direito de Reclamação*. Rio de Janeiro, Renovar, 2002.

SOARES, Fabiana de Menezes. *Direito Administrativo de Participação*. Belo Horizonte, Del Rey, 1997.

TÁCITO, Caio. "Direito administrativo participativo", *Revista de Direito Administrativo* 209/l-6, Rio de Janeiro, jul.-set. 1997.

VIEIRA, Liszt. *Cidadania e Globalização*. 6ª ed. Rio de Janeiro, Record, 2002.

VILLORIA MENDIETA, Manuel. *La Modernización de la Administración como Instrumento al Servicio de la Democracia*. Madri, Inap, 1996.

WILSON, Woodrow. "O estudo da administração", *Cadernos de Administração Pública* 16/1-35, Rio de Janeiro, 1955.

A ONEROSIDADE LEGAL DO ART. 78, XV, DA LEI 8.666/1993

Marcelo José Forin

Pós-Graduado em Direito Processual Civil na Faculdade de Direito de Marília/SP – Pós-Graduando em Direito Administrativo na PUC/SP – Diretor Jurídico do Município de Pompéia/SP – Advogado em Marília/SP

1. Breve introdução ao tema. 2. A onerosidade legal. 3. Conclusão.

1. Breve introdução ao tema

Pertinente questão suscitada para debate sobre a extinção de contrato administrativo com a seguinte problemática: contrato de obra pública, com prazo de 12 meses para a consecução do objeto, tem sua execução paralisada, estando cerca de 60% das obras realizadas, tendo em vista que a Administração Pública deixou de regularmente efetuar os pagamentos. Passados seis anos, pretende-se concluir a obra em tela. O contratante – Administração Pública – tem direito a continuar a obra, já que não houve a extinção formal do contrato?

No que se pode conferir, trata-se de contrato administrativo, com prazo certo de 12 meses para o término de obra, mas paralisada por falta de pagamento ao contratado por parte da Administração Pública, com execução parcial, restando uma parte menor, e depois de seis anos se pretende concluir a obra.

Nessa hipótese, poderia a Administração Pública exigir o cumprimento do contrato, ou seja, o término da obra?

Há, aqui, de ser interpretado o art. 78, XV, da Lei 8.666/1993, por envolver matéria complexa sobre o tema de extinção dos contratos administrativos e, por evidência palmada, controvertida na doutrina e, de há muito, relevante.

Nas poucas linhas adiante traçadas pretende-se trazer mais um ponto de vista para o debate sadio, desprovido de críticas, e quiçá uma contribuição para o Direito pátrio.

Não se irá adentrar a acirrada disputa dos conceitos e da natureza jurídica do contrato administrativo, mas desde já se admite a hipótese de se envolver, em sua essência, com a Teoria Geral dos Contratos, com as especialidades traçadas pela Lei 8.666/1993, cujas normas gerais são editadas com fundamento no art. 22, XXVII, da CF; além do quê, assujeita-se aos princípios e prerrogativas públicas, às quais não se subordinam os contratos privados.

Assim, na perspicaz voz da professora Weida Zancaner, os contratos administrativos diferenciam-se na relação jurídica através de "cláusulas instabilizadoras de vínculo", encontrando-se na maioria dos doutrinadores a expressão "cláusulas exorbitantes", criticada por outra parte da doutrina, e especialmente pelo professor Adilson Abreu Dallari, como sendo terminologia imprópria, posto que não exorbita ao direito administrativo e, sim, é inerente a ele – e, daí, não se poder afirmar que está fora dos contextos legal e principiológico próprios.

Por outra aresta, não se pode deixar de destacar que a regra dos contratos administrativos é sua não-eternização, devendo sempre constar termo final.

Segundo a lição do professor Márcio Cammarosano, trata-se de relação jurídica contratual vertical ou oblíqua, sendo exemplos disso a rescisão e a alteração unilateral dos contratos administrativos.

Por conta de todas essas particularidades, pode-se declarar que os contratos administrativos se extinguem conforme a classificação explicitada pelo professor Márcio Cammarosano, em extinção ordinária e extinção extraordinária, ou por atos e fatos jurídicos. Entende-se a anulação como causa extraordinária de extinção do contrato e se define como a extinção de um ato inválido por motivo contrário à legalidade, gerando efeitos retroativos, lecionando a Professora Lúcia Valle Figueiredo que essa hipótese não comporta indenização ao contratado.

A rescisão, pelo explícito caráter essencial do contrato administrativo de buscar o fim e as necessidades públicas, deve ser sempre fundamentada e ter permissão legal.

Não se olvide que no tema envolvendo os contratos administrativos inexiste a revogação, por questão de conveniência e oportunidade, vez que se trata de avença em que não pode simplesmente uma das partes – a Administração Pública – extinguir o vínculo contratual ao seu talante, por carência de previsão legal.

Outras formas extraordinárias de extinção do contrato administrativo ocorrem quando há o perecimento do objeto, cujo exemplo clássico é a inundação por águas do mar; pelo desaparecimento do contratado, sendo de destacar a hipótese do jurista contratado para expedir parecer e que vem a falecer; falência – entre outros.

Distingue-se, ainda, a extinção do contrato de forma ordinária com o decurso do prazo de vigência e por prazo moratório.

O art. 57 da Lei 8.666/1993 prevê a hipótese de extinção do vínculo contratual por decurso do prazo de vigência.

Nas obras públicas o vínculo jurídico-contratual somente se extingue com o término da obra, não havendo outra forma, gerando a mora na sua entrega, sendo corrente na doutrina e na jurisprudência que os dias não-trabalhados sem culpa ou dolo das partes envolvidas ou, até mesmo, por parte de terceiros estranhos não são computados no prazo do contrato.

A mora contratual, e aqui de importância relevante para a conclusão deste estudo, pode acontecer (a) por culpa da Administração Pública; (b) por culpa do contratado; (c) por culpa de terceiros estranhos à relação contratual; (d) por nenhuma dessas hipóteses.

A anulação contratual dá-se também de forma administrativa ou de forma judicial. Naquela hipótese estão assegurados a ampla defesa e o contraditório, devendo anteceder a decisão administrativa, caso contrário se demonstrará a nulidade de pleno direito. Nesta, na forma judicial, através das diversas ações judiciais encontradas nas regras de processo.

O art. 79 da Lei 8.666/1993, sobre a revogação do contrato, elenca poder ser, ainda, de forma amigável, desde que presentes a conveniência e a oportunidade para a Administração Pública.

Em qualquer das hipóteses de extinção do vínculo contratual, por ato da Administração Pública ou de forma amigável entre esta e o contratado, caberá o controle da legalidade, por meio de recurso administrativo ou de provocação em juízo, e, neste caso, desde que haja ilegalidade do ato extintivo, pois o Poder Judiciário não pode julgar outra hipótese senão a legalidade.

2. A onerosidade legal

Está claro na proposição em estudo que ambas as partes – a Administração Pública e o contratado – figurantes no contrato estão em mora. De um lado, a Administração Pública, por não cumprir a obrigação de pagar em dia os pagamentos devidos; de outro, o contratado, por não observar a regra cogente do art. 78, XV, da Lei 8.666/1993. Por isso, entende-se ser possível a exigência por parte da Administração Pública de que o contratado termine a obra.

O referido preceito legal, no caso de atraso superior a 90 dias nos pagamentos devidos pela Administração Pública, "assegura ao contratado o direito de optar pela suspensão do cumprimento de suas obrigações até que seja normalizada a situação".

O verbo "assegurar", empregado no tipo legal, está no sentido de "garantir", "certificar". Ou seja: nem mesmo a vontade das partes pode suprimir essa prerrogativa do contratado, sendo caso típico de norma cogente – e, portanto, um privilégio em favor do contratado para que possa trancar a prerrogativa da Administração Pública de invocar a *exceptio non adimpleti contractus* e não aceitar eventuais justificativas a destempo.

De conseguinte, o inciso XV do art. 78 averba o "direito de optar". Necessário é destacar o alcance do adjetivo "direito", posto ter várias angulações possíveis de se entrosarem, sendo eloqüente a disputa doutrinária para definir seu alcance.

Para melhor compreensão, a assertiva de melhor técnica incidente é a do professor Tércio Sampaio Ferraz Jr. na chamada Teoria Essencialista, pois é "a idéia de que a definição de um termo deve refletir, por palavras, a coisa referida".[1]

E mais, "uma disciplina pode ser definida como dogmática à medida que considerada certas premissas, em si e por si arbitrárias (isto é, resultantes de uma decisão), como vinculantes para o estudo, renunciando-se, assim, ao postulado da pesquisa independente".[2]

Não se trata de um direito no sentido de norma ou de relação meramente de crédito jurídico, mas no sentido de "autorização dada pela norma de fazer".[3]

Portanto, não é um direito automático e não basta, simplesmente, a Administração Pública estar em mora para que ao contratado nasça a prerrogativa de suspender o cumprimento de suas obrigações.

Ocorrendo mora nos pagamentos por parte da Administração Pública, superior a 90 dias, para que o contratado tenha assegurado o direito de suspender o cumprimento de suas obrigações, é seu dever, e não apenas um direito, comunicar expressamente à Administração Pública sua decisão de optar pela suspensão do cumprimento de suas obrigações, invertendo-se, assim, o ônus para o contratado, posto que imperam dois princípios indisponíveis: (a) da legalidade; (b) da supremacia do interesse público sobre o privado.

O princípio da legalidade, neste aspecto singular, encaixa-se com o princípio da igualdade e são de observância obrigatória, uma vez que se a Administração Pública, para extinguir o contrato de forma unilateral, deve respeitar o devido processo legal e a ampla defesa, não seria lícito que o contratado não agisse de igual forma, sendo seu dever comunicar por escrito à Administração Pública que opta pela suspensão de suas obrigações.

Em contrapartida, a comunicação expressa dessa pretensão irá ser analisada pela Administração Pública no sentido de

1. Tércio Sampaio Ferraz Jr., *Introdução ao Estudo do Direito: Técnica, Decisão, Dominação*, 4ª ed., pp. 34-35.

2. Idem, pp. 47-48.

3. Maria Helena Diniz, *Compêndio de Introdução à Ciência do Direito*, 16ª ed., p. 29.

saber se é ou não procedente, posto que há hipóteses em que o não-pagamento é permitido, quais sejam: (a) caso de calamidade pública; (b) grave perturbação da ordem interna; (c) guerra; (d) tempo não computável de contrato.

Nesses casos não poderá o contratado suspender suas obrigações, por incidir o princípio da supremacia do interesse público sobre o privado. Além do quê nos contratos administrativos a regra é no sentido de não se poder invocar a *exceptio non adimpleti contractus* – mas, para amenizar os prejuízos do contratado, a lei criou a exceção do art. 78, XV, da Lei 8.666/1993.

3. Conclusão

Diante desses argumentos e mais o de que o contrato administrativo está em pleno vigor, porque se trata de contrato de vigência, que somente se extingue com o término da obra, ainda que passados alguns anos, a Administração Pública pode exigir o término da obra, nos limites do que foi contatado, posto que se o contratado não comunicou por escrito sua pretensão de suspender suas obrigações, se não deu ele a oportunidade para a Administração Pública verificar se era lícita ou não a suspensão, é evidente que as obrigações contratuais persistem.

Tratando-se de mora recíproca do contratante e do contratado, cada qual deve sofrer seus efeitos. A Administração Pública responderá pelas perdas e danos e a conservação da obra e o contratado tem o dever de comunicar por expresso sua intenção de suspender suas obrigações.

O Direito é uma ordem coativa, afirma Hans Kelsen.[4] E acrescenta: "Uma outra característica comum às ordens sociais a que chamamos Direito é que elas são ordens coativas consideradas indesejáveis, por serem socialmente perniciosas – particularmente contra condutas humanas indesejáveis – com um ato de coação, isto é como um mal – como a privação da vida, da saúde, da liberdade, de bens econômicos e outros –, um mal que é aplicado ao destinatário mesmo contra a sua vontade, se necessário empregando até a força física – coativamente, portanto".[5]

Como paradigma legal previsto no art. 54, *caput*, parte final, da Lei 8.666/1993 podem ser invocadas as conseqüências do inadimplemento da obrigação de fazer por culpa do devedor, conforme estatuído nos arts. 248 e 389 do CC de 2002. Se a prestação se tornou inválida por culpa do contratado, deve ele responder por perdas e danos, e pode ocorrer a hipótese de recusa do devedor ou o inadimplemento voluntário da obrigação de fazer, que não se tornou impossível, sendo o caso de o devedor poder cumprir a obrigação, mas que não o ter feito porque não lhe era conveniente.

Tratando-se de obrigação de fazer fungível, pois tanto o devedor pessoalmente ou terceiro poderão cumprir a obrigação, estando o devedor em mora, a Administração Pública deverá mandar executar a obra à custa do contratado, inclusive por terceira pessoa, sem prejuízo de eventuais perdas e danos, conforme o art. 249 do CC de 2002, ou, ainda, em caso de manifesta urgência, a Administração Pública, independentemente de autorização judicial, poderá executar ou mandar executar a obra, sendo depois ressarcida, consoante o parágrafo único do art. 249 do CC de 2002.

Urge, portanto, nessa obrigação de término do contrato por parte do contratado, verificar se a obra, até onde foi executada, necessitará de novos reparos para garantir segurança ao seu destino, caso em que, não sendo possível tais reparos, caberão duas hipóteses: (a) nova licitação para reparar a

4. Hans Kelsen, *Teoria Pura do Direito*, 2ª ed., vol. 1, p. 64.

5. Idem, ibidem.

obra parcialmente executada, colocando-a em condições de ser terminada, tudo às expensas do contratado; ou (b) extinção do contrato e das obrigações do contratado, por ter ocorrido o perecimento do objeto contratado, quando não for possível reparar a obra para o término, devolvendo o contratado o valor pago pela Administração Pública.

Portanto, a onerosidade prevista no art. 78, XV, da Lei 8.666/1993 diz respeito exclusivamente ao contratado, no sentido de que, quando *optar pela suspensão das obrigações assumidas*, dever sempre fazê-lo por escrito e fundamentadamente, ofertando-se à Administração Pública a possibilidade de se pronunciar sobre a legalidade da suspensão das obrigações.

Referências bibliográficas

BANDEIRA DE MELLO, Celso Antônio. *Curso de Direito Administrativo*. 16ª ed. São Paulo, Malheiros Editores, 2003.

DINIZ, Maria Helena. *Compêndio de Introdução à Ciência do Direito*. 16ª ed. São Paulo, Saraiva, 2004.

———. *Curso de Direito Civil Brasileiro*. 16ª ed., vol. 2. São Paulo, Saraiva, 2002.

FERRAZ JR., Tércio Sampaio. *Introdução ao Estudo do Direito: Técnica, Decisão, Dominação*. 4ª ed. São Paulo, Atlas, 2003.

FIGUEIREDO, Lúcia Valle. *Curso de Direito Administrativo*. 4ª ed. São Paulo, Malheiros Editores, 2000.

KELSEN, Hans. *Teoria Pura do Direito*. 2ª ed., vol. 1. Coimbra, Arménio Amado Editor Sucessor, 1962.

MEIRELLES, Hely Lopes. *Direito Administrativo Brasileiro*. 21ª ed. São Paulo, Malheiros Editores, 1996.

DEMOCRACIA E REGIME DEMOCRÁTICO

REIS FRIEDE

Desembargador Federal e Professor Adjunto da Faculdade Nacional de Direito/UFRJ – Mestre e Doutor em Direito

Recentemente, alguns autores têm manifestado a idéia de que a *democracia* e o chamado *regime democrático* – em sua tradução *material* (derivada, por seu turno, da necessária associação entre os *Estados* de *legitimidade* e de *legalidade*) –, constituem-se, na qualidade de conceitos elementares da Ciência Política, muito mais em uma *resultante estrutural dialética*, relativamente a um *processo histórico-factual* de uma Sociedade, de nítida feição político-ideológica, do que propriamente em um *modelo concepcional* de *regime político* que poderia, em tese, ser implantado, aleatoriamente, conforme *desejo formal*, de algum modo, manifestado por um *povo* ou – o que é mais comum –, por uma *classe ou grupo governante*.

Assim, a *liberdade individual*, na qualidade de um dos pilares do *regime democrático*, por exemplo, estaria, neste diapasão analítico, muito mais associada ao *grau de maturidade sociopolítica* (nível de conscientização popular) de uma *coletividade organizada* e, portanto, do patamar de *civilização* obtido por uma *sociedade* em seu desenvolvimento histórico-político, do que condicionado a simples vontade manifestada por qualquer meio formal, de índole político-jurídica (*v.g.*, assembléia nacional constituinte), de implantação (artificial) de uma *democracia*.

Em outras palavras, segundo esta nova orientação doutrinária, simplesmente não seria viável a implantação (por simples vontade manifesta) do denominado (e almejado) *regime democrático*, com todas as suas inerentes conseqüências, em *Estados* cujos cidadãos ainda não atingiram as condições mínimas de convivência ética e moral, até porque, comprovadamente, não é possível *ultrapassar*, por simples manifestação unilateral de vontade, *estágios naturais de desenvolvimento* e, igualmente, *suprimir pressupostos básicos* de *amadurecimento social* que, necessariamente, envolvem não somente um processo educacional complexo e verdadeiramente eficiente, mas também fatores históricos genuinamente revolucionários em sua acepção mais ampla.[1]

1. Neste sentido, Tom Dwyer, conhecido sociólogo neozelandês radicado no Brasil (*Globo*, 4.9.2005, p. 39), salienta, com mérita propriedade, que a *pobreza* ou mesmo as *desigualdades sociais* não são, por si só, suficientes para explicar o fenômeno da *violência* e da *desordem urbana* em situações de momentânea ausência (ou impotência) do *Estado*, citando, exemplificativamente, por um lado, o comportamento exemplar dos cidadãos norte-americanos residentes em Nova York durante o apagão de 1965, ou dos países asiáticos atingidos pela tsunami de 2004, em contraposição crítica, por outro, à situação caótica no Iraque (supostamente democratizado) de 2005, ou o permanente clima

Destarte, é forçoso concluir – no estrito contexto desta linha de pensamento –, que todos os *países* que, hoje, podem ser inequivocamente reputados *Estados Democráticos de Direito* – realizando todos os atributos e características inerentes às *democracias* materiais (substantivas), bem como usufruindo a plenitude do *Estado constitucional*, associativo dos paradigmas da *legitimidade* e da *legalidade* –, passaram, em algum momento histórico, por algum *processo político estrutural* de grande envergadura (revolucionário, em alguma medida) que permitiu, em última instância, a institucionalização da verdadeira *democracia* e do correspondente *regime democrático material*.

Sob este prisma analítico, a *Inglaterra* (Reino Unido da Grã-Bretanha e Irlanda do Norte) e a *França* (em função, respectivamente, da *revolução gloriosa* (1666-1689) e da *revolução francesa* (1789-1799) que transformaram, em última análise, a concepção estrutural da *soberania* originariamente *teocrática* em *democrática*) seriam, hoje, *democracias consolidadas*, da mesma forma que os *EUA* (em decorrência da *guerra civil americana* (1861-1865), a *Alemanha* e *Itália* (em função do nazismo (1933-1945) e do fascismo (1919-1943)), e a *Espanha* e *Portugal* (respectivamente, por conseqüência dos *períodos franquista* (1939-1975) e de *Salazar* (1932-1974)).[2]

Nos chamados *países periféricos* e em todos os demais *Estados* que, por razões políticas e históricas, não experimentaram *processo semelhante* (limitando-se apenas a copiar – por vontade própria ou por imposição estrangeira –, modelos democráticos estabelecidos), ao reverso, a *democracia* e o *regime democrático* têm se traduzido, destarte, em uma *forma de organização política* fundada restritivamente não só em *aparentes liberdades* (situação em que a *normatividade jurídica* não possui plena efetividade), mas, especialmente, em verdadeiros "*feudos*" da era contemporânea, em que o *populismo assistencial* (e o correspondente "controle indireto das massas") é a principal tônica governamental (caracterizando o que se convencionou designar por "*democracias formais ou aparentes*").[3]

de pré-guerra civil existente no Rio de Janeiro, notadamente nos últimos dois anos, ou mesmo a degradação social observada nos três estados mais atrasados dos EUA (Mississipi, Louisiana e Alabama) durante a devastação do furacão Katrina em 2005, buscando, por fim, demonstrar onde efetivamente se encontra a *parte civilizada* da população mundial.

2. É oportuno registrar que a plenitude do *regime democrático* alemão atual, a exemplo de todos os demais casos citados, não foi imediatamente instaurado, após o fim do *regime nazista* em 1945 (muito embora tenha sido conseqüência direta do nível de conscientização popular auferido através do reconhecimento das barbáries praticadas, direta ou indiretamente, pelo povo alemão).

Ao contrário, a *democracia* foi lentamente conquistada e, especialmente, consolidada, nos anos posteriores ao pós-guerra, até atingir a situação de relativa plenitude nos anos 1970.

3. É o caso de praticamente todos os países da *América Latina* na atualidade, com ênfase no emblemático exemplo da *Venezuela* de Hugo Chavez. Segundo longa e detalhada análise realizada por Diogo Schelp (*Veja*, 14.12.2005, pp. 156 e ss.), antes da era Chavez, o país era controlado por dois partidos da elite venezuelana que por décadas se restringiram a criar uma estrutura estatal perdulária, ineficiente e, sobretudo, corrupta. Em 1999, eleito através de regras reputadas democráticas, Chavez assumiu a presidência da República, alterou a Constituição e, com o vertiginoso aumento dos preços internacionais do petróleo, transformou a PDVSA (e os lucros com a venda do petróleo) em uma máquina de comprar apoio político *interno* (retirando US$ 3,7 bilhões/ano para programas sociais, p.ex.) e *internacional* (vendendo a preços subsidiados óleo para diversos países latino-americanos), além de estruturar uma milícia armada com aproximadamente 100.000 homens. Não obstante as estatísticas de 2005: a classe média encolheu 57%, o número de pobres aumentou 25%, o desemprego cresceu de 11% para 16%, metade das indústrias fechou, os empregos informais aumentaram 45%, a inflação subiu de 11% para 17% ao ano, o investimento estrangeiro caiu pela metade e a dívida

Oportuno acrescentar que, por razões *ideológicas*, também resta impossível (ou, ao menos, improvável) a instauração de autênticos *Estados Democráticos de Direito* (*democracias materiais plenas*) em países cuja concepção estrutural de *soberania* não seja de efetiva orientação *democrática* ("todo poder emana do *povo* e em seu nome é exercido") e sim *teocrática* ("todo poder emana de *Deus* e em seu nome é exercido") como é o caso típico dos diversos *Estados* que abrigam *Nações* muçulmanas das mais variadas e diferentes orientações (*xiitas*, *sunitas*, etc.).[4]

pública dobrou; Chavez, neste mesmo ano, contava ter o inconteste apoio de metade dos venezuelanos (a parcela mais pobre, cativada através de políticas assistencialistas), além de ter consolidado o seu poder por meio de *plebiscitos* em que obteve ampla maioria. Nas eleições legislativas de 2005, obteve vitória esmagadora (graças ao boicote das oposições) e, paradoxalmente, apesar de defender a *democracia participativa* em detrimento da *democracia representativa*, não preocupou-se em explicar a pífia participação de apenas 25% do eleitorado neste pleito. Descobriu-se, também, que Chavez, através do emprego de máquinas de identificação digital, conseguiu catalogar a orientação político-eleitoral de 12 milhões de eleitores durante o referendo de 2004, criando uma listagem batizada de "*Maisanta*" com informações que privilegiam os aliados em detrimento dos adversários em todos os níveis (obtenção de empregos públicos, emissão de passaportes, acesso a auxílios sociais, etc.) Além de tudo isto, há um quase controle absoluto do *Estado* venezuelano pelo governo (formalmente) democrático de Chavez: o Ministério Público é encarregado de processar os adversários sob acusação de "traição à pátria": 80% dos magistrados têm contratos temporários (muitos de apenas três meses) que não são renovados caso julguem de forma contrária aos interesses governamentais: os nomes de mais de 20.000 trabalhadores da PDVSA (a estatal petrolífera venezuelana), demitidos depois de uma greve contra Chavez, estão registrados em uma "lista negra", proibidos de trabalhar em qualquer órgão público ou na iniciativa privada (sob pena de represálias fiscais do governo); empresários que se envolvam em atividades políticas de oposição são submetidos a uma devassa fiscal; entre outras incontáveis e semelhantes iniciativas.

O uso da *pseudodemocracia* para destruir a denominada *democracia formal*, resta assinalar, neste contexto, não é original, como bem salienta Diogo Schelp. Adolf Hitler era líder de uma bancada parlamentar eleita com 33% dos votos quando foi democraticamente escolhido *chanceler* da *Alemanha*. Um ano depois, ele acumulou o posto de *presidente*, deixado vago pela morte do marechal Hindenburg, obtendo para isso a comprovada e inconteste aprovação dos alemães em *plebiscito*. Nos anos seguintes, fechou sindicatos, suprimiu a liberdade de imprensa e gradativamente eliminou os demais partidos.

Tanto na *Venezuela* dos dias atuais, como na *Alemanha* do passado, tudo isto somente é ou foi possível em função das *frágeis estruturas institucionais* e do *baixo grau de maturidade política* inerentes à chamada *democracia formal ou aparente* lá existentes. Tanto é verdade, que o país mais estável da *América Latina* atual, ou seja, o *Chile* (onde é impensável uma aventura política *chavista*), louva-se, curiosamente, de também ter experimentado a ditadura mais longa e rígida do continente (ou seja, o governo Pinochet (ou sua interferência direta) de 1973 a 1997), criando, em alguma medida (ao menos comparativa), parte das pré-condições para o estabelecimento de uma *democracia* –, relativamente mais substantiva que suas congêneres latino-americanas.

Também, cumpre assinalar, em necessária adição conclusiva, que, paradoxalmente, alguns governantes democraticamente eleitos, no âmbito destes regimes meramente *formalistas*, foram, durante o transcurso político de suas respectivas existências, afastados por movimentos populares, durante a plena vigência de seus mandados eletivos, sem qualquer respeito à normatividade constitucional e aos procedimentos legais expressamente previstos no âmbito de seus correspondentes constitucionais (*v.g.*, os governos De La Rua, Argentina, 1999-2001; e Gutiérrez, Equador, 2002-2005).

4. Exatamente por isto a veemente crítica à ingênua (e fracassada) tentativa estadunidense de impor ao secular *Iraque* (curdo, xiita e sunita), em um tempo extremamente reduzido e sem qualquer fato revolucionário ou de natureza assemelhada, um *regime democrático* fundado em uma *concepção estrutural de soberania* completamente diversa (e ininteligível para a cultura milenar iraquiana) da enraizada *ideologia teocrática* inerente ao mundo muçulmano.

Aliás, lição, lamentavelmente, não aprendida mesmo após o desastroso episódio concernente à

Finalmente, resta consignar, em necessária síntese conclusiva, que por motivos não propriamente *ideológicos* (uma vez que a concepção estrutural de *soberania*, na hipótese vertente, também é, a exemplo dos regimes ocidentais, de *índole democrática* somada ao fato também relevante de que os ideais *comunistas* já foram há muito sepultados), mas, ao reverso, *de natureza essencialmente pragmático-conjuntural*, a implantação (pelo menos a curto e médio prazos) de genuínos *Estados Democráticos de Direito* em países centrais, ex-protagonistas do período histórico conhecido por *guerra fria* – como a *Rússia* (antiga URSS) e a *China* –, igualmente se apresenta pouco provável, sendo muito mais plausível, em virtual contraposição, que os mesmos venham a desenvolver inexoráveis formas peculiares de *democracia formal*, intenção esta – vale frisar –, já incisivamente manifesta por Vladimir Putin quando expressamente pontuou, em discurso para a Comunidade Internacional, por ocasião do atentado terrorista em Beslam (2004), que a *Rússia* "não se curvará à pressão internacional para copiar *modelos democráticos estrangeiros* (não adaptáveis à realidade russa), até porque desenvolve *solução democrática* própria".[5]

anterior tentativa de democratização do *Irã* (Pérsia) em 1979, realizada através da igualmente desastrosa "*política de direitos humanos*", empreendida pelo governo Jimmy Carter (1976-1980), que acabou por permitir, de forma descontrolada, a derrubada do regime do Xá Reza Pahlevi (1953-1979) e sua indesejável (porém, previsível à época) substituição pela *teocracia totalitária islâmica* dos Aiatolás Khomeini (1979-1989) e Khamenei (a partir de 1989).

Não é por outro motivo que, historicamente (especialmente no período pós-guerra), a política norte-americana para o *Sul da Ásia* e para o *Oriente Médio* tem se pautado não só pela *implantação*, mas, sobretudo, pela *manutenção* (através de sólido apoio político, econômico e militar) de *regimes de força* pró-ocidentais que permitam não só evitar os riscos inerentes à implantação descontrolada e generalizada do *totalitarismo islâmico*, mas igualmente manter um relativo controle sobre uma região extremamente importante sob o ponto de vista geopolítico.

Ainda assim, é fonte de permanente preocupação, por parte dos principais estrategistas da comunidade político-militar estadunidense, as constantes *bravatas* declaradas, particularmente pelo governo George W. Bush, quanto à existência de projetos (ou, no mínimo, instruções) para a implantação de *regimes democráticos* em países que gozam de relativa estabilidade política, como o *Egito*, a *Arábia Saudita* e o *Paquistão* (este último, inclusive, detentor de armas nucleares).

5. Nestes países, cumpre assinalar – não obstante o longo período de *totalitarismo radical* experimentado –, o regime anterior não foi propriamente "*derrubado*" (de forma diversa do *nazismo* na Alemanha, do *fascismo* na Itália, do *franquismo* na Espanha, etc.), não permitindo forjar a mesma *experiência estruturante* e, conseqüentemente, conquistar os mesmos *resultados* viabilizados, em última análise, no que concerne à instauração do (supostamente almejado) *regime democrático material*.

GRÁFICA PAYM
Tel. (011) 4392-3344
paym@terra.com.br